# 妖股战法

深度解析妖股盘前盘后的运作逻辑

麻道明/著

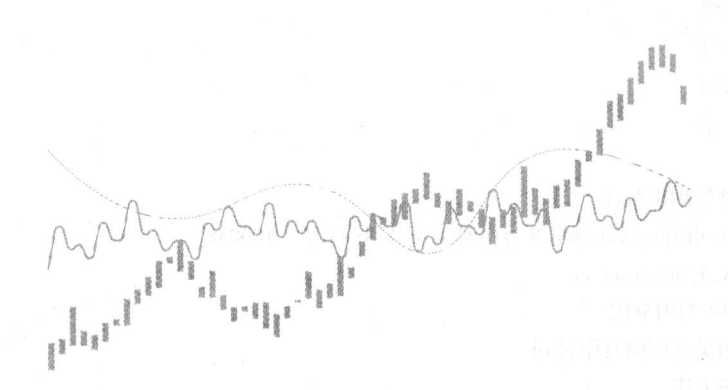

经济管理出版社

图书在版编目（CIP）数据

妖股战法：深度解析妖股盘前盘后的运作逻辑/麻道明著. —北京：经济管理出版社，2019.5（2023.2重印）
ISBN 978-7-5096-6521-3

Ⅰ.①妖… Ⅱ.①麻… Ⅲ.①股票交易—基本知识 Ⅳ.①F830.91

中国版本图书馆 CIP 数据核字（2019）第 068503 号

组稿编辑：勇　生
责任编辑：刘　宏
责任印制：黄章平
责任校对：陈　颖

出版发行：经济管理出版社
　　　　　（北京市海淀区北蜂窝 8 号中雅大厦 A 座 11 层　100038）
网　　址：www.E-mp.com.cn
电　　话：(010) 51915602
印　　刷：唐山昊达印刷有限公司
经　　销：新华书店
开　　本：787mm×1092mm/16
印　　张：20.25
字　　数：381 千字
版　　次：2019 年 8 月第 1 版　2023 年 2 月第 5 次印刷
书　　号：ISBN 978-7-5096-6521-3
定　　价：68.00 元

·版权所有　翻印必究·
凡购本社图书，如有印装错误，由本社读者服务部负责调换。
联系地址：北京阜外月坛北小街 2 号
电话：(010) 68022974　　邮编：100836

# 前 言

在近几年的A股市场中，不管是烈火中天的牛市还是萧条凄瑟的熊市，或是起伏不定的震荡市，不乏妖股出没，横行于市，股价一年涨幅达到一倍甚至几倍的妖股接连不断，妖股短期涨幅如此之大之快，无不让人倾情向往。但是，对于多数散户来说，对妖股既爱又恨。说爱它，是因为通过主力疯狂的拉升而使跟风者短期快速获利；说恨它，是因为股价急拉狂跌而容易让散户深套其中。

妖股之所以被称为"妖"，是因为其走势奇特、怪异，完全与大盘或多数个股相悖，不按常规出牌，不符市场规律，让人琢磨不透，涨得让人不敢相信，跌得让人难以接受，经常出现暴涨暴跌现象。所以，想要在妖股中获利，没有一套制胜绝招还真的不行。其实在妖股中，无论主力多么奸诈狡猾，无论其手法多么复杂变幻，无论盘面多么扑朔迷离，总会在图表中留下一些破绽和疑点。

基于此，本书就是通过妖股的盘面种种现象，对妖股进行抽丝剥茧式的剖析，深刻揭露妖股盘前盘后的运作逻辑和游资操盘秘籍，旨在为广大散户提供一些有益的帮助和启示。全书共有十章，对妖股特性、形成基因、运作手法和逻辑、启动模式、拉升模式、出货模式，以及新股、次新股"成妖"和龙头股操作进行了独到的分析，并就妖股的盘面特征、分时走势、量价关系等进行了详尽的阐述，也是对妖股的操作手法进行一次全面大曝光。所以，想要发现妖股踪迹、跟随妖股进出、达到与妖共舞的朋友们，本书将为你所用，在实盘中达到除魔降妖的效果。

本书以理论为前提，注重实盘分析，突出实用技巧，力求引导和提高散户独立的判断分析能力，构建和完善独特的交易体系，巩固和掌握捕捉妖股的操盘技能。总之，本书内容对临盘操作具有十分重要的指导意义，以供读者参考。

# 目 录

## 第一章 妖孽肆虐——市场妖气弥漫 ...... 001

第一节 什么叫妖股 / 001

第二节 妖股的基本特性 / 003
 一、妖股的市场特性 / 003
 二、妖股的盘面特征 / 008

第三节 妖股与庄股的区别 / 013

第四节 妖股与游资的区别 / 015

第五节 游资与庄股的区别 / 016

第六节 龙头股和妖股的区别 / 019

## 第二章 横空出世——妖股形成基因 ...... 021

第一节 妖股四大基因 / 021
 一、小巧玲珑 / 021
 二、亮丽题材 / 022
 三、业绩适中 / 022
 四、机构较少 / 023

第二节 妖股产生环境 / 026
 一、指数企稳 / 026
 二、资金宽松 / 026
 三、积极接力 / 027
 四、良好预期 / 028
 五、协调配合 / 028
 六、利益驱动 / 028

001

七、市场人气 / 028

第三节　妖股技术雏形 / 028

一、横盘或超跌 / 029

二、上涨方式 / 029

三、分时走势 / 030

四、K线形态 / 030

五、技术形态 / 032

六、高换手率 / 032

第四节　妖股生命周期 / 038

一、朦胧阶段（出生）/ 038

二、分歧阶段（青年）/ 038

三、加速阶段（壮年）/ 038

四、休整阶段（老年）/ 038

五、衰竭阶段（死亡）/ 039

# 第三章　施展妖术——妖股运作手法 …………………… 041

第一节　艳丽包装手法 / 041

一、讲故事 / 041

二、挖题材 / 045

三、造报表 / 046

四、改名字 / 050

五、玩重组 / 052

第二节　市场氛围手法 / 053

一、突然性 / 053

二、意外性 / 054

三、异常性 / 055

四、持续性 / 055

五、堆量性 / 056

第三节　独特的手法——盘面气势手法 / 057

一、跳空 / 057

二、涨停 / 058

三、对倒 / 059

　　　四、贴线 / 060

　　　五、逼空 / 061

　　　六、滚动 / 062

## 第四章　先天妖相——妖股选择逻辑 ………………………………… 065

　第一节　妖股的灵气 / 065

　第二节　主力选择妖股逻辑 / 067

　　　一、低价小盘股 / 067

　　　二、偏好垃圾股 / 067

　　　三、当前冷门股 / 068

　　　四、未来热门股 / 068

　　　五、持续利空股 / 069

　第三节　散户选择妖股方法 / 070

　　　一、行业前景好 / 070

　　　二、市场口碑佳 / 070

　　　三、账目要清秀 / 070

　　　四、公司无瓜葛 / 071

　　　五、地域有优势 / 071

　第四节　选择妖股有讲究 / 072

　　　一、从盘面特征入手 / 072

　　　二、从资金特点入手 / 074

　　　三、从财务状况入手 / 076

　　　四、从主力意图入手 / 077

## 第五章　修炼成妖——妖股启动模式 ………………………………… 079

　第一节　妖股启动信号 / 079

　　　一、买入量较小，卖出量较大，股价不下跌的股票 / 079

　　　二、买入量、卖出量均较小，股价稍微上涨的股票 / 079

　　　三、放量突破前高压力等上档重要趋势线的股票 / 079

　　　四、大盘横盘时微涨，大盘下跌时却加强涨势的股票 / 080

五、遇个股利空且放量而不跌的股票 / 081
六、有规律且长时间小幅上涨的股票 / 082
七、无量大幅急跌的股票是超短线好股票 / 082

第二节　妖股启动特征 / 082
一、启动前挖坑洗盘 / 082
二、突破关口创天量 / 083
三、启动之前有缺口 / 083
四、形态整理持续久 / 086

第三节　妖股启动模式 / 087
一、井喷式快速启动 / 087
二、助跑式加速启动 / 089
三、稳健式推升启动 / 094

第四节　妖股买入技巧 / 097
一、妖股启动的最佳买点 / 097
二、妖股启动的买入技巧 / 100

## 第六章　妖股出没——烂板启动模式 ………… 105

第一节　什么叫烂板股票 / 105
第二节　烂板的市场原理 / 108
第三节　烂板的实盘技巧 / 117
一、烂板后市研判 / 118
二、烂板强弱分析 / 123
三、烂板妖股解密 / 128
四、再次封板是买点 / 130

第四节　烂板的量价分析 / 132
一、烂板量的含义 / 132
二、明枪与暗箭 / 133
三、坑你没商量 / 135
四、高位烂板风险 / 136

第五节　完美的量价关系 / 138
一、量价关系规律 / 138

二、成交量微妙变化 / 142

**第六节 什么样的烂板出妖股 / 144**

一、实例一：冀东装备 / 144

二、实例二：西部建设 / 145

三、实例三：天山股份 / 147

四、实例四：三江购物 / 148

五、实例五：四川双马 / 148

六、实例六：廊坊发展 / 149

七、实例七：中毅达 / 150

八、实例八：特力A / 151

## 第七章 游资接力——妖股拉升模式 ... 155

**第一节 妖股拉升模式 / 155**

一、飙升式拉升 / 155

二、推高式拉升 / 158

三、震荡式拉升 / 159

四、波段式拉升 / 162

**第二节 妖股拉升节奏 / 165**

一、前慢后慢两波拉升 / 166

二、前慢后快两波拉升 / 170

三、前快后慢两波拉升 / 176

四、前快后快两波拉升 / 180

**第三节 两波拉升分析 / 184**

一、第二波上涨强度分析 / 184

二、两波行情的互换性 / 185

三、调整的时间和幅度 / 190

**第四节 妖股追涨技巧 / 191**

一、追击妖股操作技巧 / 191

二、追击妖股实例剖析 / 192

## 第八章 妖孽现形——妖股出货模式 ... 197

第一节 变盘的主要原因 / 197
　　一、变盘前征兆 / 197
　　二、基本面因素 / 198
　　三、技术面因素 / 198

第二节 变盘临界点 / 201
　　一、变盘的特征 / 201
　　二、变盘节点 / 201
　　三、变盘时间窗口 / 202

第三节 妖股变盘的研判 / 203
　　一、区间震荡狭窄 / 203
　　二、K线实体较小 / 204
　　三、个股波澜不兴 / 204
　　四、量能出现异常 / 205
　　五、人气出现冷热 / 207
　　六、市场走势极端 / 207

第四节 变盘时操作技巧 / 209
　　一、开盘——高开、低开 / 209
　　二、收盘——急涨、急跌 / 213
　　三、K线——大阴、大阳 / 219
　　四、量能——天量、地量 / 223
　　五、信号——"事不过三"原则 / 227
　　六、变盘和洗盘的区别 / 231

第五节 妖股的出货模式 / 232
　　一、高位蓄势式出货 / 232
　　二、向上突破式出货 / 234
　　三、放量冲高式出货 / 236
　　四、持续阴跌式出货 / 237
　　五、快速跌停式出货 / 239

第六节 妖股的风险控制 / 241

第九章 贵在新宠——新股、次新股"妖魔化" ………………………… 243

第一节  新股、次新股的特点 / 243

第二节  游资钟情新股、次新股 / 244

    一、"新妖"争相斗艳 / 244

    二、结构性机会仍然存在 / 246

第三节  新股、次新股分析方法 / 248

    一、内在质地 / 248

    二、选股策略 / 248

    三、上市环境 / 249

    四、盘面表现 / 250

    五、游资动向 / 250

第四节  新股、次新股实战技巧 / 251

    一、买入技巧 / 251

    二、卖出技巧 / 256

## 第十章  擒贼擒王——龙头股战法 ……………… 259

第一节  什么是龙头股 / 259

    一、龙头股的属性 / 259

    二、龙头股的逻辑 / 260

    三、龙头股的特点 / 261

    四、龙头股方法论 / 262

第二节  龙头股基本特性 / 263

第三节  龙头股必备条件 / 266

    一、如何识别龙头股 / 266

    二、龙头股必备条件 / 267

    三、龙头股操作策略 / 270

    四、龙头股注意事项 / 272

第四节  龙头股选择技巧 / 273

    一、龙头股选择理念 / 273

    二、龙头股操作理念 / 274

    三、龙头股选择流程 / 274

    四、龙头股选择方法 / 275

第五节　龙头股战法揭秘 / 276
　　一、龙头股的精髓 / 276
　　二、龙头股的涨幅 / 277
　　三、牛市中抓龙头 / 278
第六节　龙头股战法精髓 / 279
　　一、龙头股买入要点 / 279
　　二、龙头股买入技巧 / 281
　　三、反弹巧抓龙头股 / 282
第七节　龙头股实战技法 / 282
　　一、龙头股的法则 / 282
　　二、领涨妖股战法 / 283
　　三、转势妖股战法 / 284
　　四、补涨妖股战法 / 285
　　五、智擒妖股首板 / 286
　　六、常见买入形态 / 287
第八节　龙头股二波战法 / 294
　　一、龙回头如何把握 / 294
　　二、龙回头实例分析 / 295
第九节　炒股就要炒龙头 / 299
　　一、谁是行业的龙头股 / 299
　　二、28大行业龙头企业 / 305

后　记 ……………………………………………………… 309

# 第一章 妖孽肆虐——市场妖气弥漫

## 第一节 什么叫妖股

平常不是妖，是妖不平常。从广义上讲，所有走势奇特、怪异的牛股和熊股、蹦极股都可以被称为妖股，但通常在市场中所传言的"妖股"，一般是指那些股价走势奇特、怪异的妖艳牛股。基于此，本书暂且不对熊妖、蹦极妖作更多的讲解，专门就"妖艳牛股"进行仔细剖析，全面揭露"牛妖"的操盘秘籍，以提高散户的实盘操作技能，所以本书所指的妖股专指"牛妖"。

妖股的走势与大盘、多数个股相悖，完全不符合基本的技术分析和市场运行规律。明显比其他个股走势异常，不按常规出牌，让人难以琢磨，经常出现暴涨暴跌现象。例如，明知这家上市公司亏损，股价却连连拉出涨停；明知这家公司的股票达不到这么高的价位，股价却涨得让人不敢相信。伴随着股价的大幅震荡和高换手率，结果庄家成功出逃后，先前那种火山式喷发行情戛然而止，让不少散户深受套牢之苦。

妖股之所以被称为"妖"，是因为有"气"，有上涨的"底气"。股市中的"气"包括题材、股价、量能及波动方式等。"妖股"往往脱离大势和其他个股，走出怪异的独立行情。要么在熊市中股价高高在上，要么在牛市中股价蹦极起跳，或是出现"钓鱼"走势。这类股票往往有庄家操控，正因为有不同的庄家背景，才有了妖股的不同走势表现。

近几年来，市场妖股出没，争相斗艳，横行于市，无论牛市还是熊市，从来都不缺表现妖艳的个股。随着系统性风险降低之后，A股市场演绎着结构性行情，一些平时表现平平淡淡的个股，被染上"妖气"之后，渐渐修炼成妖股。例如，人们记忆犹新的2015年妖股"前三甲"特力A（000025）涨幅642%，洛阳玻璃（600876）上涨

453%，锦江投资（600650）上涨397%。2016年妖股也精彩不断，反复被炒作的四川双马（000935）、三江购物（601116）、煌上煌（002695）等逆势大涨，而且涨势相当惊人。其中，四川双马从低点算起涨幅达到6倍，成为2016年度第一"妖王"。弱势炒新股，弱势跟妖股，这条被不少投资者认可的定律，真的发挥了不小的作用。2017年更是妖股辈出，从年度10大妖股涨幅排名来看，鸿特精密（300176）涨幅331%，勇夺桂冠，其次为江南嘉捷（601313），涨幅323%，第三妖股为亚翔集成（603929），涨幅272%，其他妖股最低涨幅都在160%之上。进入2019年后，东方通信（600776）、风范股份（601700）、大智慧（601519）、市北高新（600604）等一大批个股"妖风"而起，有的个股至今"妖魂"未散，是不是还接着"妖"呢？我们拭目以待。

　　妖股出没必然有其市场氛围。早年之所以出现如新疆德隆"三驾马车"的庄股，是因为著名的"5·19"行情，当时市场定位为"为国企摆脱困境服务"，市场就理解为政府希望股市上涨，潜台词就是"默许操纵市场的行为"。于是，市场中出现群魔乱舞的景象。同样如此，在2015年牛市中，被不少媒体渲染为"国家牛市"，让股价上涨是众望所归，至于促使股价上涨的方式，可以各显神通了。由于市场反应过激，所谓的"国家牛市"行情在6月中旬宣告结束，标志性事件就是监管部门开始清查场外配资，从而导致出现了史无前例的"股灾"。因为市场下跌速度过快，才有了后来的救市行动，正是因为这次救市，又让很多人对政策牛市重新充满期待，可是A股长期走牛的希望依然渺茫。

　　从2015年"股灾"之后到现在三年多时间里，A股市场依然处于休眠期，指数长时间在底部窄幅震荡，卧底不起，几乎没有像样的波动反弹行情，市场游资没有良好的投资环境，自然也失去了等待的耐性。在这种大环境下，游资自我寻找盈利机会，破门而出，引发妖股横空出世。股价拔地而起后，万绿丛中一点红，在众游资追捧下，市场中妖股一只又一只地诞生，股价一波又一波地上涨，这就是近年来妖股辈出的环境和条件。

　　疯狂的上涨，离奇的走势，引起了监管层的注意，管理层加大了查处力度，先后曝光和处罚了一批市场操纵股价行为的案件。早期有代表性的银广夏A、蓝田股份、中科创业等一批庄股先后走下股市神坛，并被监管部门绳之以法。2015年10月，监管部门对特力A（000025）的庄家开出了12亿元的巨额罚单，这笔罚单对各路庄家形成了强大的心理打击，一段时间妖股出现集体调整。2017年3月30日，监管部门对操纵多伦股份（600696，现更名为"匹凸匹"）股价的庄家开出了34.7亿元罚单，这是监管部门开出的"史上最大罚单"。2018年伊始，监管部门罚单又是接连不断地开出。尽管监管部门的打击力度在继续加码,但妖股活动依然猖獗,市场争相斗艳,此起彼伏,只不过主力更换了一种坐庄手法而已。所以,作为普通散户只有在市场中应该不断地研究和发现妖股的盘面变化,才能准确地踏准妖股的运行节奏。

捕捉妖股可以在短时间里赚钱,在目前市场中散户都喜欢追涨杀跌,当某只个股出现持续大涨时,更是挡不住诱惑,岂不知在此买入时,很可能就是庄家打压下跌之时。所以,散户要想不被妖股所伤,关键还是自己严守价值投资规律。因为,妖股有风险,跟妖须谨慎。

## 第二节　妖股的基本特性

### 一、妖股的市场特性

从妖股定义中可以看出,它具有以下三个显著的市场特征:

1. 妖艳

"妖"是指异于常态而害人的东西,如妖魔鬼怪、妖精。生活中比喻姿色迷人的女子,装束或神态不正派,如妖里妖气。"艳"是指色彩鲜明,艳丽,招引大众目光。妖艳组合,形容景色异常艳丽而不庄重,在股市中多指非常怪异的盘面走势,不按常规出牌,无规律可循,远远超出人们的想象。妖艳大体上包含这样几层内容:K线组合妖艳,成交量妖艳,分时波动妖艳等。

例如,泰禾集团(000732)在2017年12月至2018年1月的走势中,连续多根大阳线向上拉高,K线组合极为妖艳;合肥城建(002208)在2018年3月的走势中,大量游资介入,出现持续妖艳的成交量;华鑫股份(600621)在2018年4月10日分时走势中出现大起大落的妖艳走势。

(1)先前走势隐蔽性。这里可以看看西水股份(600291)和创业环保(600874)成妖前的走势。西水股份(600291)最初的上涨很容易让人以为是超跌反弹,不会引人注意,随后横盘小幅调整,大家是不是理解为所谓的庄家拉高出货?自救反弹?而创业环保(600874)有一定的政策基础,最初的涨停很容易让人认为是跟随"雄安新区"概念上涨。

图1-1,西水股份(600291):在没有任何利空消息影响下,2017年2月3日股价

向下击穿前期整理盘区,然后继续向下滑落,股价不断创出新低,而同期大盘处于强势上行过程中,同板块其他个股也不断向上攀升。5月2日,股价放量向上突破底部盘区,但突破后并没有出现持续上涨走势,给投资者一种超跌反弹的感觉。经过一段时间的震荡整理后,股价渐渐进入上升趋势。在上涨过程中,股价稳步向上推高,充分展现出妖股先前走势的隐蔽性。

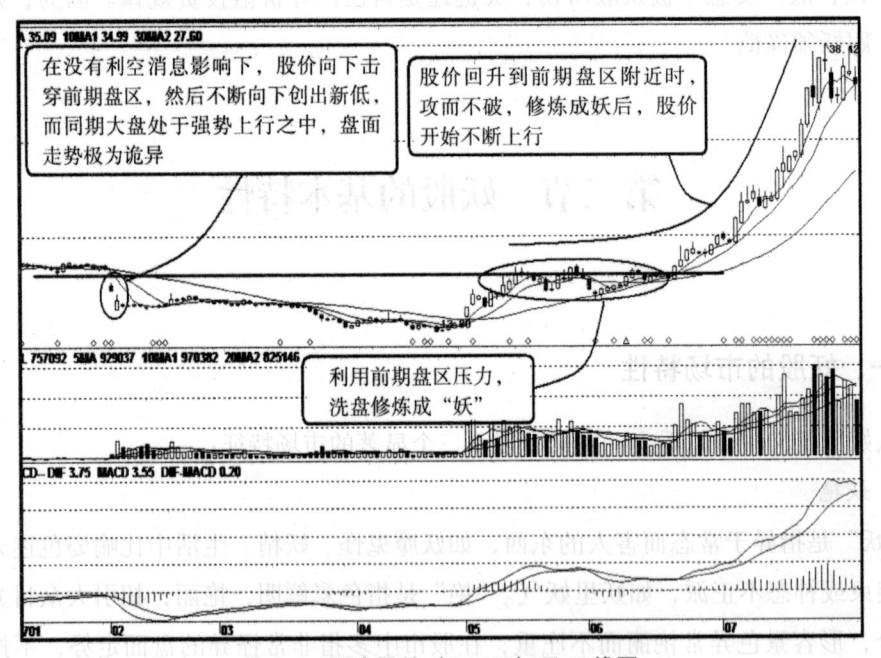

图1-1 西水股份(600291)日K线图

图1-2,创业环保(600874):2017年4月5日,庄家借"雄安新区"利好消息使股价向上突破,多数人认为这只是政策刺激下引发的一波上攻行情,股价难以持续走高,可是随后的走势大出意料,股价一波又一波地上涨,三波拉高行情将股价从8元附近拉到24元上方。大家知道,该股前期走势十分平淡,庄家建仓阶段非常具有隐蔽性,直到演变为妖股走势时,才被大家所认可。

(2)技术缺乏跟风性。当妖股初成形时,大家开始注意到它的不寻常,股价立即加速上涨,多数散户会认为它是不可持续的,避之唯恐不及。直到股价翻番,散户哀叹悔恨,这就是所谓的缺乏跟风性。

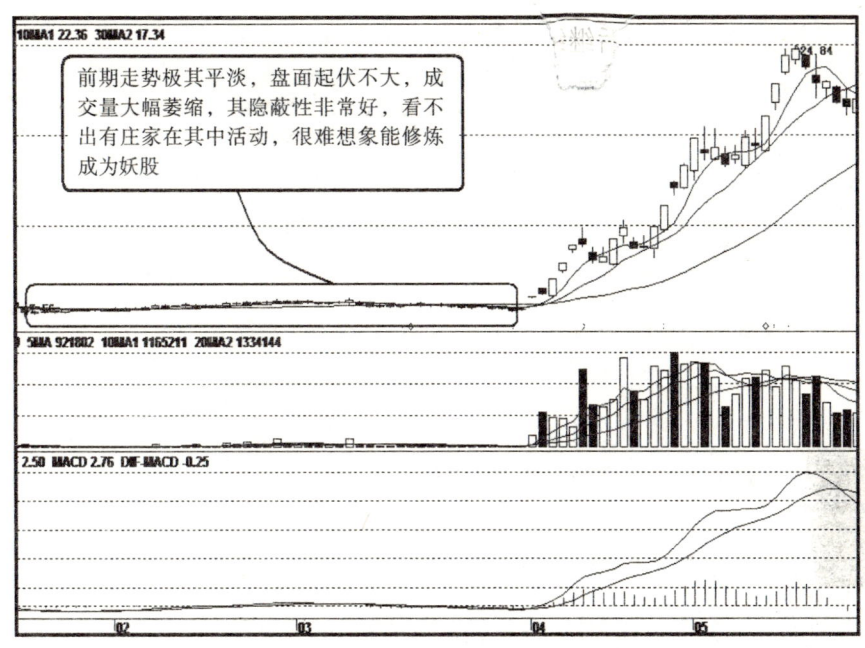

图 1-2 创业环保 (600874) 日 K 线图

图 1-3，中科信息 (300678)：2017 年 7 月 28 日上市后，股价连拉 8 个 "一" 字涨停，8 月 10 日从涨停价附近开盘后，再次快速封于涨停，次日开板震荡，成交量大幅放大，当日换手率超过 66%。在这个位置开板震荡，多数散户认为股价已经高了，

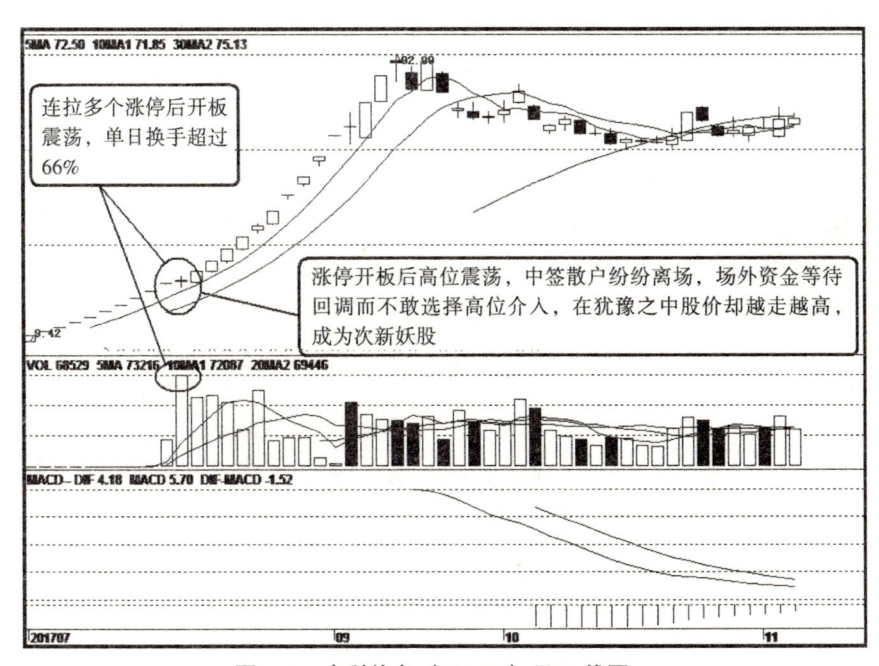

图 1-3 中科信息 (300678) 日 K 线图

短期将面临调整风险，在此价位跟风介入显然不可取。可是，谁曾想到股价一涨再涨，涨得让人惊叹，尽管期间遭到管理层的特停，但复牌后股价仍然不停地上涨，从而成为次新妖股。

（3）大阳或涨停起始。第一个点燃妖股热情的人是无法预测到后来的妖股走势的，所以在最初时期，这类个股往往以大阳或涨停起始，也正是如此，使得未知的接力资金能够有机会在相对低的价位进货，不断接力，这类个股则修炼成妖。

例如，西水股份（600291）2017年5月2日就是以放量大阳线向上突破底部盘区，然后开启妖股征途；创业环保（600874）2017年4月5日就是以涨停方式向上突破，之后演变为妖股走势。股价向上突破某一个重要的位置，仅是上涨的一个信号，后面是否成为妖股还要看市场游资接力跟风情况。

2. 疯狂

盘面走势"妖艳"，股价疯狂上涨，才能叫妖股。所以，"妖艳"不牛，不能算是妖股；"牛股"不妖艳，也不能算是妖股。不能看到股价涨价高了，就片面地认为是妖股。

在大家犹豫不决时，股价扶摇直上，涨得让人目瞪口呆，不敢相信，一时成为响彻市场的明星股，这是妖股的显著特点之一。

例如，2018年3月的盘龙药业（002864）、诚迈科技（300598）和中成股份（000151）等部分小盘股，在大盘弱势调整过程中，出现意料之外的疯狂上涨，这些个股无不反映出妖股的市场特性。

图1-4，万兴科技（300624）：新股上市后出现连续的"一"字涨停，然后开板洗盘调整，此时中签散户基本止盈出局。从2018年3月1日开始，展开新一轮拉升行情，股价出现疯狂上涨，连续拉出9个涨停后，股价远远没有见顶，大大超出人们预判，直到4月10日在高位收出大阴线后才开始调整。

3. 独立

妖股大多具有独立行情，在大盘走熊或调整时期，市场赚钱效应低下，仅有妖股一枝独秀，不管大盘涨跌，我行我素，独善其身，享誉市场风骚。

例如，贵州茅台（600519）可谓"妖中妖""王中王"。股价从2014年1月4日下探到76.98元后，扶摇直上，一路走高，后历经"股灾"而不倒，涨得让人不敢相信。连续4年走妖，2014年涨幅超过81%，2015年涨幅超过32%，2016年涨幅超过59%，2017年涨幅超过121%，4年累计涨幅达到665%。2018年1月15日，股价创出799.06元、市值超过9000亿元的奇迹，这是不是就是最高价呢？谁也不敢断言，因为

第一章 妖孽肆虐——市场妖气弥漫

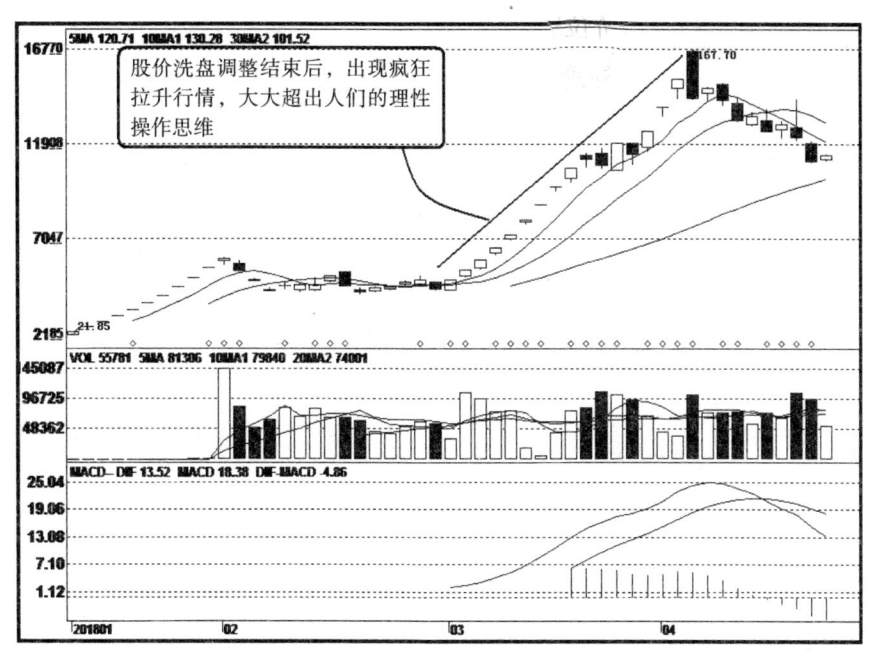

图中标注：股价洗盘调整结束后，出现疯狂拉升行情，大大超出人们的理性操作思维

图 1-4 万兴科技（300624）日 K 线图

它已经是"妖"，不能用正常的思维去分析。可是，了解贵州茅台基本面的人，其现状是令人惊讶的，很难与它高企的股价相比较，这是一个永远解不开的谜，也是中国 A 股市场严重扭曲的一个缩影。

总体而言，妖股的本质还包括以下三点，缺一不可：

（1）股价天天上涨，涨停或接近涨停，但并非天天"一"字板涨停，操作环境大家都可以参与，自拉自唱的那种妖股是伪妖股，股价被庄家操纵了。

（2）妖股有自己的运行特点，要么就是带动板块的龙头，要么就是股价独立运行。

（3）妖股有突出的炒作概念，而且这种概念是真实的、客观的，并且一旦发酵，整个板块就轮动起来了，妖股利用概念继续发力上涨。比如 2017 年的方大炭素（600516）、赣锋锂业（002460）、沧州大化（600230）等都是利用去产能（涨价概念）这个逻辑而走妖的。

图 1-5，贵州燃气（600903）：该股在 2017 年 11 月 7 日上市后，在良好的基本面配合下股价连拉 13 个"一"字涨停，然后经过短暂的洗盘调整，12 月展开第二波拉升行情。在 2018 年 2~3 月又产生第三波拉升走势，股价累计涨幅十分巨大。整个盘面走势怪异、奇特、独立，K 线组合、成交量极其妖艳，拉升疯狂，毫无章法，不受大盘涨跌影响。特别在第二波拉升行情中，妖股的市场特征更为突出。若能抓住这样的妖股，收益胜过一年的劳作。

007

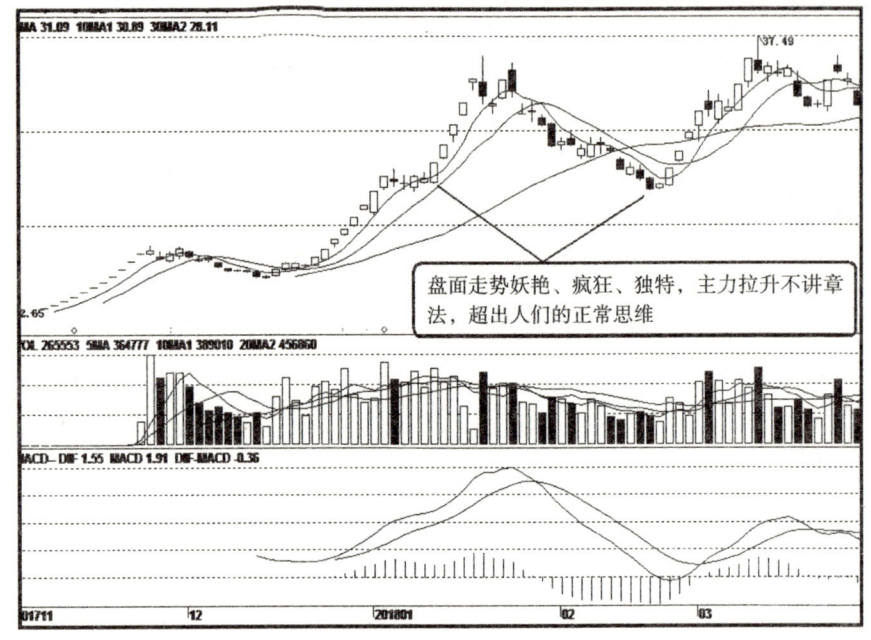

图 1-5　贵州燃气（600903）日 K 线图

## 二、妖股的盘面特征

妖股走势变幻多端，主力手法各异。不同时期、不同阶段、不同个股有不同的盘面表现形式，随着时局的变化而变化，妖股除了盘面走势与大盘、其他个股不同外，任何时期的妖股在盘面上都有以下共同特征：

1. 关注度较高

大部分的妖股为题材、概念的龙头股，在市场中龙头备受关注，这也是形成妖股的重要原因之一。一旦人气高涨，庄家资金、游资跟风和散户参与进出，将很容易达到高换手率，资金持续不断地接力造成短期股价连续上涨，甚至连续涨停，最终修炼成"妖"。

例如，2016 年"妖王"四川双马（000935）经过长时间的震荡筑底后，借助利好消息，股价一跃而起，连续 4 个月大涨。该股为股权转让概念股龙头，连续涨停后短期内火速成为业界关注度最高的个股，导致资金接力不断，强者恒强，越涨越凶。

或者，以连续大跌聚集人气的个股，看戏的人越多，短期内也很容易成为市场焦点，随后暴力反弹。例如，佳通轮胎（600182）被冠以"ST"后，股价连续大跌，一时间成了下跌明星股，股价企稳后出现持续走牛的"黑马"。还有洛阳玻璃（600876）、梅雁吉祥（600868）等都是跌出来的妖股。

## 2. 资金进出快

市场资金不断接力，才能产生新的利润，仅靠单一的主力资金，难以将其炒作成为妖股。妖股在不断上攻过程中，往来资金交替接力，才能轻松兑现。可以说，这是一个击鼓传花的资金接力游戏，主力、机构和大户资金都愿意进入，未来往往玩出新高度，当然谁也不愿意成为最后的接力者。

图1-6，创业环保（600874）：该股主多资金积极进出，盘面走势诡异，"雄安新区"其他龙头股从2017年4月5日开始连续封上6个"一"字涨停，而具有同一概念的该股走势却完全相反，第一天封盘似乎并不坚决，第二天高开低走收阴，第三天低开高走涨停。

从盘面看，第三天（4月7日）低开后一直弱势震荡，10：50开始股价快速拉至涨停，封单筹码锁定较好，前一日介入的买一至买五的游资席位纷纷锁仓。从龙虎榜数据中分析，光大证券佛山绿景路主封3181万元，中信建设证券杭州庆春路助攻2970万元，华福证券泉州丰泽街锁仓2702万元，华西证券重庆中山三路锁仓2615万元，银河证券北京阜成路2560万元，上述前五大买入游资中卖出数量为0。可见，该股大涨前资金换手快，与其他"雄安新区"板块个股形成强烈的反差，启动之前给人以弱势的假象，而真正拉升后其涨幅远远超过同一板块的其他个股，从而成为走势怪异的妖股。

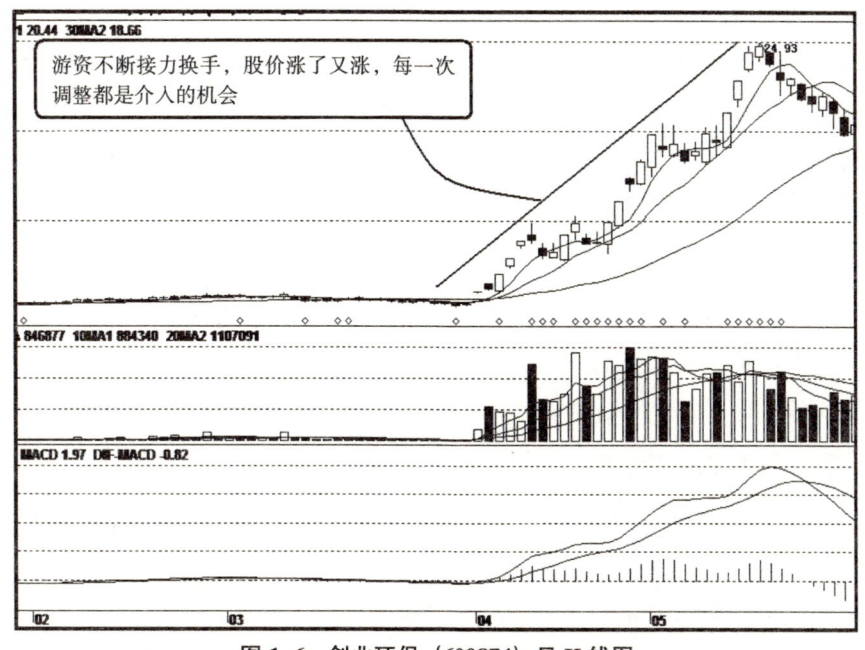

图1-6 创业环保（600874）日K线图

3. 盘面震荡大

盘面波动大起大落,股价走势暴涨暴跌,每日振幅在5%以上,这又是妖股主要盘面特征之一。在重要阻力位前,要么一气呵成形成突破,要么休整一下,抖搂一下身上的尘土,然后再次攻击,轻松越过。

盘面震荡可以分为:日K线大幅震荡(也叫多日大幅震荡)和分时震荡(也叫单日大幅震荡)两种方式。

一般来说,股价大幅震荡都是短期内的,在几个交易日里,股价波幅很大,比如说昨天收大阴线(或大阳线),今天却反过来收大阳线(或大阴线),甚至经常出现反包形态。有时候,在一天的分时行情中,也是出现大幅震荡走势,比如说2015年8月18日的梅雁吉祥(600868)从涨停板开盘后,股价盘中快速下跌,当天收盘封于跌停板,次日走势则完全相反,股价从跌停板开盘,然后逐波上涨又被拉涨停,这是典型的既是日线大幅震荡,又是分时大幅震荡。当然,多数妖股的震荡幅度没有这么大。洛阳玻璃(600876)2015年7月9日和8月4日的走势也是如此。

其实,引起股价大起大落的根本原因就是大资金的流入或流出所致,这是市场供求关系变化或者庄家人为因素造成的价格波动,使股价起起落落不断重复,这就是所说的"炒股",投资者就是要把握这些股价波动,顺势而为,踏准节奏,高抛低吸,谋取差价。

4. 成交量剧增

妖股大多伴有较大的成交量,这与快速换手、盘面大幅震荡有关。成交量也分为单日放量和多日放量两种,多数妖股往往出现持续性放巨量现象,日均换手率超过10%,尤其在高位成交量更大。通常,在高位出现量价背离时,往往是短期股价见顶的征兆,应当引起警觉。比如方大炭素(600516)在2017年8~9月出现明显的高位放量滞涨现象,西水股份(600291)在2017年7月底也出现明显的高位放量滞涨现象,随后股价均见顶回落,形成中期头部。

当然,有不少庄家控盘的妖股,不一定会出现巨大的成交量,这一点要结合不同个股区别对待,但无论如何在股价真正见顶时,也会出现巨大的成交量。如何理解成交量的"巨大"问题?没有统一的量化标准,需要结合该股一段时间以来的成交量大小进行分析比较,一般来说持续超过一年以内最大成交量时,就可以认定为"巨大"成交量。

图1-7,泰禾集团(000732):主力成功吸纳低价筹码后,2017年12月25日股价放量向上突破底部区域,第一批游资获利离场后,新的资金大举介入,成交量持续大

幅度放大，经过成功的换手后，股价出现更加疯狂的上涨。可见，当一只个股出现持续的放量现象时，必定是主力在盘中搅动，一旦再次放量向上突破时，就是一个非常好的买点，买入的前提条件是股价距离底部不远，高位放量宜谨慎。

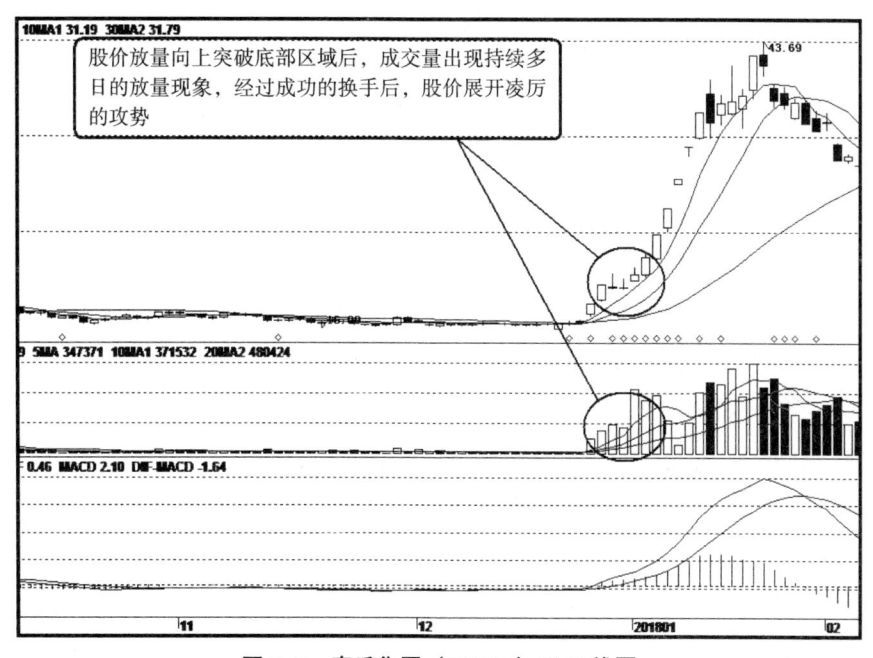

图 1-7　泰禾集团（000732）日 K 线图

**5. 屡创新高点**

在"股灾"之后出现的妖股，多数创出了新高，当然也属于个股的历史新高。既然属于前景并不亮丽的公司，主流投资机构就不会对这类股票感兴趣，而事实上，它们在上市之后的 20 多年时间里几乎都是籍籍无名，但最近一年多来，这些无名之辈开始声名鹊起，比如洛阳玻璃（600876）从底部几元涨到 40 多元，是该公司港股价的 7 倍多；上海普天（600680）从 15 元涨到 50 多元；特力 A（000025）在"股灾"之后一度跌到 9.88 元，而后暴涨到 87.10 元，上涨了近 8 倍，后来又创出 108.00 元，这是发生"股灾"期间涨幅最大的妖股；海欣食品（002702）探底成功后出现神奇大逆转，连续出现多个交易日换手率均超过 50% 的奇观，随后停牌自查，复牌后股价再创新高。

简单地说，这些公司都是不赚钱的上市公司，而它们的股价都创历史最高，而且是在"股灾"后创历史最高价。将这些违背常识的现象放在一起，就可以做出一个简单的判断，这些股票应该都属于被操纵的股票，就是所谓的庄股，被当下市场称为"妖股"，在它们的离奇表现中似乎又看到了早年"德隆系""三驾马车"的魅影。

### 6. 涨幅超想象

每一只妖股的上涨幅度都超出人们的想象，这也是妖股的共同特征之一。当多数人认为股价已经涨高了，应该涨不上去了，你认为危险而不敢买入的时候，而股价却疯狂地大幅上涨，涨得让人不敢相信；同样"熊妖"的跌幅也远远超出大众的想象，你认为安全而买入的时候，而股价却偏偏持续下跌，跌得让你难以接受。直到最后叹气的时候，才知道原来这就是市场的牛妖或熊妖。

这就是妖股的超乎想象性，如"妖中妖"贵州茅台（600519）股价在300元、400元的时候，认为涨高了而不敢买入，2018年1月15日涨到了799.06元，方知300元、400元还是一个地板价。中科信息（300678）2017年7月28日上市后，连拉9个涨停，然后开板震荡整理，此时多数人认为股价有回调风险而不敢买入，可是随后疯狂地上涨，让大家大跌眼镜。贵州燃气（600903）洗盘调整后，股价从2017年12月开始如断线的风筝，放飞上涨，涨了近3位数，中途一般散户敢上车吗？妖股就是脱离大众思维，走出令人意想不到的行情。

图1-8，方大炭素（600516）：该股提前大盘企稳回升，股价不断创出新高，2017年7月10日股价已经从9元下方涨到了19元上方，涨幅超过一倍。此时，一般散户都认为已经是高位了，因此观望而不敢买入。可是，经过6个交易日的强势整理后，筹码得到了较好的换手，从7月18日开始，股价又从18元之下涨到37元之上，又涨了一倍多。股价累计涨幅超过3倍，远远超出市场的想象，妖股就是这么"妖"起来的。

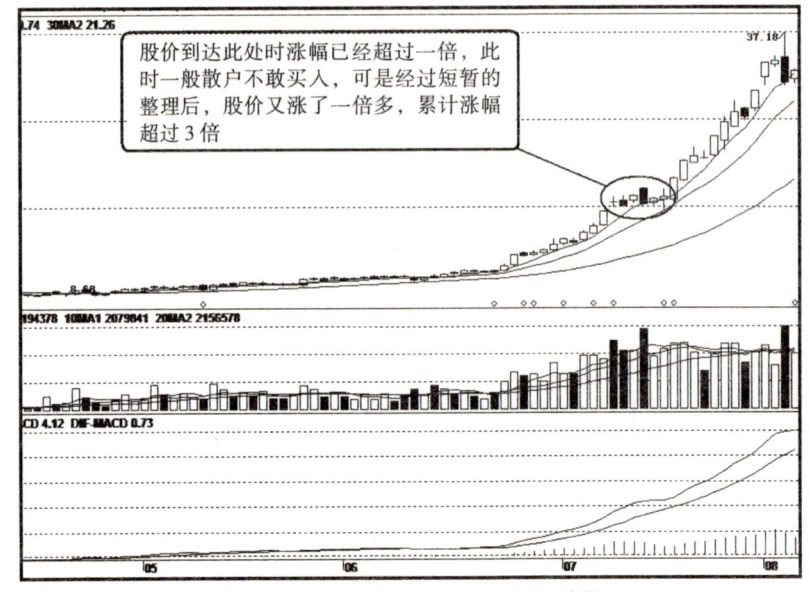

图1-8　方大炭素（600516）日K线图

## 第三节　妖股与庄股的区别

庄股是指股价涨跌或成交量被庄家人为控制的股票。庄家通过增减手中筹码，不断洗盘震仓，来达到吸筹目的，然后择机拉高股价，吸引散户追高，达到出货目的，并从中谋取暴利。有人认为，妖股就是庄股，其实两者是有区别的。

（1）庄股独霸一方，只能自己赚，大户和小散亏，怕对手盘抢庄；而妖股多数没有控盘，击鼓传花，轮流坐庄，这样大家都有钱赚。所以，妖股是主动让庄，而庄股长期霸占"庄主"地位。

（2）庄股在于长计，当大股东持股比例不高时，庄股会不断上台阶、不断洗筹换手，如此反复折腾，直到某个点位才最后爆发；而妖股呢？多是游资，善打快速歼灭战，速战速退，急速大幅上升，而后鸦雀无声，一地鸡毛。

（3）庄股人为地"全程控制"，股价炒不炒、炒多高、什么时候炒，全部由庄家说了算；而妖股好进好出，开盘也能让你买进，也能让你卖出，只要你不贪婪，火中取栗，快进快出，小赚是可以做到的。

（4）妖股很少"一"字涨停，只有少数个股启动时出现"一"字涨停，因为"一"字涨停没流动性，更没有人气，是极少数人玩的；而庄股可能出现连续"一"字涨停，或持续上涨。

（5）庄股容易形成单边行情，股价经常一步到位；而妖股大起大落，要么涨停，要么跌停，有时下跌几个点之后仍能轻松拉起，股性很活跃，任何人只要敢参与，都可以成功而退，游资及敢死队等热钱进出频繁。

（6）庄股就是一头狮子，独守一头猎物，想咋吃就咋吃；妖股就是一群强壮的狼，蜂拥而上，把狮子赶跑，猛吃快吃，秃鹫也围上来，铺天盖地，狮子只能远远地看着，无奈地走开。

（7）庄股换手相对较小（长时间日换手率不足1%），从筹码分布图看，常常是多峰密集，一旦涨停，往往是封死"一"字涨停而无法参与，一旦开板，往往预示着行情将要结束，开板之后再参与风险较大；而妖股盘子较小，非机构高控盘，每天换手高，有分歧才有换手，没有分歧也就没有炒作机会。

图1-9，步森股份（002569）：这是一个典型的庄股运作手法实例。该股庄家成功

完成建仓计划后，大部分流通筹码已经落到庄家手中，达到了高度控盘程度，建仓、洗盘、拉升、出货全部由庄家说了算，散户很难在庄家手中赚到钱。当庄家在高位大量派发筹码后，股价在 2017 年 12 月 18 日开始跳水。这样的实例很多，大家可以结合实时盘面走势做进一步分析，以提高识庄、跟庄、擒庄的实战操作技能。

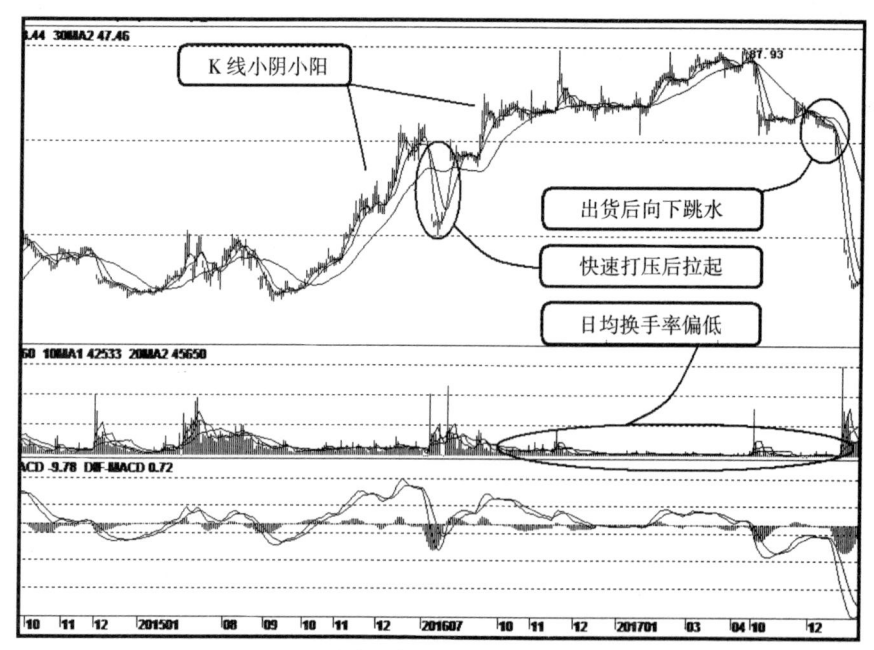

图 1-9　步森股份（002569）日 K 线图

图 1-10，建科院（300675）：这是一个典型的妖股运作手法实例。该股在 2017 年 7 月 19 日上市后，股价连拉 13 个 "一"字涨停开板，后经过 3 个交易日的短暂调整，引来了大量的短线资金关注，8 月 10 日开始，股价出现妖艳的走势。盘面怪异、奇特、独立的走势与庄股明显不同，不受大盘涨跌影响，股价却涨上了天。

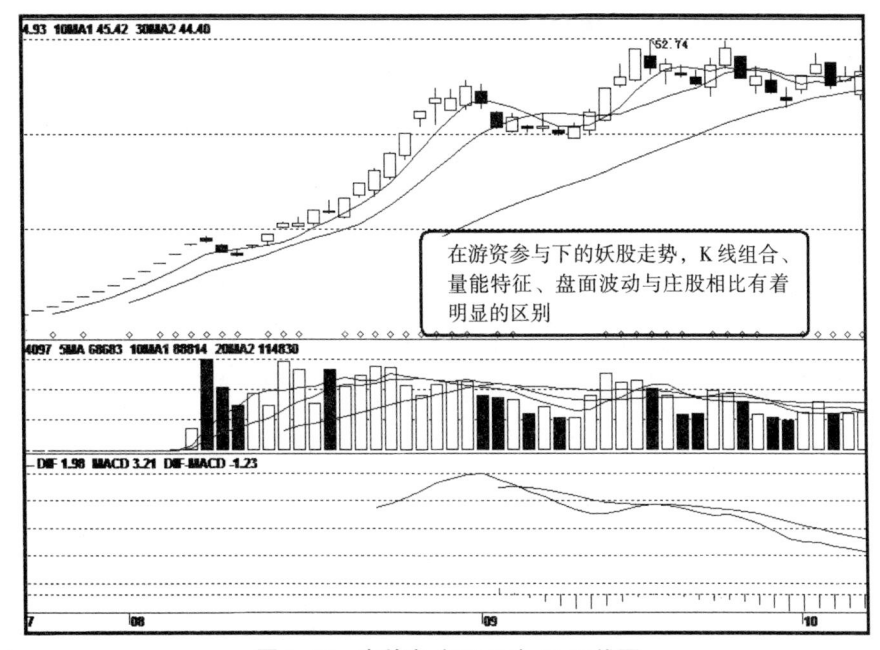

图 1-10 建科院（300675）日 K 线图

## 第四节 妖股与游资的区别

妖股与游资是既有联系又有明显区别的两种不同的操作模式，正确甄别两者的联系和区别有利于实盘操作的成功率。

（1）妖股大多有游资的积极参与，而游资短炒个股不一定成为妖股。游资是妖股的创造者，妖股是游资的活跃场所，从这方面讲，两者主体不同，二者是从属关系。

（2）妖股的持续时间比游资炒作个股长得多，不少游资是专做隔日行情的。

（3）妖股有明显的建仓、洗盘、拉升、出货阶段，各个阶段都有缜密的操作计划，而游资很多时候临时起意，突破光顾某只个股，没有事先的建仓计划。

（4）妖股都是明星股，一段时间市场人人皆知，而游资光临个股经常偷偷摸摸，悄无声息，来无踪去无影。

（5）有的妖股主力已经达到控盘程度，而游资参与个股基本没有达到控盘程度。

（6）从散户跟风角度讲，参与妖股的安全系数比游资操作个股要可靠得多，妖股只要不是过分追高买入的，一般有获利机会，而游资一旦离场，则一去不回头，短期难有解套机会。

图 1-11，新晨科技（300542）：这是一个典型的游资运作手法实例。该股在 2018 年 1 月的走势中就显露出游资的足迹，股价悄无声息地突然启动，连续拉高，没有明显的建仓迹象，也没有主力对股价进行控盘，游资短炒一把走人，K 线呈倒 V 形反转形态，股价又快速回落到原点，短线跟风者被套牢在高位。

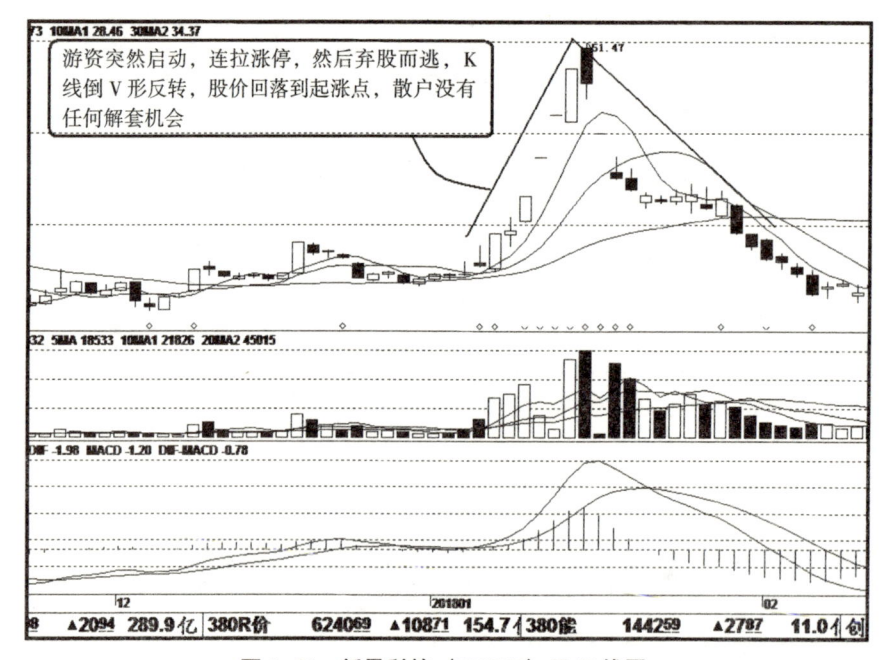

游资突然启动，连拉涨停，然后弃股而逃，K 线倒 V 形反转，股价回落到起涨点，散户没有任何解套机会

图 1-11　新晨科技（300542）日 K 线图

## 第五节　游资与庄股的区别

庄家是近几年出现在市场的比较具有中国特色的名词，如果跟对庄家则可获得超常利润，但正确判断庄家意图相当困难，被套牢者数不胜数。

股价持续上涨自然是大家希望的，但股价拉升是游资行为还是庄家发动的？这关系到个股的后期走势，也在相当程度上决定了后期上升的空间，因此分辨和理解这两类资金的操作思维，对大家实盘操作来说是十分重要的。两者主要区别如下：

（1）时间长短不同。庄家参与个股的理由，一般是公司基本面出现改善，并最终通过业绩的提升来得到验证。由于庄家在市场尚未知晓之前就已提前介入，因此花费的时间就比较长，一般长达数月甚至更长。

游资没有长期持有筹码的习惯，所以喜欢短线炒作，而市场题材性的炒作正好符合这类资金的要求。由于市场题材变化很快，因此游资炒作的时间也很短，一般不会超过一周，更有短至一两天的，上午建完仓以后就快速推升股价，第二个交易日全部出货，完成一次性短炒行为。

（2）启动方式不同。虽然都是加速上涨或涨停，但是短线游资由于没有经历建仓过程，因此有明显的抢筹动作，开盘后没几分钟就快速封住涨停。有的游资更是直接开盘就涨停，封盘吃货。

而长线庄家大多是先拉高一波，在高位横盘一段时间，然后再慢慢地推到涨停。找一个合适的时机，合适的点位，用最小的代价把股价拉上去，这是庄家的惯用操盘手法。

（3）成交量大小不同。由于游资炒作的时间非常短，在抢筹之前往往没有建仓环节，成交量相对之前会出现明显放大。游资来去匆匆，抢筹出货都容易用极端手法，所以游资操作过的股票，容易出现天量、巨量，一天换手率往往可以达到20%甚至更多。一旦后面成交量出现大幅萎缩，就说明游资主力没钱了，或者玩击鼓传花游戏的时候，当后面资金跟不上时，股价就很快会掉头下来，萎靡不振。所以，快涨快跌，成交量大幅变化的个股，大多是游资操作的股票。

庄家运作个股时，有建仓、拉升和出货三个最基本阶段，在拉升时的成交量肯定比平常要大，但是不会大得离谱，大多是温和放量态势，再大也不会整体大于过去一年的峰值。中长线庄股，无论涨多高，只要成交量不连续异常放大，说明庄家仍在其中，随时有反攻的可能。

（4）洗盘风格不同。在股价拉升后，中间常常会出现洗盘走势，一为洗掉获利浮筹，二为洗掉上方筹码，三为拉高市场平均持仓成本。

游资操作的股票，洗盘多半在盘中就完成，或者用两三天完成。这里有一个很重要的区别点就是短线游资炒作的股票，中间喜欢用大阴线巨量洗盘，甚至出现间隔性的大阴线洗盘两三次，比如涨停后放量大阴线。游资炒作的股票，洗盘主要目的是吃更多的货，便于做后期的拉升。

中长线庄家资金运作的股票，在拉升途中的洗盘虽然会有阴线，但往往阴线不会特别大，或者只会有一次高开造成的阴线，连续的或者间隔的放量大阴线不会经常出现。庄家坐庄的股票本来筹码就很稳定，洗盘只是不断抬高市场平均持仓成本，为最后的出局做准备，而不是为了吃更多的货。

（5）股价涨幅不同。庄家介入的个股盈利目标至少在50%以上，因为在运作过程中投入成本较高，因此股价总体超过一倍或几倍，但这样的升幅需要几个月甚至更长的时间来完成，而每一个时间段内的涨幅不会很大，一般来说，超过30%~50%就会面临调整。

游资操作的时间很短，市场适应时间也不长，比如游资将一些个股连续推至涨停，这样几个交易日股价的涨幅就会很大，使得市场很难接受被推高的股价，在这种情况下，市场买单将难以为继，游资也会面临难以退出的尴尬。所以游资决不会将股价推得很高，一般情况下连续上涨超过30%就基本达到目的，决不会像庄家那样经过调整后再来一波行情。

这里有两种情况需要说明：一种是经过基本面重大变化以后股价飙升的，这种情况不一定是游资在参与，往往是股价的重新定位；另一种是有些题材股也会反复上涨，但这并不一定是同一波游资干的。通常是前面的游资炒完后走人，之后市场重新炒作该题材，于是新的一波游资再进入，这是两波不同的游资行为。

（6）护盘强弱不同。庄家在运作过程中，非常在乎股价的走势，因此经常出手护盘。其目的是通过时间的延续，让市场接受上涨后的股价，而游资操作的时间很短，实际上也不需要护盘时间，一旦市场买单跟不上，游资就会撤退，所以不需要护盘，也没有能力护盘。

（7）分时走势不同。庄家在拉升股票时，分时走势往往是N字波拉升，然后震荡调整，收盘是大阳线，而且经常不让股票涨停板。游资拉升的分时走势往往是低位震荡小幅盘上，然后突然以迅雷不及掩耳之势，接近90度直线拉升至涨停板。

（8）盘口买卖单不同。庄家在拉升股价时，很少用连续的大单向上扫货，这是因为庄家已经不需要抢筹。只是在关键的价位用大单向上攻击，起到四两拨千斤的作用。游资的买单往往是连续的多位数大单蜂拥而上直到涨停，这是因为游资没有建仓的过程，需要快速抢筹，甚至涨停板上吃货。

显然，如果只是中线操作，那么跟随庄家会更安全一些。如果喜欢做短线，那么跟随游资搏一把也未尝不可，只是要求快进快出，一旦游资撤离应及时退出，因为游资参与的题材股都是没有估值优势的，一旦题材不再是市场热点，将面临比市场更大的下跌风险。

值得注意的是：大多数庄家控盘的股票，游资一般不敢参与。庄家介入较深的股票，游资一旦发动上涨行情，庄家往往是在涨停板位置大肆砸盘出货，又在第二天大幅低开，将短线游资套牢，或者是第二天冲高回落，让游资无利可图。在实盘中，一些游资就被庄家闷着打,特别是一些公募基金和机构重仓的个股,往往看到游资进来抢筹的时候,龙虎榜上总有机构出货的席位。

## 第六节 龙头股和妖股的区别

(1)龙头股和妖股有很多时候是同一只股票,例如,石墨烯概念的方大炭素(600516),去产能概念的华菱钢铁(000932),新能源汽车概念的安凯客车(000868),原材料涨价概念的贵州燃气(600903)等,龙头和妖股就是同一只股票。

(2)龙头股和妖股有时候不是同一只股票。妖股和龙头股的最大区别就是能否起到领涨作用。龙头股领涨,妖股是疯狂地涨,有时候不是同一只股票,甚至妖股比龙头股涨幅还要大。区别它们很难,区别点很细微。龙头股的属性是领涨,妖股的属性是疯狂。例如,最近的软件行业,龙头股是中国软件,妖股是浪潮软件。为什么如此划分?因为中国软件是领涨股,而且是带领该板块腾飞的核心力量,而浪潮软件虽然涨幅猛但是它不是领着大家涨的。也就是说,龙头股不但照顾好自己的涨幅,还要有带领大家一起涨的使命感,是市场的"带头大哥",而妖股仅仅是照顾好自己,让自己疯涨而已。

(3)妖股的风头有很多时候会盖过龙头股,但是龙头股无论如何都是涨幅和疯狂数一数二的,第三位都不是龙头,也就是说龙头股不是一,就是二。龙头股有时不是一个,由于主题投资的特殊性,龙头股很多时候可以是两个,但是最多不会超过三个。例如,2017年的中科信息(300678)和建科院(300675)是同一时期的次新股,它们可以同时是龙头股;冀东装备(000856)和创业环保(600874)是同属"雄安新区"板块的两只龙头股。

(4)龙头股可能会转换,也就是交接。例如,近几年白酒板块中,早期龙头是老白干酒(600559),中期转换成顺鑫农业(000860),后期转换为贵州茅台(600519)。龙头股的转换容易出现在炒作周期比较长的题材中,而且板块中的个股比较多,差异性大。

通过上述分析,基本上已经把龙头股搞清楚:起领涨作用的,最聚集人气的,拥有光环笼罩和明星效应的,资金介入最凶猛的,涨幅数一数二的"带头大哥"就是龙头股。

# 第二章 横空出世——妖股形成基因

## 第一节 妖股四大基因

妖股大多具有阶段爆发性,在较短的时间内出现连续涨停或持续上涨,受到游资的接力追捧,成为市场的明星股,也成为街谈巷议的焦点。操作妖股考虑的并不是投资价值的挖掘,更多的是市场人气和游资抱团,对它上涨高度的预计,只要短期能在更高的价位抛出,便有买入的"价值"。那么,妖股背后具有哪些特殊的基因呢?

### 一、小巧玲珑

妖股的股本相对较小、属于市值中等规模的"袖珍股",一方面有市值提升的想象空间,另一方面容易主力控盘,拉升难度较小。概括起来就是"四小",流通股本小,流通市值小,总股本小,总市值小。总体上,一般启动时股价在20元左右,流通盘在5亿股上下,市值在100亿元左右,最好市值在50亿元以下。例如,安凯客车(000868)启动时的市值是35亿元,目前市值73亿元;武汉凡谷(002194)启动时的市值约45亿元,目前市值85亿元。这两个新炒作的题材,市值还没超过百亿元,后期或有上涨空间。而方大炭素(600516)启动时的市值约180亿元,最高时到600亿元;西部建设(002302)启动时的市值不到80亿元,最高时到280亿元。

当然,流通盘大小,只是一个前提条件,更重要的是控盘外的流通筹码多少和这部分流通筹码的分布情况,基金、大户、散户之间的持股比例,因为引起外部关注的资金多少与流通盘大小必须满足一定的关系。

## 二、亮丽题材

题材是市场炒作的永恒话题，妖股要有美妙的而且持续性较强的题材，最好是活蹦乱跳的新鲜题材，没有被市场炒作过，而且具有板块带动作用。如5G概念、360概念、新能源、去产能（涨价概念）、"一带一路"概念都具有较多相关的股票，能够形成跟风效应，这样的题材上涨行情往往更具备持续性。如果题材互相叠加，则效果往往更好。如"一带一路"概念叠加去产能（涨价概念）再叠加转型互联网金融，那股价肯定会炒上天。

主力实在没有新鲜题材可炒时，也要加热炒冷饭，如次新、高送转、股权转让、借壳、并购预期等，这些都是耳熟能详的题材，但老题材新花样，也能够炒得有滋有味。或者，干脆来个"乌龙"概念，使"乌鸦变凤凰"，也可以把股价炒成翻番的妖股。

可见，自A股市场诞生以来，无论牛市、熊市，从来都不缺表现惊艳的个股，市场永远不缺乏题材，而是缺乏想象力，只有想不到，没有做不到。总之，每一只妖股背后都有一个可以演绎的美丽动听的故事，故事没结束股价不见顶。

## 三、业绩适中

业绩不要求太亮丽，也不希望太悲观，至少不会被冠以"ST"帽子。因为"ST"容易被特停，价值投资者一般也不敢大胆买入"ST"股票（私募内部有明确规定）。

一般情况下，市盈率和市净率越低越好，但事实上大多数妖股在启动前市盈率和市净率均比同行业平均水平高出几倍，所以看好的投资者不多，筹码往往容易集中在少数主力手中。

市盈率是每股市价与每股盈利的比率。计算公式：市盈率=普通股每股市场价格÷普通股每年每股盈利。式中的分子是当前的每股市价，分母可用最近一年盈利，也可用未来一年或几年的预测盈利，所以为动态市盈率（PE）。市盈率是估计普通股价值的最基本、最重要的指标之一，一般认为在20~30倍比较合理。市盈率低，说明股价低，风险小，值得购买；市盈率高，则说明股价高，风险大，应谨慎购买。但是，市场中高市盈率股票往往多为热门股，低市盈率股票可能为冷门股。

市净率（PBV）是指股票市价与每股净资产之间的比值，侧面反映了公司的盈利能力。计算公式：市净率=股票市价÷每股净资产。在理论上，市净率越低，所承担的风险就越低，价值被低估，有价值回归上涨的可能。当然，市净率的高低，对短线操作

影响不大，市净率适合长线投资参考。在成熟市场里，一般市净率在 2 左右，通常 5 以下可以看作是合理的。

### 四、机构较少

盘中驻扎的机构较少，方便短线游资的进出。由于业绩一般，盘子又不大，所以在股东结构中，一般机构不会选择这类股票。例如，武汉凡谷（002194）在 2017 年 9 月 21 日涨停之后，9 月 22 日就登上龙虎榜，明显受到短线游资的关注，在 9 月 27 日和 28 日，更是获得光大证券深圳金田路营业部连续买入，所以股价连续两日收涨停。9 月 29 日华泰证券深圳益田路荣超商务中心营业部和中泰证券深圳欢乐海岸营业部大举买入，当天再度强势封涨停板。

一般情况下，机构持股比例不超过流通股本的 50%，多数妖股的机构持股比例为 20%~40%，最好机构持股比例在 10% 以下，这样游资主力可以当家做主了。如特力 A、上海普天、洛阳玻璃、九阳股份、潜能恒信、科泰电源等妖股的大股东持股比例在 50% 左右，锦江投资、罗平锌电等大股东持股比例在 30% 左右，而协鑫集成、中航动控、世纪星源、海欣食品、兔宝宝、荣信股份等大股东持股比例在 20% 左右。

图 2-1，贵州燃气（600903）：该股在短短的 20 多个交易日里股价涨 3 倍，强势霸榜，完爆两市，那么形成妖股的上涨基因是什么？

从基本面上看，2017 年下半年以来国内液化天然气价格暴涨，从 4000 元飙至万元以上，而该股是贵州省最大的城市燃气经营企业，以燃气输配供应与销售服务为核心业务，向集中供暖、分布式能源管理等领域延伸拓展，立足于优势资源整合和全省市场发展，打造产业多元发展的大型综合性燃气集团，推动贵州燃气事业快速稳定发展。经过多年的努力和发展，已在全省 25 个特定区域及 1 个省外特定区域取得了管道燃气排他性特许经营权，公司已建设总长约 260 公里的 3 条省内天然气支线管道，经营区域规划人口超过 1200 万人。

从主力筹码上看，前十大股东股权占比超过 85%，高度集中，流通盘只有 15%。公司的总股本是 8.13 亿元，流通股本是 1.22 亿元，在股价启动时流通市值不到 10 亿元，这样的小盘股是主力最佳的品种。此外，它属于上市不久的次新股，理论上套牢筹码并不多，很容易出妖股。

**妖股战法**——深度解析妖股盘前盘后的运作逻辑

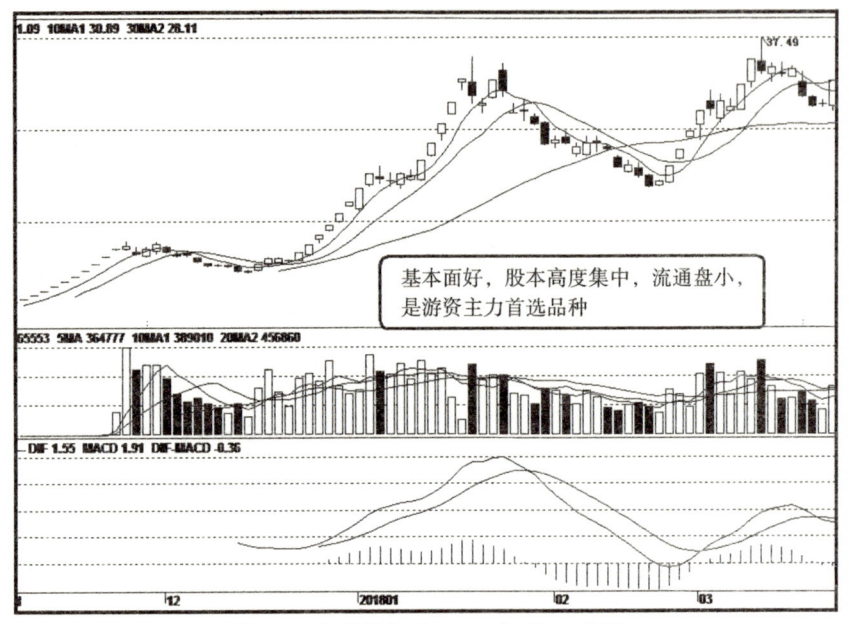

基本面好，股本高度集中，流通盘小，是游资主力首选品种

图 2-1　贵州燃气（600903）日 K 线图

那么，谁在操控贵州燃气成妖股？主要以海通证券蚌埠中荣街营业部和国泰君安成都北一环路营业部为主，以国泰君安南京太平南路营业部、海通证券宁波解放北路营业部（一线游资）、方正证券六盘水青峰路营业部和海通证券天津霞光道营业部等为次。从券商系上看，主要是以海通证券和国泰君安的营业部为主。

从龙头榜上看，该股在 2017 年 12 月 15 日才上龙虎榜，奇怪的是在 12 月 14 日这天涨停才是它的转折点和爆发点。这天应以"成都帮"拉升主攻，"深圳帮"助攻。国泰君安成都北一环路营业部（一线游资）进入 3977 万元、华泰证券深圳益田路荣超商务营业部（一线游资）进入 1843 万元和宏信证券成都天府大道北段营业部进入 1454 万元，这批游资基本是"一夜情"行情，在 15 日放量就出掉，一夜就赚了 3%~9%。

在第二次龙虎榜中，有七路游资博弈，股价 3 次封板。12 月 20 日早盘快速拉高，十分钟后冲上涨停，虽曾一度开板放量，但仍成功回封，成为当日为数不多的实体涨停板。从龙虎榜上看，海通证券宁波解放北路营业部买入 1600 万元主封涨停，国泰君安郑州黄河路营业部买入 1370 万元助攻封板，中国中投证券深圳爱国路营业部买入超过 1000 万元，当日龙虎榜净买入 3100 余万元。

在第三次龙虎榜中，再度有七路游资博弈。在 12 月 21 日买入金额最大的前 5 名营业部分别是海通证券蚌埠中荣街营业部（一线游资）买入 2879 万元、中国中投杭州环球中心营业部（一线游资）买入 1153 万元、海通证券天津霞光道营业部买入

1152万元、海通证券杭州文化路营业部买入1043万元和中泰证券宁波江东北路营业部（一线游资）576万元。在这一天，奇怪的是20日前进的龙虎榜排名前五的营业部在21日全线出光，赚最少的才15万元。

在12月21日的龙虎榜中，国泰君安南京太平南路营业部买入1300万元，东莞证券北京分公司助攻买入947万元，前一日买入的中国中投杭州环球中心营业部卖出1200万元，海通证券天津霞光道营业部卖出1200万元，当天龙虎榜资金净流出107万元。但需要注意的是，海通证券蚌埠中荣街营业部的筹码2879万元处于锁仓中。

12月22日，海通证券宁波解放北路营业部第四次上龙虎榜，游资锁筹码，股价冲击三板涨停。25日股价超预期四连板，光大证券深圳金田路营业部2000万元封板。22日在新高三连板后，25日高开高走，连续的买单使得该股开盘半小时便被推到涨停，虽后来开板震荡，但尾盘仍借助次新股强势氛围回封涨停。从龙虎榜来看，高位接力专业户光大证券深圳金田路营业部买入近2000万元尾盘封板，财通证券温岭中华路营业部、浙商证券温岭人民东路营业部分别买入820万元、690万元助攻连板。可是海通证券蚌埠中荣街营业部已获利出局。12月26日强势五连板，走势已经成妖，但并没有上龙虎榜，最终股价达到八连板。

在该股成妖过程中，最失意的是"成都帮"和"深圳帮"。国泰君安成都北一环路营业部和华泰证券深圳益田路荣超商务中心营业部是两家最早在12月14日同时买入的，第二天就全部抛出了，如果能多放两周，至少可以再赚50%和1800多万元的盈利。同样，有失意的，当然也有得意的。最得意的是海通证券蚌埠中荣街营业部，在21日买入2879万元，并持有2天，在25日卖出3101万元，应是出掉一部分，至少获利在20%以上。事实上，该营业部12月14日就买入825万元，15日再次加仓买入408万元，在20日出掉430万元，并且在22日近3天买入3284万元。

在操作手法上，基本是游资的"一夜情"行情，在上涨过程中，有各路游资进入，大多是第二天就跑，持仓2个交易日以上的很少，而且游资的仓位也较重，说明游资也赚不了多少钱。就算是市场最强的妖股，也很难在该股中赚多少钱，现在看来也就是海通证券蚌埠中荣街营业部赚了1500万~2000万元。

# 第二节　妖股产生环境

大家知道，近年来 A 股市场妖股风生水起，此起彼伏，大有愈演愈烈之势，主力机构在做妖股，市场游资在造妖股，普遍散户在跟妖股，整个市场都在追崇妖股。这是因为市场处在结构性行情当中，尚不具备大级别牛市行情，没有可持续炒作的主题，游资抱团明显，市场只有借助短期消息、题材、概念等，对个股或板块进行抱团炒作。所以，妖股出没，横行于市，需要一定的市场生存背景和条件。

## 一、指数企稳

一般来说，妖股的爆发期是在震荡市或慢牛市之中，大的恐慌期基本已经过去，市场有一定的活跃基础，同时又缺乏持续上涨的基础，赚钱效应也不是特别好，这期间热点更容易凸显，蹦出的妖股非常耀眼。在牛市中多数个股处于上涨，从而分散了大量的资金，妖股上涨也没有那么出类拔萃，往往被埋没在牛市的涨势之中，而在熊市中由于风险意识所致，难以吸引资金接力，也很少出现妖股。

图 2-2，方大炭素（600516）：上证指数在 2017 年 4 月 12 日至 5 月 10 日处于下跌调整走势，不断创出调整新低，绝大多数个股弱势下跌，而方大炭素却不受大盘下跌影响，股价重心不断向上抬高，走势明显强于大盘。5 月 11 日，当大盘探底成功后，该股立即出现快速上涨行情，借助去产能（涨价概念）利好，股价涨了又涨，成为两市的妖股。

## 二、资金宽松

资金是妖股产生和上涨的原动力，消息面和政策面具备良好的环境，比如资金来源没有被清查等。控盘资金入市之前必须考虑到能否承担被查处的风险，由于妖股需要不断地更换主力，每个或几个主力有 30%~50% 的盈利时，就会换成下一批新主力，这样资金一批又一批，源源不断地介入，股价才能不断地向上走高。

其实，一只股票妖起来后，控盘资金不需要再参与中间过程的上涨操作，这是一个自发形成的过程，做一下尾盘封单的工作就可以了。所以那些靠自己的资金力量操盘的不是妖股，而是庄股。上涨过程中的操盘是不能过多地干预的，因为过多地干预

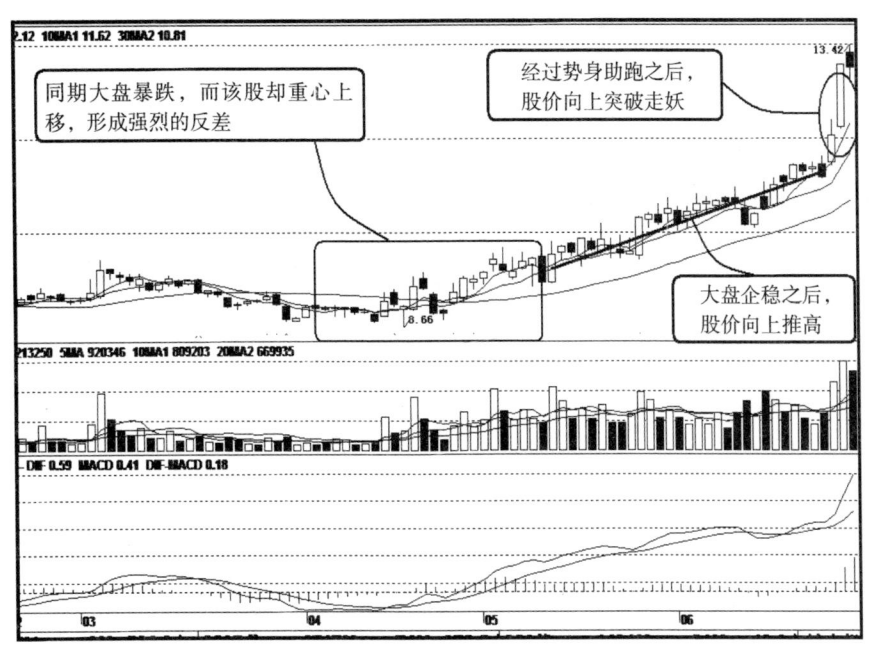

图 2-2 方大炭素（600516）日 K 线图

会留下资金的痕迹，容易被监管发现调查。

### 三、积极接力

包括两方面：一方面龙头妖股本身的接力要活跃，资金一批又一批地轮换，股价涨了一波又一波，只顾自己上涨，完全不理会大盘的强弱。假如没有接力资金，仅凭单一主力拉高，行情也很难持续下去。通常一个波段上涨 30%~50% 后，就会调整更换新资金，比如四川双马（000935）三波大资金入场，发动三波上涨行情，每一波涨幅都较大。另一方面还要有热点个股的接力，形成板块集体效应，这样妖股的寿命会更长，仅凭某一只个股单独表演，一枝独秀，独领风骚，难成大妖股。所以，要有群体效应，一只妖股倒下（如特停），其他新的妖股扛起重任，顺利接棒，继续维持市场"妖气"。例如，次新妖股中科信息（300678）疯狂上涨后，从 2017 年 8 月 25 日起被特停 5 个交易日，此时市场不少人认为次新板块要熄火了，就在这个节骨眼上，朗新科技（300682）、建科院（300675）、设计总院（603357）等其他一批次新妖股接棒而上，从而使次新板块继续发威，9 月 1 日中科信息复牌后再次妖涨。又如去产能（涨价概念）的方大炭素（600516）修炼成妖后，带动寒锐钴业（300618）、赣锋锂业（002460）、沧州大化（600230）、盐湖股份（000792）等个股相继走妖。

当然，主力资金也喜新厌旧，新热点、新龙头出现后，也就意味着老妖股的退潮，同一个大热点炒作的中后期，一般会有龙头切换。江湖出新人，妖股生新招。只要上车不太晚，自有获利机会，即使上错车，也有从容小幅止损的机会。

### 四、良好预期

有良好的前景，符合当时的政策及成长性预期，每股未分配利润和每股公积金比较高，有高送转预期，想象空间较大。

### 五、协调配合

消息、题材传递渠道畅通，公司积极配合，及时推出异动公告，三天一个振兴规划、五天一个发展纲要，并且公告中含有想象空间的文字。

### 六、利益驱动

在基本面上，个股上涨前期一般都没有特大利好驱动，消息面和题材面上都是属于比较冷门的，这样方便主力资金早期建仓，然后被一根导火索点燃升空。

### 七、市场人气

水能载舟，也能覆舟。妖股的启动和上涨高度往往与市场人气有关，资金是妖股产生和上涨的原动力，人气是培育妖股加速的沃土和催化剂。人气低落，资金谨慎，难以催生妖股；人气高涨，资金涌入，妖股更加疯狂。

散户看到妖股持续上涨，心里总是痒痒的，希望自己也能抓到一只妖股，可是，不是每只股票的上涨都能演变为妖股，妖股有它的生存环境和条件。在上述生存条件中，前面三点为必要条件，后四点属于次要条件，锦上添花。

## 第三节 妖股技术雏形

股海踏浪，百炼成精，千练成妖。孵化成妖的个股，都需要具备一定的技术条件，有了一定的技术雏形后，就会破茧而出，在市场上兴风作浪。那么，初期的妖股有什么技术雏形呢？

# 第二章 横空出世——妖股形成基因

## 一、横盘或超跌

妖股在启动之前，一般没有经过大幅爆炒，甚至曾经由于利空在短期内出现大幅下跌。然后企稳经过较长时间的横盘，这是妖股的酝酿期。

图 2-3，华锋股份（002806）：该股从高位回落后，股价一路走低，最大跌幅超过 68%，股价严重超跌，这时主力悄然介入低吸筹码，通过"横盘加打压"的手法，成功地完成了建仓计划。在时机成熟时，股价于 2018 年 4 月 17 日，一跃而起，快速妖魔式上涨。

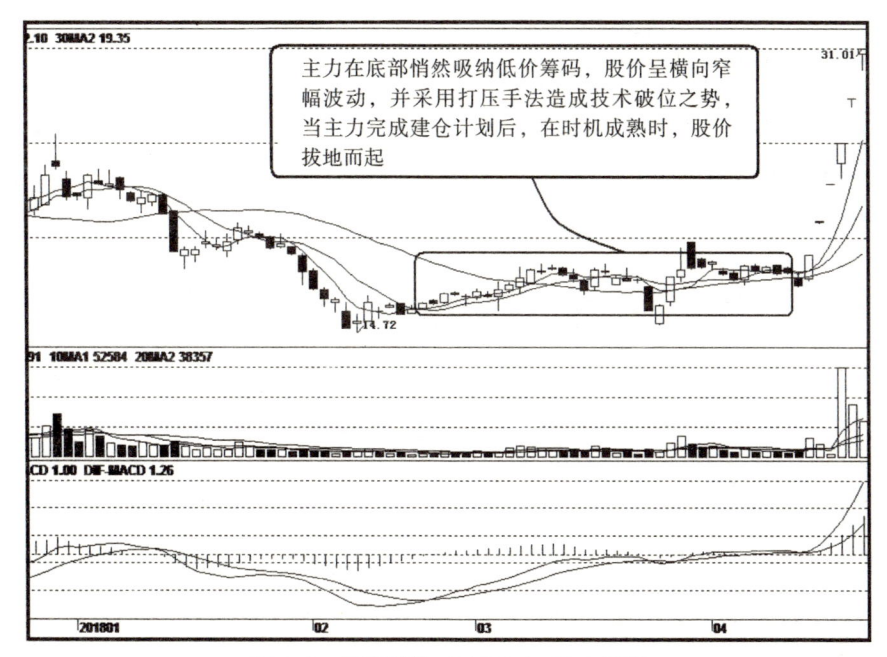

图 2-3 华锋股份（002806）日 K 线图

## 二、上涨方式

妖股第一波大多会有 3~5 个连续涨停板出现，然后展开震荡上涨走势，大多属于"前急后慢"的上涨方式。

图 2-4，安凯客车（000868）：该股主力完成建仓计划后，2017 年 9 月 11 日股价突然拔地而起，第一波就连拉 6 个涨停，然后经过 3 个交易日的洗盘整理，再次展开第二波拉升行情。投资者在实盘中遇到这种盘面走势时，一般没有必要在第一波涨停开板时买入，可以等待回落调整结束后再次启动时跟进，该股在 9 月 28 日就是一个非

常好的买点，后续有 30% 左右的盈利空间。实盘中这样的走势很多见，必创科技（300667）在 2018 年 4 月的走势如出一辙，可以有效抓住第二波行情。

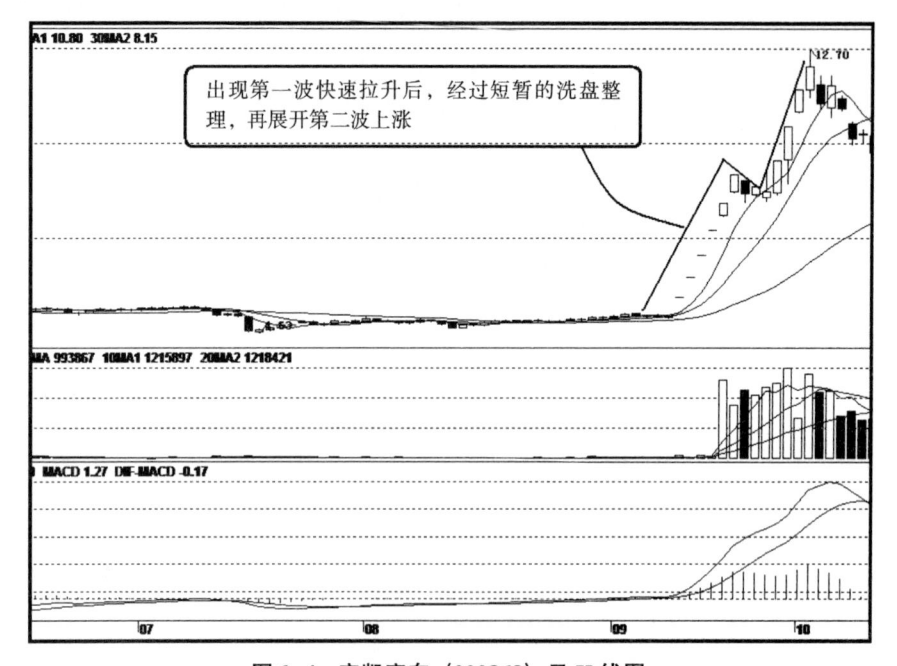

图 2-4　安凯客车（000868）日 K 线图

## 三、分时走势

妖股分时走势较为流畅，盘面并不凌乱，上涨过程中没有过多的卖单压盘情况，盘中上下波动较大，一般有 8 个点的振幅，这种盘面短期不会见顶，给人明显有"坐庄"的感觉。

图 2-5，乔治白（002687）：在 2018 年 10 月底 11 月初的走势就是这样，盘面上下大幅波动，振幅大多超过 10 个点，庄家不按规律出牌，一般散户难以把握盘面规律。在日 K 线中，要么涨停，要么跌停，起伏较大，走势非常妖艳。经过短线巨幅震荡调整后，股价继续向上突破，后市走多高、走多久完全凭庄家的实力和兴趣而定。

## 四、K 线形态

大阳小阴，交错上行，或连续中阳上涨，进二退一或进三退一，时常有涨停板夹于中间，但很少出现"一"字涨停板，波段涨幅在 30%~50%。

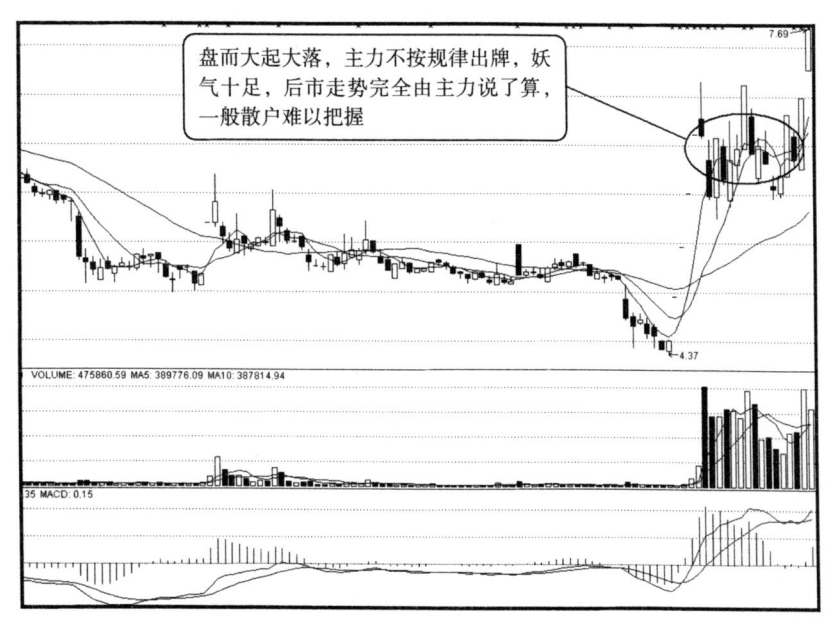

图 2-5 乔治白（002687）日 K 线图

图 2-6，中国软件（600536）：该股经过长期的下跌调整后，股价已经跌无可跌，主力在低位吸纳了大量的低价筹码，然后股价渐渐企稳回升，K 线形态中出现大阳小阴的稳步攀升方式，不断向上推升股价，当股价消化了前期小平台的压力后，于2018年 4 月 18 日出现上涨行情，此时就是一个非常好的买入机会。

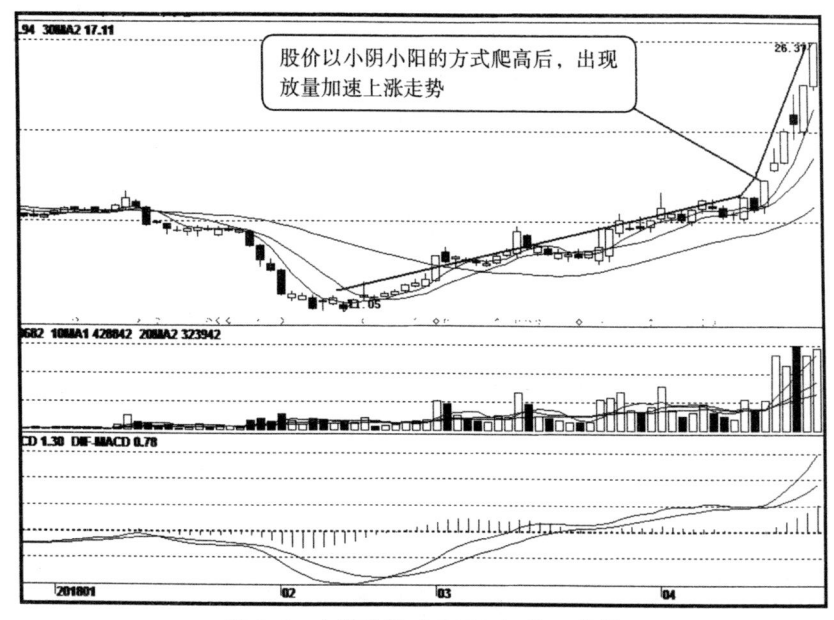

图 2-6 中国软件（600536）日 K 线图

## 五、技术形态

出现历史新高、大箱体突破、底部放量突破等形态。技术形态和指标也很配合。例如，长期横盘的西部建设（002302）、方大炭素（600516），股价启动之后，突破关键性压力位，再度展开拉升行情，安凯客车（000868）则是通过横盘收集筹码，然后挖坑洗盘，板块个股上涨，而该股也上涨。

## 六、高换手率

盘中始终保持高换手率，如果是"一"字板就不会产生高换手率，因为"一"字板缺乏流动性，更没有人气，是极少数人玩的，所以妖股很少出现"一"字板（只有启动突破时才有可能出现）。妖股的换手率很重要，有分歧才有换手，没有分歧也就没得炒了。妖股在盘中，想进的有机会进，想出的有机会出，这样才能成妖股。只要不贪婪，火中取栗，快进快出，小赚是可以做到的。如荣信股份、智度投资等换手率曾高达500%以上，九阳股份、科新机电、锦江投资、上海普天等换手率曾高达1000%以上。

图2-7，赣锋锂业（002460）：该股基本面随着发展新能源汽车被列为国家产业规划，动力锂电池产业化为相关行业的公司带来重大历史机遇。该公司从单纯的锂产品加工厂，逐步发展成全产业链布局的企业。上游掌控锂矿资源，中游将锂盐产业继续

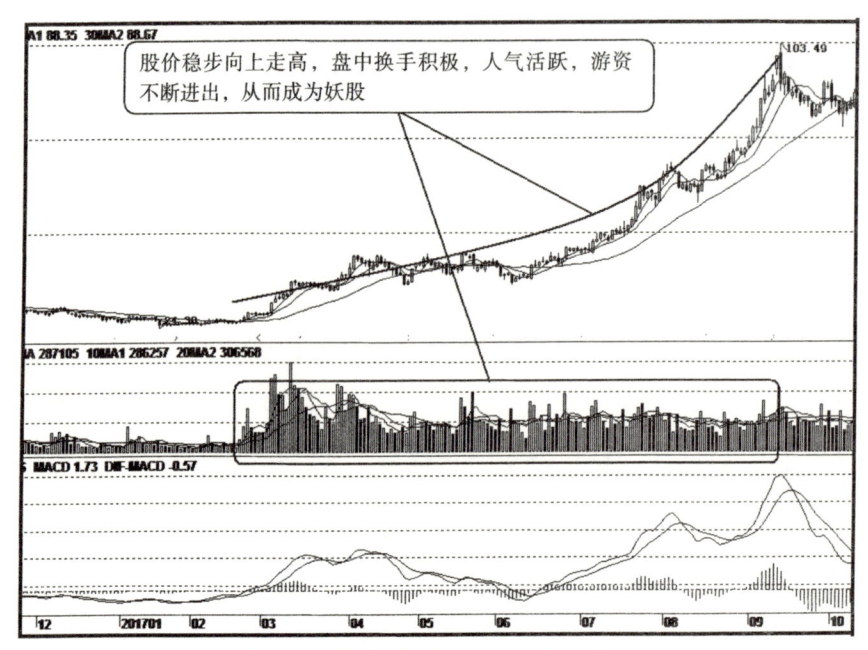

图 2-7 赣锋锂业（002460）日 K 线图

做大规模，下游进军锂电池和锂电池回收领域，打造全产业链的龙头企业。股价从 2017 年 2 月的 37 元附近启动后，一路走高，一度突破 100 元，盘中换手积极，游资进出频繁，股价累计涨幅超过 168%。

综观每一只妖股的诞生，首先题材是催生妖股的原动力，其次是技术走势，盘面走势形态很关键。妖股的走势形态很多，这里只说一种形态，这就是几乎每一只妖股都是以涨停起步的。请看以下四只股票的走势：

图 2-8，建新股份（300107）：这是该股 2018 年 1 月以来的日 K 线图，股价涨停后，出现两波大幅上涨行情。

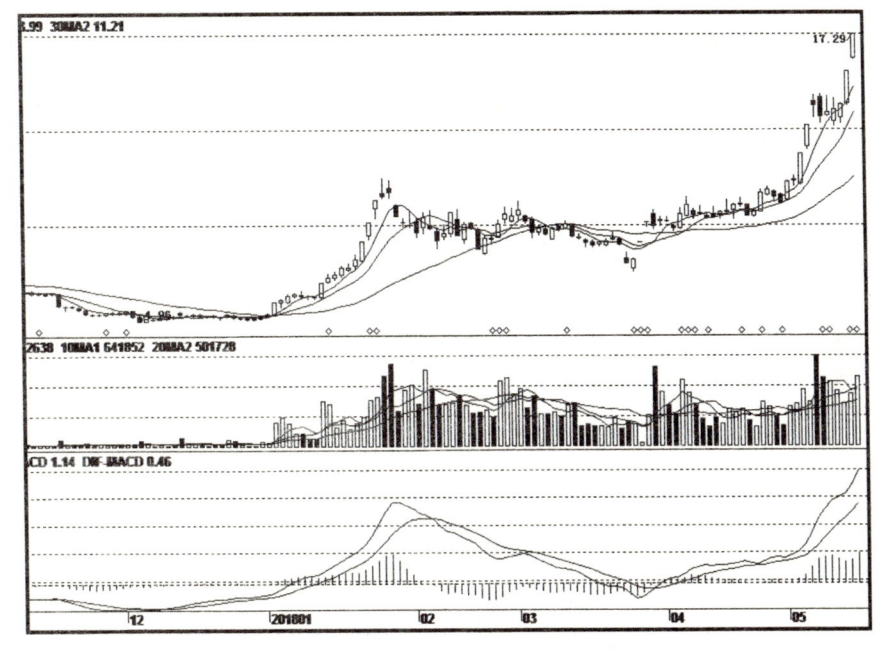

图 2-8 建新股份（300107）日 K 线图

图 2-9，光洋股份（002708）：这是该股 2018 年 10 月 25 日以来的日 K 线图，股价涨停后，出现强势洗盘，接着出现飙升行情，股价出现 7 连板。

图 2-10，九鼎投资（600053）：这是该股 2018 年 10 月 22 日之后的日 K 线图，以涨停的形式开启了妖股之旅。

图 2-11，中科曙光（603019）：这是该股 2017 年 8 月以来的日 K 线图，股价放量涨停后，出现强势上涨走势。

图 2-9　光洋股份（002708）日 K 线图

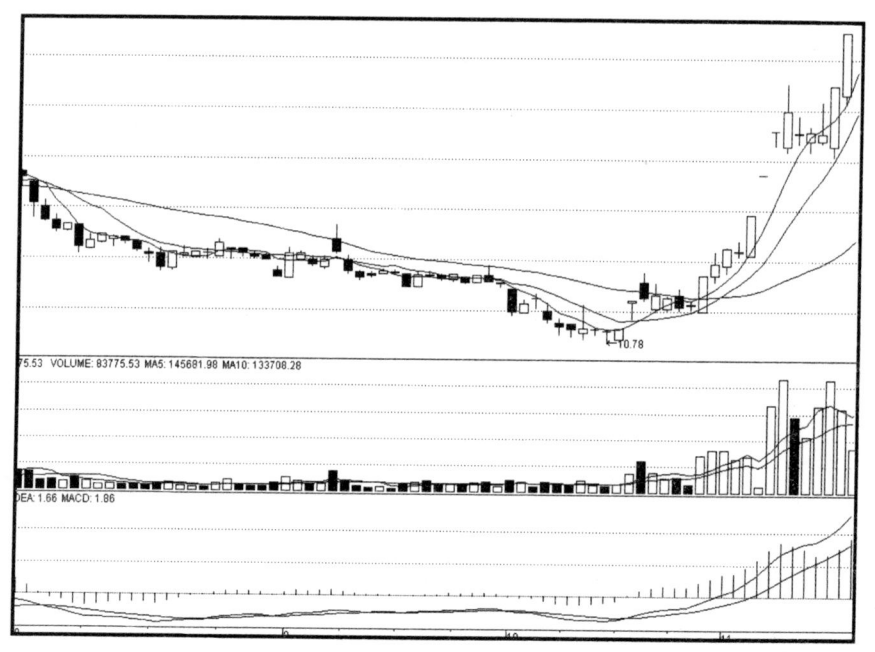

图 2-10　九鼎投资（600053）日 K 线图

第二章 横空出世——妖股形成基因

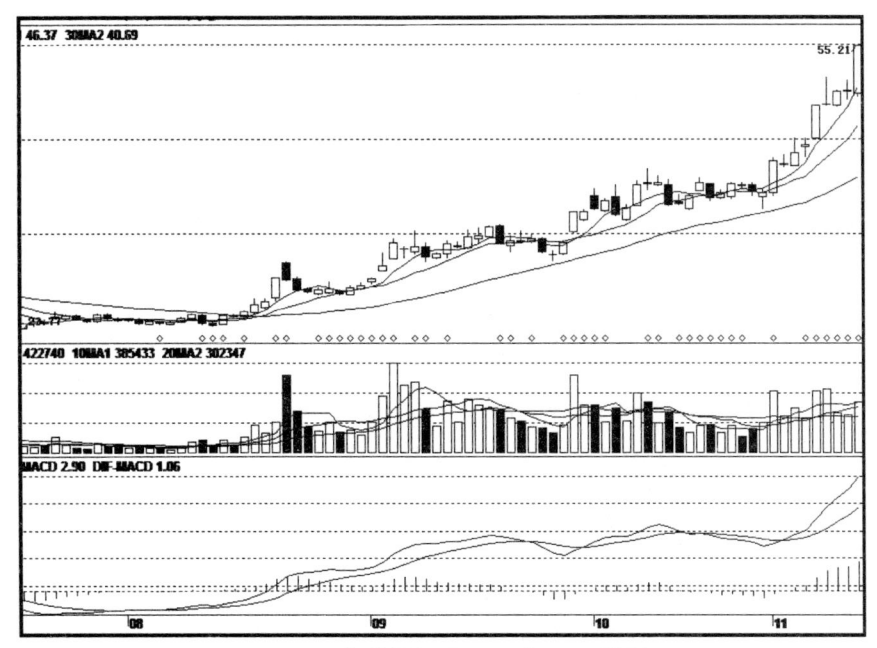

图 2-11 中科曙光（603019）日 K 线图

从以上四个实例中不难看出，这四只股票在建仓段里运用了多次涨停板来完成，这样的走势不难看出主力的强势特征，也就可以接受后面出现大幅拉升的结局了。经常欣赏牛股的走势，会使人产生一双慧眼来发现牛股的雏形，在浏览牛股的同时，注意盘面细节，因为细节决定成败。所以，闲暇之余浏览妖股形态，欣赏的同时感悟盘面走势，会给大家带来一些启迪，有收获才是目的。

出现这种走势的股票往往出自超级题材孕育出来的龙头股，是最强势的上攻态势，走势特征为连续拉板或连续大阳线上攻，逼空式的上涨，一般上涨周期为 10 个交易日左右，就能让股价涨幅翻番，气势宏大，一路高歌。对于这样的股票大家可以在阴线出现时寻找上车的机会，观察下面四个实例就会让你一目了然。

图 2-12，大众公用（600635）：这是该股 2018 年 10 月下旬以来的日 K 线图，股价短期涨幅几乎翻番。

图 2-13，方大炭素（600516）：这是该股 2017 年 6 月底至 8 月初的日 K 线图，股价短期涨幅惊人。

图 2-14，绿庭投资（600695）：这是该股 2018 年 10 月 22 日以来的日 K 线图，庄家在吸纳了大量的低价筹码后，股价出现飙涨行情，13 个交易日中，拉出 10 个涨停。

图 2-12 大众公用（600635）日 K 线图

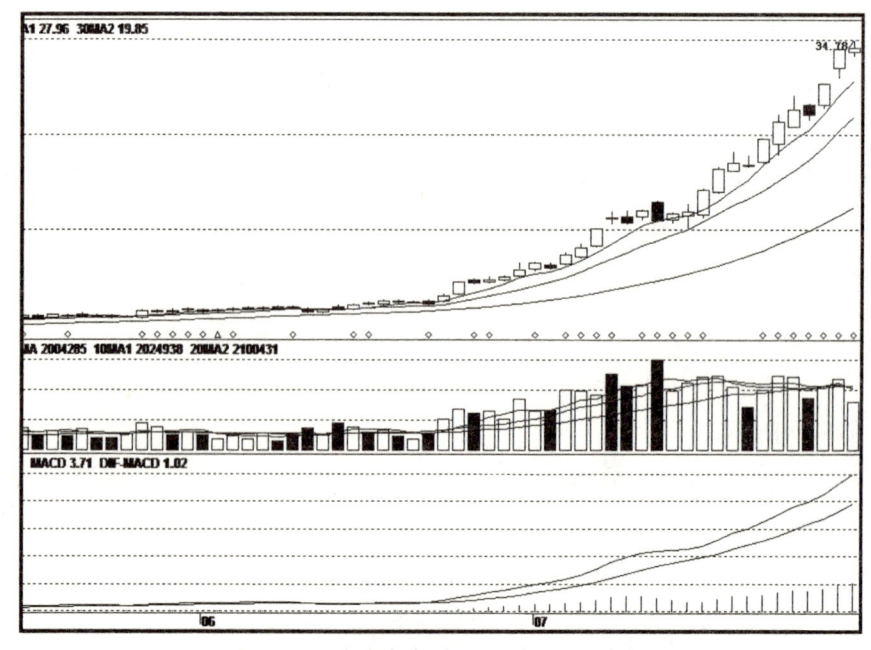

图 2-13 方大炭素（600516）日 K 线图

## 第二章 横空出世——妖股形成基因

图 2-14 绿庭投资（600695）日 K 线图

图 2-15，华锋股份（002806）：这是该股 2018 年 4 月以来的日 K 线图，13 个交易日中，拉出 11 个涨停，股价涨幅接近 200%。

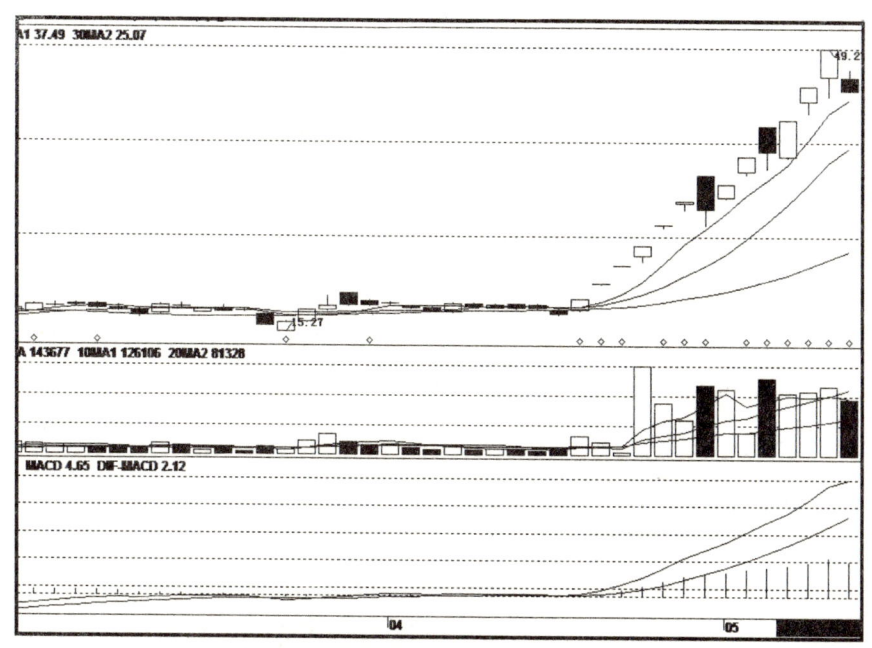

图 2-15 华锋股份（002806）日 K 线图

037

# 第四节　妖股生命周期

妖股与人一样，也有生有死。妖股在怀疑中产生，在分歧中发展，在叫好声中结束。它的整个生命周期如同台风形成过程，首先产生台风眼，然后逐渐加强，直到登陆扩散后台风解除。从操作的角度说，妖股的生命周期可以划分为五个阶段：

## 一、朦胧阶段（出生）

当股价出现第一板或第二板时，妖股就已初露锋芒，如出水芙蓉，亭亭玉立，但略显稚气，大部分人还没有全面了解该股的看点，如鸿博股份前两个板被认为是炒作手游概念，后面才发现网络彩票概念更有想象力。

## 二、分歧阶段（青年）

龙头出自迷茫，妖股来自烂板，但凡某个题材一出，万众一心无人反对，必然折戟沉沙，既不能成妖，也无法化龙。不经过烂板的洗礼难以成神，烂板代表市场对股价走势有分歧，只有出现分歧，出现对手，才能一路走高，才会升华为大妖，定格为总龙头。

## 三、加速阶段（壮年）

股价连日大涨，甚至连板，也是利润最肥的一段。此时股价已经沸腾，股票名称人人皆知，连不经常看盘的人也已经知道妖股的美名。如 2017 年 7~8 月的方大炭素（600516），炒股人都知道，又如贵州茅台（600519）的飙涨，连普通大众都能闻到醇香。

## 四、休整阶段（老年）

股价涨停之后的回调或横盘，或高位久盘不涨也不跌，说明股价上涨已经到了病入膏肓的晚期，基本已经没有延年益寿的灵药，主力资金明显在出货。

## 第二章 横空出世——妖股形成基因

### 五、衰竭阶段（死亡）

股价三天不新高、四天不出现涨停板，说明人气不再。技术上股价跌破 5 日均线的次日没有涨停，跌破 10 日均线无反弹，就可以认为本轮行情结束。

一般情况下，妖股的生命周期因主力操作手法不同、市场环境不同而有所区别，通常短线妖股的生命周期在 15 个交易日之内，中线妖股的生命周期在 1~3 月，长线妖股的生命周期在 3 个月以上。

图 2-16，方大炭素（600516）：该股在 2017 年 4 月 17 日至 6 月 23 日期间为朦胧阶段，同期的大盘在下跌调整之中，该股表现为抗跌性走势，并没有引起市场对该股的关注。6 月 26 日至 7 月 10 日，股价在分歧中不断走高，不知不觉中翻了一番多。7 月 18 日以后，股价进入加速上涨阶段，妖媚暴露无遗，股票名称炒股人都知道。8 月 4 日，股价冲高回落，盘中出现明显的抛压，从此进入休整阶段，主力在高位不断诱多出货。当主力成功完成出货计划后，从 9 月 15 日开始主力放弃护盘，妖股完成了从出生到死亡的全过程。

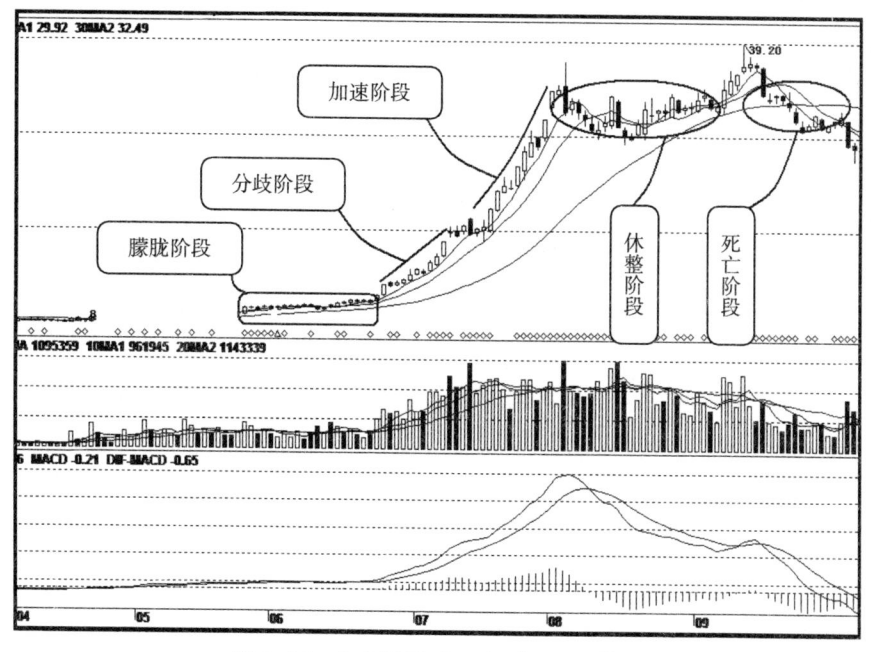

图 2-16 方大炭素（600516）日 K 线图

在实盘操作中，这五个阶段中的分歧阶段和加速阶段，经常会出现互换走势。多数情况下，先出现分歧走势，后产生加速行情，但有时候会出现相反走势，先产生加速行情，后出现分歧走势。或者，两波行情都是分歧走势，即都属于慢牛攀高行情。需要特别强调的是，在理论上讲各种现象都有可能出现，但实盘中连续两波都出现加速行情的极其少见。所以，当第一波出现了加速行情后，第二波绝大多数是慢牛行情，这一点应该有充分的心理准备，不要对第二波行情抱有加速行情的主观思想。同样，第一波是慢牛走势的，第二波不见得就是加速行情。

图 2-17，正海生物（300653）：2018 年 3 月，股价在不知不觉中步出底部，经过短暂的洗盘整理后，出现加速行情，然后回落洗盘整理，股价再次形成慢牛式上涨行情，最后进入休整、衰竭走势。这种盘面走势非常简单，形态一目了然，不一定在这样的股票中赚钱，但不应该在这样的股票中被套牢。

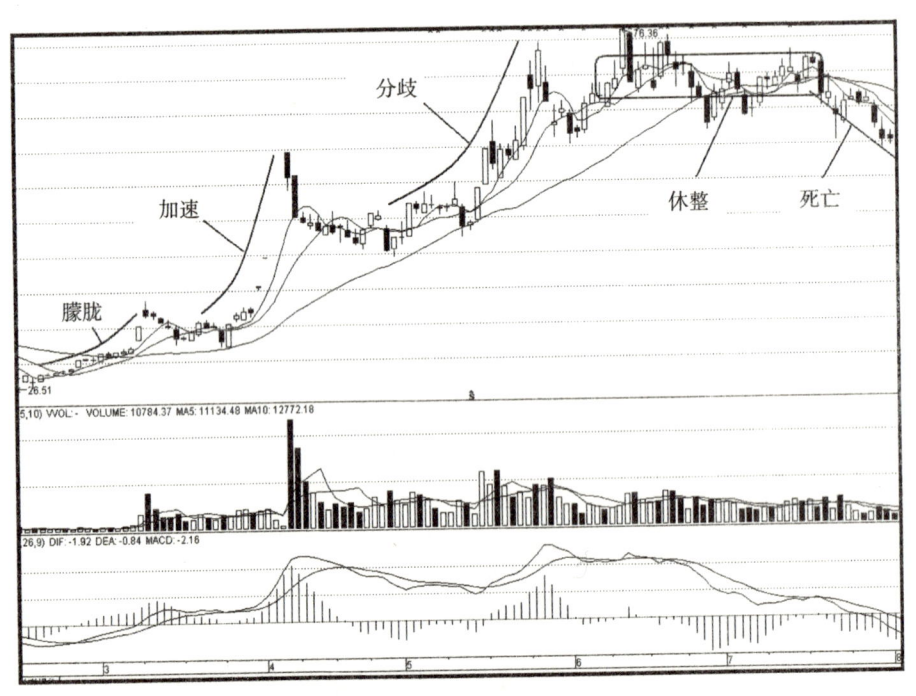

图 2-17　正海生物（300653）日 K 线图

# 第三章 施展妖术——妖股运作手法

## 第一节 艳丽包装手法

### 一、讲故事

妖股有故事，无故事不成妖。在我国资本市场，讲故事无须太大的成本，算是最划算的"生意"了，公司发个公告，开个新闻发布会，网站发条消息，资金便闻风而至，几个涨停板自然不在话下。

所以，主力在选择潜力妖股时，喜欢那些可以编造新故事潜力的公司，主题、概念接连不断，新故事层出不穷，这样股价走起来也一波接一波地上涨。其实，A股从来不曾少过画大饼、讲故事，让股价飙升飞涨的奇迹。说到讲故事，"互联网+"、物联网、5G、人工智能等都是好题材，不管是卖烟花的、做服装的、盖房子的，也无论是地上的、天上的、水里的，一搭上这些题材，故事被讲得天花乱坠时，股价也节节冲高升上天。

在跌宕起伏的A股市场，只要故事讲得好，妖股就会频繁出没，例如，讲互联网金融故事的汉鼎宇佑（300300）和金证股份（600446），讲新能源汽车故事的比亚迪（002594）和安凯客车（000868）、讲去产能故事的方大炭素（600516）和沧州化工（600230）等股价不断上涨，还有地上跑的四川双马（000935）、天上飞的银鸽投资（600069）、水里游的武昌鱼（600275）等股价火了又火，炒了又炒。

又如，卖POS机的新国都（300130）绝对是A股中的讲故事高手，故事从网络游戏讲到互联网金融。公司自2014年2月披露拟收购王子游戏公司范特西后，股价连拉10个涨停板，但在10个月后公司最终宣布重组流产。公司2015年1月表示开拓征信市场，4月披露定增方案，募资6亿元加码互联网战略转型，布局"终端+互联网+金融+大数据分析"的自有商业生态圈，并表示可能将涉足互联网保险，股价一路高升，6月3日股价除权前最高收盘价155.60元。

在资本市场上多个概念轮番演绎，部分上市公司贴近市场热点概念。只要公司故事讲得精彩，市场就会上涨"鼓掌"。例如，家喻户晓的"故事大王"乐视网（300104），净利润下滑69%的暴风集团（300431）所描绘的美好蓝图，还有故事讲得有些蹩脚的华天酒店（000428）——连自己人都听不下去了。

需要注意的是，当故事在市面上已成为众人皆知的话题时，不要以为这是趋势确立、可以介入的信号；相反，这时候应该考虑获利离场。资金总是在故事成形之前注入，而在其公布信息后，则是资金即将撤离的时机。

这里就A股历史上比较典型的几则故事作一回放，旨在为读者在辨别故事真假时提供一点启发。

1. 苏宁云商——电商+视频+银行+保险

用"持续转型中"这五个字形容苏宁过去的一年，恰好不过。早在2013年2月，苏宁电器改名为苏宁云商（002024），旨在向互联网公司转型。而后，公司宣布实体店和苏宁易购同品同价，"这是O2O融合模式（将线下的商务机会与互联网结合）的持续深化"。

在"卖电器"的同时，公司斥资2.5亿美元收购PPTV（在线视频软件）44%的股权，进军视频领域。收购完成复牌后，股价收获一个涨停板。

之后，市场热炒民营银行概念。苏宁云商筹办银行的消息一传出，其股价便应声大涨8%。2013年9月2日，"苏宁银行"的名称被工商总局核准。在这一周里，股票市值增长近120亿元，成为单季度的大牛股之一。

此间，苏宁云商还宣布，发起设立保险（放心保）销售公司。这个举措，第二天便得到了早盘股价大涨8%的市场回应。

统计数据显示，2013年苏宁云商股价涨幅为36.82%。

2. 金飞达——"追概念"伴随大股东减持

金飞达（002239）是江苏一家服装民营企业，却在资本市场博得了"故事大王"的称呼。金飞达"追概念"的历史由来已久。早在2008年风电概念如火如荼时，公司宣布投资1600多万元进军风电领域；而2011年矿产题材大热之际，金飞达又连续收购了两家金矿。

可是，这些收购对公司的营业收入贡献为零，但每当公司做完一个动作后，股价便迎来一轮上涨。紧接着，就是大股东的减持套现。

2013年10月，手游概念勃兴时，公司在招聘网站发布了消息，招聘手游、互联网彩票等多个热门领域的人才。被眼尖的投资者"发现"后，公司发布公告承认，有意向移动互联网领域转型升级。仅凭一则招聘启事和公告，股价在5个交易日内上涨了17%。

2013年11月，上海自贸区概念持续升温。此时，金飞达再次出手，宣布在自贸区内成立两家子公司。

"每次热点投资事项的披露总会引起股价大幅上涨，投资却未见收益。"2013年11月，深交所非点名批评金飞达称，少数上市公司追逐市场热点和概念，涉嫌通过非实质性的跨界投资、业务转型等方式迎合市场炒作。

3. 乐视网——涉足电视机与影视公司

乐视网（300104）靠"讲故事""售概念"将股价炒上天。作为一家以视频网站起家的公司，通过超级电视概念另辟蹊径，用低廉的电视机硬件价格捆绑付费观看服务，在借此圈得海量用户的同时，从视频插播广告和应用商店软件下载分成中获取利润。而乐视也以此为基础，打造了"平台+内容+终端+应用"的生态系统，被业界称为"乐视模式"。

而乐视超级电视的故事只是一个起点。2014年12月，董事长贾跃亭正式透露了"see计划"具体内容——自主研发智能电动汽车，将乐视超级电视的成功复制到汽车。此后，超级"故事大王"也没有放过手机业务。2015年4月，乐视先是用"致苹果的一封信"造势，随即在发布会上发布三款手机，核心卖点是乐视网提供的视频内容服务。为了进一步证明乐视手机的价格优势，贾跃亭甚至直接公布苹果、三星和小米的BOM物料价格来进行对比。

至此，一个集互联网内容生态、体育生态、大屏生态、手机生态和电动汽车生态五大生态于一体的新型互联网生态商业帝国雏形显现。资本市场喜欢的正是这样激动人心的造梦故事。一个接一个的故事，让乐视网的股价迎来了腾飞。从2014年12月23日的最低价28.2元起步，股价一路飙涨，并在2015年5月12日达到179.03元的顶点，市值冲破千亿元，坐上创业板的"头把交椅"。

可是，市场对乐视网的前景颇有微词，说其是"大忽悠"的声音，不绝于耳。2018年1月24日，停牌10个多月的乐视网复牌，股价一连11个"一"字跌停，如今乐视何去何从，目前仍无"乐视"迹象。

### 4. 奋达科技——音箱公司发布智能手表

奋达科技（002681）是2013年资本市场的"大牛股"之一。虽然知名度不高，但其股价涨幅高达389.8%，在两市全年排名第三，仅次于网宿科技（300017）和掌趣科技（300315）。

此前，该股在资本市场籍籍无名，其股价长期低位徘徊。它的命运在2013年6月迎来转折点。那时，这家原本主做音箱的公司，发布了一款智能手表。

这个可穿戴概念引爆了机构和牛散的热情，股价从10元附近开始上涨到了74元多。据报道，2013年先后有63家机构调研奋达科技。牛散和游资，也对这家日渐火爆的上市公司青睐有加。

### 5. 中青宝——手游故事促股价涨三倍

2013年，中青宝（300052）的股价涨幅为342.32%，雄踞两市上市公司涨幅榜的第四位。中青宝的股价涨得好，与其手游故事讲得好有直接关系。

公司上市后，股价区间跌幅一度超过70%，成为两市最大的熊股之一。但在2013年，中青宝的股价却开始扶摇直上。那时手游热蔓延资本市场，此间公司在深圳发布了一款手游，并透露后续将有多款自主研发的手游产品上线。

随着利好消息的传出，股价连续涨停，从12.62元开始，涨至37元，波段涨幅接近200%。此后，公司竞相收购手游企业，斥资4.4亿元收购两家游戏公司51%的股权。受该消息刺激，股价再次妖起来，当年股价最高曾超过80元。

### 6. 华天酒店——跨界玩手游遭股东大会否决

2013年10月，主做酒店餐饮的华天酒店（000428）在毫无征兆的情况下，宣布跨界进军手游。当时，手游概念正被热炒。公司计划投资1000万元，与深圳融网汇智合作设立一家游戏公司。华天酒店称，后者是"国内成长最快的手游开发商、运营商和发行商"。

但不久后，媒体就发现"融网汇智"上一年的营收仅52万元，净利润为23.62万元，也未发布过成功的游戏作品。有质疑称，华天酒店借机炒概念的意图明显。

市场对华天酒店的反馈，并没有像此前的手游公司那样火热。进军手游的消息发布后，股价连续三日大跌，跌幅近25%。此后，华天酒店涉及手游的议案，在股东大会上被全票否决，没有获得一张赞成票。

### 7. 时代出版——"沾光"Facebook+自贸区

时代出版（600551）的主要资产为几家出版社，但在2012年11月底，公司却计划打造一款"中国版的Facebook"（社区服务网络站点）。

根据公司描述，其开发的"中国版的 Facebook"为一款叫作"时光流影 timeface"的社交平台，拟投入开发金额为 200 万元。

可见，这样的投入是"杯水车薪"。多位业内人士称，以 200 万元打造如"中国版的 Facebook"，几乎不可能。但资本市场却认可这样的题材，从 2013 年 11 月 28 日开始，股价出现连续涨停，在一周时间内接近翻番。此外，在上海自贸区概念被热炒之际，公司还趁机落子自贸区，沾上了自贸区概念。

8. 贵州百灵——降糖药+民营医院令股价飙升

苗药龙头企业贵州百灵（002424）在 2013 年 4 月发布了一则令市场哗然的公告。公司称，将与苗医杨国顺等人合作开发后者祖传治疗糖尿病的苗药秘方。"公司有随时一次性买断杨国顺所持秘方的权利。"公司称，买断金额最高不超过 1 亿元。

后来，媒体调查发现，公司实际控制人姜伟，早在 2012 年就已通过他人代持的方式获得了此项专利，贵州百灵却于 2013 年 4 月才发布公告。此时，距离姜伟等人所持股票解禁期还有一个半月。而合作开发苗药秘方的公告发出后，贵州百灵股价便告涨停。

2013 年年底，公司公布了经由秘方研制的降糖药，"具有显著的降糖效果"。但多位业内人士表达了质疑，可是其股价依然迎来涨停。此外，在 2012 年 10 月民营医院概念初兴时，公司高溢价收购了贵阳的一家医院，次日，股价开盘后便冲击涨停。

靠讲故事支撑股价急速飙涨的不只是上述几家，类似暴风集团（300431）在创业板的连续涨停神话刺激着无数人的神经。作为一家走在没落边缘的科技公司，所谓的"VR 生态"还只是刚刚开始，却在短短两个月内市值增长了近 30 倍，从上市当天的 12 亿元变成 300 多亿元。除此之外，迅游科技（300467）、同花顺（300033）、全通教育（300359）等，这些创业板的龙头股，无一不是通过讲故事向股民兜售未来。

## 二、挖题材

题材是股市炒作的核心。所谓题材说穿了就是炒作一只股票的借口，激发市场人气的工具。有些题材具有实质的内容，有些题材则纯粹是空穴来风，甚至是刻意散布的谣言。

在 A 股市场中，各类题材层出不穷，应有尽有，主力经常借助题材的美丽光环，炮制各种题材，然后发动行情，诱骗散户追涨杀跌，不少个股急涨急跌的背后，无不隐藏着主力借"题"发挥的影子。主力充分利用大众投资者对某种题材的憧憬，把行情做足做大，然后在高位撤退，将散户套牢。在当前股市中，题材或概念的魅力远胜于绩优股，于是主力在制造概念和题材方面，更是煞费心机。

常被利用的炒作题材大致有以下五类：①经营业绩好转、改善；②国家产业政策扶持，政府实行政策倾斜；③将要或正在合资合作、股权转让；④出现控股或收购等重大资产重组；⑤增资配股或高送股分红等。一切可以引起市场兴趣的话题，都可以作为炒作题材，所涉及的股票，也就成了题材股。

妖股前期一般是没有题材的，当走出上涨形态之后才有题材出现，在后期题材发酵时，吸引一批又一批的游资介入，促使股价进一步上涨。例如，方大炭素（600516）开始根本没有炒作题材，后来才有了去产能（涨价概念）+石墨烯的题材，使游资介入将股价大幅炒高。

一般而言，真正能够成为市场炒作的题材应具备以下四个特点：

（1）够时髦：包括政策、技术、转型（趋向）等领域，如政策方面的"一带一路"概念、雄安新区概念、粤港澳概念、去产能概念、环保概念、PPP概念等；技术方面的5G概念、360概念、新能源汽车概念、充电桩概念、柔性概念、独角兽概念等；转型（趋向）的"互联网+"、借壳概念、摘牌概念、预增概念、高送转概念等，都是当下最时髦的概念，能够吸引市场的关注。

（2）够档次：国家重量级的，如金改概念、美丽中国概念、城镇化概念、"一带一路"概念等；省部级的，如地方政府的发展规划、倾斜性措施、政策性扶持等；区域性的，如自贸区概念、区域地产概念、雄安新区概念等。

（3）够革新：技术性重大突破，保持行业领先水平，如区块链概念、触摸屏概念、智能手表概念、人脸识别概念等。

（4）够独特：行业独一无二，具有垄断地位，且又迎来新的发展机遇，如冠毫高新（600433）是营改增发票的唯一提供商等。

## 三、造报表

数据造假在我国非常严重，大到官方数字，小到个人信息。在A股市场中财报造假比较突出，2016年证监会共下发了139份行政处罚决定书，其中涉及财报造假问题的有13家。2015年证监会共下发了64份行政处罚决定书，其中涉及财报造假问题的有10家。此前的2013年到2015年间，证监会发出的242份行政处罚决定中，涉及上市公司财报造假的有35家。A股3000多家上市公司中，每年财报造假的绝不止这十几家公司，而且还有一批跑在IPO路上的企业。

通常，上市公司的利润与收入、成本、费用相关，按照"收入-成本-费用=利润"

## 第三章 施展妖术——妖股运作手法

的公式计算出来的，可是这三项内容都可以进行人为调节。从这个角度讲，利润是会计做账"造"出来的，投资者需要认真揣摩财报数字背后的真实含义。那么，上市公司财报造假有哪些套路呢？

识别造假不能只在财报上，只看财报是很难看出端倪的，要结合很多因素综合判断，主要的几个考量点有：企业所在行业的状况，该行业上下游贸易的特性，企业竞争对手的情况，企业自身经营的情况，企业的关联方和关联交易，实际控制人在公司的地位等。

公司财报造假的目的主要有五个方面：冲刺IPO上市、业绩下滑保壳、资产重组、关联交易和炒概念。例如，冲刺IPO的欣泰电气（300372）、锐奇股份（300126），保壳的金亚科技（300028）、亚太实业（000691）、舜天船舶（002608），重组的步森股份（002569），关联交易的博敏电子（603936），等等，炒概念的主要是摘帽概念。以保壳类的企业来说，金亚科技已经无力扭转业绩下滑的颓势，这几年一直努力活在保壳的路上，让净利润争取在每年年末表现最佳。所以，哪怕是多签几个虚假合同虚增收入，也是要尝试的。

这里介绍五种上市公司常用的财务造假手段，希望对大家有所帮助。

造假手段一：虚构下游客户或交易记录以虚增收入。例如，万福生科（300268，现改名为"佳沃股份"）、海联讯（300277）、银广夏（000557）、香雪制药（300147）、舜天船舶（002608）、金亚科技（300028）等，通过仿造合同、仿造收款流水、虚构下游客户等手法，以虚增收入。

造假手段二：提前确认收入以虚增当年业绩。例如，宜华健康（000150）、神开股份（002278）、康芝药业（300086）、华锐风电（601558）、亚太实业（000691）等，以提前确认收入手段，虚增当年业绩。

造假手段三：成本费用类造假以操纵利润。例如，上海物贸（600822）、三峡新材（600293）、南纺股份（600250）、莲花健康（600186）、国能集团（600077，现更名"宋都股份"）等，通过结转成本，虚增收入。

造假手段四：关联交易造假。例如，银河生物（000806）、科伦药业（002400）、承德大路（200160.B）、阳煤化工（600691）、启迪古汉（000590）、康欣新材（600076）等，隐瞒关联方采购，虚增销售收入。

造假手段五：招股说明书造假。例如，绿大地（002200）、海联讯（300277）、新天地（00760.H）等，"天能科技""天丰节能""洪波科技"等在IPO审批过程中造假。2017年年初，吉林一家主营蓝莓和五味子的农业公司——"旺民长富"，把一年赚得的几千万元利润吹嘘成了 3.64 亿元，而审计报告白纸黑字说就是这样子的，公司也由此吸引了 10 个股权投资，接着就是股东被套了。最近披露的辽宁"振隆特产"在申报 IPO 的造假，2013 年至 2015 年公司 4 次向证监会报送过招股说明书，没有一次不存在虚假问题的，公司不仅虚增营业收入、虚增成本，连主营业务都是虚构的，明明开心果是没有经过加工直接销售的，而公司却说我家的产品经历了从原料开心果到成品开心果的过程。

公司财务造假的特征：规模小，盈利差。从资产和收入规模看，财务造假公司的资产规模多在 5 亿~25 亿元，营收规模多在 10 亿元以下，北大荒（600598）属于这里面的大企业。实务中一般认为营收 10 亿元是中小型上市公司和大中型上市公司的分界线，如果收入低于 10 亿元，则企业发生财务造假的概率就要大于营收超过 10 亿元的上市公司（见表 3-1）。

表 3-1 曾因财务造假而被处罚的上市公司情况

| 公司名称 | 资产规模（亿元） | 营业收入（亿元） | 净利润（亿元） | 管理层罚款（万元） |
| --- | --- | --- | --- | --- |
| 北大荒 | 72.35 | 36.54 | 6.22 | 50 |
| 好当家 | 51.35 | 9.87 | 0.35 | |
| 大智慧 | 22.81 | 6.54 | -4.46 | 60 |
| 福建鑫森 | 16.53 | 1.99 | 0.37 | 60 |
| 参仙源 | 15.98 | 4.79 | 1.04 | 60 |
| 舜天船舶 | 13.62 | 10.05 | -54.74 | 40 |
| 欣泰电气 | 11.95 | 3.72 | 0.57 | 832 |
| 金亚科技 | 9.5 | 2.48 | 0.13 | |
| 步森股份 | 6.85 | 4.02 | 0.11 | 30 |
| 天首发展 | 4.02 | 0.34 | -3.56 | 40 |
| 亚太实业 | 2.81 | 1.05 | 0.19 | 60 |

资料来源：数据来自相关网络。

从表 3-1 可以看出，净利润收入过亿的很少，多是 0~1000 万元的净利润，盈利能力更差的会出现亏损。而且，财务造假的公司大多是民营企业，这说明民营企业的财务制度不规范，也说明了很多民营企业真的缺钱，为了钱不得不铤而走险，或造假上市或造假收入，为了保壳千方百计。

公司财务造假如此泛滥与付出的造假低代价有很大的关系，神马股份（600810）虚增了 78 亿元的收入，证监会只罚了它 40 万元，可谓造假是"低风险高收入"。从表

3-1中可以看出，2016年除了欣泰电气（300372）的罚款达到了832万元，对其他涉事公司的罚款都不超过60万元，2013年到2015年间对32家财务造假企业的处罚金额亦不超过60万元。上市那么难，壳资源那么贵，区区60万元的处罚，对造假公司来说算得了什么，而且，造假的公司那么多，退市的只有欣泰电气一个。管理层不仅忽视了众多有财务问题的企业，对涉事企业也很宽容，生怕打击沉重。

财务造假手段，各有招数和千秋。这里就万福生科（300268，现改名为"佳沃股份"）财务造假过程中的一些细节作一披露，旨在让读者对公司造假的高明之处以及谁最具备财务作假的潜质和水平在心里有一个轮廓。

万福生科（创业板首只财务造假股票），公司于2003年成立，2009年9月股改，2011年9月27日上市。主营大米加工业（向农户收购大米，加工为精米、糖浆、葡萄糖粉等），其产品、技术和所依托的客户市场替代性很强，这也注定其本身更容易受到市场淘汰。

上市后的第二年，也就是2012年9月15日被证监会调查，最终查出企业2012年中报造假，且多条生产线实际上已经停产100天以上。这还不是让投资者大跌眼镜的，而后调查中竟然牵连出企业IPO材料中财务数据恶意造假的情况，其造假丑闻最终公之于众。那么，该企业是如何虚增7亿元的营业收入呢？主要是虚构客户及收入记录。

（1）在IPO文件及财报中编造下游客户。通过"复活"早已停止合作多年的客户采购，虚构大额营业收入，对于真实的客户也虚增收入达数倍。

（2）销售环节一条龙造假。造假流程有购销合同、入库单、检验单、生产单、销售单、发票等"真实"的票据和凭证对应。通过全程造假，甚至企业为自己"创造"出新的营收板块。比如从一开始公司就没有生产过麦芽糊精，而招股说明书中竟然伪造出每年6000吨的麦芽糊精产量。

（3）通过控制的自然人账户实现资金进出企业，伪造汇款记录。实际上凭空"变"客户出来是很难的，因为通过银行的每笔入账收入都是有银行回单（水单）的，而公司的作假手法已经远远没有停留在"账"的层面上，而是真实现金打入公司账户的真金白银。

资金循环方式是公司首先把自己账上的资金打到其控制的个人账户上去，财务上记录采购预付款或工程款，之后再把钱通过个人账户或者愿意配合的客户转回公司，作为销售汇款的记录，达到虚增销售收入的目的。如果资金是以个人的方式汇入公司的，就伪造银行对账单，新的对账单上不仅"加盖"着银行业务章，交易对方一栏也抹去了所有自然人姓名，全部显示了汇款公司的名称。

（4）将大部分收入转化为难以核实的存货和在建工程，以蒙蔽审计。例如，在2011年年末报表中虚增了存货2500万元（相当于虚构了两三千吨稻谷），从企业2012年6月末公告的数据中也可以看出在预付款、在建工程款上做的手脚，最终大部分虚拟的利润都转入了在建工程，而在建工程又是审计上很难被真正估量的。

营业收入增加额、货币资金资产增加额就像上市公司业绩的两只眼睛，是第一时间被投资者关注的。如果两只眼睛一明一暗（即如果营业收入很高，而一年到头企业并没有赚到什么钱给员工发年终奖），就会很容易被投资者怀疑夸大营收。公司的高明之处就在于在资产中夸大了存货和在建工程，存货难以计量，在建工程又向投资者表示本年度大部分经营成果又投入增加的再投资和资产扩充里了，非但一抹造假的谎言，还给公司营造了业绩上升的未来预期。

当然，造假的后果也是可悲的，公司欺诈发行股票罪成立，被判处罚金850万元，董事长龚某犯欺诈发行股票罪被判有期徒刑三年半，并处罚金10万元，财务总监覃某同样受到法律的惩处。保荐机构平安证券也承担了股民赔偿，罚款及赔偿基金共付出4亿元代价，以作为承销机构尽职调查不力的惩罚。

从此，公司的利润也直线下滑，处于亏损和半停产状态。但公司股票非但没有退市，反而自2014年12月12日复牌以来，股价一路高歌，除去期间3次停牌外，9个交易日均出现"一"字涨停。

令人匪夷所思的现实背后是壳资源的诱惑。湘晖资产通过"债转股"的曲线救市形式，买下公司实际控制权，使市场对"万福生壳"的未来充满期待。

2016年12月8日公司公告称，原控股股东桃源湘晖授权联想控股旗下佳沃集团为其所持26.57%公司股份的唯一代理人，公司实际控制人将变更为联想控股。按照中国证监会的规定，创业板公司不得进行借壳上市。不过，联想控股通过委托代理，限售解禁和股权转让方式绕开这一限制。

2017年6月28日晚间公告，公司将于6月29日由万福生科（湖南）农业开发股份有限公司更名为佳沃农业开发股份有限公司，证券简称变更为"佳沃股份"。

## 四、改名字

名字改一改，股价涨起来，这是A股的奇葩。曾几何时，改名股价即上涨的游戏引得A股上市公司为之着迷，有的上市公司没有真正的故事可以讲，改一下公司名称也可以成为炒作的理由，这样也能引发一波行情。2010年到2013年平均每年有50家上市公司更名，此后三年逐年增长，2014年98家，2015年140家，2016年144家。

2016年10月10日起，管理层对上市公司更名作了一定的限制，但2017年也达到104家公司变更名称。有的公司多次更名，甚至来回更名（如600233，大杨创世——大连创世——大杨创世——圆通速递），近三年更名次数超过3次以上的有53家。多数上市公司穿上新"马甲"后，股价一飞冲天。

2015年5月11日，多伦股份拟更名为"匹凸匹金融信息服务（上海）股份有限公司"，即现在的匹凸匹（600696），并同时变更经营范围。奇葩的"三无式"更名虽遭市场吐槽，但也挡不住公司股价连收2个涨停板；之后，虽遭监管严查，但依然再拉出4个涨停板，最高收盘价至23.40元。

多伦股份只是将A股上市公司更名的游戏推向了雷人的极致，玩过改名游戏的上市公司股价也都出现了翻天覆地的变化。北生药业改名慧球科技（600556）、科冕木业更名天神娱乐（002354）、新世纪更名联络互动（002282）、熊猫烟花更名熊猫金控（600599）、三泰电子更名三泰控股（002312）、星辉车模改名互动娱乐（300043，现又改名为"星辉互动"）、开元投资改名国际医学（000516）等，改名之后股价都受益不菲。据统计数据显示，这些上市公司发布更名公告后，持股30天平均涨幅达10.07%，持股20天上涨概率达68.57%。

通常上市公司如因主业变更、摘帽等改名无可厚非，但仅仅为了炒作股价改个夺人眼球的名字，可能一时得意但终不能长久。部分股票虽然在更名初期快速上涨，但随后却出现了持续下跌。据不完全统计，在2016年144家更名的上市公司中，近三成股票呈上涨态势，另外七成股票冲高后纷纷下跌。

在A股市场，股票改个名字本是平常的事，但这件事搁在顺丰控股（002352，此前的"鼎泰新材"）身上，那就是股价火箭发射的效果，充分展现了"顺丰速度"。借更名东风，5个交易日股价上涨50%，市值也一飞冲天，顺势突破2500亿元。龙虎榜数据显示，股价大涨与游资击鼓传花不无关系，而正是其微小的流通盘给游资搭建了表演的舞台。

公告显示，自2017年2月24日起，002352这个代码的身份，将由之前的鼎泰新材变更为顺丰控股，更名的理由为"公司向深圳明德控股发展有限公司等发行股份购买深圳顺丰泰森控股（集团）有限公司100%股权的重大资产重组已经完成，公司已转型进入快递物流行业"。

受此消息影响，2017年2月21日起股价接连大涨，2月21日开盘价尚为40.10元，2月27日的收盘价就已经冲到了60.73元，区间累计涨幅达到了50%，总市值飙升到2540.75亿元，远远超越了当时海康威视（002415）1719.1亿元的市值，勇夺深市市值头把交椅。

那么，可以分析一下顺丰控股（002352）改名的妖股逻辑是什么？

（1）游资击鼓传花。在改名前两天股价连续上涨，说明有埋伏消息的主力很多资金进场，这与游资的追捧不无关系。龙虎榜数据显示，2月23日买入鼎泰新材（2月24日更名为顺丰控股）最多的为浙商证券临安万马路营业部，动用资金2202.05万元，相反在当天卖出的前五席位中，有3家"机构专用"席位在列。

2月24日的龙虎榜中，前五买入席位也有4个为游资营业部，中信证券深圳总部营业部在2月24日以1401.98万元的买入金额居买入第五位。

2月27日的龙虎榜数据与2月24日类似，买入前五席位中也有4个是游资，其中买二为"深股通专用"，倒是有些引人注意，但在卖出席位中，再次出现2家"机构专用"席位。整体来看，股价短期内暴涨，为游资击鼓传花的结果。但从每天的成交回报看，龙虎榜买入占比不到总成交的20%，说明散户跟风积极。

如此大市值的股票之所以成为游资击鼓传花的个股，还在于其相对偏小的流通盘。可以看到，顺丰控股总股本高达41.8亿股，但流通盘只有1.33亿股，按照60.73元的股价来计算，流通市值只有80亿元（起涨前流通值只有53亿元），占总市值很小一部分。也就是说，只要撬动这80亿元的流通盘，就能撬动超2000亿元的总市值，杠杆效应明显。

（2）知名度。顺丰控股改名之前只有游资和大户知道是只重组股，改名后天下皆知，且快递是一个有网络效应的行业，市场份额、增长速度的优势价值投资者也认可。在此前的2月22日晚间，壳公司鼎泰新材发布2016年业绩预告，预计2016年度实现净利润41.8亿元，同比增长112.51%，接近"三通一达"（即圆通、中通、申通、韵达）的业绩总和，超额完成借壳时顺丰做出的2016年不低于21.8亿元的利润承诺。

（3）时间合适。大妖股适合于熊市或调整市，那时大盘指数震荡调整，市场连板股极少，所有短线的目光都集中于顺丰控股。此外，媒体宣传助攻，关于顺丰控股实际控制人成为快递业首富的新闻满天飞，客观上导致顺丰控股股价加速上涨。

## 五、玩重组

资产重组的投资逻辑，并购重组容易出妖股，2017年以来走牛的妖股几乎都有资产重组背景。资产重组包括资产注入、借壳上市、收购兼并、股权置换、定向增发、整体上市等，凡是涉及重大股权和核心资产的，都是资产重组。

从2017年以来，由于并购重组监管趋严，为规避重组新规的限制，而股权转让类相关个股受到追捧。上市公司之间的协议转让行为，多为日后进一步的资本运作铺垫。而在并购重组、资产注入等主题投资仍是 A 股常青树的背景下，投资者可以从股权转让概念股中寻找投资机会。

股权转让模式多样，有的是直接转让控股股权，有的是转让子公司股权或上市公司部分股权，还有的是国企集团与上市公司平台间内部股权无偿划转等。

## 第二节　市场氛围手法

### 一、突然性

妖股走势具有突然性，在大盘走势不景气的情况下，突然拉出大阳线或涨停阳线，形成非常强势的上攻氛围，市场眼球很快就被吸引过来。通常有两种情况：一种是日 K 线突然拉起，一种是分时走势中突然而起。

图 3-1，泰禾集团（000732）：A 股市场在 2017 年 12 月处于弱势调整走势，赚钱效应低下，而该股在底部经过一段时间的筑底后，12 月 25 日在没有利好消息刺激下突

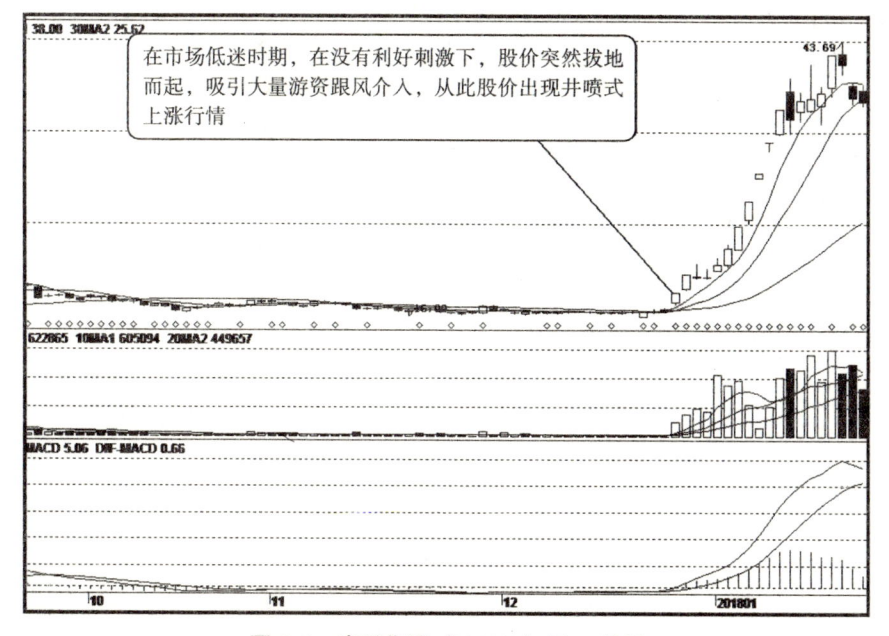

图 3-1　泰禾集团（000732）日 K 线图

然高开4.11%，然后一口气单波拉到涨停，虽然盘中出现板震，但全天大部分时间处于封板状态，从此股价出现井喷式飙升行情。在市场低迷阶段，个股出现暴涨走势，自然会引起市场的广泛关注。

## 二、意外性

妖股有"反技术"走势特性，很难从技术分析上得到合理的解释，股价为什么会涨？为什么会涨得这么高？没有任何技术根据。技术指标、K线组合、技术形态、运行趋势和波浪形态等基本失灵、失效，显示不出技术分析的优势，但妖股需要的是一种市场氛围，靠氛围把股价炒高。如果按传统的技术分析方法来买卖妖股，那很难赚到钱，有人给妖股套用什么技术，那大多是"马后炮"做法。

图3-2，中成股份（000151）：该股股价大幅下跌后在低位呈现横向震荡，横盘时间两个多月，主力吸纳了大量的低价筹码，2018年1月31日向下打压股价造成技术破位走势，诱导散户割肉止损。随后股价企稳盘整，3月13日股价放量上行，连拉6个涨停，与同期弱势的大盘形成强烈的反差。从一般理论分析，当股价向下突破平台整理盘区后，那么这个盘区就由原先的支撑作用转变为新的压力作用。该股向下突破长达两个多月的盘区后，通常这个盘区对后面股价上涨会构成较大的压力作用，正当大家担心盘区压力而可能出现调整时，主力采用了"反技术"手法，一举突破盘区的压力。

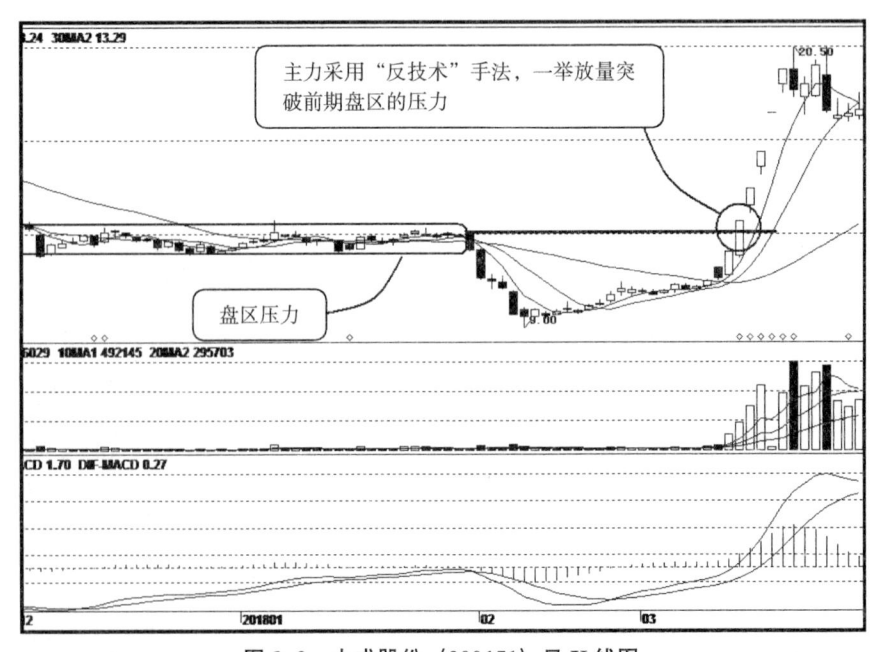

图3-2 中成股份（000151）日K线图

## 三、异常性

妖股的盘面走势极其异常，涨跌出乎意料，完全不按照常规出牌。在你看不出上涨理由或者认为即将见顶的时候，股价却连续地大涨，涨得让你难以相信；当你看不出有下跌迹象或者认为是底部的时候，股价却偏偏出现破位式下杀，跌得让你难以接受。这就是妖股的特点，它需要这种异常性盘面波动来营造盘面氛围。

图 3-3，诚迈科技（300598）：该股在回调整过程中，不少筹码遭到套牢，这些套牢筹码对股价上涨无疑构成重大压力，通常情况下很难走出像样的大幅上涨行情，而该股主力在底部完成建仓计划后，却出乎意料地连拉 8 个涨停，盘面极其异常，很难用正常的操作思维去分析。

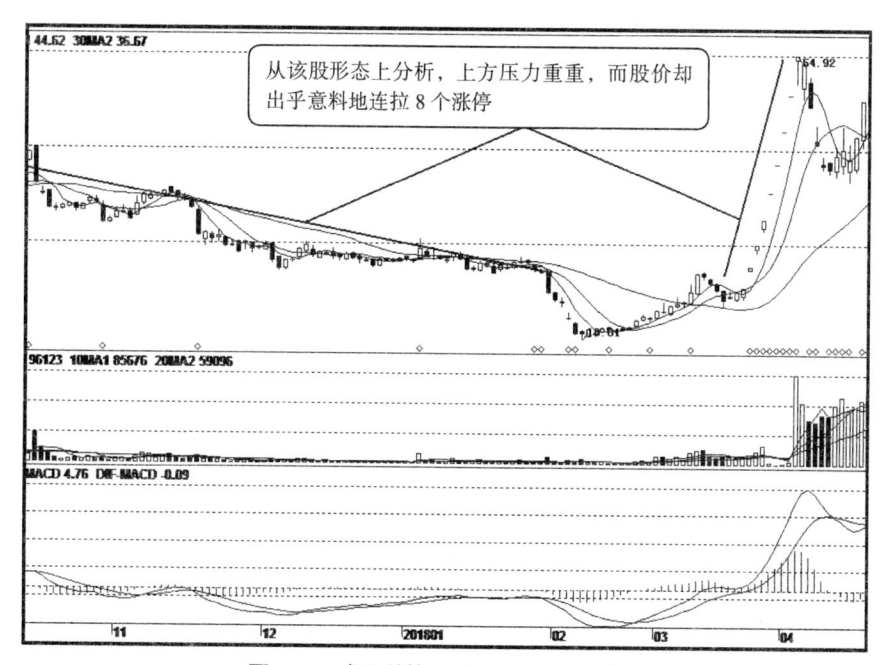

图 3-3　诚迈科技（300598）日 K 线图

## 四、持续性

由于妖股走势的意外性所致，一旦进入拉升角色，往往是连贯性的持续上涨，一般不会有大的回调幅度，散户看到后的第一感觉就是不敢介入，担心股价见顶回落（此时如在期市中往往会反向开仓），而股价却在犹豫中不断创出新高，这就是妖股的市场氛围。当散户放心买入的时候，往往是妖股表演的末期，股价离顶部不远，所以

055

妖股只有少数人抓住和少数人赚钱。

图3-4，特力A（000025）：该股借"股灾"利空之势，大肆打压股价，导致股价严重超跌。2015年7月9日股价止损上涨，从10元下方开始一路持续拉升到50元上方，然后回落洗盘整理，9月8日调整结束后展开第二波拉升，股价从20元左右开始持续涨到80多元。在前后两波行情中，主力趁热打铁，乘势而上，几乎一气呵成，中间没有明显的调整，股价涨得让你不敢相信。

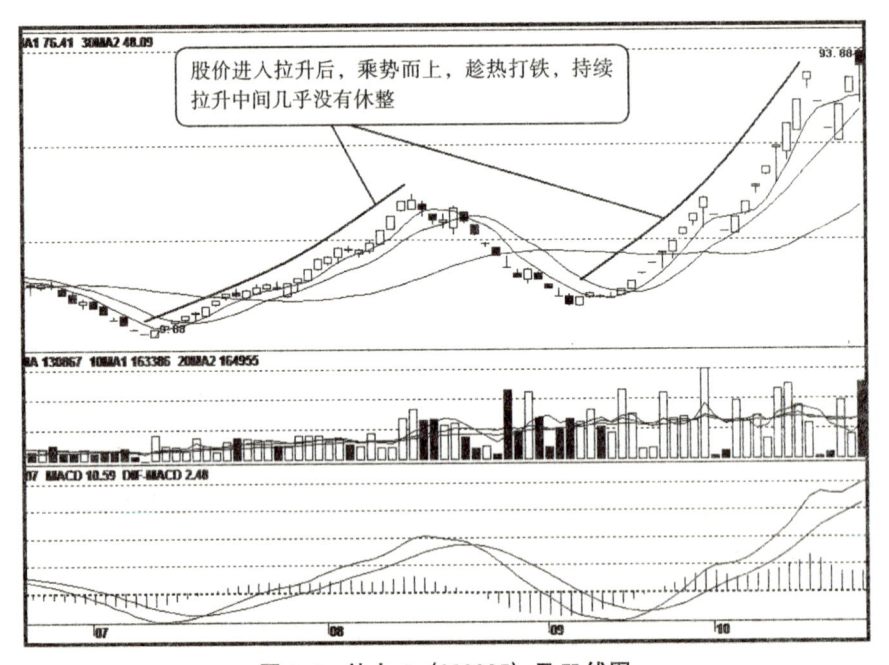

图3-4 特力A（000025）日K线图

## 五、堆量性

成交量通常有五种形态：分歧量、缩量、放量、堆量、无规则量。这里主要讲述妖股中的堆量。什么是堆量？堆量怎么看？所谓堆量就是成交量像一个堆起的土堆，高出周边的成交量。堆量一般出现在三个阶段：底部阶段（主力吸筹期）、上升阶段（主力拉升期）、顶部阶段（主力派发期）。

股价处于底部时，市场中看多的投资者（以主力资金为主）会逐步买入建仓，从而出现底部成交相对活跃、成交量明显放大的现象，因此形成底部堆量。

当主力资金在底部吸纳筹码完毕后，在拉升股价时，成交量会缓慢放大，股价被慢慢推高，成交量明显放大，这就是拉升阶段的堆量。

当股价上涨到高位后，各种利好频传，引来场外的追涨资金，主力趁机大量派发

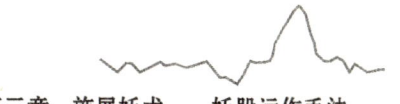

手中的筹码，从而造成成交量放大，形成高位的堆量。出现高位堆量时，以控制风险为主，不宜追涨杀跌。

图 3-5，合肥城建（002208）：该股经过长时间的下跌调整后，累计跌幅已经达到 70%，股价已经跌无可跌，主力在低位吸纳了大量的低价筹码后，2018 年 3 月 2 日开始放量上涨，主力在拉升过程中成交量持续放大，显示出该股主力大量投入资金，很好地表现了堆量在市场运行中的变化情况，以及在不同位置代表的不同市场含义。投资者如果熟知主力的运作方式，通过堆量信号就可以把握市场的节奏。

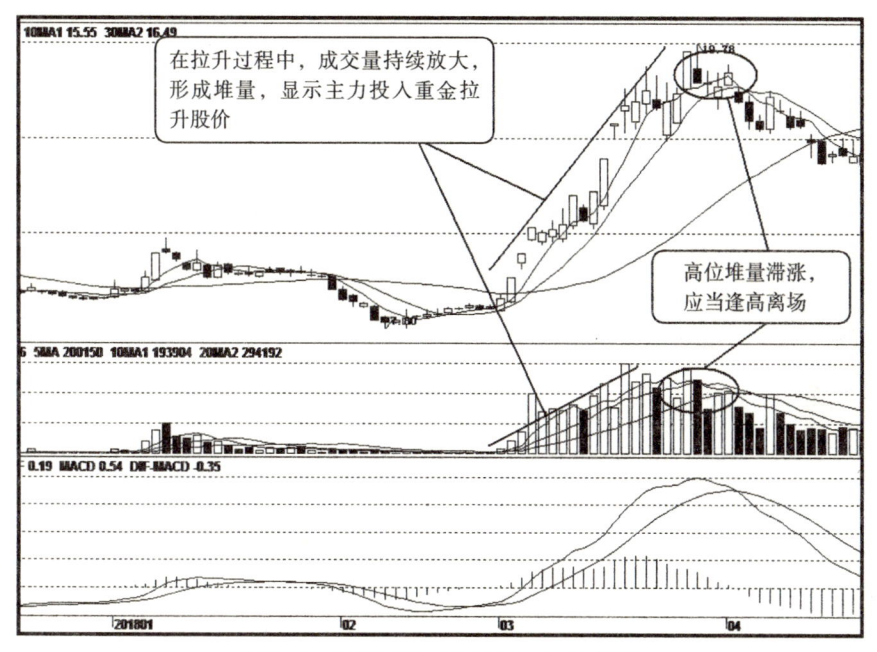

图 3-5　合肥城建（002208）日 K 线图

## 第三节　独特的手法——盘面气势手法

妖股进入拉升阶段时，会形成自己独特的盘面气势，常用的手法有跳空、涨停、对倒、贴线、逼空、滚动等盘面气势表现手法。

### 一、跳空

股价跳空上涨是妖股行情的常见手法，跳空高开震荡上涨，其后也不进行深幅调整（起码在波段内不调整），以吸引市场的注意，并制造高涨的盘面气势。在单波式拉升过程中，几乎每一只妖股都有跳空现象，在二波、三波以上的拉高却不一定会有跳空形态出现。而且，这种跳空往往会连续出现若干个不回补的缺口，无法从缺口理论进行解释。如果按缺口理论进行操作的话，那么就失去妖股后面的一大截利润。

图 3-6，贵州燃气（600903）：新股上市连拉 13 个 "一" 字板，开板后经过短期的震荡整理，然后产生新一波拉升行情。在第二波拉升过程中，股价出现跳空上涨的单边逼空式行情，留下多个短期不回补的缺口，彪悍的上涨让散户不敢介入，这就是妖股的盘面气势之一。

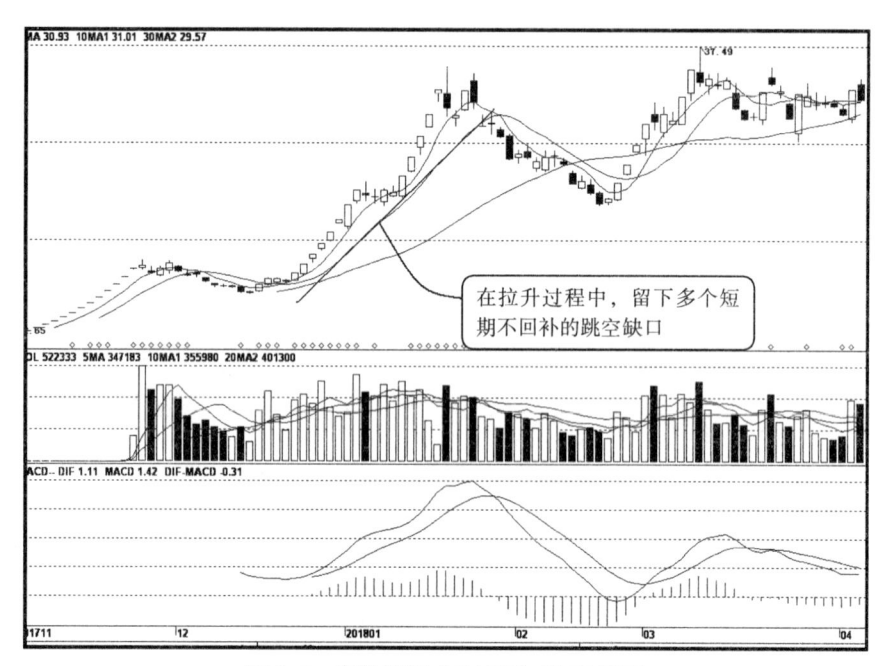

图 3-6 贵州燃气（600903）日 K 线图

## 二、涨停

妖股进入主升浪后，会以涨停甚至连续涨停的方式飞速拉升，股价像火箭一般飙涨，在很短的时间内出现惊人的涨幅，其间没有任何回档或调整，在分时走势和日 K 线图中非常明显，这是妖股主升浪的主要盘面手法之一。所以，很多时候当股价出现强势涨停时，往往意味着主升浪的展开，这时投资者应引起关注。

图 3-7，蓝晓科技（300487）：在该股两波上涨过程中，跳空、涨停手法一目了然。庄家成功吸纳了大量的低价筹码后，于 2018 年 1 月 15 日进入拉升阶段，股价直线式飞速上涨，其间大幅跳空上涨，连拉 6 个涨停板。然后开板震荡整理，3 月 27 日展开

第二波拉升行情，第二波的上涨势头比第一波更加猛烈，股价以"一"字涨停的方式跳空拉升，中间没有任何回档或调整，盘面人气高涨，庄家一口气将股价拉升到预定的目标价位区域。

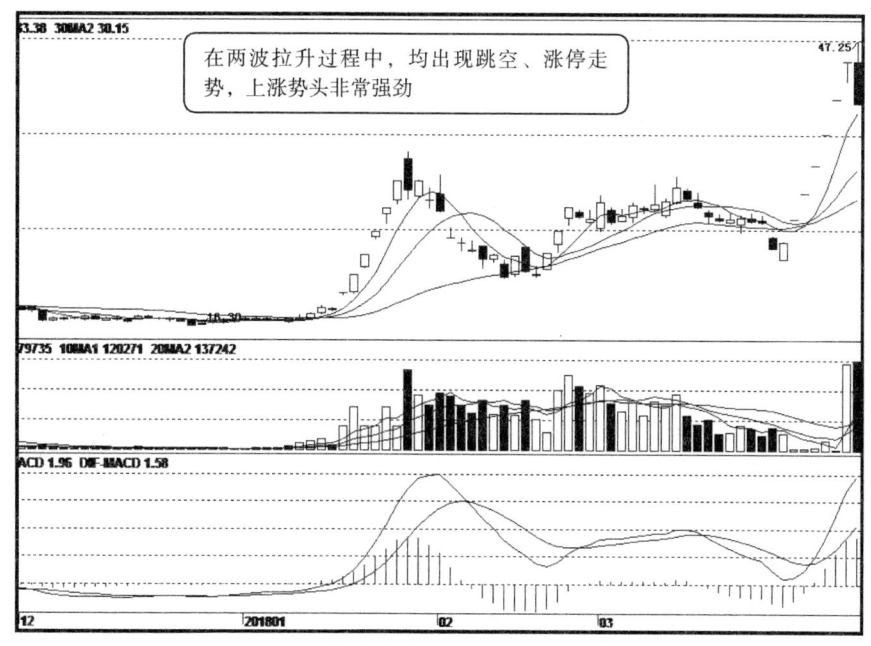

图 3-7　蓝晓科技（300487）日 K 线图

## 三、对倒

一边在上方堆积筹码，一边从下方不停地往上拉升股价，使股价保持强势的上涨气势。这里注意一下对倒与对敲的区别，对敲时可能大幅拉升股价，也可能不拉升股价，另外，对敲的性质偏重于股价的成交量，而对倒的性质在偏重成交量的同时也偏重股价的涨势。

在对倒过程中，股价上涨像推土机一样，缓慢地推升股价，彻底地清除一切"障碍"，其涨幅同样惊人。推升在分时图上表现最为明显，庄家在买一至买五的价位上大笔挂买单，又在卖一至卖五的价位上堆放卖单，然后不紧不慢地依次逐一成交卖一至卖五价位上的卖单（几乎每分钟均以上一个价位成交，低价股的均衡成交价差一般就是一分，中价股的均衡成交价差一般为一两分，高价股的成交均衡价差一般为三分以上），每分钟上涨的速度虽然很慢，但全天均衡上涨所累积的涨幅却很大。

图 3-8，斯太尔（000760）：该股庄家成功吸纳了大量的低价筹码后，2018 年 7 月

17日涨停收阳，开启一波暴力拉升行情。不难看出，庄家在盘中通过对倒手法顽强向上拉高，盘面气势磅礴，拉升一气呵成，连收8个涨停板。当然，这是典型的短线游资操盘手法，股价一步到位后，庄家在高位快速派发，后期不计成本出货，完成快进快出的过程。

这类个股就其盘面走势来说，涨也妖、跌也妖，涨得让你不敢相信，跌得让你难以接受。当你认为不应该再涨的时候，股价偏偏强势上涨，而当你认为应该企稳反弹的时候，股价偏偏又跌一截。细细回味这样的盘面走势，一定会有很多的启发和感受。

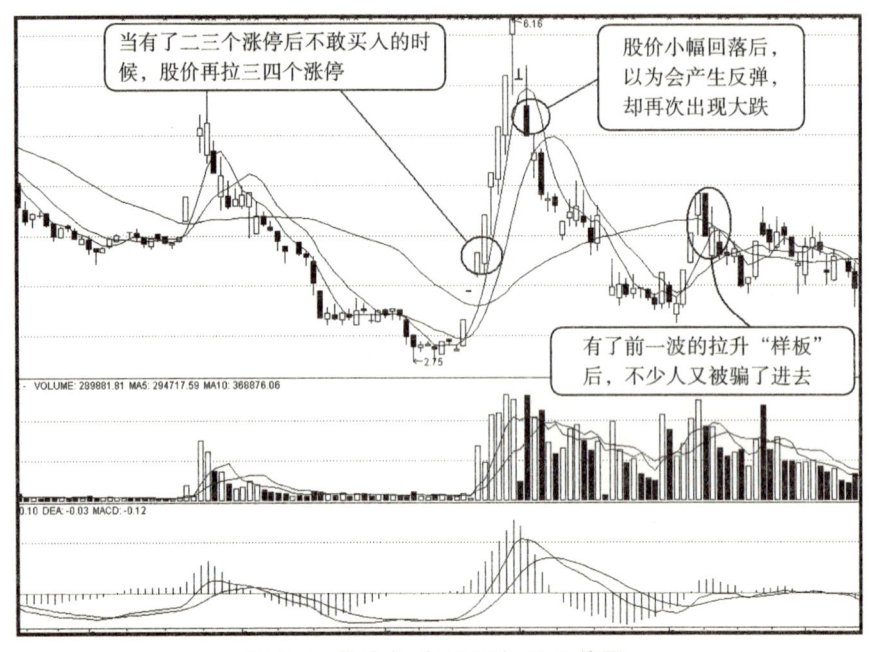

图 3-8 斯太尔（000760）日K线图

## 四、贴线

妖股启动主升浪后，股价紧贴着均线拉升，即使有短暂的整理调整，也是紧贴均线上行。剧烈拉升的股票一般紧贴5日均线上涨，拉升程度稍差一点的股票一般紧贴10日均线上涨，股价一般不会跌破30日均线。

图 3-9，三江购物（601116）：该股在2016年11~12月的拉升过程中，股价紧贴5日均线稳步上扬，盘面强势特征非常明显。这种盘面走势，有时由于受到大盘或利空因素影响可能短暂跌破均线支撑，但很快拉起重新回到均线之上，均线趋势基本上没有遭到破坏，此时只要成交量不出现异常变化，仍然可以大胆持股不动，等待真正顶部形成时离场。

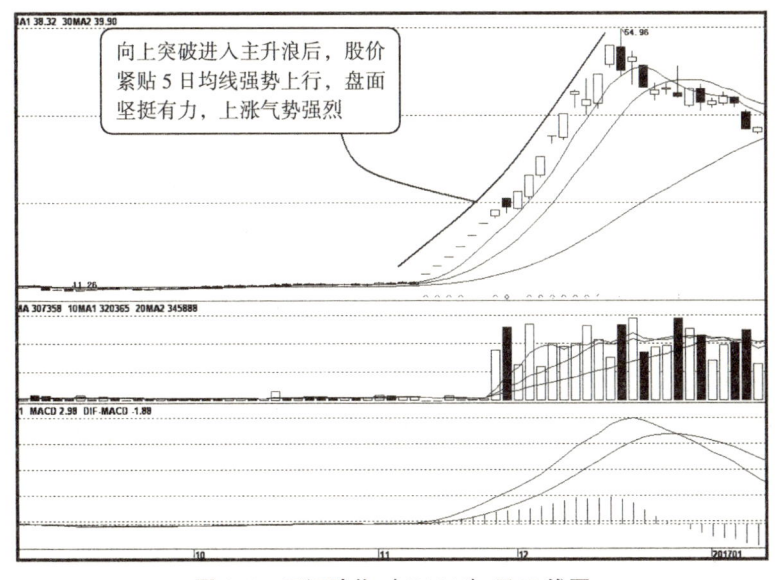

图 3-9　三江购物（601116）日 K 线图

## 五、逼空

在震荡或调整之后，随即反手拉升进入主升浪，不给空方回补的机会，逼迫空方在更高的价位回补或买进，从而使行情变得更加激烈。

图 3-10，盘龙药业（002864）：该股庄家成功完成建仓计划后，从 2018 年 3 月 20

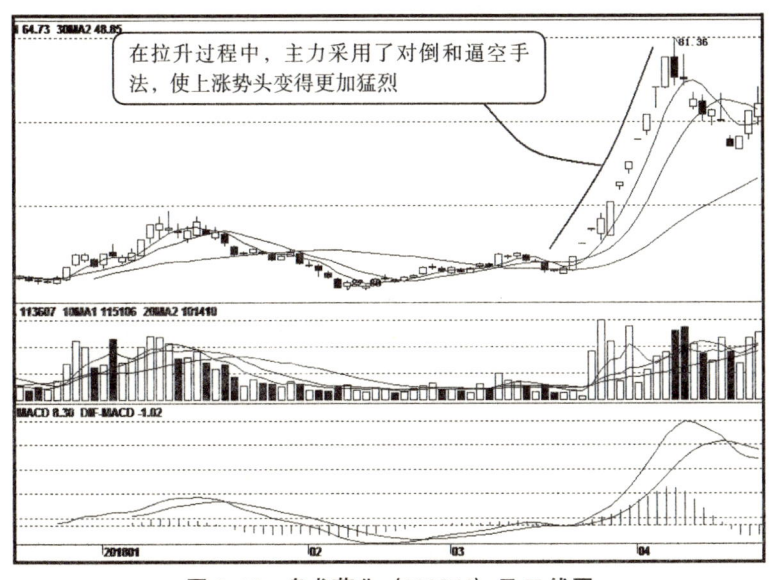

图 3-10　盘龙药业（002864）日 K 线图

061

日开始拉升，股价由此进入主升浪行情，庄家在拉升过程中就采用了跳空、对倒、贴线等拉升手法，盘面形成强烈的逼空行情，迫使空方在高位接纳筹码，从而进一步推动股价走高，使行情演变得更加波澜壮阔，妖股特征更为突出。

## 六、滚动

滚动操作就是一部分资金买股票，手头留一部分资金，等股票下跌时买进，涨高了再卖出，卖出后股价下跌了又买入，涨高了又卖出，循环往复，就成为滚动操作。其意义在于使资金在股市中得到充分利用，发挥其最大的价值，像滚雪球一样，越滚越大。实现时间、空间、利益三协同的状态。

这就是筹码滚动上涨，由于妖股大多是游资所为，没有达到高度控盘，先前的游资撤离，后续游资进场，资金不断滚动，推升股价上涨。或者，主力持有筹码较少的低控盘状态，也是由于主力资金不充沛，无法在没有卖出底仓的前提下，再不断将解套盘和盈利盘买下来形成高控盘。那么只能卖出部分底仓，将上方的解套盘和获利盘承接下来，遏制股价下跌。

妖股虽然不断有小幅调整，但每次调整后上涨的幅度都大于回调的幅度，股价以退一进三或退一进二的方式拉升。股价在拉升期间，经常以小幅调整但不间断地滚动上涨的方法来完成股价拉升。

由于妖股经常会出现较为剧烈的波动，多数情况下散户往往难以判断市场的趋势，这时为了避免错失市场机会或者规避市场风险，在操作中可以采取滚动操作方法，这样能够较好地解决因市场判断不准确而造成的困境。在市场趋势明显的时候，则应进行满仓或者空仓操作，而不宜采取滚动操作法。

具体来说，滚动操作适用于两种可能的走势：一种是当市场经历上涨或者持有的个股上涨之后，散户对后市难以判断，此时怕市场下跌调整但又不希望错失超级牛股。一般情况此时股价仍处于上升通道，但许多技术指标则预示着超买严重，随时可能出现回落下跌的走势。此时，散户可以采取逐步减仓的操作策略，也就是在当前价格分批减仓，并逐步加大减仓的数量。当股价回落到重要的支撑位置后，则可以开始回补，以降低持仓成本。

另外一种是市场处于非上升通道，有时候抄底难以完全成功，需要逢低分批逐步建仓。当然，这种操作具有更大的风险。一般情况下是自己手中持有部分此类个股，但又担心市场企稳随时反弹。此时又分两种情况，一种是市场处于横盘整理阶段，可以在箱顶和箱底中选择买卖操作，另外一种就是股价处于下降通道中，此时应采取全

部清仓的策略。当然，有时个股处于构筑底部的区域，股价会反复波动，此时一般需要观望，等待趋势稍加明显后参与。

由此可以看出，滚动操作是为了使自己可以在相对较高的位置卖出股票或者在相对较低的位置买入股票的一种操作技巧，避免盲目地全仓买入或卖出导致的风险和损失。因此，采取这种策略有一定的前提和基本要求，也就是对市场难以判断的时候。如果在操作过程中市场发出明确信号，也就是个股走势明确后，就可以全仓买入或者彻底空仓。需要注意的是，滚动操作要根据实际情况采取不同的策略：在明显的头部或者底部的时候，滚动操作是为了获得较好的买入或者卖出价格，此时的操作应以单边操作为主。但如果是持续盘整则以波段操作为主，一般而言，始终不满仓，也不空仓，手中始终有筹码，也有资金，以保障操作的灵活性。

在 A 股当前市场环境下，如果散户不会选择好股票，有两个方法可供参考：其一，可以坚持只在沪深 300 的成份股里面选股。这些股票中，又可以选择市值比较大的股票。经过千锤百炼，这些股票出意外的概率比较低。其二，可以形成一个组合，选择 5~8 只股票。如果既要做长线，又要安全，则选择 5~8 只股票是可行的。这对于 10 万元以下的资金来说，会提高安全系数。当然，这些股票的选择，还是要精心推敲一下，可以是小盘股，也可以大小盘股结合。将个股选好之后，应坚持"长线持有、波段滚动"的操作思路。

所谓"长线持有"就是不管什么时候，应该确保持股的比重在八成左右，轻易不要把股票卖光。有了这个原则，就可以防止万一行情涨起来手中没有股票。说实话，股市何时会涨，没有人能说得准。近 30 年的股市行情，真正的利润往往就来自几个月的上涨。如果上涨之前已经没股票了，则上涨行情岂不是与你无关？这样就错失良机，浪费行情。"闪崩的时候，你必须在场"，股市崩盘的时候，散户手里没有股票，其实反而不是好事情。

通常"波段滚动"的操作方法有三种：

（1）可以是大的波段操作。例如，如果股价上涨 50%、100%、200%的时候，可以卖掉持仓的二成到三成，等跌下涨幅的 20%的时候买回来。或者在重要的整数位（比如 10 元、20 元等）减仓二成。万一卖掉之后买不回来怎么办呢？那就暂时不要买，反正手里还有八成的股票，可以等待以后的卖出机会和买进机会。实在不行，就换一只股票。轻易不要因为卖错了而再去追涨。

（2）可以是小的波段操作。有些散户时间比较宽裕，甚至可以天天盯盘，那么，就可以采用"网格交易法"，股价每上涨 2%~5%（要根据不同个股的股性来确定这个幅度），则减仓少许，股价回落 2%~3%（也要根据股性来定）后立即买回来。这种操作，可以日内完成，也可以隔日或间隔几日完成。网格的宽度设置较难把握，需要观察和总结个股的历史交易规律。要切记这种日内差价是不可以卖出太多筹码的，单一品种最多卖出二成。

（3）可以做超大波段。在牛市的顶峰是可以考虑将全部股票卖完的。如果是长期做几只股票，那么，在牛市的末期是有可能把握住卖出点的，这就是掌握其股性后的必然结构。另外一种操作方式，是根据市值波动的节奏，在自己的资金市值达到某一个极限点的时候，全部卖出。如果长期做的几只股票，在卖完之后完全可以休息一下重新选择别的股票再入场。

当然，"长期持有、滚动操作"需要有一个良好的大环境。滚动操作法的前提是持有的股票是长线安全的，不会出现"见光死"，或者说不会有个股自身的风险。去拿一个要退市的股票做长线是没道理的。如果选的股票不好，业绩崩溃或业绩造假，导致股价腰斩，这些都是需要避免的。

# 第四章 先天妖相——妖股选择逻辑

## 第一节 妖股的灵气

市场中不是每只股票都会成为妖股，有的股票天生不具备妖股潜质，比如大盘蓝筹股，腰大脖子粗，没有小盘股的妖魔身段，它可以成为慢牛股，但一般不太可能成为妖股。所以，妖股有其先天的丽质，生辰八字具备一副妖相，再稍加打扮，就光彩夺目，很容易成为市场的宠儿，争奇斗艳变妖股。

妖股，顾名思义，就是像妖怪一样的股票。妖怪和普通人不一样，普通人只有一次生命，妖怪却有无数次生命，比如白骨精，孙悟空怎么打都打不死，最后还被唐僧气跑。妖怪为什么有这么多次生命？其实妖怪本身就没有生命，而是在修炼过程中，汲取天地间精华，历经千万年岁月沧桑才修炼成精，所以妖怪的生命原本就是天地之灵气。所以，在孙悟空打死妖怪的瞬间，妖怪常常化成一道黑气，灰飞烟灭，那道气就是妖怪的生命。

妖怪只有气，但没有灵魂，因为灵魂包括感情，妖怪没有感情，所以没有灵魂。但股市中的妖股肯定不是孙悟空遇到的妖怪，它们有无数次生命，但同样没有感情。谁有感情？只有投资者才有感情，投资者选择到一家好的上市公司，把它看成赚钱的工具，带着贪婪和喜悦去购买这只股票，所以投资者有感情。当有感情的投资者遇到妖怪一样的股票，就像唐僧遇到白骨精，肉眼根本分辨不清，他认为不是妖怪，而投资者也认为手中的个股不可能涨这么高而提早离场，结果妖艳的上涨行情与之无缘。

其实，妖股上涨都有一定的逻辑性，要思考的问题就是妖股为什么会上涨？上涨的节奏是什么？为什么会逆势上涨？

分析近几年出现的超级妖股，如四川双马（000935）、方大炭素（600516）、特力

A（000025）等，这里面恐怕没有哪路资金敢说自己完整地做足整段的行情，也就是说，有点火的资金，有接力的资金，当然，也有接盘的资金。

资金点火的原因是五花八门的，多数的点火资金与相应的上市公司有着说不清的利益关系。但是，因为妖股的妖艳并不在于点火时期，所以大家可以忽略这个过程。那么接下来，就是一段最吸引人的行情，也就是资金接力的过程，资金为什么会选择妖股？妖股为什么会有自己的节奏？又为什么在后期多半会逆势走强？这是需要重点掌握的。

在回答这个问题前，要分析妖股的炒作逻辑，前期的妖股属于人气聚集期。大盘涨，它们是上涨先锋；大盘跌，它们是避险港湾。到了后期，大盘涨时它们会调整，大盘跌时它们会反向拉起，也就是逆势上行。为什么？这可以从资金的避险需求说起，大家都知道，由于A股市场IPO持续不断地注入股票，整个市场在不断地整体扩充，体现在每只股票都有自己的所属板块，比如西部证券（002673）所在的券商板块，当券商板块整体下跌时，即便是西部证券也很难逆势上行，甚至多会顺势砸盘，其中的道理就是，该股主力若选择逆势上拉，其对手盘就是整个券商板块，更是难以得到场外资金的买账。再比如中铁工业（600528），其拉升的前提是整个铁路基建板块的顺势而为，试想，老大哥中国中车（601733）和中国中铁（601397）在砸盘，中铁工业此时上拉的抛压有多重？成本又有多高？所以，在这种大环境下，几乎所有的市场主力都不会犯这个傻的，那么作为市场上嗅觉最灵敏的游资大军，他们的资金有着极大的避险需求。他们会选择谁？选择市场上抛压最小，多头资金联动性最强，量比和换手率最高，盘面最强势的股票，也就是妖股的灵魂。资金的这种抱团取暖，也就是常说的市场共振，一个妖股发展到后期，基本是靠资金的共振。所以才有了大盘上涨的时候，这些进入后半阶段的妖股就开始提前调整，大盘一跌，妖股便反身向上。

想要更多了解妖股的股性和节奏，可以分析2018年年初走妖的贵州燃气（600903）以及它的小弟佛燃股份（002911）、长春燃气（600333）等，到了后期，只要贵州燃气上冲，它们便揭竿而起，贵州燃气涨停，它们便直逼涨停，这就是妖股的灵魂。

可见，妖股除了生辰八字有妖相外，资金抱团才是修炼成妖的灵魂。当然，不管是主力、游资还是散户，在妖股身上赚到钱的还是少数，最后接盘的一定是后知后觉的资金，哪怕是实力强大的游资，跑晚了，一样被套，流动性没了，就不是短期能解套的，至少要等到6个月以后。所以，妖股虽好，可不要恋战。

# 第二节　主力选择妖股逻辑

市场中从来不乏妖股出没，但有的股票不可能发展为妖股（如大盘蓝筹股），能够成为妖股的，有它得天独厚的优势。那么，庄家选择什么样的股票作为妖股的培育对象呢？一般来说，庄家喜欢选择符合以下五个市场特点的股票，作为妖股的修炼培育对象。

## 一、低价小盘股

庄家最喜欢选择盘小市值低的股票，这类股票的最大优点就是便于控盘、炒作空间大。盘子与市值的关系，许多人容易搞混淆，认为盘子小，市值就低，其实不是这样的，盘小而市值不一定就低（比如高价小盘股）。总市值=总股本×股价，流通市值=流通股本×股价。所以，庄家在选择妖股培育对象时，既要注重盘子小又要考虑股价低，这就是低价小盘股，如果是高价小盘股，那也不可能修炼成为妖股。在实盘中，盘小与价低两者往往产生矛盾，要么盘子小而股价高，要么股价低而盘子大，所以庄家在选择妖股时，尽量要两者兼顾。

所以，盘子的大小是妖股的必备要素之一，通常散户和游资越能接力，操作难度就越小。根据目前市场股本结构，妖股启动时的市值为100亿元左右的个股比例最多，庄家便于控盘，所需资金也能轻易达到。

例如，2016年10~12月的妖股三江购物（601116），总股本4.11亿元，启动时的市值在50亿元左右，最后炒成200亿元，资金增长3倍多而成妖；2018年初走妖的贵州燃气（600903），总股本8.13亿元，启动时的市值在80亿元左右，最后炒成260多亿元。因此要求股本结构不大，总股本大约在10亿元左右，尽量不要超过30亿元，其实最好的是5亿元以内，流通盘不超过3亿元，股价在20元以下，最容易吸引各路资金关注。

## 二、偏好垃圾股

牛股大多有业绩支撑，妖股不需要有太好的业绩，最好是没有人关注的垃圾股。从近年出现的妖股分析，主力对垃圾股情有独钟，比如梅雁吉祥（600868）、洛阳玻璃

(600876)、上海普天（600650）等，这些上市公司的主营业务均无任何值得称道的地方。梅雁吉祥的大股东早已把股票抛售干净，"股灾"期间证金公司买了不到1000万股便成为大股东。洛阳玻璃和上海普天都是20多年前上市的股票，上市之后并无任何业务上的建树，最近几年更是每况愈下，一直挣扎在亏损边缘，主营业务看不到什么希望。其他的科达洁能（600449）、华铁科技（603300）、特力A（000025）、同力水泥（000885）等几大妖股也大同小异。

### 三、当前冷门股

通常妖股大多出现在冷门股中，有经验的散户会注意到市场冷门股的机会，那些冷门股经常不被市场所重视，股票长期横盘不动，可是它会突然开始异动，成交量在持续萎缩后，突然开始逐渐放大，日K线上开始出现下影线很长的K线，之后的时间慢慢上涨，这样的个股，很可能从此发生根本性变化。

冷门股一般是那些交易量小、周转率低、流通性差、股价变动幅度小的股票，市场几乎无人问津，通常以横盘为主。这类股票的经营业绩往往不佳，投资有较大风险，通常不被市场所关注。冷门股的另一种情况是前期有过大幅炒作，庄家人去楼空，股价不断震荡下跌，长期没有起色。但是，冷门股也不是绝对冷，有时碰上机遇，遇上实力庄家，很容易"爆冷门"成为妖股。多数妖股在启动之前，大多是被市场遗忘的"冷门股"，直到成妖后股票名称才家喻户晓。例如，2017年妖股方大炭素（600516）、西水股份（600291）和2016年妖王四川双马（000935），在成妖之前就是冷门股，市场中没多少人知道，成妖后却人尽皆知。

冷门股其实也是座难得的金矿，只要把握得当，操作冷门股的收益不一定比热门股差。这里顺便提示一下，散户在操作冷门股时要注意以下三点：一是宏观经济面刺激，相关行业有望迎来高成长；二是有庄家资金开始关注，技术强势显现，股价站上5日均线；三是有突发性题材和利好刺激，搭上市场热点。以上三点是冷门股走热必须具备的条件。

投资者不要怕股价比原来的高，上涨的趋势一旦形成，就可能形成惯性，能够保持上涨趋势。其背后必然隐藏着不被市场大众知道的秘密，投资者应该忽略前期的所有利空，顺应个股趋势做多。

### 四、未来热门股

当前冷门股未来有可能就成为热门股，庄家最喜欢未来有望成为热门股的上市公司。科技的飞速发展，给人们带来无限的想象空间，从而也引发出许多朦胧的想象股，这类个股一旦被市场认可，炒作时机成熟，股价会飞上天。

每一只妖股背后都有一个美丽动听的"故事"，或者是未来上市公司有重组合并的预期，或者公司有扩充经营业务范围及提高市场占有率的战略规划和实施能力，这些都让投资者有很好的想象空间，并憧憬公司的未来，往往成为未来希望股。例如，方大炭素（600516）是从事一般性的非金属矿物制品业的上市公司，业绩连年亏损，股票曾被冠以 *ST，处于退市边缘，之后遇到国家"去产能（涨价概念）"政策，使公司乌鸦变凤凰，2017 年 6~9 月成为"涨价概念股"的龙头妖股，股价被疯狂操作。

## 五、持续利空股

在 A 股市场中，有的股票接连不断地出现利空消息，被市场投资者抛弃，股票基本无人问津，导致股价一跌再跌。这类股票由于不被市场所看好，散户持筹不多，庄家容易吸筹建仓，一旦利空消息静止，公司基本面出现好转，股票也很容易成为市场妖股。

图 4-1，西水股份（600291）：2017 年 7 月走妖，总股本 10.9 亿元，启动时市值在 140 亿元左右，最高市值超过 400 亿元。可以看出，该股属于低价小盘股，启动前是没

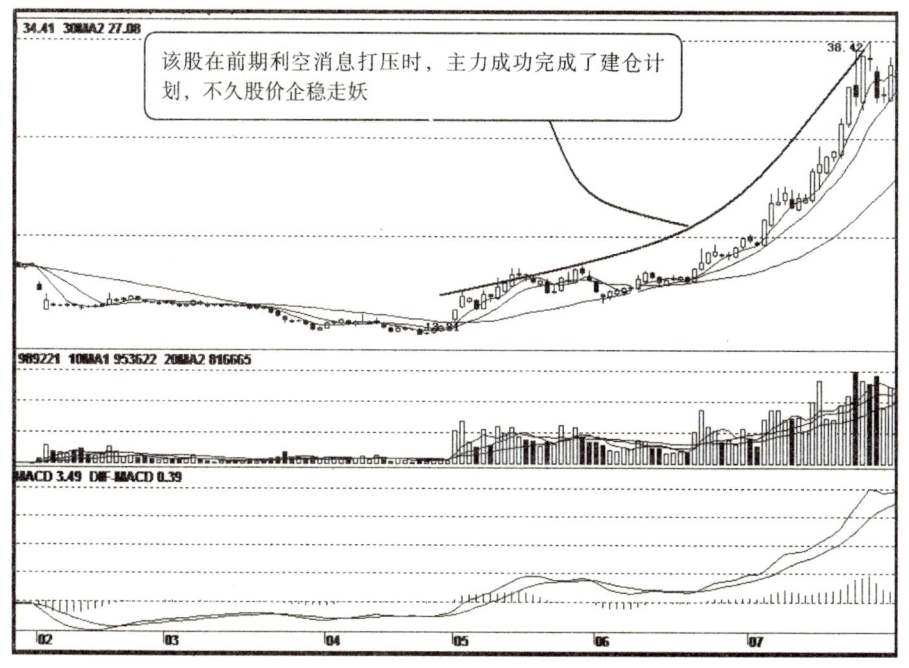

图 4-1 西水股份（600291）日 K 线图

该股在前期利空消息打压时，主力成功完成了建仓计划，不久股价企稳走妖

有资金关照的冷门股,且伴有利空消息,股价一跌再跌,但是该股属于保险板块,基本面比较稳定,有可能成为未来热门股。2017年5月以来受到市场资金的关照,股价出现持续走高,涨幅超过150%。

# 第三节　散户选择妖股方法

捕捉妖股可以短期赚大钱,抓住一只妖股远远超过一年的股市辛勤耕作,所以在实盘中大家都喜欢捉妖。可是,正因为是"妖",就意味着有险恶的一面,稍不小心就会被"妖"所伤。因此作为散户应该有一套防身制胜的方略,拿起"照妖镜"让妖股现形,这就是如何选择妖股。但是,散户选择妖股与庄家选择妖股的思路是不一样的。庄家从培育妖股的角度去选择,而散户从跟随妖股的思路去考虑。一般来说,散户应从以下五个方面进行考虑:

## 一、行业前景好

公司所属行业要具体分析,属于生产性企业的,应该考虑主营业务是否单一,而且产销是否对路,市场竞争优势如何?特别是带垄断色彩的为最佳;属于科技开发研究的,应该考虑其技术力量如何,是否具备高端人才优势,是否有自主知识产权,等等;属于其他公用事业的,应该考虑其是否存在地域局限、政策限制因素等。

## 二、市场口碑佳

群众基础不错,市场口碑较好,股价定位合理的优先。前者好理解,后者可能很多人比较模糊,其实,识别这个不难,比如投资者可以找相同行业上市公司股票进行比较,同样的经济指标情况下,谁的定位更低,就有市场优势,那么就会吸引新的庄家,新的资金进场来运作,但这需要做好提前埋伏。如果一只股票,市场口碑不好,群众基础不行,通常庄家也忌讳这样的股票,它怕自己拉高了无人接盘。

## 三、账目要清秀

必须找账目清秀、财务指标健康的股票,也许很多人会觉得,看看K线是不是破位,趋势线有没有走坏,就能够掌握股票运行方向了,其实这个结论是片面的。任何一只股票必须将技术面和基本面结合起来，通常基本面是最重要的部分，谁都知道这样一个事实，如果一只股票庄家把它炒得再高，假如没有基本面的业绩支撑，它迟早会完蛋，历史上有名的庄股亿安科技炒上百元，最终不是跌回原地了吗？

### 四、公司无瓜葛

无利益输送、无关联交易的品种优先。这是上市公司隐藏利润、制造虚假业绩的重要手段，通常投资者能够从上市公司财务报表里发现问题，也许有的投资者看不懂这些，不妨实地看看企业生产情况，如果一个企业加班加点抢生产，库存又没有什么产品，客户预付资金充沛，那么，毫无疑问，这个公司的股票值得投资，反之，迟早会成为问题股。

### 五、地域有优势

市场中有的个股具有得天独厚的地域优势，比如上海自贸区、粤港澳大湾区、雄安新区，以及其他发达省份、地域经济不错的股票可以优先，通常这些上市公司能够利用自身地理位置，发挥产销贸易，同时，也享受到积极的国家政策扶植，通常这些股票，会有不少的资金关注，股性相对活跃。

散户只要掌握上述妖股选择方法，擒妖并不难。根据多年实盘经验，大体上可以分为三个步骤和方法：

方法一：选妖股也要"自上而下"、顺势而为，在政策导向的行业中选择有高成长潜力的公司股票，这样做的好处是即使没能"押中"妖股，也能挑选出一些行业中的牛股，能够确保散户不会亏损。

方法二：每一只妖股背后都有一个美丽动听的"故事"，或者是未来上市公司有重组合并的预期，或者公司有扩充经营业务范围及提高市场占有率的战略规划和实施能力，这些都让投资者有很好的想象空间，并憧憬公司的未来。需要注意的是，当故事在市场上已成为众人皆知的话题时，不要以为趋势确立而当作介入的信号，反之，这时候应该考虑获利离场。资金注入总是发生在故事成形之前，而在其"故事"圆满后，则是资金即将撤出离场的前兆。

方法三：在概念炒作上，同一时间段，会有一批相同行业属性的股票涌现出来，投资者可提前布局行业板块中的活跃股票，即使买不到妖股，也能买到联动概念股，还包括同一个庄家手中持有的其他个股。当然，这应当是基于投资者具备丰富的投资经验和投研能力，以及良好的风险承受能力基础之上的。如何在瞬息万变的股票市场，先于主力资金，布局一轮又一轮的热点板块，需要投资者着眼大局，凭借敏锐的眼光，洞悉经济发展方向，不断挖掘未来的热点板块，以思考来为自己的投资指明方向。

图4-2，洛阳玻璃（600876）：这是A股史上空前的妖股，说它空前，是因为在空前的股灾期间屹立不倒！说它妖股，是在牛市中平淡，熊市中发飙的霸气。从盘面分析，股价经过股灾的洗礼之后，浮动筹码基本抛光了，在散户恐慌之际股价被大幅拉高，让众多投资者大跌眼镜。

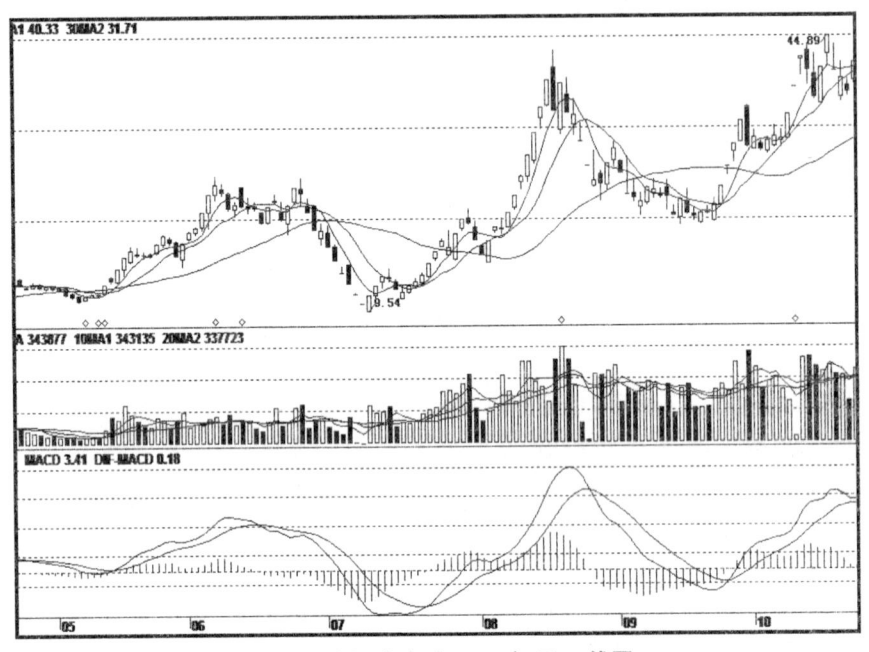

图4-2 洛阳玻璃（600876）日K线图

## 第四节 选择妖股有讲究

### 一、从盘面特征入手

通常而言，一只股票的运作大体可以分为建仓、洗盘、拉升及出货等几个阶段。对于散户投资者而言，如果既要想赚快钱又要想赚大钱，那么，只有去寻找那些已经进入或即将进入加速上涨阶段的妖股才能实现自己的盈利目标。妖股的选择原则有两个：选择企业而不是选择股票，选择价值而不是选择价格。

## 第四章 先天妖相——妖股选择逻辑

根据多年实盘经验总结，近几年市场中出现的妖股在技术上有以下盘面特征：

（1）在技术指标方面，必须满足下列要求（技术面特征）：第一，AMT 成交额指标（或参考 VOL 均量线，两者基本一致），三线必须 2 次多头排列，这是庄家坐盘进入月线大 3 浪攻击的量能质变点，量为价先，这是第一的也是本质性指标，只有成交额达标的个股，才有攻击性。

成交金额指标，热键 AMT，应用法则：①成交金额大，代表交投活跃，可界定为热门股；②底部起涨点出现大成交金额，代表攻击量；③头部区域出现大成交金额，代表出货量；④观察成交金额的变化，比观察成交手数更具意义，因为成交手数并未反应股价涨跌之后所应体现的实际金额。

第二，MACD 指标在 0 轴上方出现"龙抬头"，清楚地发出做多信号，月线发出大 3 浪攻击令。

第三，满足上述两个条件时，股价突破其历史高点，即出现突破性上涨的个股，可以大胆参与，一般持股一个月以上，会有 50%~100% 的高回报。

可以将上述三个条件概括为一句话，即只参与基于成交额指标和 MACD 指标都达标且股价上行无阻力的多头结构的个股。

（2）周线 MACD 指标在 0 轴上方刚刚发生黄金交叉或即将发生黄金交叉（技术面特征）。根据 MACD 指标的运用原理可以得知，MACD 指标在 0 轴上方的黄金交叉，意味着该股前面曾出现过一轮上涨，且后来出现过调整。当 MACD 指标再次出现黄金交叉时，则表明前面的调整已经结束，而且这个调整只是回档而已，后面股价将进入新一轮快速涨升阶段。

（3）总体涨幅不大，股价已基本摆脱下降通道的压制，步入上升通道（技术面特征）。股价涨幅不大可以确保后市仍有上升空间，投资者不会在头部区域介入；要求股价摆脱下降趋势，进入上升通道，主要是因为近几年市场处于熊市之中，大多数个股处于持续下滑状态，如果一只股票能够摆脱下滑趋势并步入上升通道，则往往意味着这家公司的基本面可能已出现好转，并有庄家介入其中，此时散户如果择机跟风买入，风险并不大。

（4）公司业绩良好或发展前景较好（基本面特征）。目前的市场机构博弈日趋激烈，有时单纯的技术分析并不足以成为投资者入市的依据，因此选择一家基本面良好的公司是很重要的。

长期以来，高速增长行业的优质上市公司，成为选择的重点，优秀的管理层，稳定的企业发展机制，都将使优秀的企业可以分享资本市场上涨的利益。一个看似非常简单的选择,则从根本上决定了投资结果。绩优股和绩差股的选择成为大家首先要思考的,可能很多投资者在多年的投资生涯之后,还徘徊在选股的过程中。价格围绕价值波动,过分的低价是没有机构投资者挖掘的特征。但是低价股确有一个天生的优势,短期上涨的速度快、比例高,使短期利润出现快速增长。

在当前股市中,题材股、低价股、重组股的爆炒,让大家感觉到这才是最大的机会。但是这种机会来得快、去得也快,对于投资者的操作能力可以说是极大的挑战,在疯狂的利润面前,贪婪是每个人都难以战胜的。同样,需要强调的是,投资优秀企业可以带来长期稳定的收益。通俗地讲,投资优秀的企业才可以取得长期稳定的收益。

行业的增长成为塑造大牛股的基础,行业中的优质企业成为市场涨幅的"国家队"。企业有自己的生命周期,通过对于市场暴涨个股的总结,可以认为成长期和成熟期的企业是相对涨幅最大的个股,所以建议投资者重点关注并投资于突出成长、高速稳定成长和高速周期成长阶段的公司,分享这类企业发展所带来的资本增值。

(5)在市场总体表现不稳或市场总体呈上升趋势时介入(市场特征)。在实盘中,符合上述条件的股票,也难以摆脱整体市场对其的制约。因此,一旦发现符合前面四个条件的股票时,千万不要忙于介入,因为此时还需要对市场进行判断,否则往往会陷入教条主义。

(6)前十大流通股东中有一定数量的基金或其他机构投资者存在(基本面特征+资金面特征)。流通股东中有一定数量的基金或机构投资者,可以再度表明该公司基本面相对较好。在目前的市场状况下,机构投资者是不会轻易涉足那些基本面不佳的公司的,且以基金为代表的机构投资者在购买股票时,其投资行为往往会表现出长时间的一贯性,即看好一家公司的股票后会持续购买并持有,不会像以往市场上那些所谓的敢死队一样快进快出,这一点可以确保散户投资者有足够的时间进行跟风投机。

图4-3,盘龙药业(002864):2018年3月20日开始,MACD指标出现"龙抬头"迹象,第三天成交量开始放大,股价经过一段时间的横盘整理后向上突破历史高点,说明有主多资金在活跃。而且,该股属于总体涨幅不大的次新股,中期业绩稳定和发展前景较好,股价已经摆脱下跌趋势。

## 二、从资金特点入手

从资金方面进行选股,在主升浪中要重点选择那些有大资金关照和介入的个股,具体要注意以下要点:

(1)选择实力强的资金。主升浪中值得投资者跟风参与的是较有规模和实力的主流

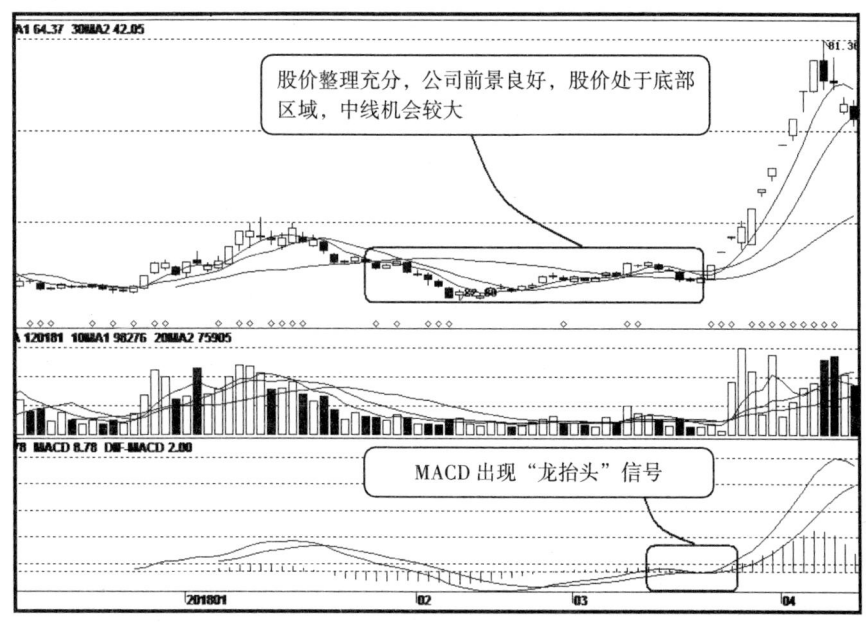

图 4-3　盘龙药业（002864）日 K 线图

资金介入的股票，这类资金由于规模庞大，其建仓速度较慢，显得从容不迫和有条不紊，股票涨升时会采用稳扎稳打，不断滚动推高的手法操作，而且这类资金出货时大多会采用高位横盘震荡出货方式。从时间节奏分析，跟随这类资金操作具有良好的可操作性，值得投资者重点关注和参与。

（2）选择运作模式稳健的资金。主流资金的运作模式多种多样，运作周期有长有短，时间长的能延续数年，时间短的只需要数周。至于运作模式，有的以控盘拉升为目的；有的以波段式操作为盈利手段；有的以内幕消息为短炒依据，一旦上市公司利好公布，则趁机派发出货；主升浪中最适合投资者参与的是以控盘拉升为主要运作模式的主流资金介入的股票。

（3）选择运作水平高的资金。主流资金运作水平太低时，必将会影响到投资者的盈利状况，有时甚至会使跟风的投资者蒙受重大损失。在最近两年多的弱市调整中，涌现出很多运作水平极低的主流资金。有的主流资金由于本身运作方面的原因，一直入驻个股中没有退出，但是又无力对股价护盘，加之时间成本因素的限制，这类资金往往急于出逃，从而造成严重亏损。因此，对于这类主流资金，投资者不能轻易跟风。

（4）选择有敏锐感觉的资金。真正的市场主流资金由于种种原因，对政策的把握、上市公司的分析和市场实际操作等方面都有着敏锐的感觉。表现在盘面中最显著的特点就是能够在大盘尚未摆脱跌势时，真正的主流资金所介入的个股就能够先于大盘企稳、先于大盘放量、先于大盘启动。而具有这类特点的个股，恰恰说明已经介入其中的主流资金具有某些与众不同的优势。因而，这类个股后市往往能涨幅居前，甚至能成为行情的领头羊。

### 三、从财务状况入手

什么样的公司可以成为未来市场疯狂拉升的上市公司呢？历史会重复是证券市场的一个基本原理。在分析了基本面的因素之后，就是如何去寻找财务方面的优质上市公司了。财务分析是一门专门的学科，一般投资者无法做到全面深入的分析，因此只要抓住其中一些主要指标就可以了，在此列举三个比较简单的适合于做基本面突破的指标。

1. 每股收益

这是指税后利润与股本总数的比率，因此又称为税后利润、每股盈余。它是测定股票投资价值的重要指标之一，是分析每股价值的一个基础性指标，是综合反映公司获利能力的重要指标，它是公司某一时期净收益与股份数的比率。该比率反映了每股创造的税后利润，比率越高，表明所创造的利润越多。每股收益=利收益/股份数。这样一个选股的基本条件是市场普通投资者最愿意看，也是相对综合性的一个指标。其增长性也是最值得关注的，可以看出企业的发展情况。但由于我国的上市公司总股本经常发生变化，因此每股收益作为判断标准也有不准确的情况。

2. 主营毛利率

包括：①主营收入。它是指企业主营业务形成的收入，它是企业收入的主要来源，用来核算企业销售商品和提供劳务等发生的收入。②主营成本。它是指企业主营业务所发生的成本，它用来核算企业销售商品、自制半成品以及提供劳务等发生的成本。③主营毛利率。它是指公司主营业务的毛利率。主营毛利率=主营收入/主营成本。主营收入规模是企业抗击市场风险的基础。公司主营收入规模太小，往往受市场波动影响较大。

主营业务毛利率是公司盈利的基础，公司提高利润一般有两个途径：一是扩大产品的销售规模，二是提高产品的毛利率。就是上市公司经常提到的做大做强，但是两者之间经常有矛盾。

3. 净利润率

净利润率即本年净利润与上年净利润之差再除以上期净利润的比值，净利润是公司经营业绩的最终结果。净利润的增长是公司成长性的基本特征，净利润增幅较大，表明公司经营业绩突出，市场竞争能力强。反之，净利润增幅小甚至出现负增长也就谈不上具有成长性净利润年增长率，因为我们寻找的是成长性最好的个股，因此操作的预期周期应该以一年以上的时间为宜。这样可以很好地排掉一些周期性行业的季度净利润变化幅度较大的问题。地产、百货等行业都是季度性行业，它在销售淡季或者财务回收淡季，季度净利润都极低，净利润增长率环比可能都是负数。因此，用净利润年增长率来进行纵向或者行业横向比较才有意义。对此抓到行业的起涨点，有利于抓到大牛股，使用净利润季增长率一般会在两种情况下比较合适，一是公司刚上市，可能没有连续3年的财务报表可供参考，用环比净利润季增长率判断公司是否具有高成长性；二是上市公司扭亏为盈时，还没有出现连续3年的净利润正增长时，使用净利润季增长的同比和环比来判断该公司是否将具备高成长性特征。

最后，如果净利润增长慢于主营业务收入，则公司的净利润率会下降，说明公司盈利能力在下降。相反，如果净利润增长快于主营业务收入，则净利润率会提升，说明公司盈利能力在增强。所以，选择优秀的企业是操作大牛股的一个前提条件。

## 四、从主力意图入手

庄家的资金供给和需求是决定个股走势的一个关键因素，其中一个重要的原则就是不要参与建仓阶段。通常认为市场中存在价值发现的需要，也不反对绩差股中就没有未来基本面会产生极大变化的公司。但是这种乌鸡变凤凰的股市概率还是不高，加之证券市场的信息不对称，普通投资者要想拿到一手的信息可能性非常小。所以建议大家不要盲目地去评估股票价值，把这个任务交给机构投资者。在庄家充分研究之后，全面完成建仓计划，再考虑介入这样的个股，其安全度要高很多。如果能够有效寻找到该股创出新高的位置，则可以赶上企业发展的主升浪。所以庄家的认同度非常重要，毕竟庄家在市场上资金量较大，信息相对灵通，投资的模式相对固定，合理地利用庄家的投资特点，对实盘操作将会产生很大的帮助。

说到底就是一个研究庄家会盘战略思路及资金流动的信息平台，通过它可以很简单地根据大资金的选股思路，锁定庄家青睐、增仓股群（也就几十只），这样过滤掉了90%以上的股票，就处于极为有利的位置，为盈利打下坚实基础。这里依旧选择对于主升浪有帮助的地方做重点分析。目前，国内市场的主流投资机构为基金系资金、QFII（合格境外投资者）券商资产组合、保险资金和社保资金等主流资金。当前庄家时代的特点依然非常明显，而且带有明显的助涨助跌的特点。在此，把他们的投资特点和投资者操作中需要注意的地方加以说明，使大家对于这方面的模糊投资变得更加清晰化和步骤化。

（1）基金系。优势：资金量最大，对于市场的影响最大。常年保持70%以上的仓位，投资倾向于流动性相对较大的大盘成长股。船大难掉头，重点持仓的个股一般会达到两年以上。监管的严格，每季度需要公布自己的持仓报告，有利于我们跟踪其总体的投资思路和操作的股票池。不足：以收取管理费为主要盈利手段。公司数量过多受到排名的压力过大。操作功利化相对比较严重，基金经理更换频率较高，很难完全跟踪，需要选择优秀的基金公司和基金经理。

（2）QFII系。优势：来自成熟的资本市场，擅长国际化的看待投资的机会和中长期的投资，对于优秀企业的投资能力较强。不足：资金有限，只能改变投资思路不能彻底影响市场。没有定期报表，跟踪研究难度较大，只能通过上市公司的报表。

（3）保险资金。优势：资金数量逐步增加，将会成为市场未来的一个核心力量，投资选择低风险的产品，相对的投资稳定性较高。不足：目前不是市场的主流，也没有定期的投资披露制度，相对阳光化不足。其他的社保基金是委托基金公司代为管理的，券商的集合理财和基金的投资思路趋同。所以目前对于庄家的研究相对集中于基金，尤其是开放式基金的研究上。

公募基金（重点）优秀的行业领头羊和企业的价值发现者，如何跟踪主流机构的战略方向？

第一，寻找基金的核心部队在哪里，关注每个季度基金仓位最集中的个股是哪些，尤其前10名，有没有出现较大的变化是我们关注的重点。

第二，寻找每个季度的增仓重点和机构新的增仓方向。通常，每个季度大幅增加的新股、次新股，大多是未来较好的操作品种，也是我们关注的热点。

# 第五章 修炼成妖——妖股启动模式

## 第一节 妖股启动信号

### 一、买入量较小,卖出量较大,股价不下跌的股票

这种现象说明该股处于庄家收集筹码的后期或拉升初期,大量卖盘是由庄家为低价收集筹码而设置的上盖板,也可能是拉升初期涌出的短线获利盘,股价不下跌是由庄家的隐形买盘(庄家在盘面上显示的买卖盘通常是假的,骗人用的,真实性买卖通常是即时成交的、隐形的)造成的。这类股票通常有实力强大的庄家控盘,对于股价的运动控制有较强的信心,随时有可能出现大幅上涨而脱离庄家成本区。在实盘分析时,主要从分时盘面压单和托单进行认真观察,以洞察庄家下一步坐庄的真实意图。

### 二、买入量、卖出量均较小,股价稍微上涨的股票

庄家完成建仓计划后,接下来就是拔高股价、增大利润,而上述状态是庄家拉升股价的最好机会,投入小,效果大。

图5-1,鲁西化工(000830):股价成功见底后缓缓向上攀高,成交量并不大,说明买入量和卖出量均不大,也显示盘中浮动筹码不多,庄家已经达到控盘程度。2017年7月股价进入加速上涨阶段,上涨行情延续到2018年2月,股价累计涨幅2倍多。

### 三、放量突破前高压力等上档重要趋势线的股票

这个信号是典型的强庄行为,因为没有实力的主力和散户都是股市菜鸟,想飞也

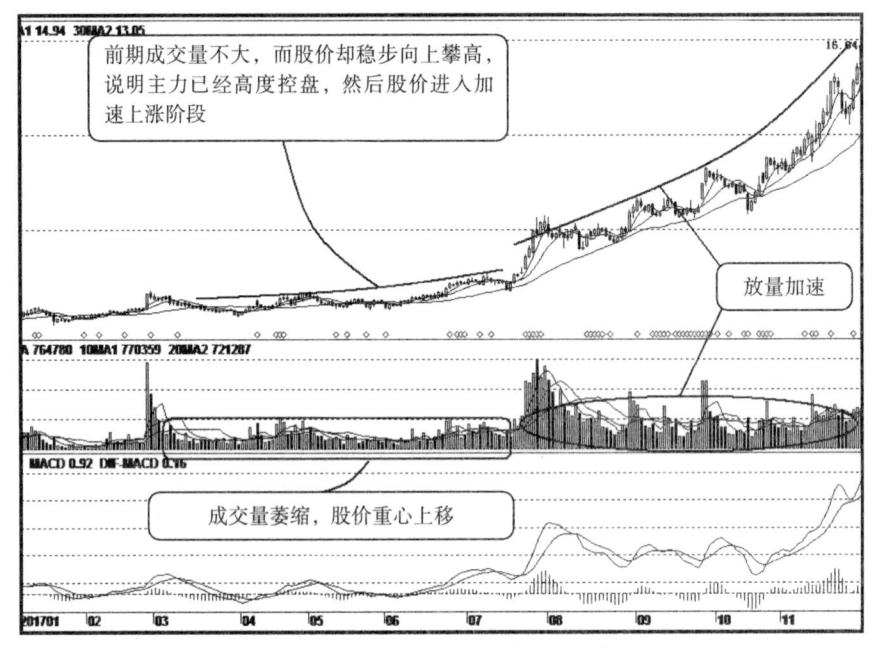

图 5-1 鲁西化工（000830）日 K 线图

飞不高，只有实力强大的庄家才能够成功突破上方的重要压力。

图 5-2，宏辉果蔬（603336）：股价经过长时间的回调调整后，于 2018 年 2 月见底企稳并进入筑底走势，经过一个多月的横向震荡后，在 3 月 23 日开始放量向上拉起，27 日放量突破前高（下降趋势中的第一个高点），成功扭转了长期形成的颓势，说明有实力强大的庄家在搅局。股价连拉 3 个涨停后，出现 3 个交易日的短暂调整，4 月 2 日开始再次拉出 4 个涨停。

## 四、大盘横盘时微涨，大盘下跌时却加强涨势的股票

这类情况是该股庄家实力较强且处于收集中期，成本价通常在最新价附近，大盘下跌正好是庄家加快建仓计划、显示实力的机会。

图 5-3，方大炭素（600516）：上证指数在 2017 年 4 月 10 日至 5 月 11 日处于明显的下跌调整走势，而该股已经提前于大盘企稳并向上攀高，说明有实力强大庄家介入建仓，而且在此前的建仓过程中庄家非常狡猾，采用了多种建仓手法，其中最主要的手法就打压建仓，先后采用了 5 次较大的打压动作。当大盘止跌进入横向震荡时，该股庄家继续缓缓向上推高股价，6 月 23 日开始放量向上突破，股价出现加速上涨，从此开启妖股之路。

# 第五章 修炼成妖——妖股启动模式

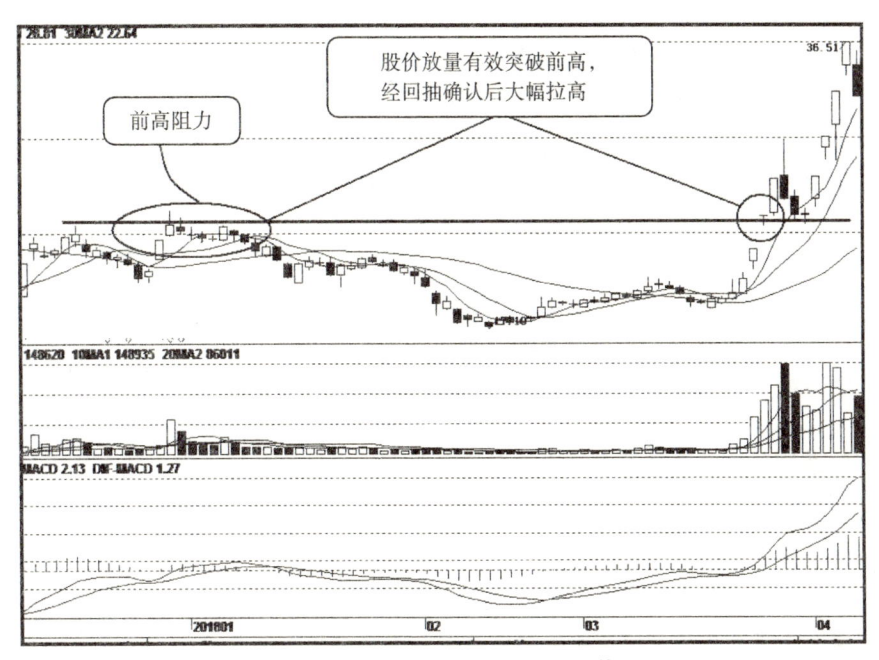

图 5-2 宏辉果蔬（603336）日 K 线图

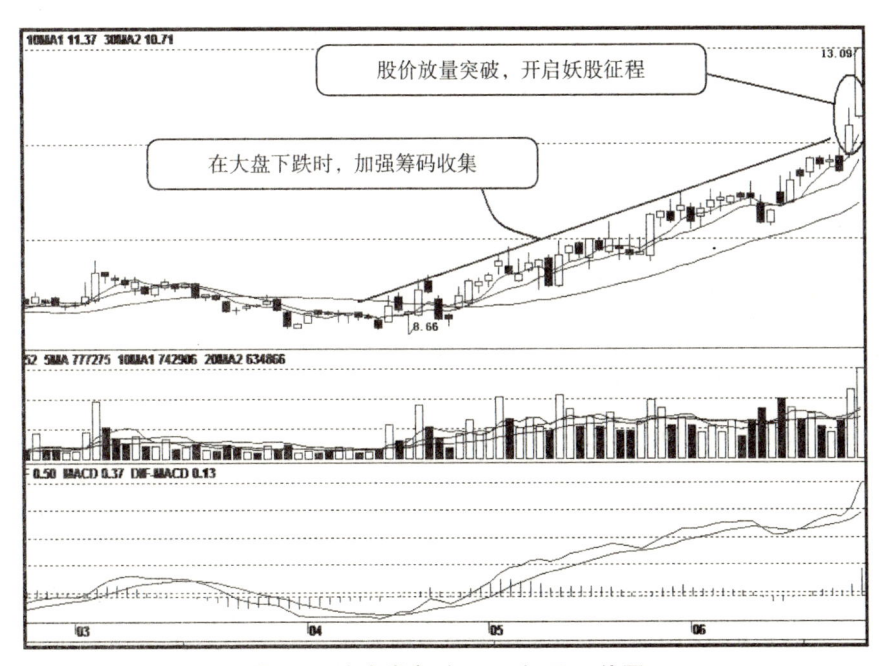

图 5-3 方大炭素（600516）日 K 线图

## 五、遇个股利空且放量而不跌的股票

该跌不跌，必有大涨，这是此类股票庄家的唯一选择。

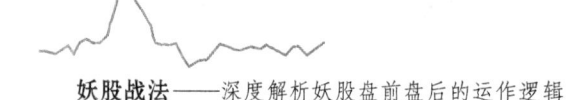

## 六、有规律且长时间小幅上涨的股票

这类股票的庄家有两类，一类是电脑操作盘，另一类是操盘手无决定权，须按他人计划指示办事，但股票走势通常是涨的时间较长，而且在最后阶段，大多会出现一波加速上涨行情，就是最后的冲刺阶段。

## 七、无量大幅急跌的股票是超短线好股票

买股票的最大乐趣就是买个最低价，等待套牢的庄家发红包。

# 第二节　妖股启动特征

妖股启动如同台风的形成过程，整个生命周期有孕育阶段、发展（增强）阶段、成熟阶段、消亡阶段。而妖股形成有着非常相似之处。有主力因素、市场因素、基本因素、散户因素等诸多原因所致。

一般而言，妖股启动之前有以下基本特征：

## 一、启动前挖坑洗盘

妖股启动前，大多有过急剧的洗盘动作，很多牛股在短短几个交易日里就将股价洗到正在运行的箱底位置。涨停启动，跌停洗盘，这是最牛妖股的坐庄方式。

图 5-4，洛阳玻璃（600876）：在妖股中其操作手法算是最凶狠的了，借"股灾"之机大幅杀跌建仓，2015 年 7 月 9 日启动时连拉 3 个涨停板，7 月 15 日以跌停板洗盘，第二天从跌停板价位开盘后拉起，此后再度拉升时股价连续走高。这类股票散户如果买错了，岂不是来回亏损 20% 以上？

主力在该股中收割散户毫不留情，很多散户在第四天追进去，当天冲高回落，次日股价跌停，跌停后的第二天又是在跌停价开盘，给散户造成巨大的心理压力。最气人的是，主力完成筹码、洗盘后，股价出现连续的拉升行情，大批散户看着该股这种走势却不敢追涨介入。这样的妖股数不胜数，如四通股份（603838）在 2017 年 2 月 20 日和 21 日的走势如出一辙。

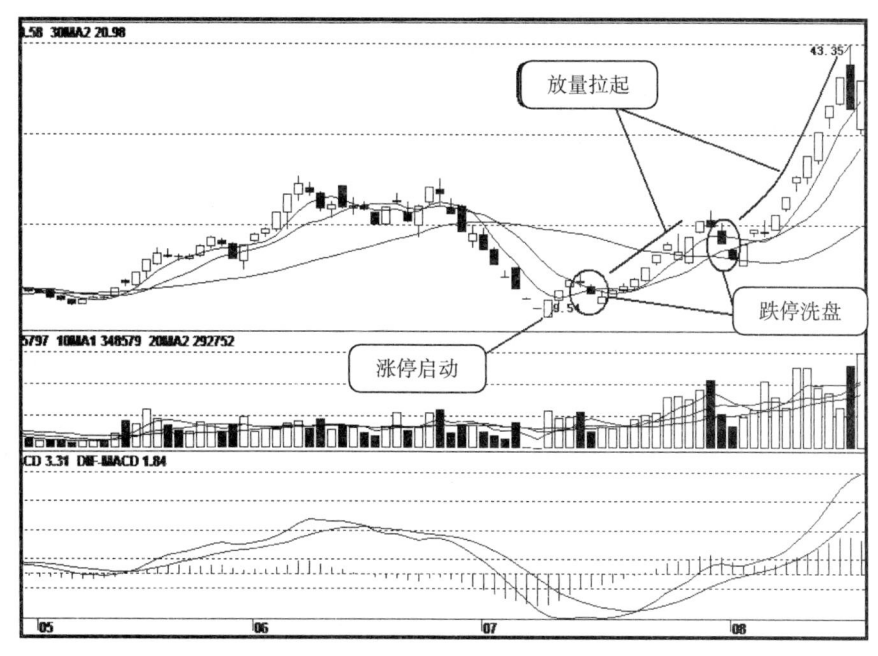

图 5-4 洛阳玻璃（600876）日 K 线图

## 二、突破关口创天量

妖股启动的时候，一般是小阴小阳缓慢攀升，然后在距离前高或者箱体上端的时候，突然跳空高开涨停，或者直接冲击涨停板，并伴随巨大的成交量能。最好在关口位置的成交量创出近期的天量。

图 5-5，兆日科技（300333）：该股成功探明底部后，以小阳小阴的方式渐渐向上稳步攀高，2018 年 4 月 19 日股价直接从涨停板开盘，一举突破前期成交密集区，虽然盘中出现板震，但大部分时间处于封盘状态。次日，维持强势整理，消化盘中浮动筹码。从第三日开始股价出现加速拉升走势。从盘中可以看出，在股价突破重要关口时，成交量大幅放大，使筹码得到有效换手，为后续股价大涨扫除了障碍。

## 三、启动之前有缺口

缺口是指股价在快速大幅变动中有一段价格没有任何交易，显示在股价趋势图上是一个真空区域，这个区域称缺口，通常又称为跳空。当股价出现缺口，经过几天或更长时间的变动，然后反转过来重新回到原来缺口的价位时，称为缺口的封闭，又称补空。缺口分普通缺口、突破缺口、持续性缺口、消耗性缺口四种，从缺口发生的部位大小，可以预测走势的强弱，确定是有效突破，还是已到趋势之尽头。它是研判各

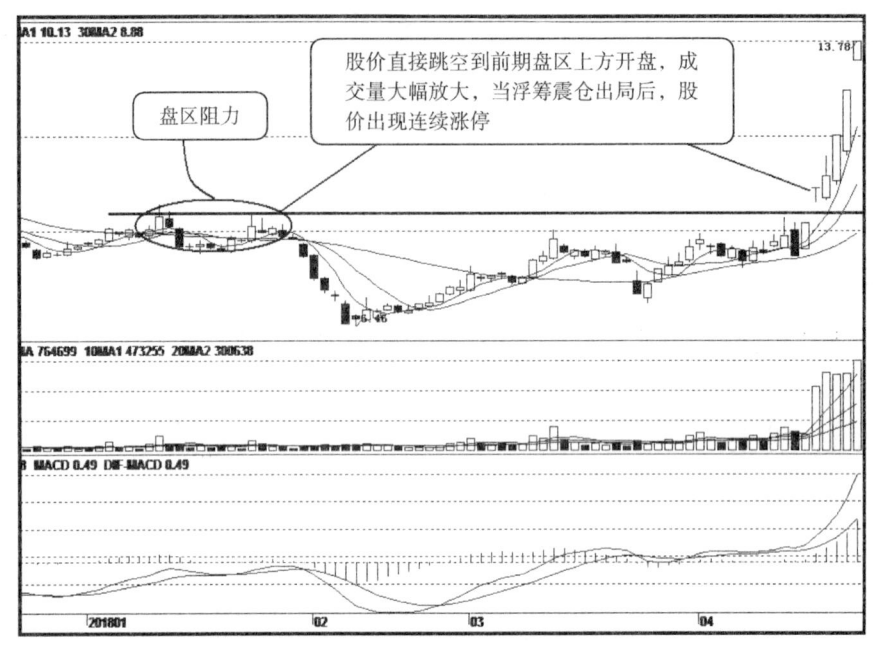

图 5-5　兆日科技（300333）日 K 线图

种形态时最有力的辅助性技术分析方法。

（1）普通缺口。这类缺口通常在密集的交易区域中出现，许多较长时间形成的整理或转向形态（如三角形、矩形等）都有可能出现这类缺口。

（2）突破缺口。当一个密集的反转或整理形态完成后，股价突破盘局时产生的缺口就是突破缺口。当股价以一个很大的缺口跳空远离形态时，这表示真正的突破已经形成了。缺口能显示突破的强劲性，突破缺口越大，表示未来的变动越强烈。

（3）持续性缺口。在上升或下跌途中出现缺口，可能是持续性缺口。不要将这种缺口和突破缺口混淆，任何离开形态或密集交易区域后的急速上升或下跌，所出现的缺口大多是持续性缺口。

（4）消耗性缺口（竭尽缺口）和持续性缺口一样，消耗性缺口是伴随快速、大幅的股价波幅而出现。在急速的上升或下跌中，股价的波动并非是渐渐出现阻力，而是越来越急。这时价格的跳升（或跳空下跌）可能发生，此缺口就是消耗性缺口。通常消耗性缺口大多在恐慌性抛售或消耗性上升的末段出现，所以也叫竭尽缺口。

一般的普通性缺口并无特别的分析意义，通常情况下它会在几个交易日内便会完全填补，它只能帮助大家辨认清楚某种形态的形成。突破缺口的分析意义最大，经常在重要的转向形态突破时出现。突破性缺口可帮助大家辨认突破信号的真伪，以及寻找即将要出现的潜力股。

## 第五章 修炼成妖——妖股启动模式

在把握缺口突破时，注意以下两方面因素：

首先，机会形态。平台突破的机会，历史新高的突破机会，N、W、M字形的突破，下降趋势线的突破，均线的突破及其他形态的突破。

在实盘操作中，一般要参考核心K线、核心浪、突破、涨停等综合因素来把握突破缺口的机会。

图5-6，蓝英装备（300293）：主力在底部通过打压诱空手法，吸纳了大量的低价筹码，2018年4月23日放量涨停，次日跳空高开3.43%后，股价快速拉涨停，留下一个当日没有回补的向上跳空缺口，在K线形态上构成"头肩底"形态。可见，当股价有效形成突破后，这样的缺口就是一个持续信号，表明当前市场处于强势上攻之中，在上涨趋势没有改变之前，该缺口一般不会封闭。

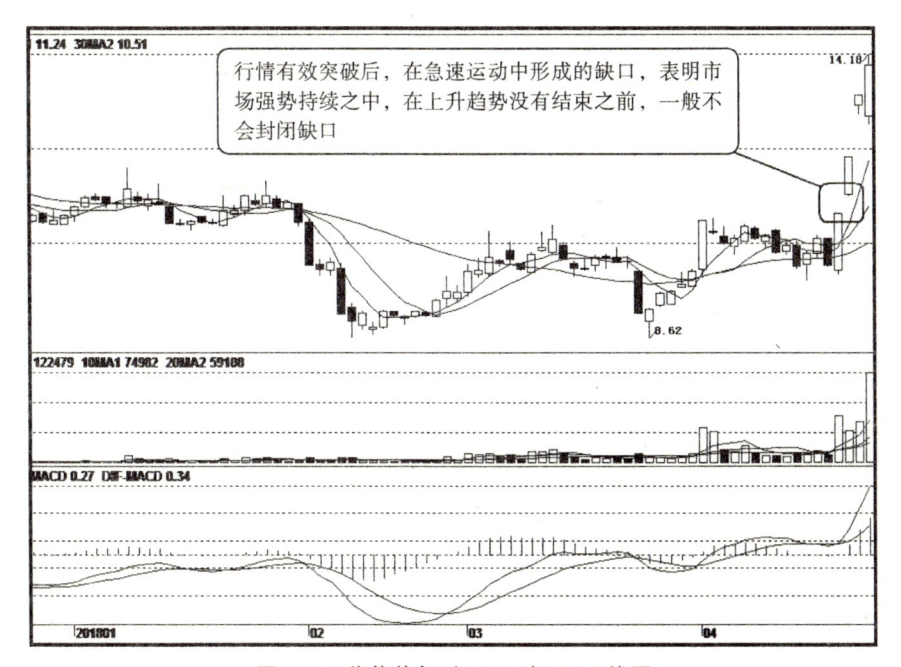

图5-6 蓝英装备（300293）日K线图

其次，防守策略。一切的"机会"都存在于"风险"之中。为了把握风险中的机会，可采取"积极进攻加防守"的策略。只关注那些具有进攻性的机会，但不要忘记风险与收益比低于1/3的总原则。

在实盘操作中，防守有两种，其中一种是止损，这是最积极的防守策略，一般是低于该K线最低点，或回补缺口处；另一种是小仓位，这是比较中性的防守策略。

### 四、形态整理持续久

妖股在启动前，往往有一段较长时间的整理过程，小箱体内震荡的时间最少应该在 3 个月以上，时间越长，突破后的空间和有效性就越强。

图 5-7，士兰微（600460）：在长时间的底部震荡过程中，主力悄悄吸纳筹码，成交量大幅萎缩，持续时间长达半年之久。主力完成筑底后，在 2017 年 9 月 18 日放量涨停，股价一举脱离底部小箱体盘区，这样一根核心 K 线开启了主升浪行情。

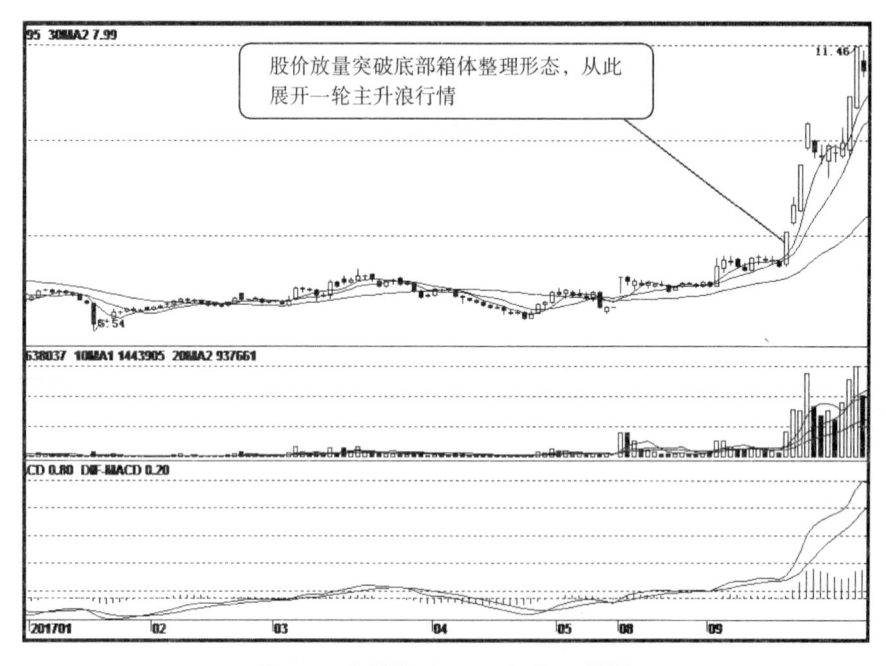

图 5-7　士兰微（600460）日 K 线图

此外，妖股在拉升过程中，通常会伴随着非常强势的洗盘图形。例如，倒拔垂杨柳、仙人大指路、巨量大十字等（注意：这些图形都很容易变成出货的图形，需要认真分析）。而且，妖股的上方抛压都不大，强中之强，在月线组合中呈现多头排列，在日线组合中直接形成突破走势，这也是妖股启动的基本特征。

# 第三节　妖股启动模式

## 一、井喷式快速启动

这类妖股的启动方式是连续拉出大阳线，或连续出现涨停板，甚至连续"一"字涨停，形成"一"字或"T"字上涨的"井喷"式行情，上升角度大于70°。这类妖股大致有三个原因：一是突发性利好消息刺激；二是纯粹庄家拉高行为；三是超跌后报复性反弹行情。

**1. 突发性利好消息刺激**

突发性利好消息刺激引发的井喷式突破，这是妖股的内在条件——股票价值增长。包括投资价值和投机价值两方面，它是造就妖股、催生行情最主要的因素。

当前，能够成为投资价值增长因素的有两类：一是业绩增长、爆发增长、由大亏转大盈、持续高增长；二是资产增值、隐蔽资产增值、股权增值等。能够成为投机价值增长因素的也有两类：一是利好题材，包括高送配、产品价格大幅上涨、资产重组、收购或者注入热门资产、重大行业性利好等；二是比价效应，同板块或者同概念股票价格暴涨，有时大盘的大涨，也会带动某些冷门个股转牛或形成中级上涨行情。

图5-8，创业环保（600874）：该股经过长时间的下跌调整后，股价进入筑底阶段，庄家在底部区域顺利完成建仓计划。2017年4月5日，该股受"雄安新区"利好消息影响，股价出现井喷式突破走势。从8元附近启动后，股价分三波拉升，5月16日股价创出了24.84元高点，累计涨幅超过200%，这是受突发性利好消息刺激引发的井喷式突破。又如四川双马（000935）和冀东装备（000856）等也是同一类型的启动方式。

**2. 纯粹庄家拉高行为**

有很多时候，股价涨不涨就看庄家拉不拉，只要庄家有兴趣、有实力，就可以把股价炒上天。其实，股价上涨的根本原因就是资金持续推动的结果，但只有庄家才能有这个能力。对于股价上涨来说，虽然"理由"很多，但根本动力还是资金推动。在同样价值和题材的情况下，不同的买入资金大小和势头，可以单方面决定股价上涨的力度（涨速）和高度（涨幅）。所以，不管是价值投资者还是价格投机者，都应该研究资金推动股价的问题。

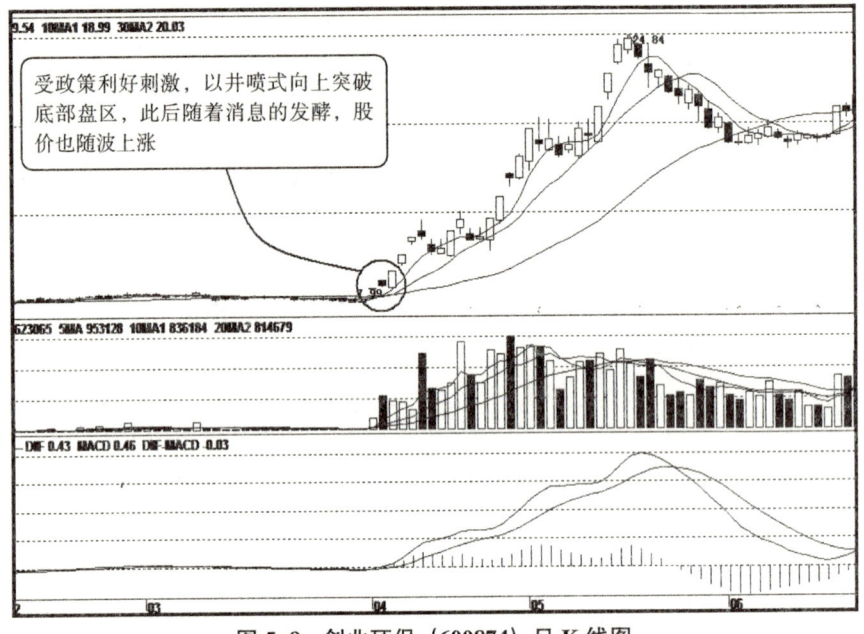

[图表注释：受政策利好刺激，以井喷式向上突破底部盘区，此后随着消息的发酵，股价也随波上涨]

图 5-8 创业环保（600874）日 K 线图

图 5-9，特力 A（000025）：当市场还未从指数连续跌停的恐慌中回过神来，特力 A 却开始了疯魔般的妖股之旅。2015 年 7 月 9 日以后，在无重大利好的情况下，股价从 9.98 元一路上冲，并在 8 月 13 日达到了第一个反弹高峰，最高价 51.99 元，区间涨幅 426%。随后股价一度掉头向下，从 8 月 14 日的最高价 49.99 元猛跌至 9 月 7 日的 19.26 元，区间跌幅为 61%。就在外界认为"妖气"散失时，9 月 8 日，股价再次启动上涨模式，并在 12 月 10 日报出 108.00 元的历史新高。

从图 5-9 可以看出，该股在短短半年时间里，股价"三起三落"，为什么出现这种走势呢？纯粹是庄家资金推动下的井喷式走势，在没有任何利好消息的配合，且大盘还处于调整的情况下，股价却出现一波又一波的暴涨势头。在熊市之中完成 10 倍涨幅和千倍市盈率，成为 2015 年妖股之王，特力 A 当之无愧。当然，之后管理层对操纵股价的庄家开出了高达 13 亿元的天价罚单。

3. 超跌后报复性反弹行情

资金推动除了庄家控盘外，就是超跌股报复性反弹引发的井喷式突破。超跌股特别是超跌低价股的大反弹行情的形成，与大盘走势有一定的关系。在多数情况下，与大盘走势有同向关系，当然，也有在大盘处于震荡或只是小反弹行情时，超跌低价股也会出现大反弹行情的情况，这种情况在超跌低价的次新股中比较多见。超跌低价股的反弹力度主要还是要看股价的投机性，投机性越强的股票，反弹的速度越快，力度

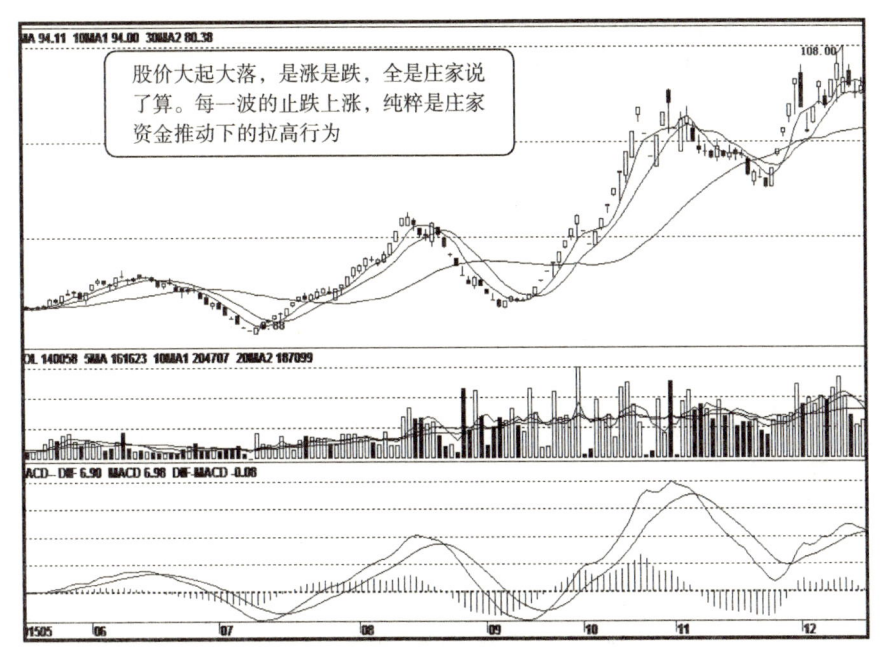

图 5-9 特力 A（000025）日 K 线图

越大，幅度也越大。

图 5-10，潜能恒信（300191）：2015 年 7 月 9 日停牌，庄家对停牌的时机把握似乎有些失策，没能赶上后续同期的指数反弹。可是，在 9 月 30 日携带着一套微型再融资方案复牌之后，股价却照亮了市场，从 13 元一线启动，一口气拉出了 13 个涨停，属于超跌后的报复性反弹走势。

颇有意思的是，股价暴涨引发了管理层的关注，深交所就此发出问询函。公司在随后的回复中将股价上涨归功于技术反弹需要。在这封 A 股历史上最牛的妖股"自白书"的刺激下，股价持续上涨，并在 12 月 21 日盘中创出了 53.58 元的历史新高。相比之下，该股业绩却差强人意。第三季度报表显示，报告期内公司净利润亏损 1735 万元，同比降幅高达 190.87%。

## 二、助跑式加速启动

股价先是出现一段时间的小阴小阳爬升走势，然后出现加速拉升走势，开启主升浪行情，所以叫助跑型启动方式。这种形态要求加速上涨之前有一个缓慢的爬升过程，大部分交易日或全部交易日收小阳，中间收阴的交易日不超过 1/4。这种情况反映的内在因素为庄家缓慢吸货并推高股价，为主升浪行情积蓄能量。可以将其比喻为飞机滑跑起飞，股价在跑道上经过一段时间滑行之后，开始拉高起飞，然后加速上涨，在众

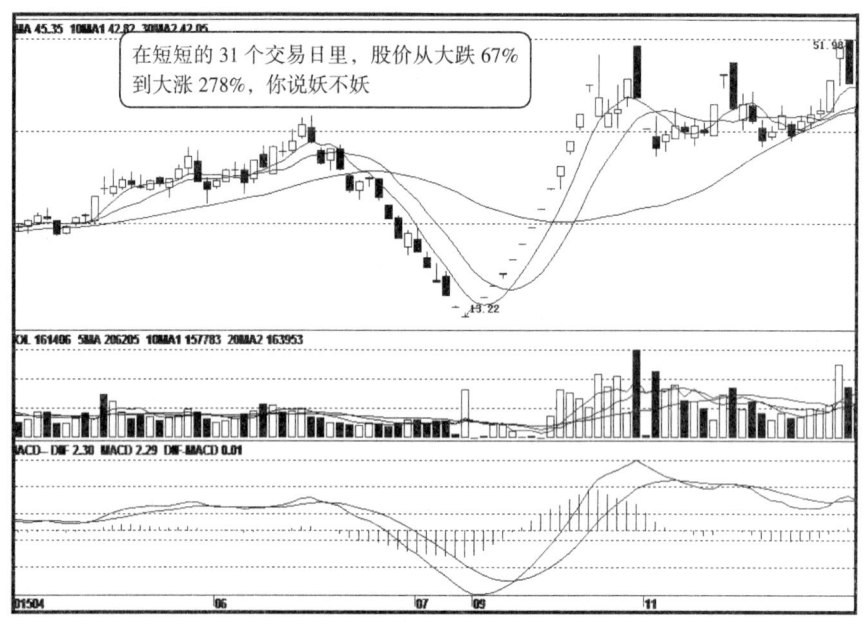

图 5-10 潜能恒信（300191）日 K 线图

多热钱涌入后成为妖股。

在主升浪之前的爬升阶段，一般时间为 1~3 个月，缓涨幅度为 30%~50%，成交量呈现温和状态，震荡幅度非常小，总体保持角度在 45°左右，30 日均线附近有较强的支撑，K 线以小阴小阳或十字星为主。当股价出现放量上涨，突破平缓的上升趋势线，上升角度出现陡峭，意味主升浪开始，此时可以大胆介入。战略性投资者可以在前期爬升中，以 30 日均线附近作为建仓价位。

图 5-11，方大炭素（600516）：该股经过 4 个月的筑底后，一路小跑爬高，为最后加速上涨做热身准备。经过 2 个月的热身小跑后，2017 年 6 月 26 日股价开始向上突破，进入主升浪加速上涨。

从该股走势可以看出，庄家坐庄思路非常明确，在此做一下剖析：

第一，建仓阶段。该股在 2016 年 10 月反弹结束后，就有实力强大的庄家开始建仓，庄家非常狡猾，采用了多种建仓手法，其中最主要的手法就是打压手法。庄家先后采用了 5 次明显的打压动作：

2016 年 12 月 12 日，向下打压造成技术上破位，让前期看好该股的散户离场。

2017 年 1 月中旬，经过一段时间的横向震荡后，再次向下打压，造成加速下跌之势，让止损盘出局。

3 月 29 日、30 日，连续两个交易日向下打压，造成再次下跌假象。

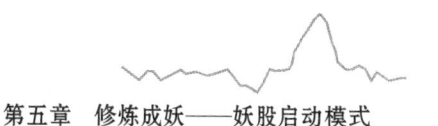

4月18日、19日，又是连续两个交易日的打压，创出反弹后的调整新低。

4月24日、25日，第五次打压，股价再次回落到平台区域，给散户造成股价上涨无望的假象。

经过这5次打压动作后，盘中浮动筹码基本消失殆尽，庄家顺利地完成建仓计划。很快，该股从5月初开始进入上升通道之中。当然，该股庄家除了运用打压手法建仓外，还运用了盘整、诱空等手法。

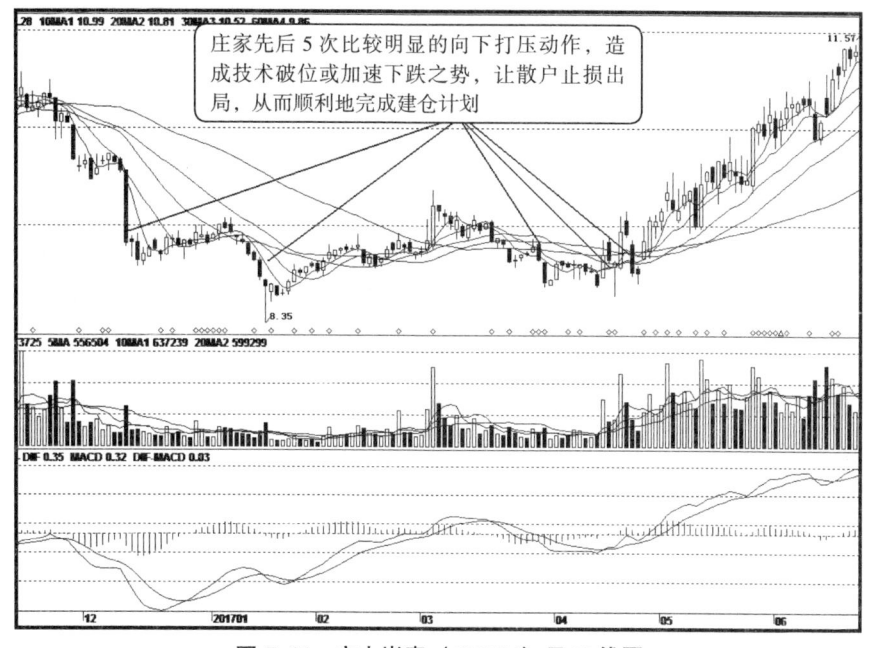

图5-11 方大炭素（600516）日K线图

第二，助跑阶段（图5-12），2017年4月5日至6月22日为助跑爬高阶段，庄家完成建仓计划后，股价开始向上缓缓推高，K线小阴小阳交错上行，每天股价涨跌幅度都不大，但盘面趋势却坚挺有力，成交量出现温和放大，上涨幅度为30%左右，以45°角上行，30日均线支撑有力。

其实，这也是一个洗盘整理阶段，当股价稳步向上推高到前高附近时，庄家并不急于向上突破，而是在前高附近作震荡整理走势，盘面出现滞涨现象。这时，不少散户发现股价久攻不破，认为上方压力较大，担心股价再次出现下跌，于是纷纷抛出筹码观望。可是，股价在此经过一段时间的震荡调整后，6月23日和26日股价连续两日发力向上，放量突破了前期高点压力位，表明洗盘结束，股价进入加速上涨阶段。

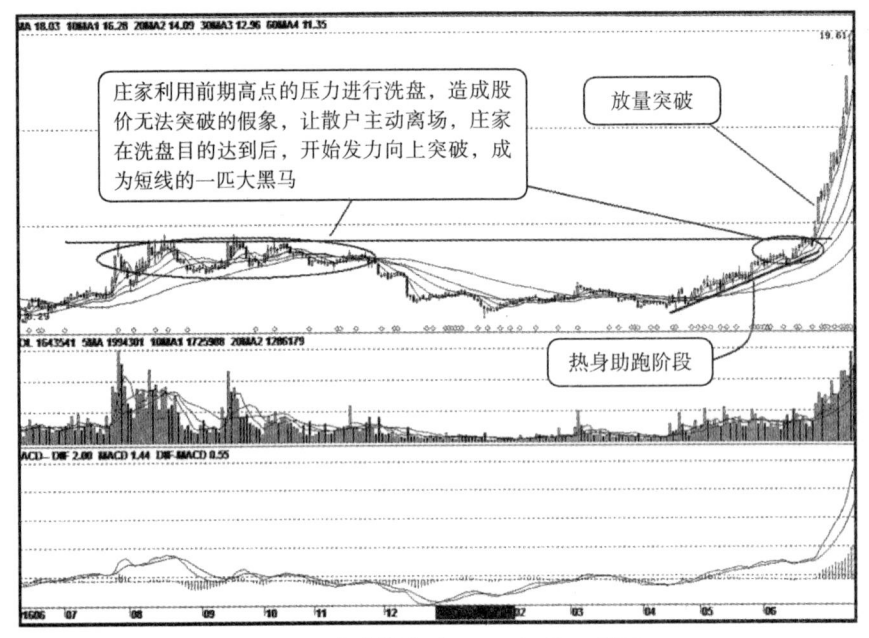

图 5-12 方大炭素（600516）日 K 线图

从图中可以看出，庄家巧妙地利用前高这个显而易见的位置，巧妙地制造虚假的技术压力，让散户在前期反弹高点附近抛出，从而达到自己的洗盘目的。

其实，只要认真分析盘面细节，投资者就能发现庄家的坐庄意图。当股价上涨到前期反弹高点附近时，虽然没有直接出现突破，但股价并没有出现大幅回落，这从坐庄逻辑上讲就有问题了。大家不妨想一想，如果这是一个无法突破的真正压力位，那么股价就会很快回落，不会给散户逢高顺利出逃的机会，庄家也不会将股价拉到这个位置附近，而是在阻力位下面较远位置就已开始做好撤退计划。

假如这是一个真正压力位的话，奸诈的庄家肯定会设一个多头陷阱，可以一口气将股价冲到前期反弹高点之上，让散户感到股价突破压力而纷纷跟进之时，然后股价快速回落将散户全数套牢在顶上。通过这样的假设就可以轻松看破庄家意图，接下来的操作就顺手了。而且，从成交量方面分析，在前期出现持续温和的放量上涨走势，说明有明显的多头资金介入，而在股价回落时却明显缩量，表明前期介入的资金没有出逃，量价配合默契，属于正常的攀升走势。

第三，拉升阶段（图 5-13）。庄家在拉升过程中，不断地出现上下震荡走势。一般散户很难坚定持股信心，容易把获利筹码清理出局，同时又让持币者介入，这就是妖股的特征。这样使筹码得到充分交换，同时锁定长线筹码，为庄家日后大幅拉升股价减轻压力。散户在这种盘面中操作难度较大，特别是激进者机会更少，很难把握股价运行节奏，也很难预测股价的顶部。当你追高买入时，容易遭受短线回调套牢；当你等待低点出现时，却没有明显的回落低点形成，股价又重新上涨，买入机会稍纵即逝。

该股经过一段时间的热身助跑后，2017 年 6 月 23 日开始向上突破，股价进入拉升行情。在拉升过程中，庄家采用推进式震荡上涨的运作手法，稳步向上推高，股价涨跌有序，K 线阴阳交错，形态坚挺有力，量价配合默契。基本沿着一个固定的角度向上拉高，中间没有出现明显的大幅回调走势，但也不是一步到位的快速飙升走势，而是经过中间短暂的整理后，股价强势上行，走势十分稳健，上涨气势如虹，股价累计涨幅较大。

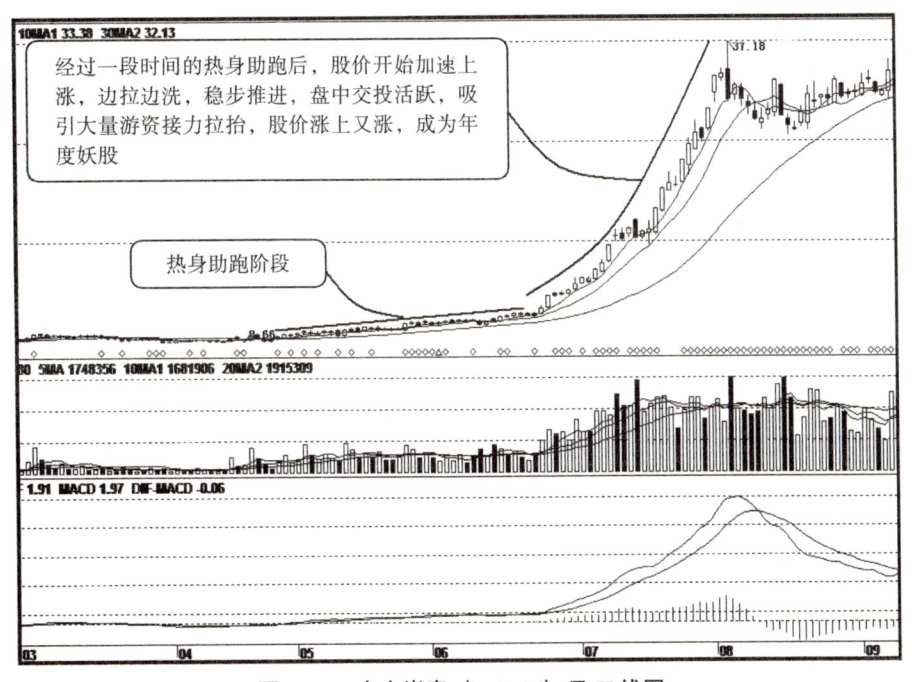

图 5-13　方大炭素（600516）日 K 线图

图 5-14，泰胜风能（300129）：该股走势与方大炭素（600516）有着许多相似之处，股价下探到前低附近时，企稳后一路爬高，依托 30 日均线向上攀升，时间持续 5 个多月。不久，股价开始向上突破进入主升浪加速行情。

该股走势符合助跑型主升浪启动的基本要点，在此前有一段长达 5 个多月的助跑爬升过程，缓慢的上涨幅度超过 50%，成交量呈现温和放量现象，以 30 日均线为依托呈直线式爬高，K 线以小阴小阳或十字星为主，盘面走势非常稳健，说明庄家控盘较好，操盘手法老练。

投资者在实盘中遇到这种形态时，应把它作为重点关注对象进行跟踪。在进入主升浪之前可能会出现两种走势：一种是先向下打压挖坑洗盘，然后向上快速拉起，此时投资者应当根据挖坑要点，追涨买入；另一种是不经过挖坑动作，而直接向上突破，该股就属于这种类型的走势，当股价向上突破时也应积极跟进。战略性投资者可以在前期爬升中，以 30 日均线附近作为建仓价位。

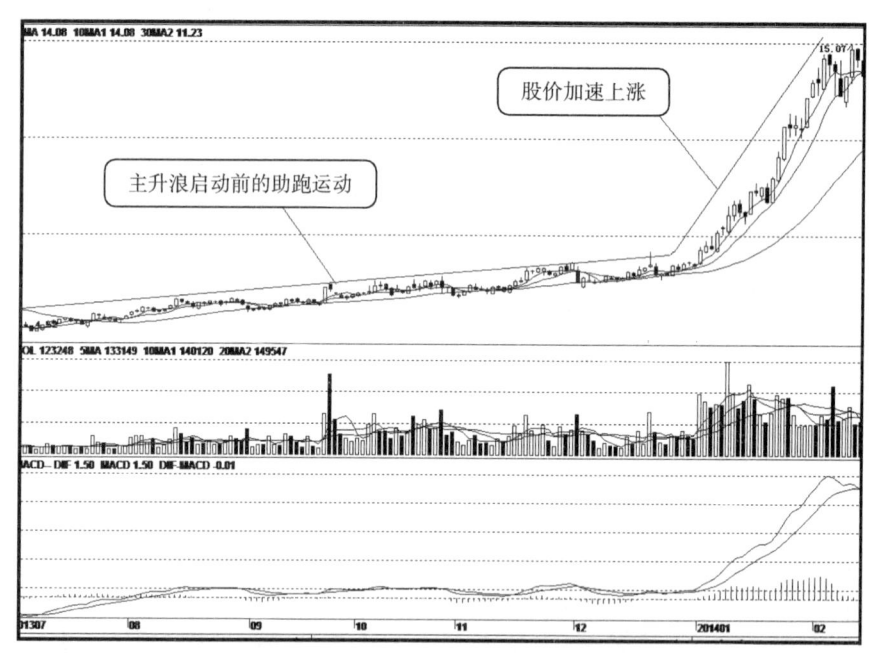

图 5-14　泰胜风能（300129）日 K 线图

图 5-15，神州泰岳（300002）：该股与上述两个实例的不同之处在于，在助跑过程中出现一定幅度的震荡走势，在爬高时伴随着大阴大阳的方式逐波向上推高。但基本遵循着助跑启动方式的特征，股价突破后进行回抽确认和洗盘整理，最后进入主升浪阶段。因此，投资者多分析、多比较，就能发现共同的运行规律，这个共同规律就是妖股的主升浪规律。

## 三、稳健式推升启动

庄家完成建仓计划后，股价渐渐向上稳健推升，成功脱离底部区域，然后股价进入牛市上涨，随着后续题材的挖掘，慢慢修炼成妖股。

稳健推升启动方式的庄家阴谋就是不让盘中散户快速获利，而是通过震荡推升上涨让胆小的散户提早离场。一般散户没有坚强的毅力很难与庄家共舞到底，同时又给场外散户一个介入的机会，这是妖股的基本特性。散户遇到这种情形时，要保持良好

第五章 修炼成妖——妖股启动模式

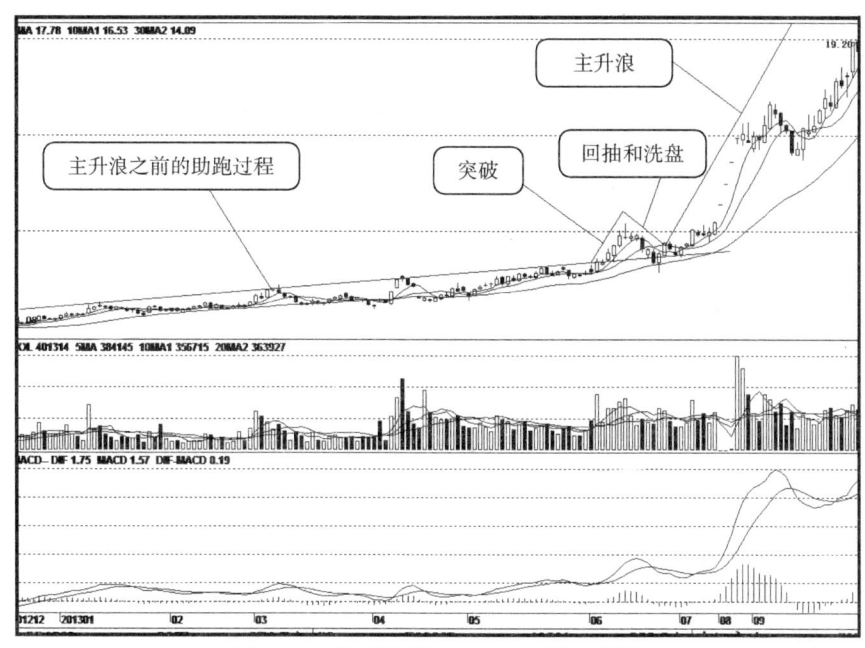

图 5-15 神州泰岳（300002）日 K 线图

的心态，不要频繁操作。上涨过程中出现的小幅震荡是正常的盘面现象，只要盘面没有出现异常波动，上涨行情就不会结束。

图 5-16，西水股份（600291）：在该股中充分表现出庄家奸诈狡猾的特性，将建仓和洗盘手法运用得淋漓尽致，完成建仓计划后，2017 年 5 月 2 日股价向上稳步推升，从而开启主升浪行情。

该股如何成为妖股呢？接下来我们做进一步剖析：

第一，建仓阶段。股价见顶后逐波走低，然后出现一段较长时间的横向震荡走势，此时庄家手中筹码并不多，于是在 2017 年 2 月 3 日、6 日连续两天大幅打压，造成股价向下击穿前期整个盘区，引发大量的散户抛盘出现。然后，呈现"L"型整理，持续时间超过一个月，在此期间庄家吸纳了大量的低价筹码。同时，庄家利用 30 日均线的压力作用进行建仓，3 月中旬当股价接近 30 日均线时，由于受到下降的 30 日均线的下压，股价并没有形成向上突破走势，而是再次出现加速下跌，此时再次引发散户恐慌性抛盘。随后股价企稳回升，分别在 4 月 12 日和 14 日两次对 30 日均线发起攻击，但股价到达 30 日均线附近时，无法对 30 日均线形成突破，在股价回落过程中又有一批散户担心股价继续下跌而选择离场观望，这时庄家全部通吃散户抛盘，顺利完成建仓计划。当庄家成功完成建仓计划后，5 月 2 日股价开始稳步向上推升，成功开启一轮牛市行情。

第二，洗盘阶段。但当股价回升到前期盘区附近时，庄家停止了向上拉升动作。这时庄家利用前期盘区的压力作用进行洗盘整理，让盘面产生股价无法向上突破的假象。经过一段时间震荡整理，形成一个双重顶形态，6月2日向下跳空低开后，庄家顺水推舟，略施阴谋诡计，顺势轻松一击，股价向下击穿双重顶的颈线，同时也击穿了30日均线，从而形成技术破位之势。不少散户见此情形，心慌意乱，纷纷抛出筹码，而庄家如鱼得水，轻而易举地骗取散户的低廉筹码。当浮动筹码基本抛售离场后，股价又回升到整理形态之内，然后在6月21日开始向上发起攻击，从此该股走牛成妖。

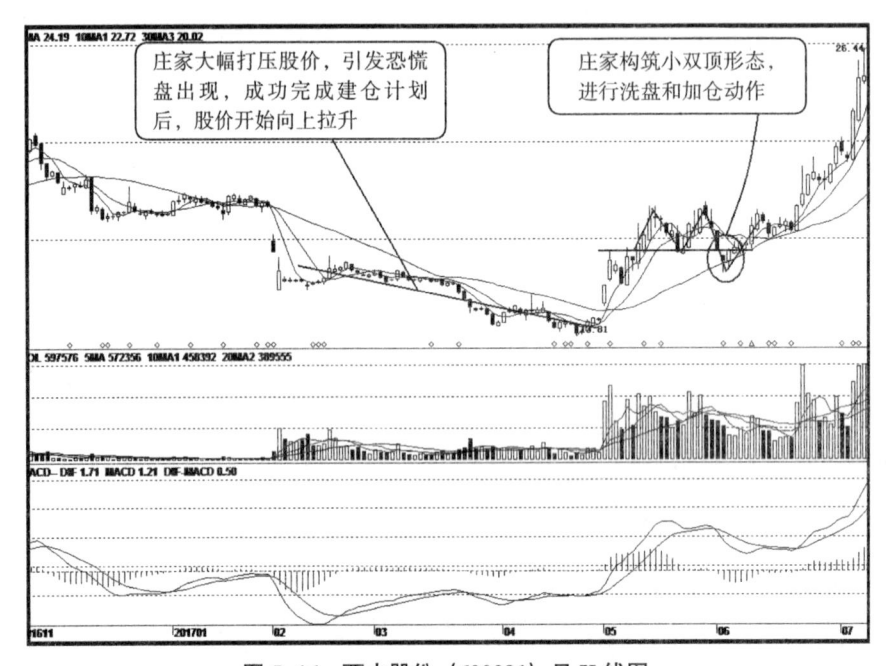

图 5-16　西水股份（600291）日 K 线图

图 5-17，赣锋锂业（002460）：该股经过成功炒作后见顶回落，股价出现阴跌走势，成交量大幅萎缩，在回落过程中庄家不断收集低价筹码。当庄家顺利完成建仓计划后，股价于2017年2月23日开始向上稳健推高，成交量出现同步放大。在股价启动阶段，庄家并没有采用快速向上拉高的方法突破，而是以不慌不忙、碎步前进的方式，缓缓将股价推高。目的就是让底部散户不能久留盘中，看不到大涨的希望而将筹码抛出，同时又让新的投资者进场接力，从而推动股价一波接一波地上涨。此后，再伴随着"涨价题材"，使股价越走越"妖"，也为该股成为跨入2017年度妖股奠定了基础。

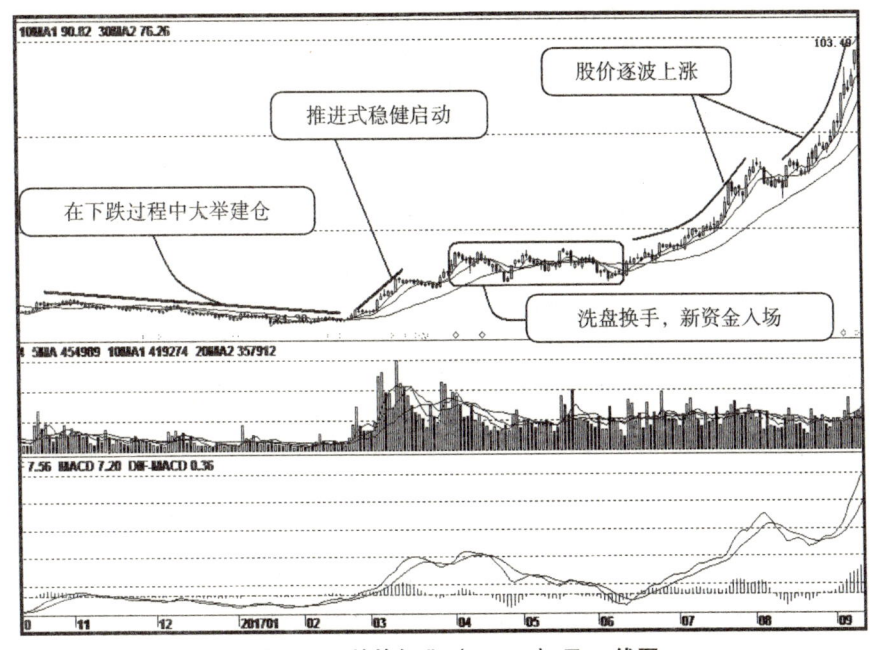

图 5-17 赣锋锂业（002460）日 K 线图

## 第四节 妖股买入技巧

### 一、妖股启动的最佳买点

好的股票要在好的买点介入，牛市启动就是股票最好的操作时机，只有把握这个大的趋势，才可以抓获大黑马。如果买点选择不好，即使是撞上大牛股也不见得会有好的收成，甚至在大牛股身上亏了钱。工欲善其事，必先利其器。所以，在股市中想要获得稳定收益，也需要掌握买入方法，不断提高实盘操作能力，这是散户立足股市之本。那么，如何把握妖股的最佳买点呢？

（1）股价底部稳定，成交量萎缩。在空头市场上，大家都看坏后市，一旦有股价稳定，量能在缩小，可以买入。所以，在股票底部横盘时不参与，只有在突破向上的时候才可以介入。所要做的就是密切关注长期在底部缩量盘整的股票，一旦放量突破盘整区域，将会迎来超级的波段机会。

（2）底部放量突破，K 线收长阳，是技术买入的一个比较重要的信号，可以在启动点上买入。盘久必动，主力吸足筹码后，配合大势稍加拉抬，投资者即会介入，在此放量突破意味着将出现一段飙涨行情，出现第一批巨量长阳时可以大胆买进，此时介入将大有收获。当成交量5日均线上穿30日均线是很好的买入提示信号，配合KDJ和MACD一起使用，准确率非常之高。

（3）底部平台突破时，就是最佳的买入信号，立刻采取买入行动。通常横盘时间越长，当爆发时间到达的时候就越有上涨的动力。因为，主力吸筹保持在一个非常低的价格区域进行，盘面整理比较彻底。

（4）当股票趋势明显走好的时候，果断出击，迅速买入。主升浪行情就是在所有均线呈现多头排列之后出现的，当5日均线以非常陡峭的斜率向上移动的时候，回调就是最好的买入时机。"金叉买入"是在股价刚刚启动阶段的最好买点，这个时候只要大胆买就行，风险不大。

（5）股价跌至支撑线未破又回升时为买入时机。当股价跌至支撑线（通道线、切线、均线、黄金分割线等）附近止跌企稳，意味着股价得到了有效的支撑。

（6）慢跑向上的股票，回调就是比较好的介入时机，这个时候只要股价距离底部不远，买入后的上涨空间就大，直到疯狂地加速上涨，在出现见顶信号后才果断离场。在股价上涨趋势没有改变之前，不要轻易卖出手中的筹码，只有把握这个大的趋势，才可以抓获大妖股。

（7）多数强势股启动都是伴随连续涨停开始的，对于缩量涨停的股票要重点关注。持续上涨是所有强势股的特点。一般在上涨的过程当中只要不是买在最高点，就都是有机会赚大钱的。

上涨过程当中出现洗盘动作的股票，主力目标更加长远。越是要清理获利盘的股票，后面就越是上涨潜力大。当股票趋势重新走好的时候，果断出击，迅速买入。把握超级大牛股最需要的是像主力一样宏伟的目标和必胜的决心，看对了就要大赚，把利润赚到手。

（8）底部明显突破时为买入的时机。股价在低价区域时，头肩底形态的右肩完成，股价突破短线处为买点，W底也一样，但当股价连续飙涨后在相对高位时，就是出现W底或头肩底形态，也不要参与为好，当圆弧底形成10%的突破时，即可大胆买入。

（9）低价区出现十字星可介入。这表示股价已止跌回稳，可试探性买盘介入，若有较长的下影线更好，说明股价居于多头有利的地位，是买入的好时机。

（10）牛市中的20日均线附近是个较好的买点。需要强调的是，股价在箱底、箱顶徘徊时，应特别留意有无重大利多、利空消息，留意成交量变化的情况，随时准备应付股价的突破。有效突破则形成多头行情、空头行情；无效突破则成为多头陷阱、

## 第五章 修炼成妖——妖股启动模式

空头陷阱。

总体上，妖股启动之前会在图形上出现一些信号，在看图的时候首先要从能够反映 K 线趋势的均线系统来做详细的分析和判断。在 K 线图上均线处于空头排列的时候是不能看多、做多的。但是反过来说，当均线系统处于多头排列趋势时，那么就要看多、做多了。

图 5-18，凯伦股份（300715）：这是该股 2018 年 3~4 月的一段走势图。从图中可以看出，该股位于上方的 5 日均线、中间的 10 日均线和下方的 30 日均线，这三根均线均处于相当稳健的向上方攀升状态之中，呈现出一种很典型的"多头排列"局面。这也说明该股由多方牢牢控制着，此时空方只能袖手旁观，束手无策。虽然在中途有一个短期的放量下跌过程，但是此后的均线系统仍是保持着向上运行态势，股价也按照多方势力的意愿一步一步地向上攀升。多方排列趋势是投资者看多、做多的标志，在这种情况下投资者逢低积极做多便有相当大的胜算。

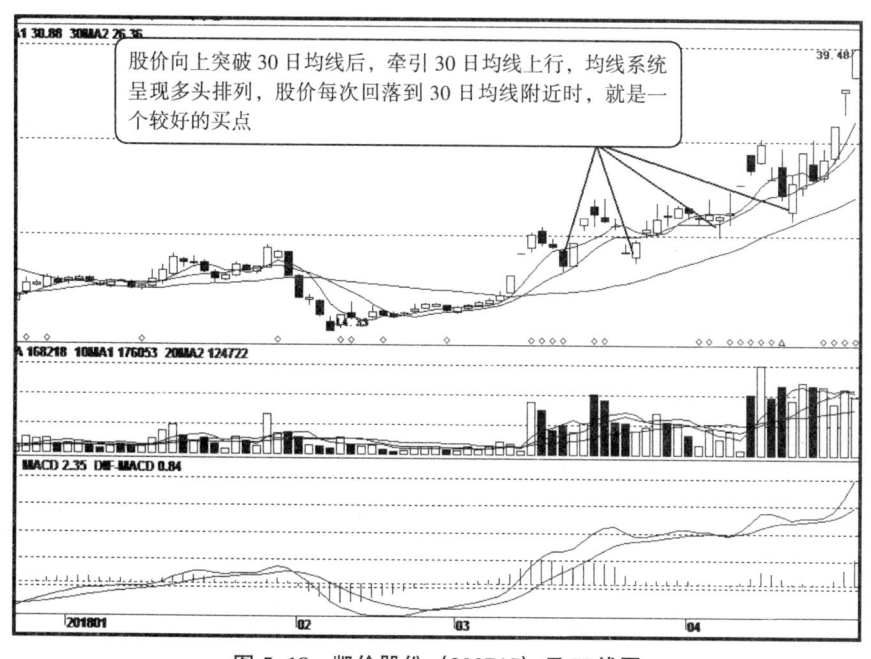

图 5-18 凯伦股份（300715）日 K 线图

可见，当一只股票的 5 日、10 日、30 日均线能够保持着多头排列走势时，尽管在这个过程中会遇到一些阻力，但是整个大局依然是由多方掌控着，投资者也就没有必要担心股价会不会回落，应当坚定信念，牢牢地握住自己手中的股票。

当均线黏合后向上发散，这种图形很多见，这预示着股价马上要有重大变化。有人认为，这是庄家要启动行情的标志，可以看好追进；也有人认为，这是庄家拉高出货的标志，理应看坏后市，迅速出逃。那么，到底该如何看待呢?这里详细分析一下。

如果遇到这种图形时，通常应当看好而不是看坏。这种均线图形叫作"均线黏合向上发散形"，如果是在低位首次出现，就形成"均线首次黏合向上发散形"，之后在上涨过程中再次出现，就是"均线再次黏合向上发散形"。但是无论是哪种具体的形态，只要是均线黏合后向上发散，同时又放出较大的成交量，上涨的比例在 8∶2，有相当高的成功率。可以根据下面的实例做具体分析：

图 5-19，招商银行（600036）：该股在长时间的震荡整理过程中，5 日、10 日、30 日三条均线出现黏合状态，2017 年 5 月 12 日股价向上突破，均线向上发散形成新的多头排列，此后股价以大涨小回的形式，不断地向上攀升。在这里投资者需要注意的是，通过观察盘面走势，激进的投资者可以在股价放量突破当天买入，稳健的投资者可以在回落确认突破有效后再度走强时买进。总之，在股价回调时积极跟进做多，一定会获得不错的收益。

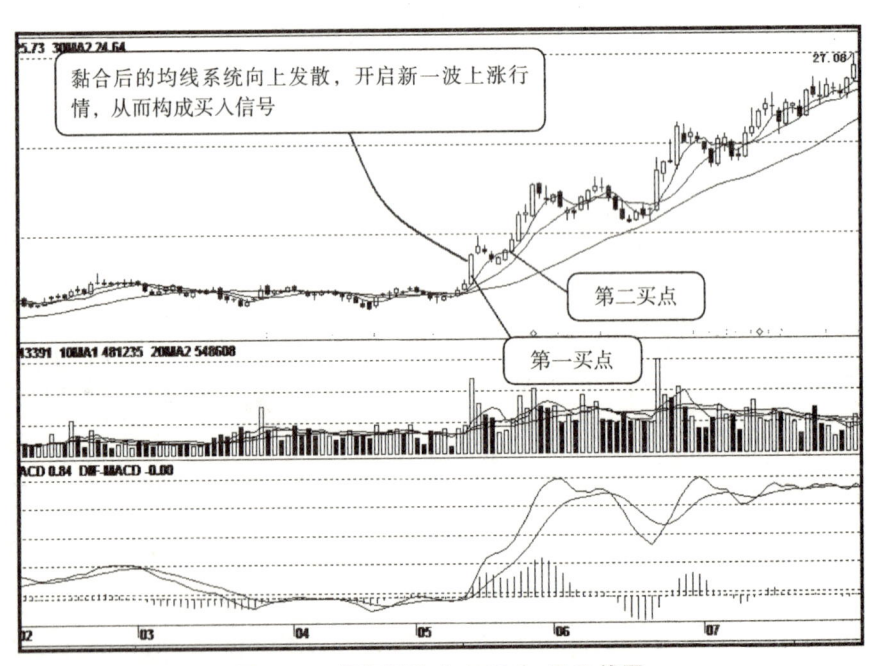

图 5-19 招商银行（600036）日 K 线图

## 二、妖股启动的买入技巧

妖股大多在没有巨大利好或者板块没有强势拉升的情况下出现比较大幅度的拉升。这种情况往往是由于主力潜伏后的结果，既然主力要潜伏就肯定会留下蛛丝马迹，在实盘中可以通过三个方面寻找妖股的足迹。

1. 个股短期内遇到暴跌，股价不断创出调整新低或跌到历史低点相差无几的地方

原先的高价股跌成现在的低价股，股价通常下探至 10 元以下，日 K 线上不断以小阴线连续砸盘，成交量出现高度萎缩，代表多空双方都无力继续争斗，因为股价已经长期下跌调整，所以此时出现反转向上的机会很大。在股价开始强烈反弹的时候，成交量急剧放大，投资者可以趁着行情启动的第一时间买进。

图 5-20，诚迈科技（300598）：该股在历经将近一年的下跌调整过程中，股价从最高的 71.83 元下跌到最低的 18.81 元，原先的高价股跌成现在的低价股，2018 年年初经过最后的砸盘动作后，股价出现止跌企稳，成交量出现稳步放大态势。这种盘面走势表明多空双方均无意战斗，只要多方轻轻一动股价就会迅速上行，并引来市场跟风资金，从而推动股价出现快速上涨行情。在实盘操作中遇到这种盘面走势时，可以在回落时积极介入做多，短期必有不俗的收获。

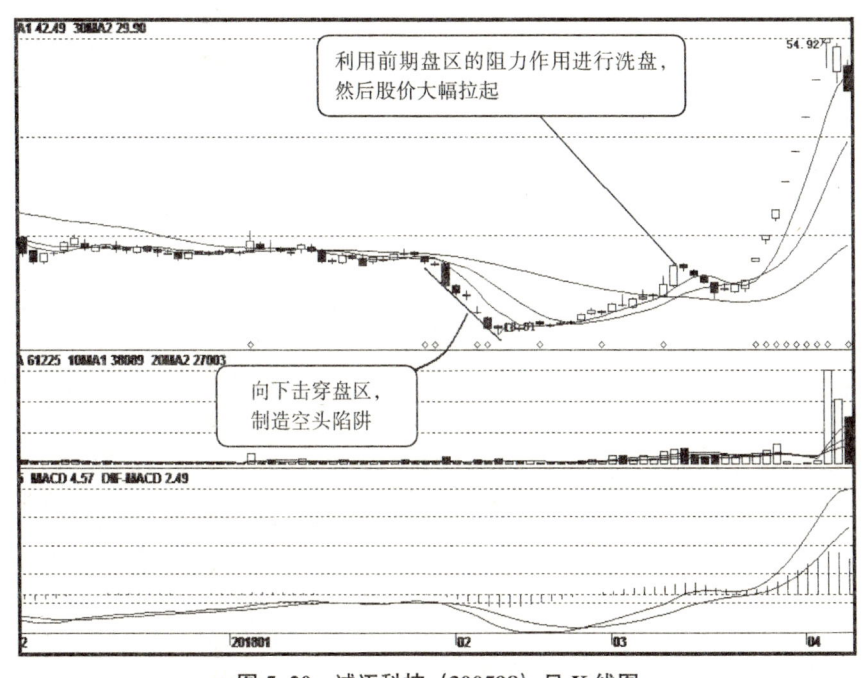

图 5-20 诚迈科技（300598）日 K 线图

2. 关注三种特殊的 K 线组合：底部阳包阴线、阴阳接吻线和阴阳分手线

（1）底部阳包阴线。由阴、阳两根 K 线组成，前阴后阳，后面的阳线完全吞没了前面的阴线，呈破脚穿头形态，也就是说第二根阳线的最低点低于第一根阴线的最低点，而最高点高于第一根阴线的最高点，就形成阳包阴形态。这是一个利好形态，短

期股价会有不错的表现。

图 5-21，振蕊科技（300101）：股价反弹结束后，再次出现新的下跌走势，2018年 2 月 9 日低开低走，一根跌停大阴线似乎摆开大跌架势，让人不寒而栗。可是，第二天股价低开 4.10%后，在买盘的积极介入下，股价缓缓向上走高，午后封于涨停。在 K 线组合上，股价收复了前一天阴线实体的全部失地，形成底部阳包阴利好形态，说明前一天的下跌阴线是主力故意打压行为，因此这是一个较好的买入信号，随后股价稳步向上走高。

这类形态在实盘中经常出现，比如 2018 年 3 月 1 日的万兴科技（300624）、2018 年 3 月 26 日的华测导航（300627）等，都属于同类形态。

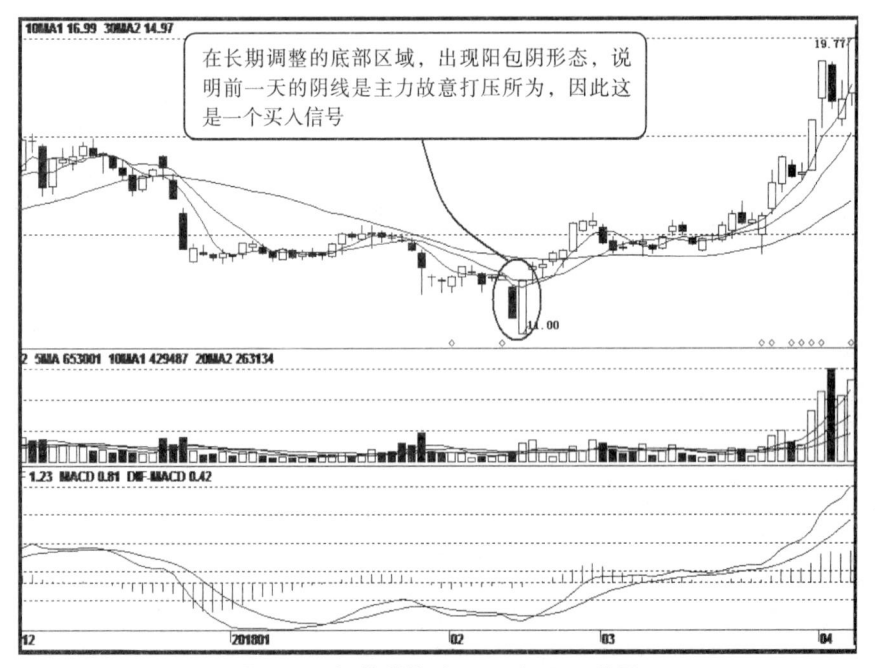

图 5-21　振蕊科技（300101）日 K 线图

（2）阴阳接吻线。也由两根 K 线组成，前阴后阳，两根 K 线的开盘价不同，而收盘价接近或相等，也就是第一根 K 线是高开低走的阴线，而第二根 K 线是低开高走的阳线，收盘价"接吻"在一起。说明做空动能不足，股价有企稳回升要求，是短期利好形态。

图 5-22，钧达股份（002865）：该股经过快速杀跌后企稳回升，2018 年 3 月 23 日低开低走，出现洗盘整理走势，盘中一度接近跌停价位，尾盘跌幅略有收窄，K 线收中阴线。第二天大幅低开 8.19%后，主力渐渐将股价向上拉起，当天收盘价在前一天的

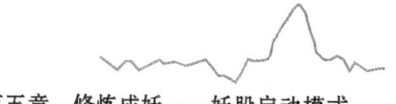

收盘价附近，两根 K 线收盘价接近"接吻"在一起。在此位置收出这样的 K 线组合，说明主力洗盘基本结束，从而构成买入信号，此后短期股价出现快速上涨。

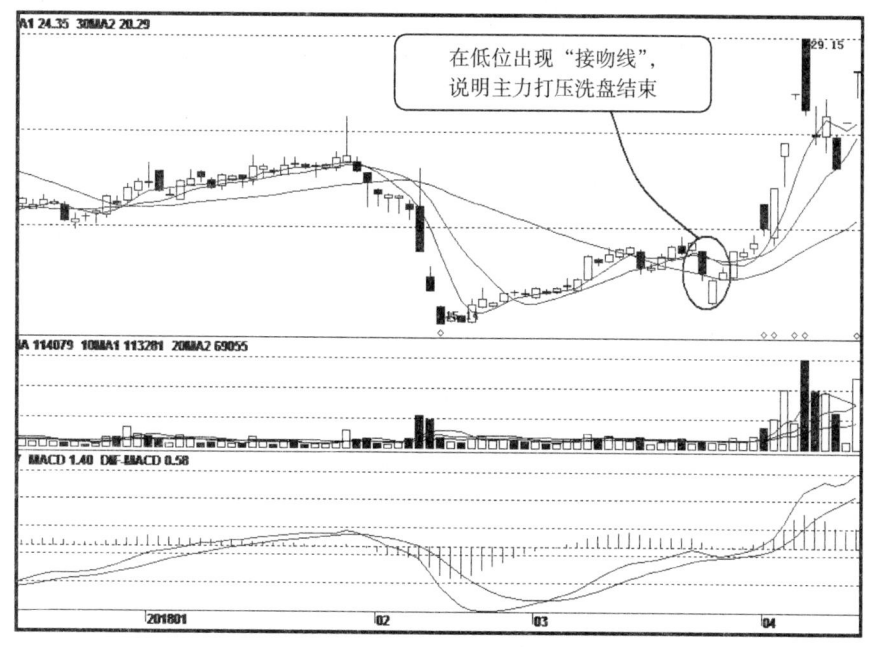

图 5-22　钧达股份（002865）日 K 线图

（3）阴阳分手线。它是根据两根实体相当的连续 K 线组成，阴线在前，阳线在后，首根大阴线砸出了阶段性的低点，但是，在很短的时间内股价却以一根长阳线跳空高开，并放量上涨，K 线收出长阳，形成单日反转形态。这两根 K 线的开盘价非常接近，第一根阴线形成后，第二天股价直接高开，全天形成一根实体相当的阳线。这类股票后期涨幅通常都比较可观。

图 5-23，汇金科技（300561）：该股主力完成建仓计划后，将股价向上拉起脱离底部区域，然后回落洗盘整理，2018 年 1 月 19 日收出一根下跌阴线，可是第二天股价没有继续下跌，跳高到前一天的开盘价附近开盘，然后快速向上拉起，当天收出一根放量涨停大阳线，前后两根 K 线构成了阴阳分手线，此后几个交易日股价快速拉高。

3. 运用技术指标抓黑马

根据 K 线图运用 MACD 指标捕捉黑马股。股价经过长期下探，而且不断创新低，但 MACD 指标却一反常态地不断背离走高，这样的情况下，就预示着股票将出现强势上涨。

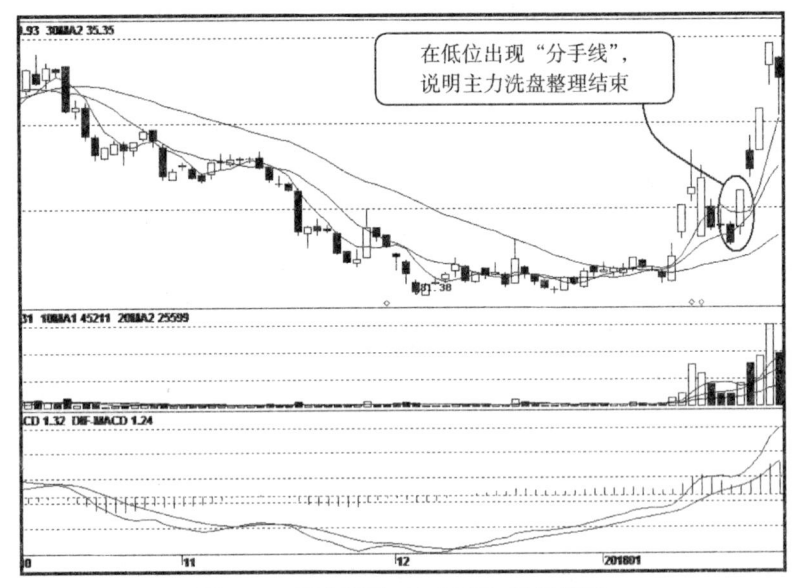

图 5-23 汇金科技（300561）日 K 线图

图 5-24，正海生物（300653）：该股在 2017 年 12 月到 2018 年 2 月期间，股价不断向下走低，而同期的 MACD 指标并没有跟随下行，反而低点一个比一个走高，股价与指标出现底背离现象，暗示股价将要迎来反弹上涨行情，是一个买入信号。此后，MACD 指标又出现"龙抬头"信号，与前面的底背离形态遥相呼应，这样底部信号就更加明确了。

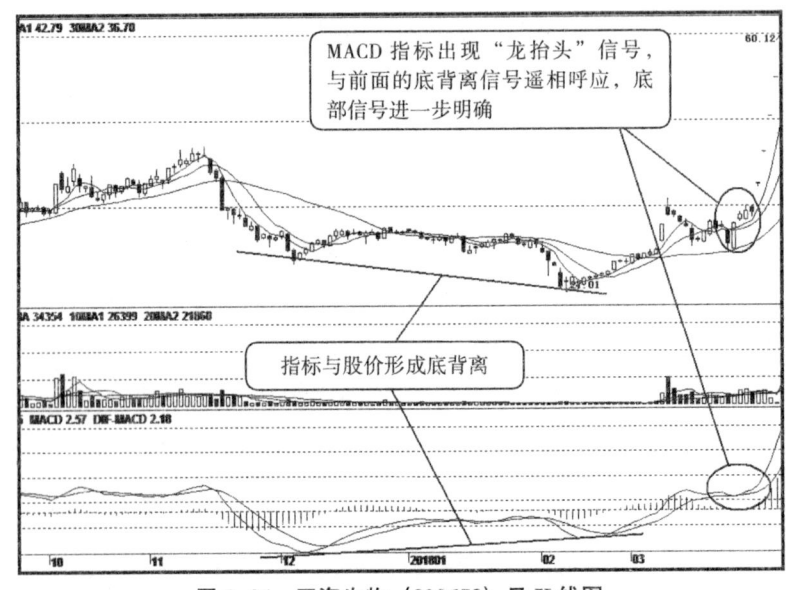

图 5-24 正海生物（300653）日 K 线图

# 第六章 妖股出没——烂板启动模式

## 第一节 什么叫烂板股票

烂板是什么意思？什么叫烂板股票？烂板，通俗地讲就是很烂的涨停板。股价涨停封板以后经常开板，有时也是勉强封板，甚至在尾盘开板跳水而最终没有封板，这个板就很烂，因此叫烂板，这只股票就叫烂板股票。

烂板通常意味着大家不看好个股后市，这类股票一般成交量较低，市场关注度较少，但相对近期盘面而言，一般在烂板当天也带有放量现象。从基本面分析几乎没有投资价值，但是这种股票动用很少的资金流量，就能产生较大的股价变化，所以庄家为了短期利益就比较青睐这类股票。

由于烂板的市场关注度少，只能自己显摆，不然就没有其他人参与。烂板的出现代表市场对股价走势有分歧，如果第二天或随后几天市场能够很快消化烂板当天的抛盘，股价就会烂而不弱，市场人气所聚，极有可能通过不断换手接力，最后形成妖股走势。

封涨停，又开板，一直到收盘都没有再封板，看起来主力做多意志并不坚决，所以烂板后的第二天或随后几天的走势很关键，可以洞察主力意图。当然这也不是绝对的，主力更多时候的洗盘、拉升、震荡及出货会顺势（大盘）而为。所以这就要考验大家看盘的基本功是不是扎实。这时就要观察盘口，用自己已经积累的操盘经验进行分析判断了。某种分时图一出来，盘口什么样的挂单，心中就应该有数了。

图6-1，蓝英装备（300293）：2018年4月23日，该股盘面就属于典型的烂板特征，上午收盘前封于涨停，午后开板，在涨停价附近反复震荡，临近收盘时回封。次日，小幅高开3.43%后，股价5分钟内单波拉涨停，盘面气势非常强劲。这种盘面说明

主力在烂板当天就已经成功地消化了上方的压力，散户遇到这种盘面走势时应不惜追涨买入，短期应有不错的收益。

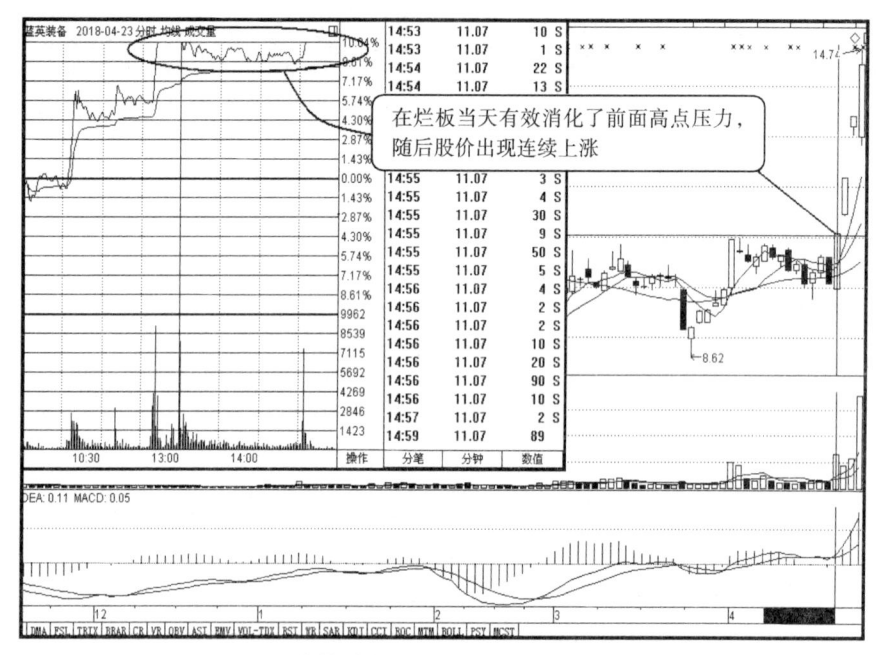

图 6-1　蓝英装备（300293）日 K 线和分时图

图 6-2，天业股份（600807）：2017 年 11 月 3 日，股价从涨停价位开盘后，主力封盘并不坚决，盘中封了又开，开了又封，反复震荡，直到午后封盘才趋于平静，这种盘面同样属于烂板走势。次日，股价在收盘价上方强势整理，对烂板的抛压盘进行了较好的消化。第三天再次涨停，股价出现快速上涨，短期收益丰厚，这就是烂板股票的魅力之处。

图 6-3，韶钢松山（000717）：随着近年来国家去产能政策力度的进一步加强，该股基本面出现明显好转，股价探明底部后稳步向上走高，然后经过洗盘整理，2017 年 8 月 25 日再度开始走强。这天，股价小幅高开 1.73% 后逐波震荡走高，11∶21 开始封涨停，直到 14∶28 前封单不动，尾盘开板震荡，形成烂板走势，给当天追涨停板买入的散户造成较大的心理压力。次日，高位强势震荡，主力消化烂板盘。此后的几个交易日里，股价出现快速上涨。

第六章 妖股出没——烂板启动模式

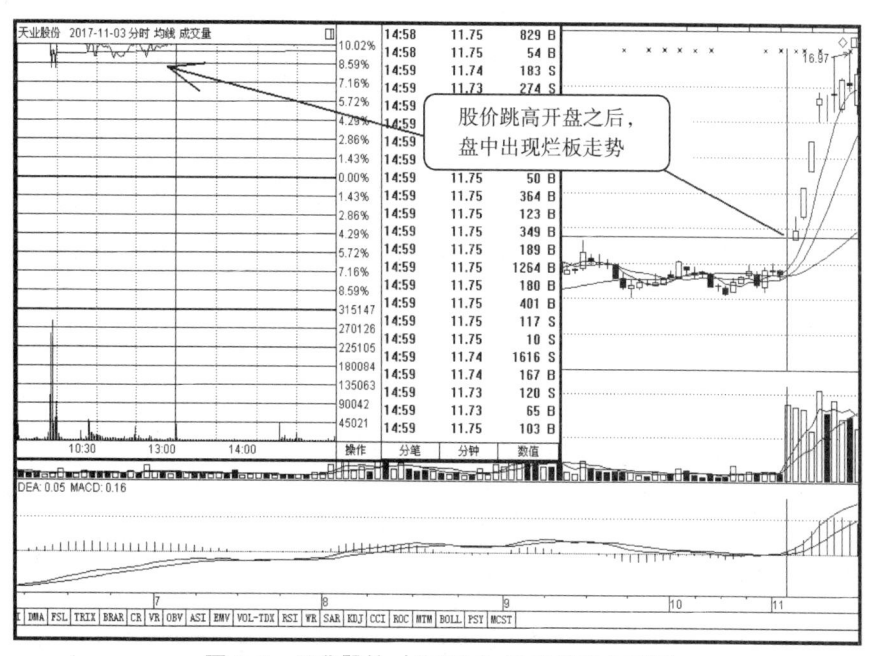

图 6-2 天业股份（600807）日 K 线和分时图

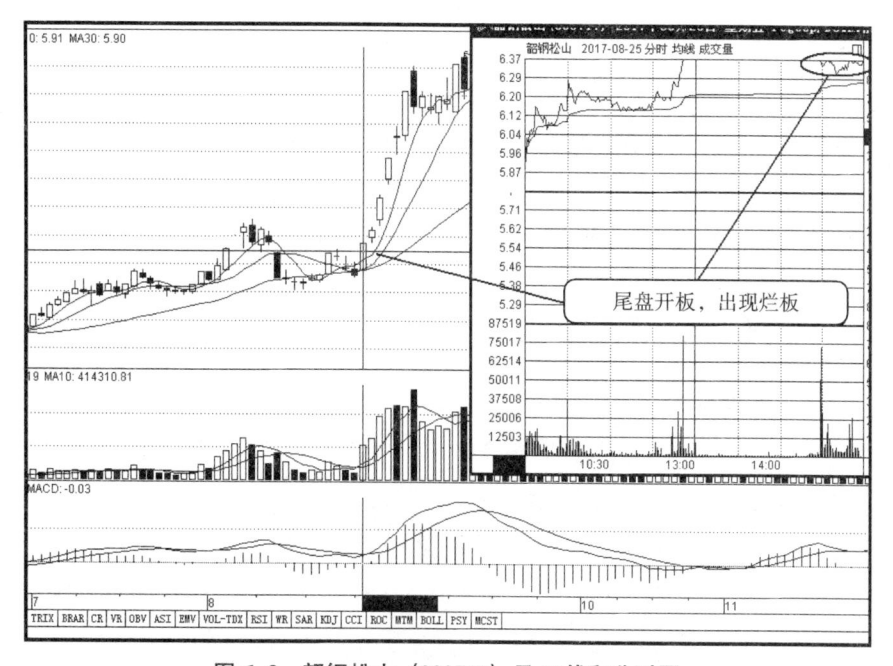

图 6-3 韶钢松山（000717）日 K 线和分时图

## 第二节　烂板的市场原理

烂板的出现是追涨停者最为气恼的事情，殊不知，真正的短线或者波段的黑马股就是在这种烂板中产生的。这种特殊的烂板，可以称为"板震"，这是一个屡试不爽的短线暴利技术。

那么烂板的原理是什么呢？最简单的就是建仓和洗盘。因为，很多散户担心已经到手的盈利出现落空，遇到这种情况时，一般就是选择抛售，落袋为安，而主力则求之不得，接纳散户抛出的筹码。烂板的市场原理是：

（1）主力建仓的板震。主力为了在股价的成交密集区域快速获得筹码，就在此展开板震，主要目的是获取筹码，而这种依靠极端形式获取的筹码，奠定了后期暴力上涨的股性基因。

（2）震仓洗盘的板震。股价在多头趋势中，经过一个重要敏感的位置时，主力资金通过板震，抖落浮筹，便于日后股价上涨身轻如燕，翱翔九天。

大家知道，股价涨停是当天做多的最大数值，是一种极限盘面，而在极限位置的强烈震仓，是凶悍主力的极端行为，大量的实例表明，其后的涨升都是令人咋舌的，只是很多人不懂得这种市场机理和股价波动的性质而已。下面可以举例分析。

图6-4，哈高科（600095）：从该主力行为的表现可以看出，仅仅知道该股的基本面还远远不够，还要从盘面上寻找暴涨的技术原因，以及这个从事薄膜行业的个股能大涨，而其他同样从事薄膜行业的个股没有联动大涨的原因。因为，该股前期有过充分的建仓和洗盘，短线又出现烂板的板震，所以它能率先在光伏领域中独领风骚。

从图中可以看出，该股2015年3月4日这一天股价突破新高之际的烂板，从逻辑上说，不是主力资金的开板出货，就是主力资金的盘中震仓，二者必居其一。

在操作方法上，收盘后可以将这种当天K线特殊且股价位置也是特殊的品种（此时的股价对应的是该股"肚皮坡"建仓、洗盘后的突破形态）列入跟踪目标，纳入第二天重点观察的品种。

第二天，3月5日，上证指数低开后出现了三个小浪的持续下跌，而该股在昨天烂板的基础之上，是跳空高开的，且分时逆势横盘强势震荡，此时，就是最佳的波段买点。这种技术逻辑很简单，如果是主力昨天的开板大量出货，那么今天就不会迅速让

第六章 妖股出没——烂板启动模式

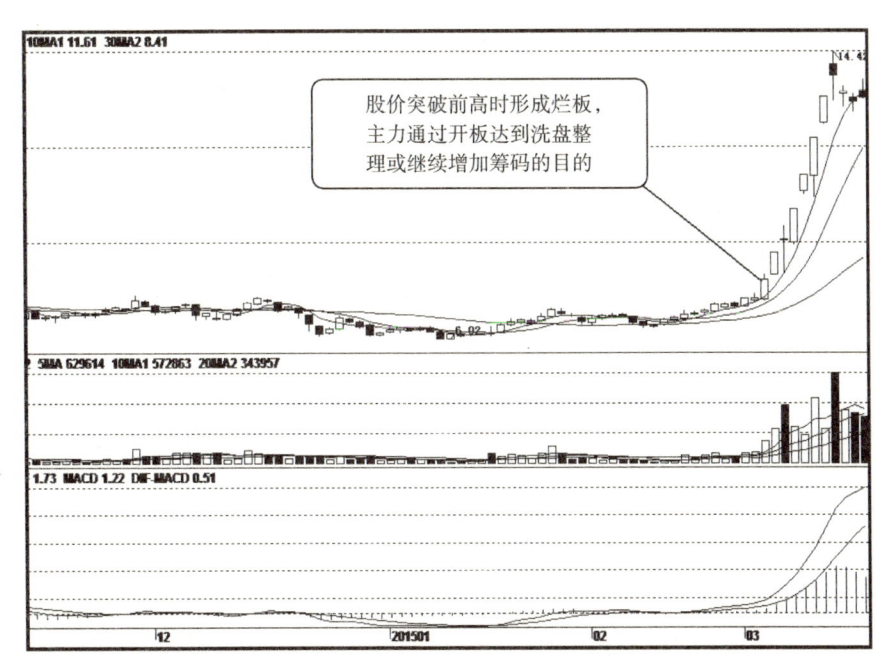

股价突破前高时形成烂板，主力通过开板达到洗盘整理或继续增加筹码的目的

图 6-4 哈高科（600095）日 K 线图

跟风者解套且获利；而能高开且走强，只能说明烂板是一个极端的震仓行为。

3 月 6 日，继续出现烂板，股价突破前高。震仓之后，必然是大涨。

正是因为这个突破大形态前高的时候，股价出现了板震现象，所以才造就了后期短线的飙升，这是技术上的主要原因。如果没有这个强烈的震仓行为，后期不管它有什么题材，股价也不会短线大涨的，因为主力不敢在此盲目拉高。

板震之后的股价表现，以第二天直接跳空上涨的最为强势，也是有很多烂板之后，经过盘口测试，浮筹较多，因此，主力多是进行几个交易日的短暂清洗之后，才进行后面的拉升行情。而后期做多的参考价格，就是这个烂板当天的涨停价格，一旦股价后面站稳其上（分时逆势最好），就是全力做多的时候。例如，力帆股份（601777）2015 年 3 月 16 日的烂板走势。

图 6-5，万邦达（300055）：该股盘面表现生猛不？不少投资者逮住这样的牛股都归功于自己对其题材的挖掘，岂不知，该股正是前期的持续几个板震，才造就了其波段的烈马腾空。

2015 年 2 月 25 日，当股价到达箱体的上沿附近时，主力展开洗盘式的板震，抖掉了浮动筹码，以清除后市上攻阻力。3 月 3 日，向上突破了箱体区域后，股价逐波上拉到涨停板，但封盘不到 10 分钟，开板回落，逐波走低，K 线收出板震十字星线。经过这样的两次板震后，盘中筹码清洗十分彻底，为后续股价上涨扫除了障碍。特别是出

109

现板震后的几个交易日，股价不仅没有下跌，反而向上走高，主力做多意图显而易见。然后，股价向上拉高成功脱离盘区的约束，3月18日洗盘结束后出现第三次板震，此后股价出现加速上涨行情。

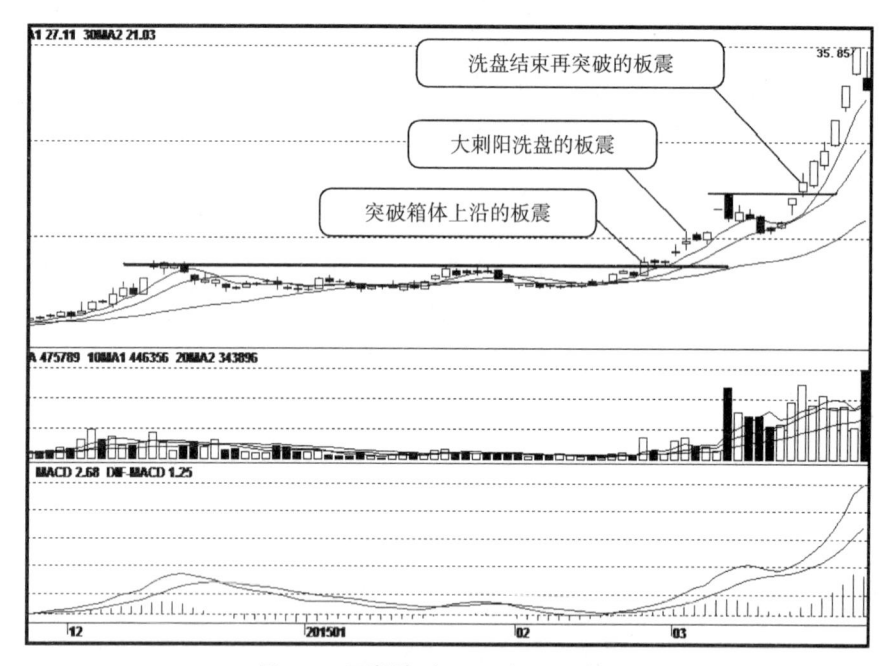

图 6-5　万邦达（300055）日 K 线图

这种烂板之后的板震，多发生于大形态突破的关键位置，有的是主力建仓的板震，有的是短线暴涨前盘中震仓的板震，需具体情况具体分析。关键是如何判断主力在洗盘呢？这里把绝招教给大家。在出现板震之后，股价无论是第二天还是过几日，只要股价站稳其上且分时强势，即可视为有效的板震，一旦再次上行，立即可以做多。介入后如果短线波段暴涨，可视出现特殊的量价情况时逢高出局；如果板震之后，股价是震荡向上，则中线大波段持仓，也可获得巨大的收益。

大家可以结合实盘进行分析研究，比如联创节能（300343）2015年4月23日突破前高的板震，浙商中拓（000906）2015年3月9日突破前高的板震，南京高科（600064）2015年3月5日和6日持续两个板震突破前高，力帆股份（601777）2015年3月16日出现的板震，大湖股份（600257）2015年3月16日形成的板震，日出东方（603366）2015年2月25日产生的板震，彩虹精化（002256）2015年3月25日出现的板震，邦讯技术（300312）2015年2月5日留下的板震，汉王科技（002362）2015年3月11日产生的板震，安源煤业（600397）2015年3月16日突破前高的板震，世纪鼎利（300050）2015年3月16日突破前高的板震，天音控股（000829）2015年3月9日出现的板震，鸿博股份（002229）2015年3月3日板震突破前面双头，汉得信息（300170）2015年2月3日的板震突破前高，汉鼎股份（300300）2015年2月5日突破前高的板震，智慧能源（600869）2015年2月5日突破前高的板震，综艺股份（600770）2月4日突破前高的板震，这些个股出现板震后股价都出现较大幅度的上涨。大家不妨多加研究分析，不断总结盘面经验。

股价未来走势是不能预测的，而形态结构是可以预测的。经过主力资金长期运作后的主升浪，在出现大幅拉升前的烂板震仓最为频繁，充分理解其市场原理，以及娴熟的操盘技巧，都是可以获取妖股暴利收益的。在熊市和震荡市场中，这个技术现象就比较少见，因为这种震仓对于主力而言，洗盘的成本较高，市场环境又是制约后期的飙升。但是，一旦出现这种盘面现象，则是熊市里面的一匹烈马，持有后没有巨大的收益就不要轻易出局，因为主力敢于这样操作，客观上极大提高了自己的持仓成本，也必是对股价后期的空间有着极大的把握。

图6-6，江龙舰艇（300589）：该股成功见底后，股价缓缓向上爬高，2018年3月21日出现烂板现象，从而奠定了后面的暴涨技术基础。

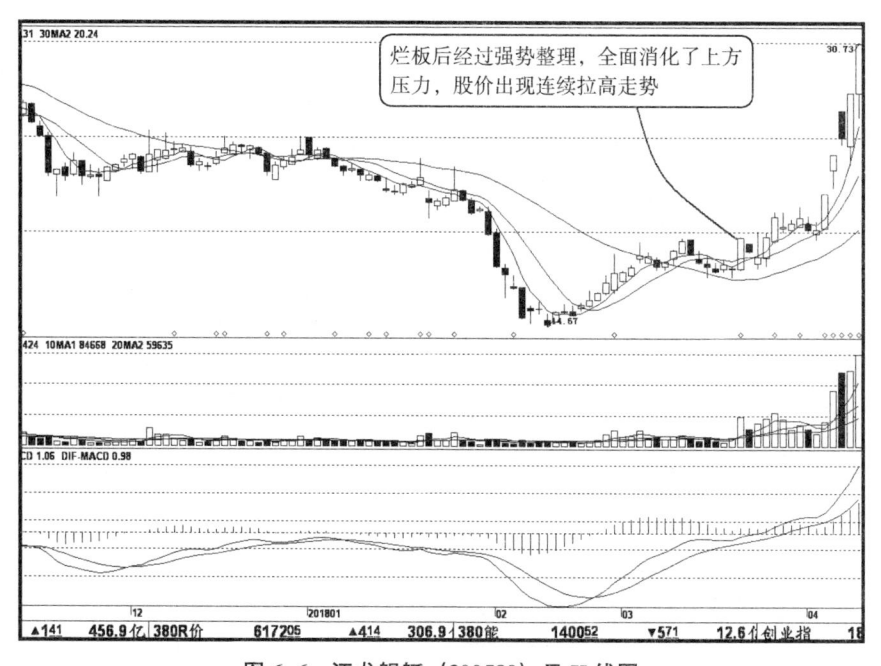

图6-6 江龙舰艇（300589）日K线图

其实，这种技术只不过是实盘中的经验总结，最为普通不过，还有类似"死亡之星"技术，比如乐视网（300104）2015年2月5日和生意宝（002095）2015年1月13日烂板后都出现"死亡之星"，捕捉这样的波段黑马是小菜一碟。生意宝（002095）出现冲板的板震，而16日上午分时强劲的缩量回档，站稳这个板震的股价上方，也是一个买入操作点，波段也是翻番。

图6-7，金刚玻璃（300093）：2015年3月24日，股价缩量突破前高（表示筹码稳定）之后，26日收出一根下跌中阴线，这一天创业板指数是大跌，大批个股跌停，市场对一路暴涨的创业板个股是异常的恐慌。那么，该股的中大阴下跌，难道前面是假突破，或者是开始进入波段整理吗？

第二天，3月27日，在市场对创业板还是惊魂未定，创指早盘还是单边下跌的时候，该股是高开迅速冲高震荡后的打板，量能竟然是再次相对前几天萎缩。这种现象说明前一天是借助市场对创业板的恐慌下跌所进行的一次中阴线震仓洗盘，而量能的再次萎缩，表示筹码的稳定，以及主力持仓较重的事实。这种技术形态向市场释放了某种信号，而只有细心的交易者才能看得懂，这也是该股强于创业板指数的主要技术原因。

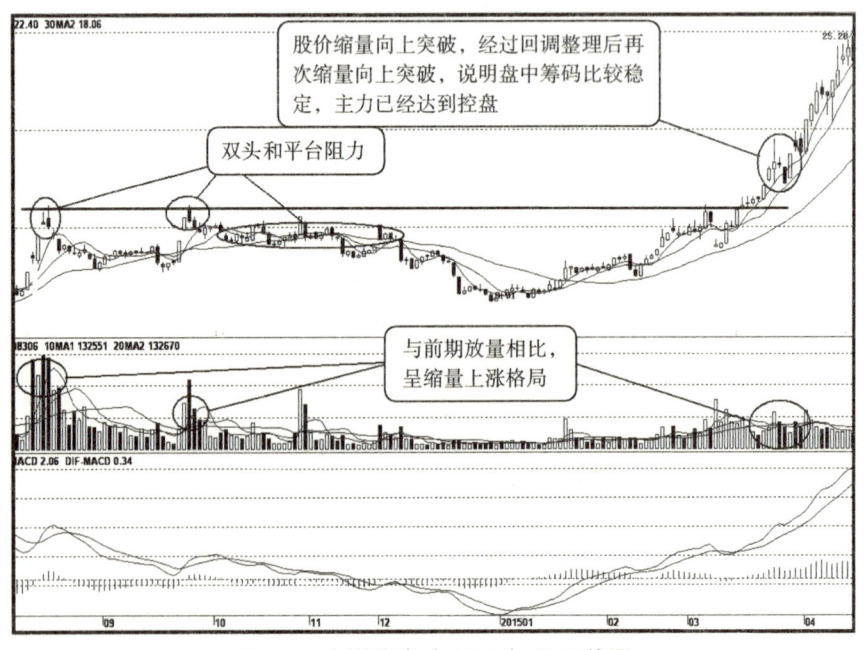

图6-7 金刚玻璃（300093）日K线图

图 6-8，沃尔核材（002130）：2015 年 4 月 8 日出现的烂板，正好说明烂板震仓的市场机理，否则，理解不到位的话，反被其害。这里说的烂板，一定是股价处于成交密集区域的一个震仓，主要目的是快速地收集筹码，以及股价大形态突破，小荷刚刚冒头的时候，为了把短线投机者撵下车而做的一个盘中震仓洗盘行为，主要目的就是日后盘口轻盈而快速拉升。所以，该股不是震仓意义的烂板又是什么呢？

该股主力资金长期运作的慢牛类型，4 月 7 日是新高后的缩量打板，这个缩量新高，表示筹码的稳定和说明主力前一天丝毫未有减持行为。当天虽是烂板走势，但是整体分时走势远远强于大势，因此暂可持仓。注意当天成交量较大，是市场获利盘受指数大跌恐慌性卖出，还是主力筹码出现松动，这要观察随后几天股价是否远离烂板的震荡位置，如此确定之后，对自己的持仓和盈利的目标就有了修正。

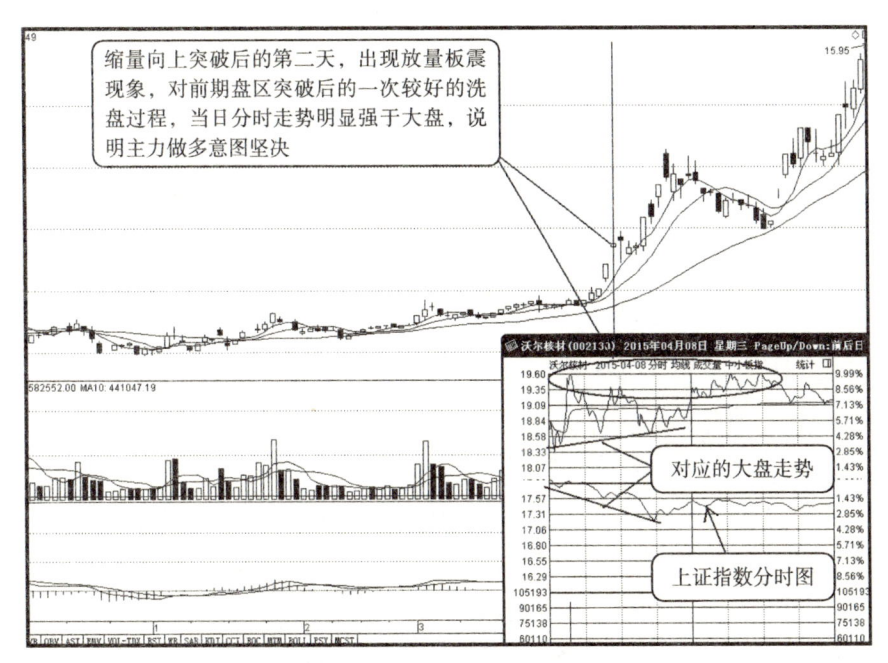

图 6-8　沃尔核材（002130）日 K 线和分时图

实力游资操作的品种，在拉升时的大阳线中经常出现锯齿状分时走势，这是不同营业部之间的对倒所致，在股价多头的初中期，分时中随时出现锯齿形态，但是分钟级别的趋势很好，分时走势也是整体稳健，而高位的锯齿形态就是震幅加大的明显特征了。而具备主导趋势的主力资金操作且自己仓位有很多锁仓筹码的个股，大阳分时都是光滑的。由于现在市场已经接受所谓的"营业部之间的接力"，已经形成一个思维定式，如此这样既可以操作股价又可以躲避监管，所以说资金分散于不同地区的操作模式成为实力游资的一种操作模式,而所谓的庄股是拖拉机账户之间的对倒,适用于中长线个股的反复操作,都说"游资接力",股价炒高之后,谁会相信会有一个很傻的营业部游资去高位花上亿元资金接盘呢?当然,也有专做打板的实力大户,不过,据业内掌握情况,纯技术角度巨资打板的很少,多是一种契约的拉托行为。

当自己的持仓个股持续飙涨,天空才是尽头。可是到了天空,就必须安全着陆,这才不枉飞了一回——判断股价大阳到顶的秘籍。既然是秘籍,肯定是一般书中没有的东西,像传统的射击之星、高位墓碑线、几个乌鸦等,这些都是必须掌握的基本常识。这里献上两个秘籍——蜗牛爬坡和阳极必反。

(1)蜗牛爬坡——在股价持续放量大涨过程中,某天盘中仍然是中大阳线形态,但是,分时发生了微妙的变化,分时曲线呈现锯齿状形态,股价也是无法强势封板。

良性的大阳线,是由良性的分时组成,即光滑、顺畅、回档轻柔,而出现锯齿状分时走势的时候,就是一个危险的信号。它的市场机理是——盘口出现买单之后,主力立即向下卖出,平静之后立即小单子拉回甚至新高,等盘口堆积一定数量或者出现一个较大的买单时候,则主力赶紧卖出。如此反复,分时曲线呈现不规则的锯齿形态。在股价的相对低位,出现这种密集的锯齿形态,则是主力不断爬高吃货,然后迅速打压的结果,性质和高位的锯齿分时意义正好是相反。这是很多个股大波段后期冲刺大阳线中经常出现的形态,也是主力盘中出货的经典标志,是主力意图难以掩饰的。

但有个前置条件——"股价持续放量大阳线上涨过程中"出现K线大阳线时的分时形态。可以看看下面这个实例。

图6-9,江丰电子(300666):这是该股2017年11月14日高位大阳线的分时走势图。在当天13:50之前呈现典型的锯齿分时走势,当主力成功派发了大量的获利筹码后,尾盘开始向下跳水,K线在高位收出一根带长上影线的流星线,主力出货意图显而易见。在实盘中,很多个股在大波段后期的大阳线,以及反抽时候的大阳线,基本都是这种走势。这是喜欢追涨停板的投资者需要高度关注的一个技术形态。

个股在无实力资金主导的情况下,多是随机漫步的,从很多弱势股那种杂乱无章的走势,以及长时间低迷偶尔突兀的量价关系上就可以看出,这种弱势股还是有很多散户喜欢持有的品种。其核心就是"没有能主导股价趋势的主力资金"。

股价时刻受到市场多空双方力量的博弈,我们所寻找的个股,必须是有实力资金能主导趋势的品种,而这种品种的寻找,可以通过前期大阳线的分时量价关系(判断中大阳线的有效性,如多是尾市拉高的应当另行看待),以及大阳线之后股价回档的深浅程度来判断(强势资金敢于在相对高位承接获利盘和解套盘,而弱势资金多是将股

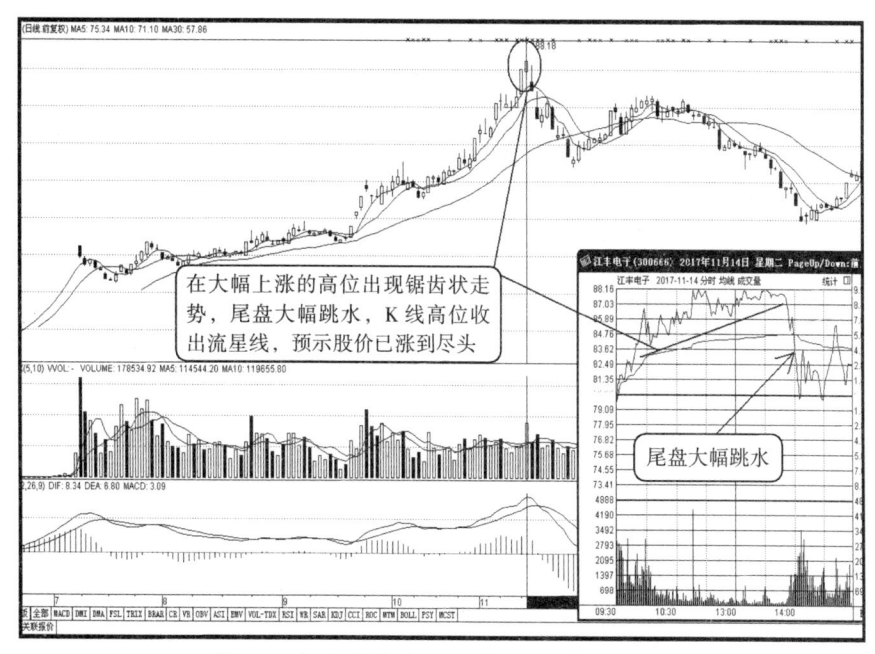

图 6-9 江丰电子（300666）日 K 线和分时图

价进行较深回档，换手后再涨）。

这种现象可以参考万邦达（300055）2015 年 2 月 25 日和 3 月 3 日启动之初的大阳线之后的股价回档和其他弱势股的中大阳线之后的回档，就可以找到其中的区别。那么，对于能掌控股价趋势的强势波动的个股，由于其中的主力多头强劲，因此，不会因为市场的空方打压而扭转这种强劲的趋势，并且，也是不在意多空搏杀中的空方力量了。

图 6-10，泰禾股份（000732）：该股在 2017 年 12 月 25 日和 27 日连续两个涨停板，成功突破底部盘区后，在高位出现 3 个交易日的强势震荡，K 线收出 3 根"锤头线"，这个大家都是知道的。也就是说，在股价突破之后，主力采取了横盘震荡的方式清洗浮筹的行为，进一步取得了更多的筹码和大大提高了市场的换手，即市场平均成本。

2018 年 1 月 3 日股价被拉高，当天呈现烂板走势。从股价所处的位置分析，这个烂板应当是攻击性的板震，而非常主力出货所为。1 月 19 日，再次烂板收长上影线 K 线，这个就不是板震了，相反，较大的量能显示，主力开始少量放货，但是这不是甩货的逃离，因为该股处于阶段性拉升中，大肆出货时候多是以光头大阳线出现而进行诱多。这里的烂板可以有两种解读：一是控制股价，修正超买的指标（指标超买的实质是短期获利盘较多，叫作超买），在此短暂蓄势之后再进行真正的拉升。二是开始进行边拉边出的飙升走势，需要结合后续股价走势来做最终的判断。

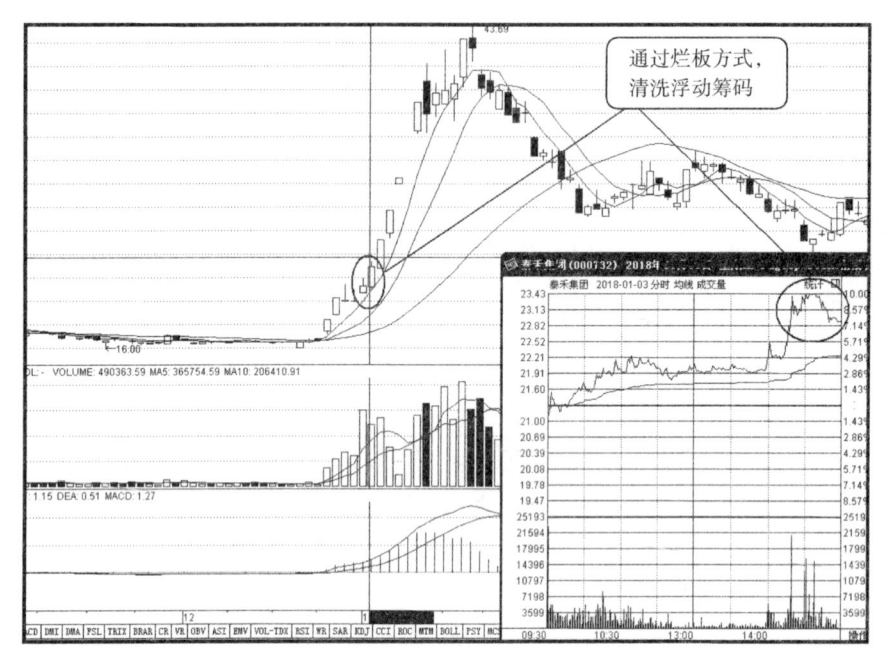

图 6-10　泰禾股份（000732）日 K 线和分时图

（2）阳极必反——强势个股持续大涨一段时间后，某一天继续涨停，但第二天竟然是低开，且低开低走，则阳煞形成，必须卖出。

市场机理——涨停是个股单日做多的最大数值，表示多方力量强劲，股价第二天应该是继续上行，但是突然低开且走软，表明前一天的涨停大阳线只是一个虚假的诱多动作，再加上前期巨大的涨幅，阳极必反。其实第二天的低开低走，是主力资金封闭卖方跑道的缘故，这就形成了阳煞。实盘中有不少势头强劲的个股会出现这个技术信号，这是操盘手操作不得已留下的盘面踪迹。

阳煞对应的是阴煞，即该股持续下跌一段时间后，收出一个跌停（多是跌破 10 日均线），这是当日做空的极限，但是第二天股价开盘后大多数时间竟然在这个跌停板上方，即在大阴线实体之内波动，则形成阴煞。这也是超短较佳的买入操作点，也可以短线获利，甚至比追涨停板更为安全。

通常，牛市早盘急速跳水，不能卖股，只能观察。当然，这是针对前期没有明显头部特征的个股，对于已经形成阳煞的，什么时候卖出都是正确的。重要关口的急跌，能使得很多获利盘恐慌卖出，而主力筹码难以和散户夺路而逃。所以，牛市早盘急跌多半会在后面收复。简单地说，这种牛市早盘急跌形成恐慌之后的操作策略：个股不能及时地大幅收复失地的，则说明早盘急跌中有主力资金参与，在第二天早盘半个小时之内不能强势，则大幅减持卖出，而对前期有过"垂直"角度持续拉升的，则逢高卖出，离场观望，继续保留急跌后立即收复失地的个股。

图 6-11，宏辉果蔬（603336）：股价见底后出现两波快速上涨，2018 年 4 月 9 日高开 5.45% 后盘中出现秒停，多头力量非常强劲，后市股价理应看高一线。可是，第二天股价出其不意地低开 4.14% 后，盘中略有上冲，但并没有翻红，回落后渐渐走低，直至跌停收盘，K 线形态呈现阳极必反走势。说明主力利用前一天强劲的惯性上涨势头，秒拉涨停，造成一种上不见顶的假象，诱导散户持股做多。在实盘中，散户遇到这种盘面走势时应及时离场，否则接着股价又是一个跌停，如果不及时离场，必然损失惨重。

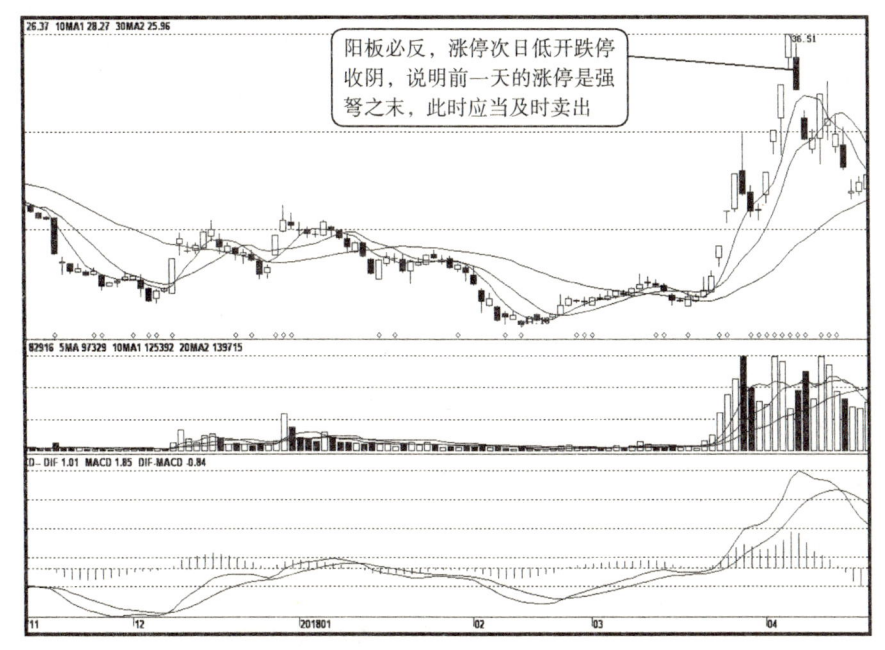

图 6-11 宏辉果蔬（603336）日 K 线图

## 第三节　烂板的实盘技巧

股价涨停封板后又反复开板，小散的心态历程很复杂。所以，认识烂板、理解烂板盘后意图就显得非常重要。在实盘技术上要注意两个方面：一是量。低位放量，少则二倍量，大则 5 倍量~10 倍量也属正常。二是价。涨停板附近反复开板封板，或者接近涨停时故意不封板，股价也不会回落。这里介绍一下烂板的实盘操作技巧。

## 一、烂板后市研判

烂板意味着市场对该股的分歧很大，分歧之后，要么飙升，要么大跌，一切在第二天或随后几天就告诉你答案。其实，烂板之后无非就是三种走势：跳空高开、低开高走、低开低走。下面结合实例做进一步分析。

1. 第一种方式：跳空高开

跳空高开并保持强势盘面，主力意图是巩固第一天的上攻成果，目的是消除烂板盘的抛压，这种盘面最为强势，可以直接参与。

图 6-12，华统股份（002840）：这是典型的慢牛盘升股，股价经过一段时间的攀升后，主力突然来一个急杀动作，3 个交易日股价大跌 25%，然后在底部企稳盘整。2018 年 2 月 6 日出现烂板走势，次日股价高开 1.99% 后冲高强势震荡，主力积极消化烂板盘的抛压，从而构成较好的买点，随后股价一路震荡攀高。

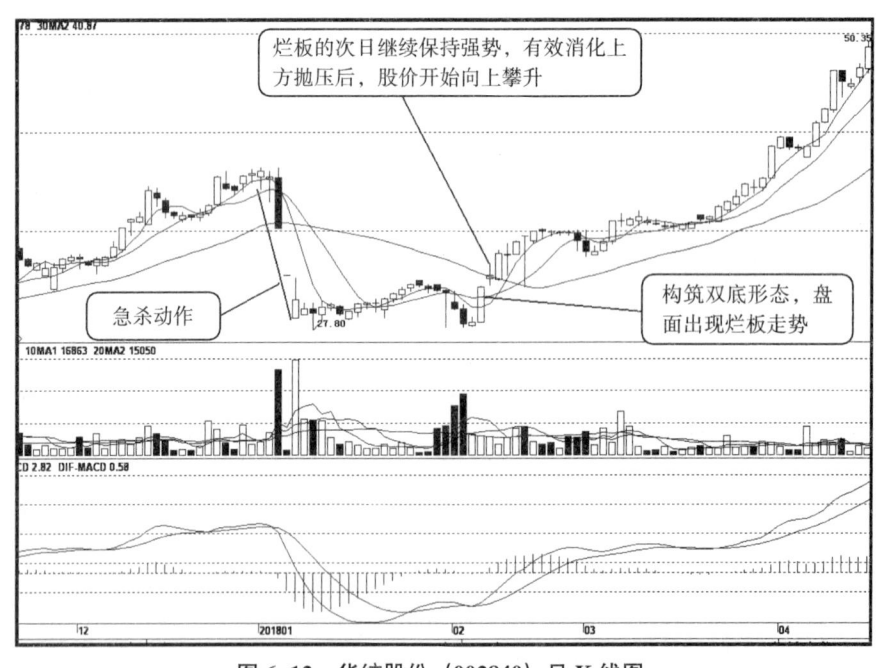

图 6-12 华统股份（002840）日 K 线图

在实盘中，这种盘面一旦出现就是一个好的获利机会，它的前置条件就是股价处于低部区域，或者股价累计涨幅不大，这个技术信号反映股价要启动了，比如无锡银行（600908）2017 年 4 月 11 日的走势也是这种盘面特征。如果股价处于高位，则另当别论了，谨防主力出货而诱多。

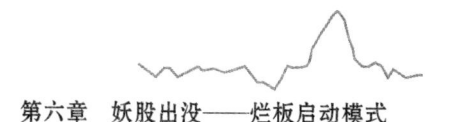

## 2. 第二种方式：低开高走

股价低开后迅速拉起，说明主力没有放弃对盘面的控制，旨在消化烂板盘的抛压，继续维持强势盘面，在股价翻红站稳烂板当日涨停板价格之后，确认升势，可以参与。

图6-13，恒锋信息（300605）：该股见底后股价缓缓走高，2018年4月10日尾盘冲板回落，形成烂板走势。次日，股价小幅低开1.16%后，快速回升到烂板收盘价之上，全天几乎是红盘震荡，说明盘面依然强势不改，一旦后市出现向上突破走势，就应该积极介入。当上方烂板抛压盘减轻后，第三天股价跳空高开5.30%，盘中快速缩量拉涨停，此后股价短线出现飙升走势。

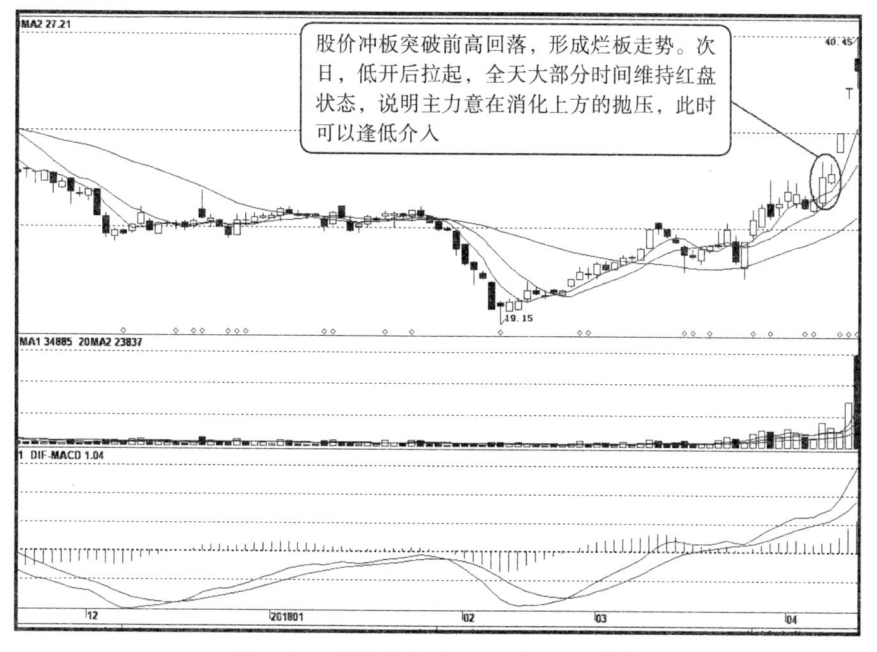

图6-13　恒锋信息（300605）日K线图

图6-14，文一科技（600520）：在长期下跌调整的底部区域，股价再次回落到箱体的下沿附近时，获得了买盘的积极参与，股价止跌企稳震荡。2017年12月6日，股价放量向上拉起，但主力封盘并不坚决，当天盘面出现烂板走势。在此后的两个交易日里，股价均出现小幅低开现象，但低开后并没有持续走低，而是在烂板收盘价附近整理震荡，充分暴露出主力的做多意图。此时，作为散户应密切留意盘面动向，一旦出现放量向上突破，即可跟进做多。12月11日，股价跳空高开6.57%后，盘中单笔闪电回补当日跳空缺口，不到5分钟股价拉至涨停，随后盘中"开闸放水"（非常好的入场机会）。11点过后，单笔巨单封盘，直到收盘没有开板，此后股价出现"井喷"行情。

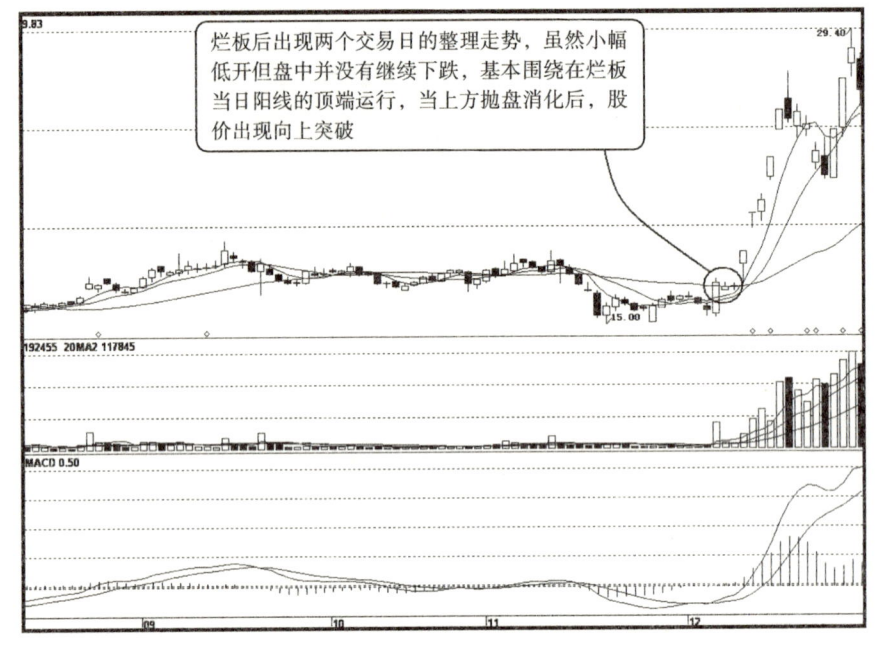

图 6-14 文一科技（600520）日 K 线图

股价在底部区域，如果出现这种盘面现象，说明有主力做多资金介入，只要股价没有大幅回落，技术形态保持强势，短期大多会有获利机会。当股价再度走强，向上突破烂板的高点时，就是一个较好的买点。

这种盘面现象主要在于如何区别盘面强弱问题。根据多年实盘经验，可以参考以下技术要点：一是烂板后的次日或随后几个交易日里，只要股价坚挺在烂板当天阳线的1/2位置之上，就可以看作是强势盘面，如果在烂板阳线的1/3以上位置或烂板的收盘价附近盘稳则更好；二是要有成交量放大的配合，特别是股价再次向上突破时，必须得到成交量的支持，否则有诱多嫌疑，介入要谨慎；三是均线系统渐渐转向多头之势，5日、10日均线已经上行，30日平走或已经上行。这种盘面的最佳入场时机：股价放量突破烂板当天的最高点。

图 6-15，易见股份（600093）：2018年1月5日，股价跳空高开向上突破前高时出现烂板，次日股价低开1.21%后迅速拉起，9:36突破1月5日烂板的最高价11.89元，将在前一天烂板追涨买入的筹码全部解套，9:38回抽确认突破有效后再次拉起，然后经高位整理后冲板。这种盘面走势反映主力有意做多，此时散户可以大胆跟风买入。

3. 第三种方式：低开低走

低开低走反映主力不能抵挡烂板盘的抛压，盘面重回弱势格局，可能是主力试盘

第六章 妖股出没——烂板启动模式

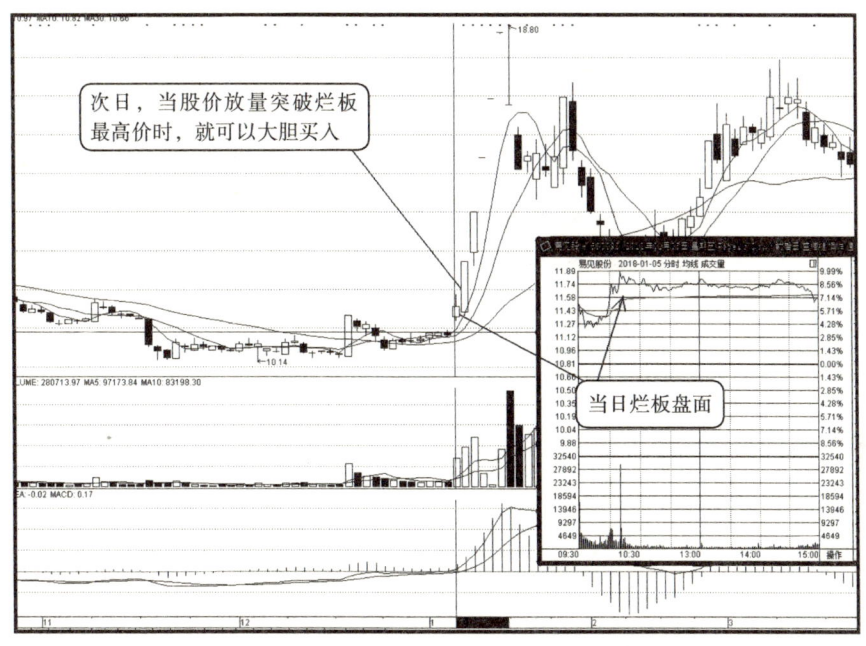

图 6-15 易见股份（600093）日 K 线和分时图

之后觉得抛压太大，暂时放弃不做或者等待整理后卷土重来，这种情况可以暂时不参与。如果经过短暂整理之后，当股价再次有效站稳在烂板当天涨停板价格之后，可再考虑参与。

图 6-16，石化机械（000852）：该股经过大跌后，进入长时间的筑底走势，主力吸纳了大量的低价筹码。2017 年 4 月 18 日，股价冲板回落形成烂板，次日低开 3.58% 后弱势震荡，第三天继续回落，并向下击穿了烂板当天阳线的最低点，此时显然是不能参与了。经过下探调整后，该股在 5 月 8 日出现涨停，盘中多次开板，同样是烂板走势，第三天冲高失败后再次回落，股价重回箱体底边线。5 月 18 日，开盘后不到 5 分钟单波式涨停，经过短暂的快速"放水"（追板者最佳介入时机）后，全天封盘不动，随后股价又拉两个涨停。

图 6-17，顶点软件（603383）：股价底部构筑一个疑似头肩底形态后，2018 年 4 月 2 日股价跳空高开 2.40%，全天大部分时间保持强势震荡整理，下午 2：30 左右股价拉到涨停，但尾盘回落呈现烂板走势，K 线收较长的上影线。次日，股价低开 3.96% 后震荡走低，一度跌幅超过 7%，全天呈现弱势盘整走势。烂板后的这种表现，显然不是好的买点，应以观望为主。股价经过两个交易日的强势整理，4 月 9 日多头再度发力而上，股价封于涨停，虽然没有突破烂板当日的最高点，但这种涨停冲击非常之强，这一天应积极追涨买入，此后股价连续拉高。

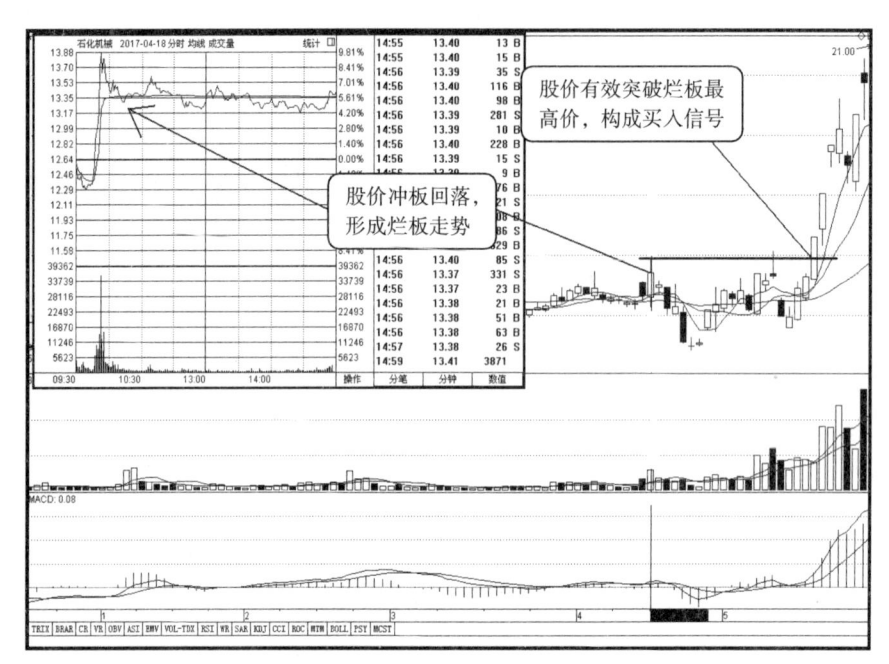

图 6-16 石化机械（000852）日 K 线和分时图

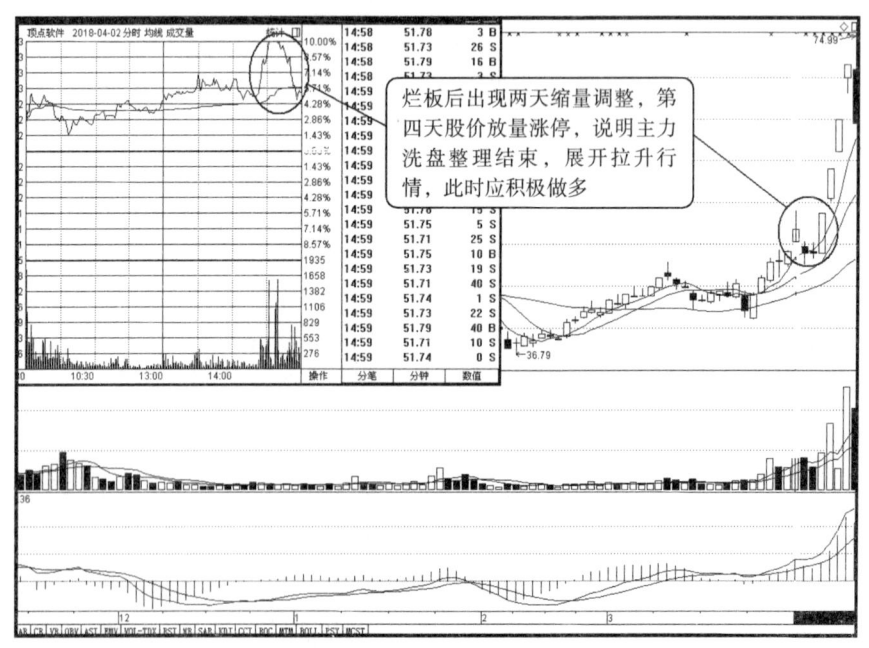

图 6-17 顶点软件（603383）日 K 线和分时图

图 6-18，比亚迪（002594）：主力在长时间的底部震荡过程中，顺利地完成了建仓计划。2017 年 9 月 12 日，股价放量向上突破，但主力封盘并不坚决，屡次开板，盘面呈烂板走势。此后经过 3 个交易日的洗盘整理，9 月 18 日股价再次放量走高，突破 12 日烂板形成的最高点，此时买点产生，随后进入主升浪行情。

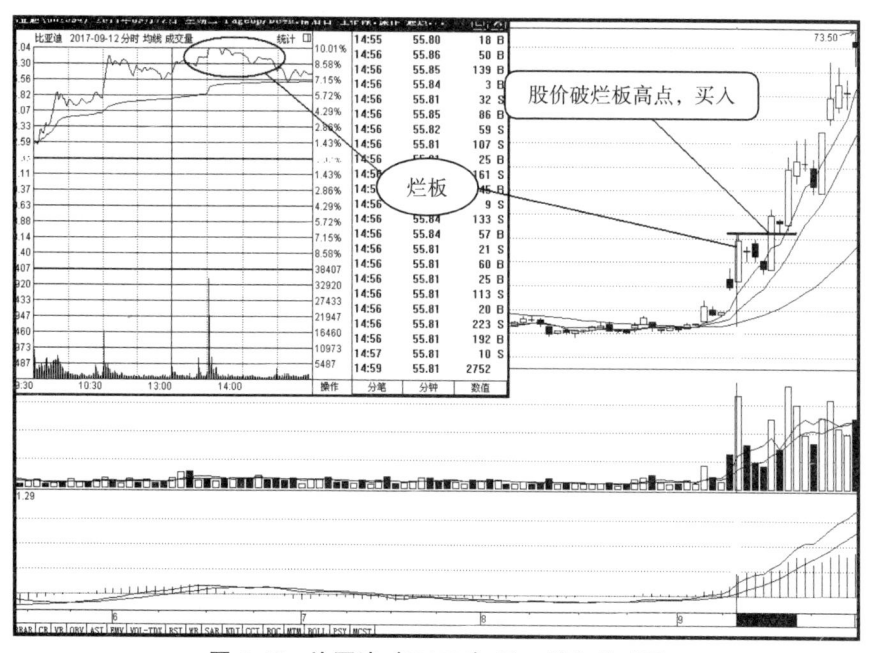

图 6-18 比亚迪（002594）日 K 线和分时图

## 二、烂板强弱分析

### 1. 烂板与大盘走势

在低迷的市场中，烂板在所难免，也正因为市场低迷才显现出烂板的魅力之处。如果散户在心理上克服了对烂板的恐惧，相信是对操作技术上的一个提升。

图 6-19，特力 A（000025）：2015 年 9 月 14 日为首个烂板，当日上证指数大跌 2.67%，该股分时走势极其强势，9:52 首次发动上涨，10：19 再次发动并于 10:24 封涨停，大盘首次跳水低走。该股 11:19 开板，迅速于 11:22 修板再打开，13:23 第三次封板，此后反反复复直到 13:59 才稳定下来，全天放出巨量，换手率达到 14.92%，相对应大盘跌破 5 日、10 日均线，当天指数下跌 85 点。第二天却巨量平开后，迅速于 9:50 拉板，任凭大盘如何低迷，该股依然我行我素，全天封板，筹码稳定，开启波澜壮阔的主升浪。

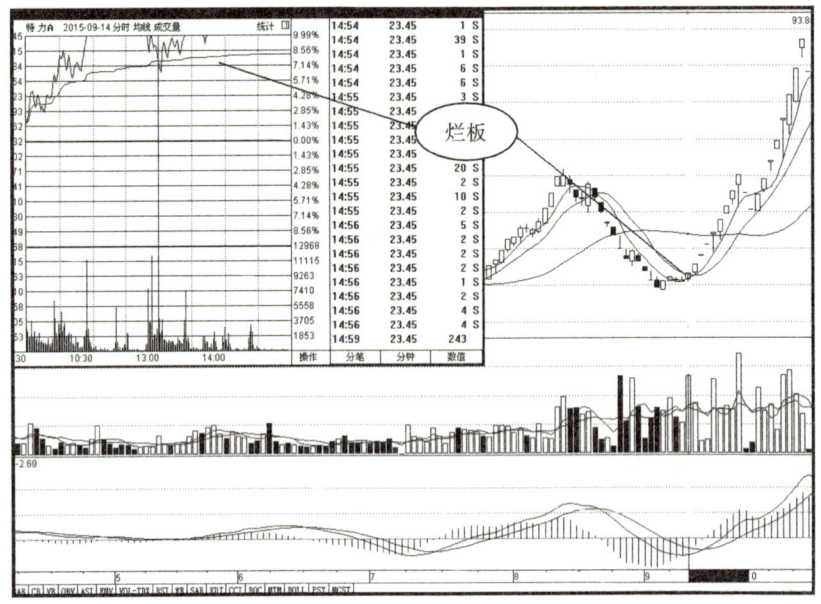

图 6-19 特力 A（000025）日 K 线和分时图

图 6-20，洛阳玻璃（000876）：2015 年 9 月 24 日 9：47 发动，10：11 二次发动，10：16 封涨停；10：27 打开后迅速于 10：31 修板，10：34 后稳定下来，午前的大盘跳水也未能影响板上筹码，最终放量涨停。第二天，在消息刺激下直接涨停开盘，买点出现，虽然盘中打开，量能并未放大，第二买点出现。

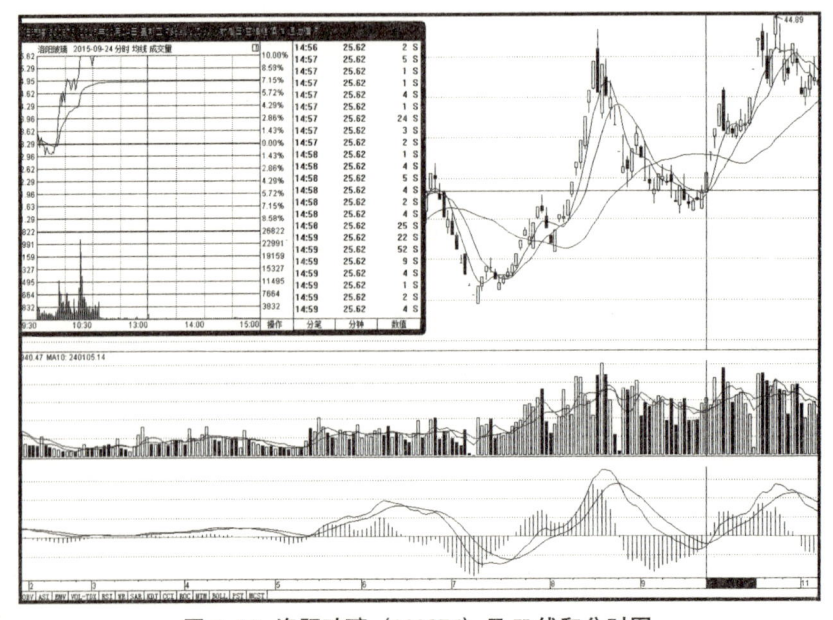

图 6-20 洛阳玻璃（000876）日 K 线和分时图

## 第六章 妖股出没——烂板启动模式

图 6-21，锦江投资（600650）：2015 年 9 月 2 日，9：52 首次发动，10：01 再次发动，10：08 第三次发动并于 10：13 首封，马上打开后于 10：17 修板，此后反反复复，最终未能回封，并放出历史最大量。第二天，在消息刺激下高开并于 9：38 封板，虽然此后断断续续打开回封，但却不妨碍主升浪走势的出现。当天相对应的上证指数大幅低开 4.39%，全天大部分时间处于强势震荡，市场人气非常低迷，而该股却逆大盘而涨，应当引起大家的注意。

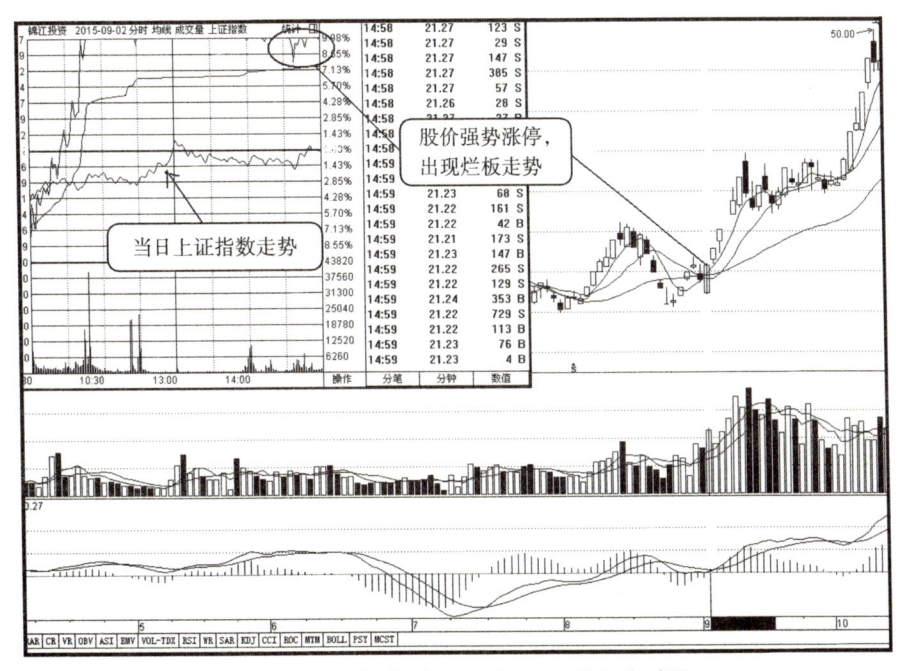

图 6-21　锦江投资（600650）日 K 线和分时图

在大势低迷时期，个股万绿丛中一点红，方显主力英雄本色，谁强谁弱，一目了然。那么如何研判个股与大盘的关系呢？这里提供一些思路，供大家借鉴。可以从两个方面入手：日线分析和分时分析。

在日线结构上，大盘处于下跌调整时，而个股提前企稳横盘，比如 2017 年 4 月的方大炭素（600516）；当大盘止跌企稳时，而个股提前启动上涨；当大盘向上攀升时，而个股出现加速拉升；当大盘滞涨调整时，而个股拒绝回调。当大盘所对应的个股出现上述现象之一，均可以认定为有妖股潜质，当然是否成妖还要结合其他因素进行分析。

在分时走势上，当大盘出现放量跳水或持续下行时，个股拒绝下跌，一旦大盘止跌企稳后，股价立即出现新一波拉升；或者，个股随指数跟风下跌，当大盘止跌企稳时股价很快恢复原位。这些盘面现象，表明主力护盘积极，做多意图明显。

2. 烂板与下午板

在实盘操作中，下午或尾盘走势非常关键，它是对一天行情的总结，也关系到短期的运行方式。经常发现有的个股全天震荡盘整，盘面表现平淡，并没有引起市场的关注，而到了尾盘快速拉到涨停；也有的个股早盘非常强势，涨停封板不动，而下午临近收盘时开板震荡，形成烂板走势。这些盘面现象都是值得研究的，是反映主力意图的盘口信息。这里谈谈烂板与下午板的理解。

图 6-22，顶点软件（603383）：2018 年 4 月 2 日，尾盘冲击涨停回落，呈现烂板走势。经过两个交易日的震荡整理，盘中浮动筹码得到有效释放。4 月 9 日，上午保持强势整理，午后 13：17 发力拉升封板。第二天，受上涨惯性和消息刺激大幅高开并快速封板，盘中一度"开闸放水"洗盘，这个可算典型的午后板例子。

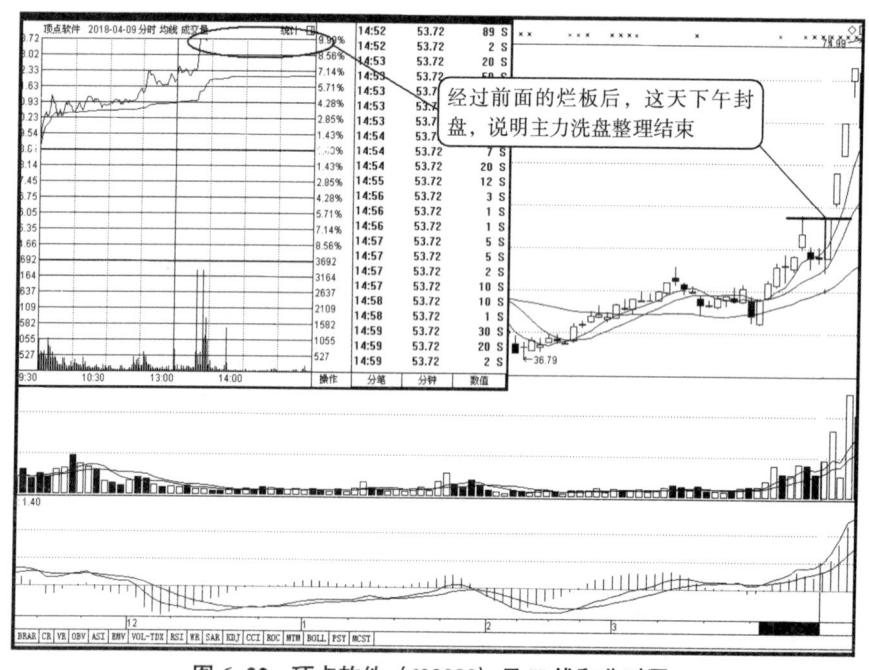

图 6-22 顶点软件（603383）日 K 线和分时图

类似这种走势的个股在实盘中非常多见，大家可以结合个股基本面和技术面进行分析。激进的投资者可以在收盘前几分钟介入，一般不会有太大的风险。例如，台海核电（002366）2015 年 9 月 18 日，尾盘 14：38 跟风涨停，量能未放大。受核电消息刺激，第二个交易日（9 月 21 日）开盘即直线拉升，并于 9：32 涨停，在烂板当天买入也能获利，主要原因还是在于当天龙头中飞股份（300489）涨停，且当日市况较好，

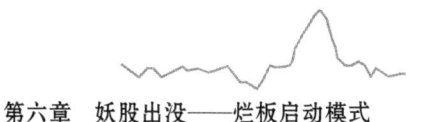

不存在游资抱团取暖的现象。

图6-23，辰欣药业（603367）：该股上市后最高上冲到32.73元，然后一路震荡走低，最低下探到16.32元，回调幅度达到50%，而且该位置又是上市首日的收盘价附近，此处具有较强的技术支撑。在抄底资金的介入下，股价渐渐盘稳回升。2018年3月8日，午后股价放量向上拉到涨停，但封盘半小时后开板震荡，直到收盘也没有重新回封，形成尾盘烂板走势。但受益于化工制药原材料的上涨，给公司前景带来想象空间，此后股价不断向上震荡走高，在烂板价位附近介入的散户都有获利机会。

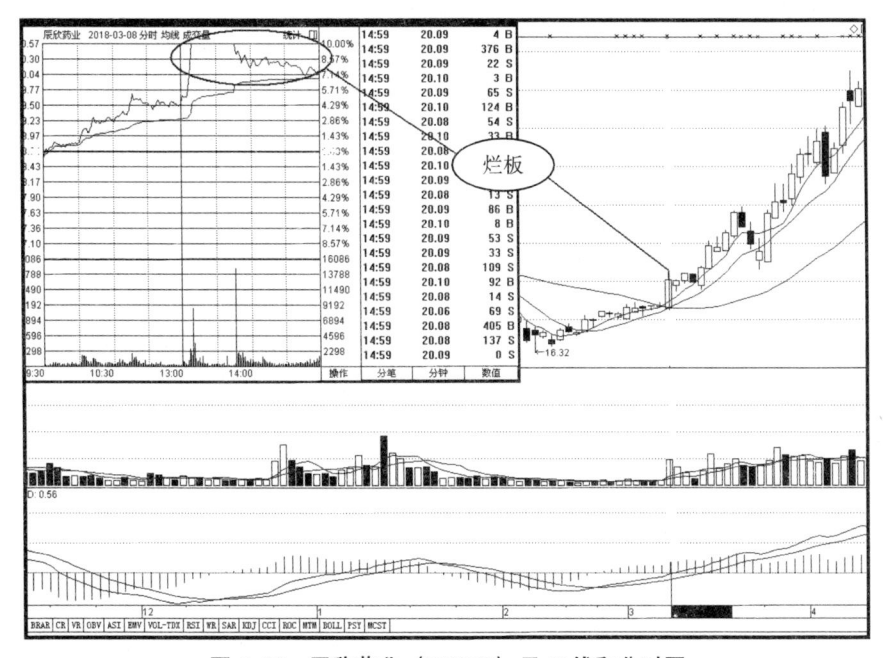

图6-23 辰欣药业（603367）日K线和分时图

当然，有成功的例子，也有失败的例子。令投资者损失最大的当属2018年4月9日的世纪鼎利（300050），当天震荡走高，烂板收盘，第二天低开3.90%后，快速回落，跌停收盘，随后几个交易日继续盘跌，而且当天上证指数大涨1.66%，该股与指数形成强烈的反差，在烂板介入的打板者便蒙受重大损失。

迷茫出真龙，烂板出妖股。在大盘低迷时期，资金往往会选择人气高涨的个股抱团取暖，要么前期人气妖股，股性逆天；要么主流题材龙头。烂板或下午板后的第二个交易日，最好在10：30前快速涨停，即是二板确定买点。

### 三、烂板妖股解密

烂板股票为什么会成为妖股？盘后到底隐藏着什么秘密？归根结底就是游资接力。这里以赛摩电气（300466）为例做深入剖析。

图 6-24，赛摩电气（300466）：该股之所以能走出妖股是有多重因素驱动，比如为创业板小市值个股、为高送转次新股，以及外延式并购题材等。

一般而言，上市公司高送转方案从推出到实施要经历以下几个阶段：公布高送转预案—股东大会同意—公布除权、除息时间—实施除权、除息。该股属于典型的高送转股概念，有填权预期，所谓填权就是在除权除息后，多数人对该股看好而拉升其股价，使其股价回升到送转前的价格附近。该股之所以能连续大涨，除了自身的题材外，大盘的环境、同题材个股的表现均很重要。

下列四个要点是使其成妖的核心驱动：

驱动要素一：大盘处于窄幅震荡行情，无明显主流热点，此时次新股和高送转容易被资金炒作。

驱动要素二：属于创业板小盘股，流通股本仅 6000 万股，启动前市值仅 60 亿元。

驱动要素三：属于次新股板块，筹码结构相对简单，没有控盘资金。

驱动要素四：其他填权个股反应积极，进一步加强了该股的龙头地位。

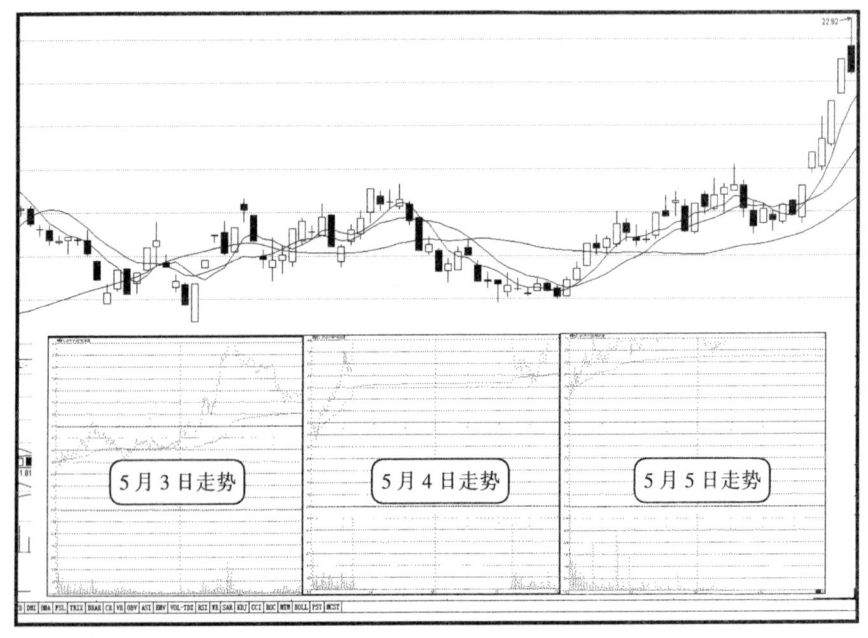

图 6-24　赛摩电气（300466）日 K 线和分时图

## 第六章 妖股出没——烂板启动模式

从该股连续三天的分时走势可以看出，虽然K线表现一直很强势，但有一个细节肯定让很多投资者担忧，那就是股价封上涨停后总是被打开，2016年5月3日、5月4日、5月5日均出现了这种情况，烂板的出现代表市场对股价走势有分歧，但随后几个交易日市场很快就能消化上方的抛盘，可谓股价是烂而不弱，也代表了人气所聚，因此股价是通过不断换手接力形成的妖股。

由于赛摩电气连续大涨，其偏离值均达到披露条件，从5月3日、5月4日、5月5日三天的龙虎榜数据观察，游资的进出路径和市场的接力情况非常清晰：

5月3日，股价低开震荡，午后逐步走高被封上涨停，由于涨停上分歧巨大，随后涨停被砸开并逐渐走低。盘后龙虎榜数据显示，买一席位为海通证券深圳华富路营业部，买入1736.31万元，占当天成交的1.55%；买四席位为华泰证券成都蜀金路营业部（著名"敢死队"），买入1104.78万元，占当天成交的0.99%。卖出席位方面，中信证券上海淮海中路营业部、银河证券绍兴营业部（两家营业部均为市场著名游资）。

5月4日，股价经过短暂低开震荡后便企稳上行，并在10：10被封上涨停板，尾盘遭遇资金砸盘，涨停打开后又再度回封。盘后龙虎榜数据显示，买一席位为海通证券上海共和新路营业部，买入3439.41万元，占当天成交的3.07%；买二席位为招商证券福州六一中路营业部，买入2827.24万元，占当天成交的2.53%，同时卖出1518.68万元。卖出席位方面，5月3日买入的游资席位悉数获利卖出。

5月5日，股价高开高走涨停，涨停板被反复打开多次。盘后龙虎榜数据显示，多家敢死队营业部大肆入驻，其中买一席位为中国中投证券无锡清扬路营业部，买入3805.50万元，占当天成交的3.28%；买三席位为兴业证券西安朱雀大街营业部，买入2724.40万元，占当天成交的2.35%；买四、买五席位均为市场一线游资，分别为中信证券上海溧阳路营业部、华泰证券上海武定路营业部。卖出席位方面，部分游资获利离场，招商证券福州六一中路营业部，卖出1845.91万元，占当天成交的1.59%。

通过上述游资进出发现，该股上演的是一场涨停"敢死队"之间的接力游戏，参与操作的大部分游资都是当天买入，次日卖出，招商证券福州六一中路营业部却是日内交易模式，在收益率上可谓最大的赢家。

在A股市场近30年的发展历程中，新股、高送转、重组是经久不衰的三个题材，而该股走势也体现了这个特点，那就是高送转的次新股更易走出抢权填权行情，以及前期表现抢眼的胜宏科技（300476）、科迪乳业（002770）等都是上市一到两年的次新股。炒作高送转除权股其实是追捧年报行情的一个分支，小盘股次新股最容易引发炒作共鸣，根据以往的经验来看，炒作填权高送转会持续很长一段时间，大概有两个的黄金期，有时出现板块效应，有时仅是个股的炒作。当然，借高送转概念进行炒作也蕴含不少风险，不少上市公司因利润下降却推出高份额的高送转方案而收到交易所的关注函，投资者要参与高送转概念股的炒作，一定要把握市场节奏。

### 四、再次封板是买点

烂板出妖股在实盘中很多见，但买点把握不好损失也很惨重，所以入场时机非常关键，那么如何把握买点呢？下面以实例做深入分析。

图 6-25，天山股份（000877）：该股主力在长时间的底部弱势震荡过程中，吸纳了大量的廉价筹码，然后股价渐渐向上走高。2017 年 1 月 24 日小幅低开后，股价出现持续的向上攀升走势，然后在分时高位盘整，股价得到均价线的支撑，10：38 主力发起攻击，快速封板，11：17 开板震荡，收盘没有封板，呈现烂板走势。

那么，该股的买点出现了吗？没有。这只能说明是加速上涨的一个疑似信号，而不具备上涨的确立信号，可以将它列入关注对象。因为，此时主力需要一次试盘过程，以检验市场的跟风和抛压，既然主力需要试盘，那么就有很多的不确定因素，所以不是一个好买点。

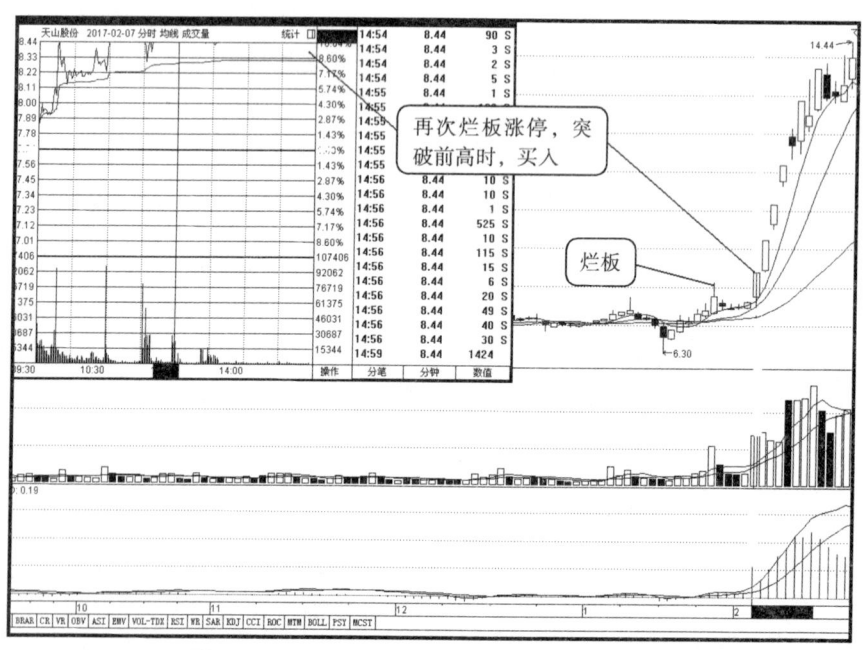

图 6-25　天山股份（000877）日 K 线和分时图

## 第六章 妖股出没——烂板启动模式

那么，最佳买点在哪里？2月7日才是一个非常好的买点。理由是：烂板后经过4个交易日的缩量整理，盘中浮动筹码得到较好的清洗，2月7日跳空高开1.97%后，向上突破1月24日的烂板新高，也是反弹以来的新高。此时买点出现，可以不惜追高买入。道理很简单，主力不是慈善家，既然下大资金将1月24日烂板套牢盘全部解放出来，必然有他的用意之处，不拉高又是为了什么呢？明白了这些道理后，大家的操盘策略就明确了。再看看当天的分时走势。

从2月7日当天的分时走势可以看到，股价跳空高开1.97%后，没有回落补掉当日跳空缺口，说明主力有上攻欲望，经过10分钟盘整后，9：40开始放量，几乎一口气单波拉至涨停，此时应不惜追高买入。股价涨停后主力并没有一次性封板，而是进一步"开闸放水"清洗浮动筹码，目的是今后更好地拉升。因此，当股价回落到当日均价线附近时，就可以大胆介入。此后，股价出现飙升行情，可见把握买点非常重要。

图6-26，顶点软件（603383）：该股在2018年4月2日出现烂板走势，但这天并不是买点，它是一个疑似上涨的信号，包括后面的回落"低点"也不是买点，因为当时不在低价区域，此时的回落走势，从形态上讲并不明确，很有可能会继续走低，而从现在讲是个低点，但这是后来的盘面了。

该股真正的买点发生在：经过两个交易日的缩量整理后，股价在4月9日拉出涨停且封盘坚决，虽然股价没有突破4月2日烂板这天的最高价，但在此拉出涨停反映

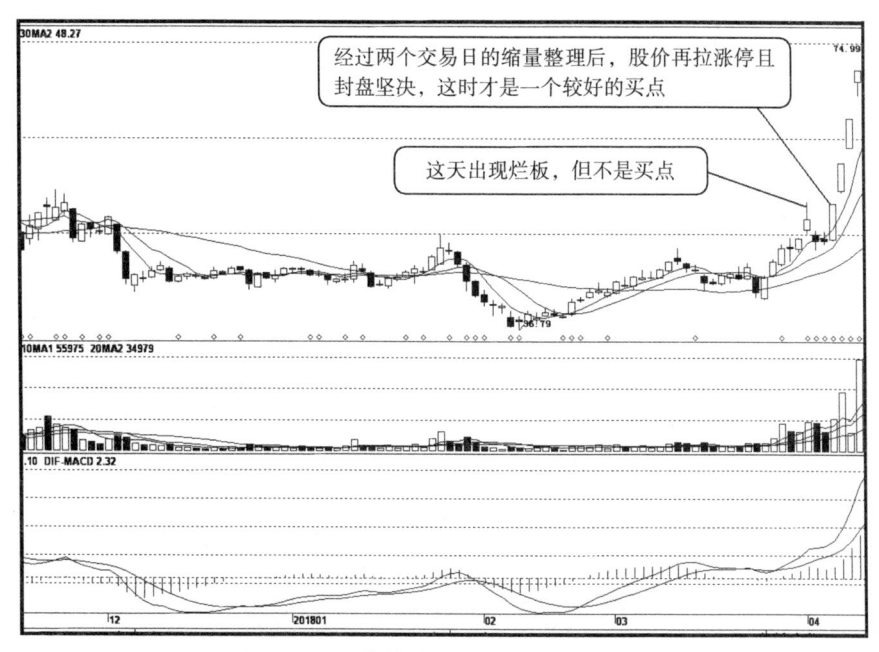

图6-26　顶点软件（603383）日K线图

主力洗盘已经结束，后市高点可期，它的原理与天山股份相近。在实盘中有很多这样的实例，认真总结一下，一定会让你避免不少的操作失误，并给你带来丰厚的利润。

通过上述实例分析，烂板当天并不是最佳的买点，它只是一个引起大家关注的疑似技术信号，是否构成买点关键在于烂板后的市场表现。在实盘中当烂板出现后，不一定马上就进入拉升，通常需要一个短暂的整理过程，整理时间大多在10个交易日以内，最长不要超过20个交易日，而整理的幅度最好在烂板当天的K线以内，最大整理幅度最好不要低于烂板当天最低价的10%。一般而言，烂板买点要满足以下四个条件：

（1）位置：股价处于长期下跌的底区域，有强烈的向上突破要求。
（2）价格：股价再次创出烂板当天的高点或者涨停，上方抛压消化彻底。
（3）量能：成交量必须有效放大，增量资金介入明显。
（4）均线：均线系统已经或即将形成多头排列，支持股价走高。

## 第四节　烂板的量价分析

大家知道，有量才有价，但很多人对烂板和成交量的关系并没有深入的思考和理解，以及多大的"量"才算是有量。

### 一、烂板量的含义

不管是不断主动撤单造成的烂板，还是被砸盘造成的烂板，都有一个共同特征，就是不断地封盘和开板，不断地刺激持筹者卖出，也不断地吸引持币者介入，最终导致巨大的成交量。涨停表示该股非常强势，有继续走高动能，而巨量则表明该股分歧巨大。这种股票是打造龙头妖股的首选，要么上天堂，要么下地狱，答案会在第二天或随后几天揭晓。

烂板也有很多种，有些是涨停价不断开板换手，有些是均线上方换手，有些是不断跌破均价线，而有些则更加极端，比如从涨停到绿盘，再回封涨停。从烂的角度来看，肯定最后一种是最烂的，也是能刺激出最多卖盘的，能激发出最大成交量，这种股票就是烂板的极品了。请看下面这个实例。

图6-27，银鸽投资（600069）：这是该股2016年12月12日的走势，早盘高开

4.08%后秒板，瞬间被砸开，股价逐波滑落，10：10股价翻绿并下跌4%多，然后又逐波回升，再度回封，并且在涨停板位置又烂了几次，成交量大幅放大，换手率达到14.24%。此后连续三个交易日涨停。

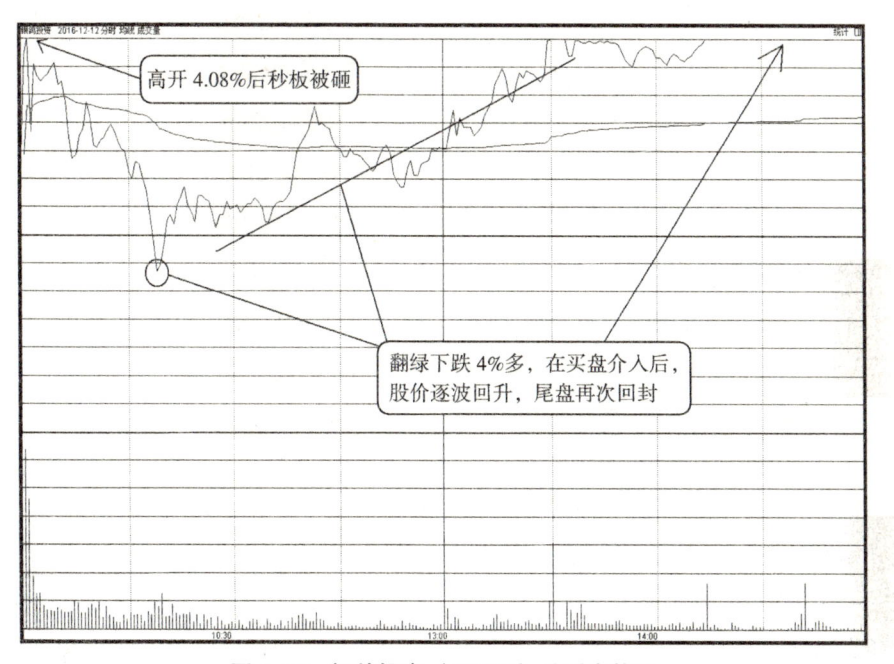

图6-27 银鸽投资（600069）分时走势图

## 二、明枪与暗箭

如果是大资金，想要参与一只股票，除了考虑市场氛围、个股题材概念、人气股性等因素之外，还需要考虑该股本身的筹码结构。如果说这只股票已经有庄家在操作，而新主力去拉涨停打乱人家的节奏，庄家难道不会砸死新主力？如果说该股有很多基金持仓，而基金的预期也不高，股价拉涨停刚好给基金砸盘的机会，然后基金低位再买回，完美做T+0。不用说潜伏的庄家、机构了，甚至某只股票有游资买入过多，其他人都会非常忌惮，不会轻易去接盘。

很多莫名涨停的股票，极少见到那些顶级游资参与，因为这种股票就像荒郊野岭的一间小屋，里面可能住着仙女，但也可能藏着恶狼。而经过烂板刺激放出巨量的股票，大部分潜伏者卖出了，如果晚上再出个龙虎榜，那么这只股票完全变成了明牌，所有的筹码结构，以及所有参与者都清晰可见。此时再参与这只股票，相对来说要好把控得多。

图 6-28，贵州燃气（600903）：次新股打开"一"字板后进入调整走势，2017年12月14日放量涨停，换手率37.23%，但当天没有龙虎榜数据，15日继续放量上攻模板，换手率达51.35%，龙虎榜数据显示当天净流出6953.70万元，说明14日介入的游资基本兑现"一日游"利润，但是随后两个交易日里股价并没有出现大幅回调。在技术上，如果说这两天上涨是对前期回调的修正性反弹或回抽，那么紧接着会出现较大的跌幅，事实上股价坚挺有力，拒绝回调，显示有资金暗中吸纳筹码。

12月20日，再次放量烂板，换手率44.96%，当天龙虎榜显示，买一席位为海通证券宁波解放北路营业部（"敢死队"游资），买入1585.93万元，占比2.80%；买二为国泰君安郑州黄河路营业部，买入1369.41万元，占比2.42%；买三是中国中投深圳爱国路营业部，买入1006.60万元，占比1.78%；买四是方正证券六盘水青峰路营业部，买入802.40万元，占比1.42%，同时又是卖一席位，卖出804.61万元，占比1.42%；买五是华福证券泉州田安路营业部，买入781.40万元，占比1.38%。全天净买入3127.56万元，此后的21日净买入1035.62万元，22日净买入1606.64万元，连续3天资金净流入，反映游资已经看好后市，此时散户可以跟着游资玩一把。

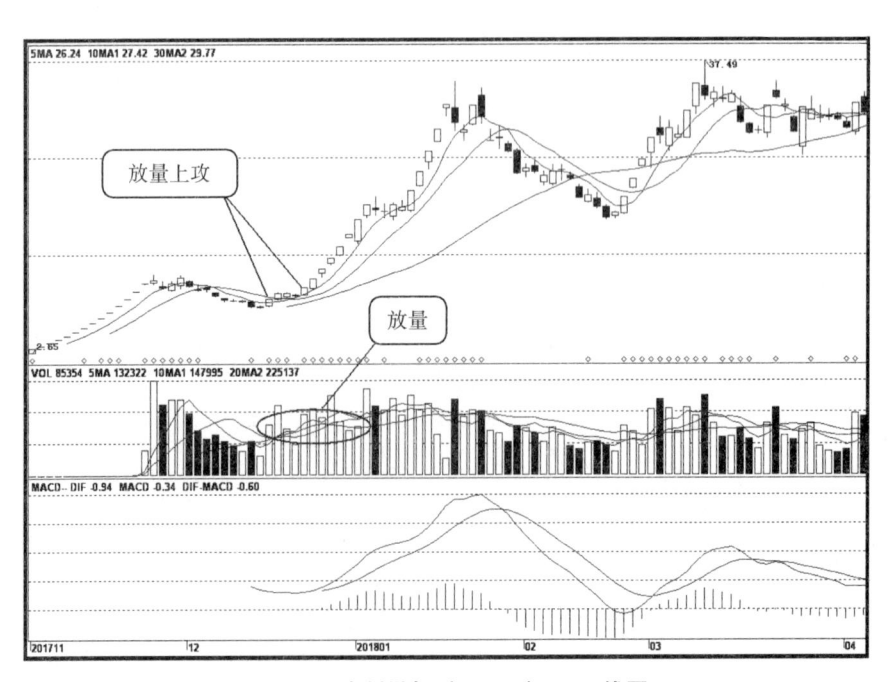

图 6-28 贵州燃气（600903）日 K 线图

## 第六章 妖股出没——烂板启动模式

### 三、坑你没商量

经过上面的分析，可以发现对于烂板巨量分歧的股票，如果次日能够缩量涨停，那就是极佳的从分歧转为一致的时刻，说明沉淀了一批筹码，具备大幅走高走妖的基础。所以，可以看到很多顶级游资，特别喜欢做这种巨量烂板次日的快速缩量涨停板。这种缩量涨停板的次日一般都会大幅高开，可以轻松获利走人。

但是，在当前市场极弱、监管趋严、庄股横行的情况下，这种巨量烂板次日的快速缩量板竟然出现了多次低开闷杀的情况，尤其是"山东帮""温州帮"主导下的股票。这也说明了股市博弈的真谛，那就是各种经验模式，循环往复，没有定论。游资喜欢做这种快速缩量板，那么"山东帮""温州帮"就做出一个巨量烂板，次日快速拉升，缩量涨停，吸引游资来打板参与，然后再把货砸给其他游资，最终依然是一个巨量烂板，然后次日再砸竞价低开，开盘后继续引导往下砸，因为市场对巨量烂板本来就没有信心，就很容易跟风割肉止损，此时"山东帮""温州帮"再悉数低位买回。然后再来个大长腿转势板，那么游资就完成了进出。

图6-29，森霸股份（300701）：次新股打开"一"字板后，经过短期的震荡整理，2017年10月16日出现巨量烂板，当天换手率达到61.05%。次日，股价小幅高开后，在9：55快速缩量封板，引起市场资金的关注。可是第三天高开3.81%后，股价逐波震

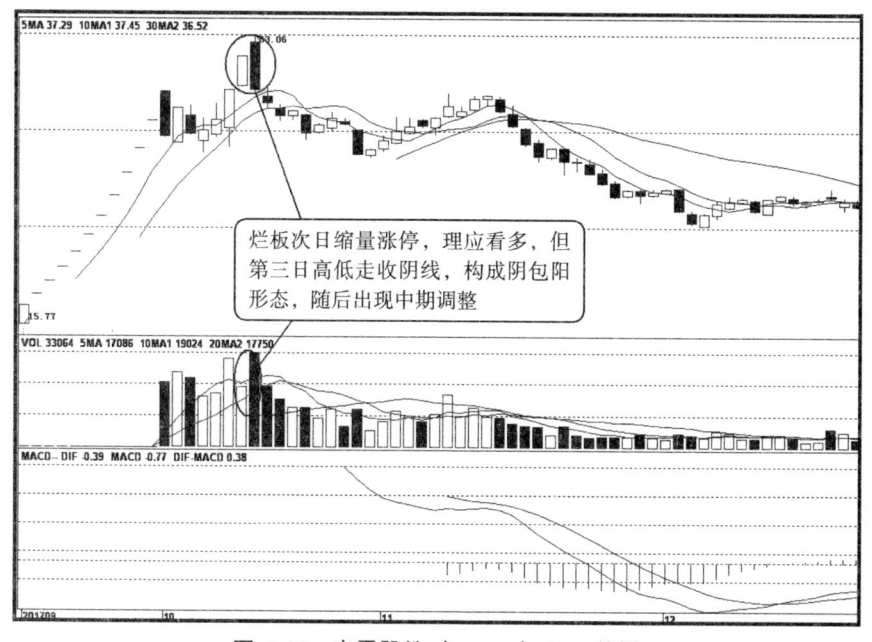

图6-29 森霸股份（300701）日K线图

135

荡走低，以下跌 9.09%收盘，短线游资顺利出逃，K 线出现阴包阳形态。说明前面的烂板和缩量涨停都是主力拉高出货的一种做盘手法，所以这时的成交量坑你没商量。

图 6-30，新亚制程（002388）：2017 年 1 月 16 日，盘面出现放量烂板，随后出现两个缩量涨停，按理说短期继续看好后市，但是 1 月 26 日高开后快速回落收出放量大阴线，说明短线游资在高位开始撤退，随后股价进入中期调整。

在市场中，很多人虽然研究了很多过往的市场模式，积累了很多丰富经验，但是如果思维是固化的，不能认清资金博弈的本质，那么就会出现市值始终上下起伏，无法复利增长的尴尬局面。

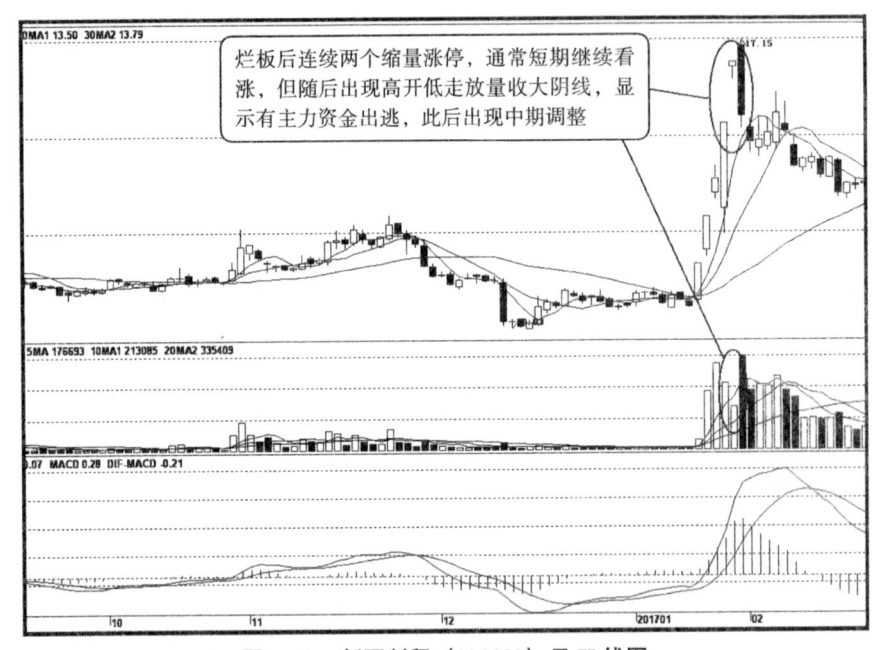

图 6-30　新亚制程（002388）日 K 线图

### 四、高位烂板风险

底部烂板出妖股，高位烂板有风险。高位烂板是主力利用涨停板出货的一种常用手法，根据"价格一致，时间优先"的原则，主力将股价拉涨停板后先挂出大买单，等后面散户挂买单时，就撤掉自己的买单，此时将筹码抛给散户。散户喜欢追涨停板，而庄家恰恰反做，利用散户这种追涨心态借助涨停掩护出货，这是根据散户的乐观心理所采取的出货方式。庄家通过股价的大幅上涨，制造活跃盘面，把散户诱骗进来，在高位接走筹码。另外，涨停的个股出现在涨幅榜的前列，容易被市场发现和关注，吸引更多的眼球。

第六章　妖股出没——烂板启动模式

图 6-31，上峰水泥（000672）：2016 年 12 月 14 日，该股盘面就属于典型的烂板出货特征，股价冲击中涨停之后，封板不坚决，直到收盘也没有封住。在股价大幅上涨的高位，出现这样的烂板盘面，暗示股价有见顶之虞。次日，大幅低开 7.05%后，一度冲高翻红，然后回落震荡。当主力在震荡中不断派发获利筹码后，股价进入中期调整。

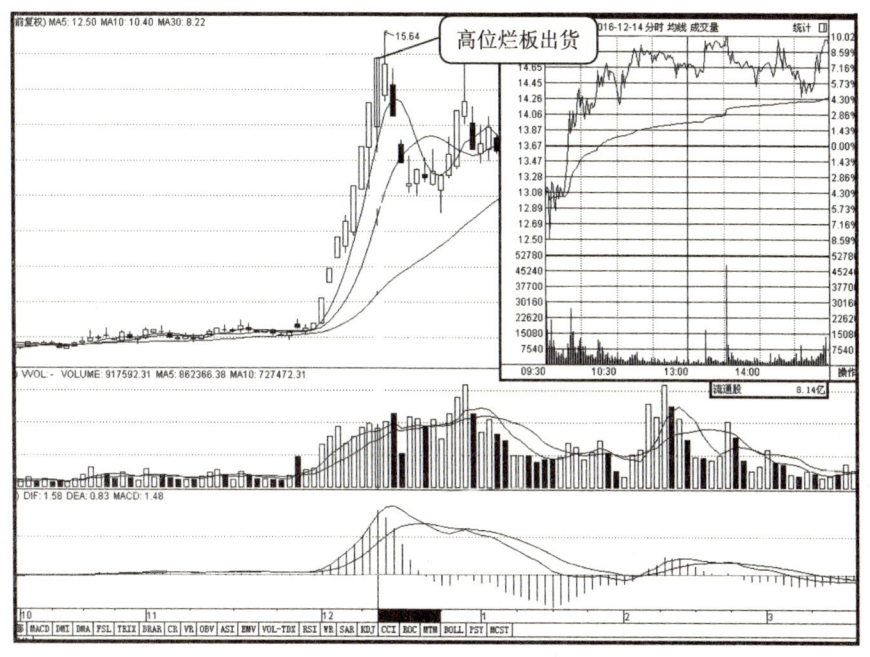

图 6-31　上峰水泥（000672）日 K 线和分时图

图 6-32，泰禾集团（000732）：2018 年 1 月 19 日，在股价大幅上涨的高位，封板 13 分钟后开板震荡回落，全天微涨 0.64%，K 线走出带长上影线的流星线。次日，先抑后扬，收出长脚 K 线。第三天，小幅高开后，经过一个上午的强势整理，午后快速拉涨停，但封盘并不坚决，反复开板，形成烂板走势。那么，这个烂板是新一波行情的起涨信号，还是主力高位出货所致？次日或随后几个交易日的走势非常关键。次日接近平开后略作惯性上冲，然后回落整理，没有承接前一个交易日的涨势，此时应引起高度警惕；第三天大幅低开 5.21%后，盘中没有任何反弹，直接震荡走低，两度封于跌停板，当天下跌 8.27%收盘。这时股价见顶信号已经明确，这是最后的离场机会。

投资者遇到这种走势时，应观察第二天盘面情况，如果第二天低开、冲高无力时，应择高出局。如果不是大牛市行情，持币者尽量不要在涨停板位置追高买入。涨停板

137

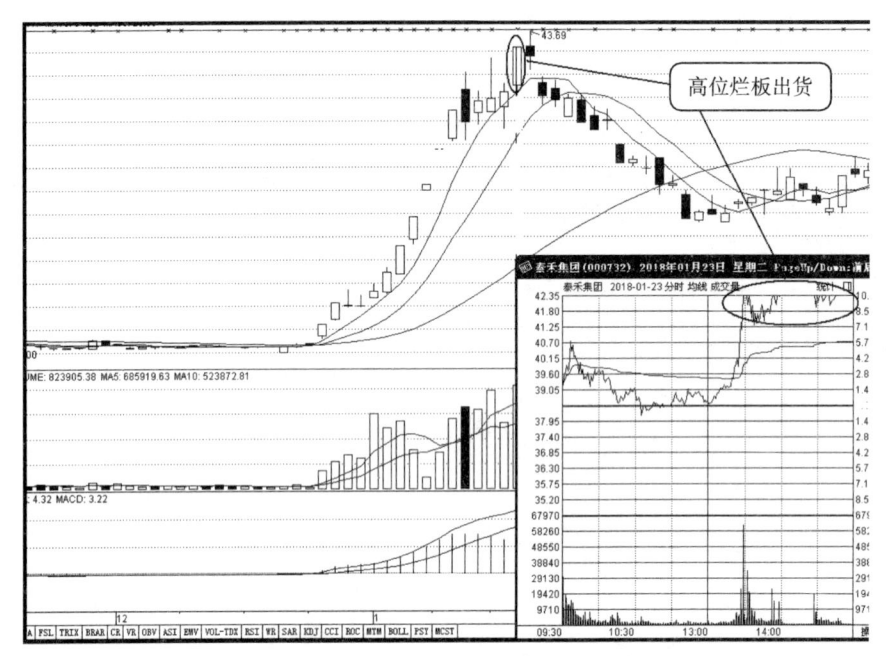

图 6-32 泰禾集团（000732）日 K 线和分时图

的操作思路：一是股价在底部，第一个放量涨停板可以追；二是股价在相对高位，第一个缩量涨停可以追，换手低于5%；三是股价在相对高位，放量涨停坚决不追，换手率在8%或10%以上；四是涨停后放量打开，反复出现，最后封上涨停。若是在底部，庄家利用涨停洗盘的概率较大；若在相对高位，多数情况是出货，除非出现重大利好。

# 第五节　完美的量价关系

## 一、量价关系规律

量价关系有两个重要的参考依据：一个是理论顶部换手量；一个是近年最大换手量。

股市中没有任何事情是绝对的，排除那些个例之后。一般而言，一只股票的实际可流通盘达到50%的换手，就基本上是理论顶部换手了，如果达到此换手后，次日依然能够走强甚至涨停，那么只能说，天空才是尽头。

如何计算呢？就是打开一只股票的基本资料，看看前十大流通股东持股情况，排

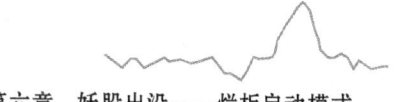

## 第六章 妖股出没——烂板启动模式

除那些大股东、战略投资者等基本不可能减持的，剩下的50%股份，就是可参考的理论顶部换手。而对于底部起爆的，成交量越大越好，最好可以参考近几年的最大成交量，这种就是极品了。

通常，健康的量价有如下关系：

股价：跌势后期—继续下跌—盘整—波幅减小—微升—剧升。

成交量：递减—盘稳—极度萎缩—温和放量—递增—大增。

注意：右边上涨的量应大于左边下跌的量（起码两者要差不多），如果右边上涨的量小于左边下跌的量，则形态不可靠，属于反弹走势，后势仍有一跌。

成交量的变化现象由大量而递减—盘稳—递增—大增，如同圆弧形一般，这就是成交量圆弧底形态。当这种形态出现之后，显示股价将见底回升了，而其回升的涨幅及强弱势态决定于圆弧底出现之后成交量放大的幅度，若放大的数量极大，则涨升能力越强。

底部区域成交量的萎缩表示浮动筹码大幅缩减，筹码安定性高，杀盘力量衰竭，所以出现价稳量缩的现象，此后再出现成交量的递增，表示有人吃货了，说明此时筹码的供需力量已经改变，已蕴藏着上攻行情的出现。

成交量见底的股票要特别加以注意，当一只股票的跌幅逐渐缩小或跳空下跌缺口出现时，通常成交量会极度萎缩，之后量增价升，这就是股价见底反弹的时候到了，是短线进场的较好时机。但是，当成交量见底时，投资者的情绪也往往见底了，赚钱的人逐渐退出，新入场的人一个个被套，因此入场意愿也不断在减弱。如果当人们买股票的欲望最低的时候，而股价却不再下跌，那只说明人们抛售股票的意愿也处于最低状态。这种状态往往就是筑底阶段的特征。问题是，既然成交量已萎缩至极，说明参与者是很少的，这就证明真正能抄到底部的人必然是非常非常少的。

当股价长期盘整却再也掉不下去的时候，有一部分人开始感觉到这是底部，于是试探性地进货，这就造成成交量少许温和放大，由于抛压很小，只需少量买盘就可以令股价上涨，这就是圆弧底右半部分形成的原因。如果股价在这些试探性买盘的推动下果然开始上扬，那必然会引起更多的人入市的愿望，结果成交量进一步放大，而股价也随着成交量开始上扬，这种现象就是一种连锁反应。只要股价轻微上涨就能引发更多的人入市，这样的市场就具有上涨的潜力，如果这种现象发生在成交量极度萎缩之后，那么就充分证明股价正在筑底。

选股的时候需要有耐心，筑底需要一段时间，在成交量的底部买入的人肯定具有很大的勇气和信心，但不一定有耐心，一个能让你挣大钱的股票的底部起码应持续半个月以上，最好是几个月。谁能有这样的耐心看着自己买入的股票几个月内竟然纹丝不动呢？如果有这样的耐心，那么值得恭喜，这说明了你具备炒股赚钱的基本条件。还有一些相对保守的投资者，他们不愿意在底部等待太久，希望看清形势之后再做出决策，圆弧底的右半部分就是入市的机会，尤其是当成交量随着股价的上升而急速放大时，他们认为升势已定，于是纷纷追入，正是由于这一类投资者的存在，且人数众多，才形成突破之后激升的局面。

然而，笔者建议大家做有耐心的投资者，在成交量底部买入，事实上这种做法才是真正保守和安全的。在趋势明朗之后才买入的人也许能够赚钱，但不一定会赚到大钱，只是抓住了行情中间的一段，而且，面临的风险实际上比较大，因为买入的价格比底部价格高出了许多，在其买进的时候，底部买进的投资者已经随时可以获利离场，相比之下，谁主动谁被动就一清二楚了。

在上涨中途的回调过程中出现成交量圆弧底形态时，其形态效果更为明显，说明庄家洗盘调整结束，第二波或主升浪开始了，短线可以积极介入。一般而言，此时不一定强调"右边上涨的量应大于左边下跌的量"的要求，有时甚至右边上涨的量比左边回调时的量还低，这恰恰说明庄家已经完全控盘了。

图6-33，鲁抗医药（600789）：在成交量方面形成圆弧底形态，放量后出现递减—大幅萎缩—温和放量—大幅放量，说明新的多头资金大举入场。在盘面上，股价

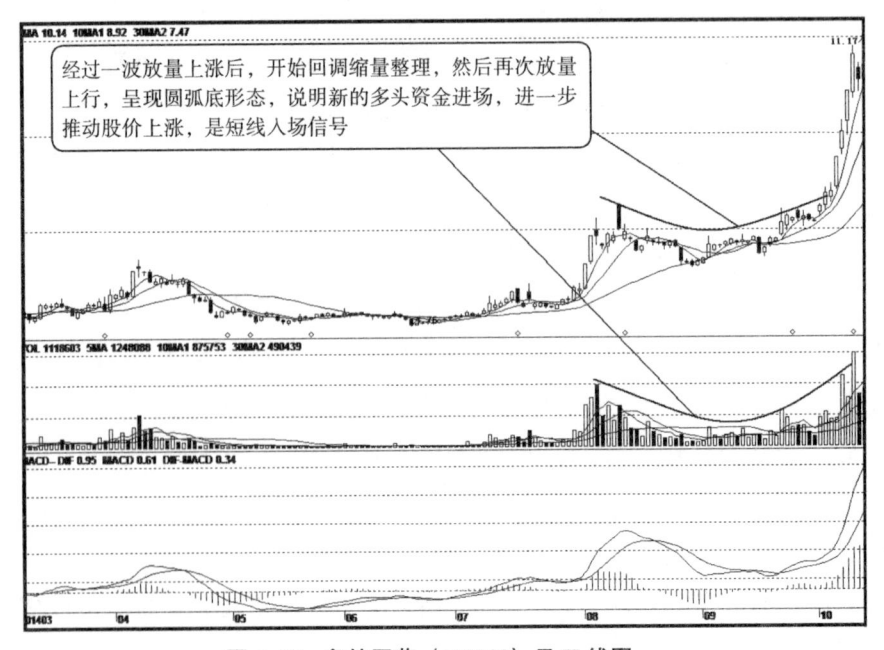

图6-33 鲁抗医药（600789）日K线图

经过长时间的筑底后向上突破，然后进行回调洗盘整理，2014年9月22日再次向上突破，此后出现一波主升浪行情。所以在上涨中途成交量出现圆弧底形态时，短线投资者应及时介入，此后的行情往往是一波快速上涨行情，而且时间上特别紧凑（比底部圆弧底形态短得多），通常这是牛市的主升浪。退一步保守地说，这种形态哪怕不是一波主升浪行情，起码也是二次冲高走势，短线投资者快进快出，就能确保获利。

图6-34，江龙船艇（300589）：股价见底后缓缓向上攀升，2018年3月21日涨停后，尾盘开板，形成烂板，当天成交量大幅放大，换手率达到18.17%，说明有多头主力在盘中活动，一旦股价向上突破，往往会出现一波上涨行情。经过短期修正后，4月4日再次放量涨停，股价短期出现加速上涨走势，可见底部放量值得关注。

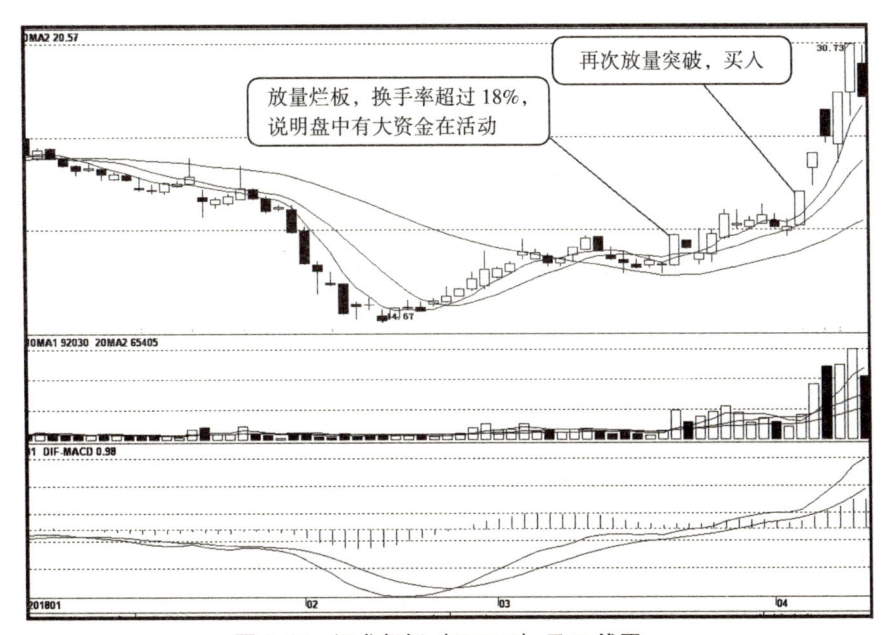

图6-34 江龙船艇（300589）日K线图

通过上述两个实例的分析，实盘操作中应掌握以下技术要点：

（1）成交量出现的位置决定股价的走势，长期盘整之后出现连续巨量且股价小幅上扬的股票可以大胆介入，不能畏缩不前。

（2）选黑马股的绝招之一是根据成交量的变化，能够大涨的股票必须有强大的底部动力，否则不会大涨，底部动力越大的股票，其上涨的力度越强。

（3）成交量的圆弧底形态必须加以注意，当成交量的平均线走平时要特别注意，一旦成交量放大且股价小幅上扬时，应该立即买进。

（4）量是价的先行指标，成交量分析是技术分析及选股的重要内容，有很多股票的狂涨并不是因为有什么重大利多，纯粹是筹码供求关系造成的，而从成交量的巨大变化就可以预测该股股价变化的潜力。

（5）在上涨过程中，若成交量随之放大，价格保持连续上涨，则上升的趋势不变；在上涨过程中，若成交量随之大幅扩增，但价格并不持续上升，则表明阻力加大，这是反转征兆。

（6）在下跌趋势中，若成交量有放大现象，表明抛压并未减少，而价格保持下跌，则下跌形态不变；在下跌趋势中，若成交量有放大现象，但价格下跌趋缓，说明下方支撑力度增加，为反弹征兆。

## 二、成交量微妙变化

前面讲的成交量圆弧底形态，需要较长时间形成（特别是底部），但是有时成交量的微妙变化，只需要几天就可以确认，而这种变化所反映的内容却是很明确的。如果发现了这种变化并抓住它，就有可能在很短时间内取得较大的利润，但首先说明一点的就是，对成交量的圆弧底需要耐心，而这里的成交量的微妙变化则需要细心。一个总的前提条件是成交量必须大幅萎缩，离开这一点，无异于缘木求鱼，就谈不上抓黑马的问题。成交量萎缩反映出很多问题，其中最关键的内容是说明筹码的安定性好，也就是说没有人想要抛出这只股票了，而同时股价不下跌，这更说明了市场抛压已经穷尽，只有在这样的基础上，才能发展成为狂涨的黑马股。

从成交量的微妙变化，分析黑马股的迹象。通常有两种现象：一种是突然放大，并出现持续放大趋势；另一种是温和放大，并维持一定水平。但是，黑马股并不是突然形成的，看起来好像黑马股是在某一天突然爆发，其实在此前已经有很多迹象，而成交量的细小变化最能反映出这种迹象。

### 1. 成交量突然放大

成交量从某一天起突然放大，然后保持一定的幅度，几乎每天都维持这种水平。这种变化表明有新的力量已经介入这只股票，并有计划地投入资金吸纳该股。这种介入往往引起股价上涨，但在收盘时却有人故意将股价打低，其目的昭然若揭。所以在日K线图上可以看出，在成交量放大的同时，股价小幅上涨，但往往在收盘时下跌，出现十字星或小阴小阳居多。建议投资者每天收盘后浏览一遍日K线图，把注意力集中在成交量上面，尤其集中在成交量已经大幅萎缩的个股上。一旦发现近两天成交量突然放大，且维持一定水平（股价形成十字星），就必须将该股列入重点观察对象，如果股价向上突破就应第一时间介入。

图6-35，福日电子（600203）：经过长时间的盘跌走势后，出现横盘整理，2015年3月11日成交量突然放大，此后成交量保持较高水平，说明新增资金源源不断地流入市场。在盘面上，股价向上突破盘整区域后，保持向上攻击的强势状态，因此是短线做多信号。

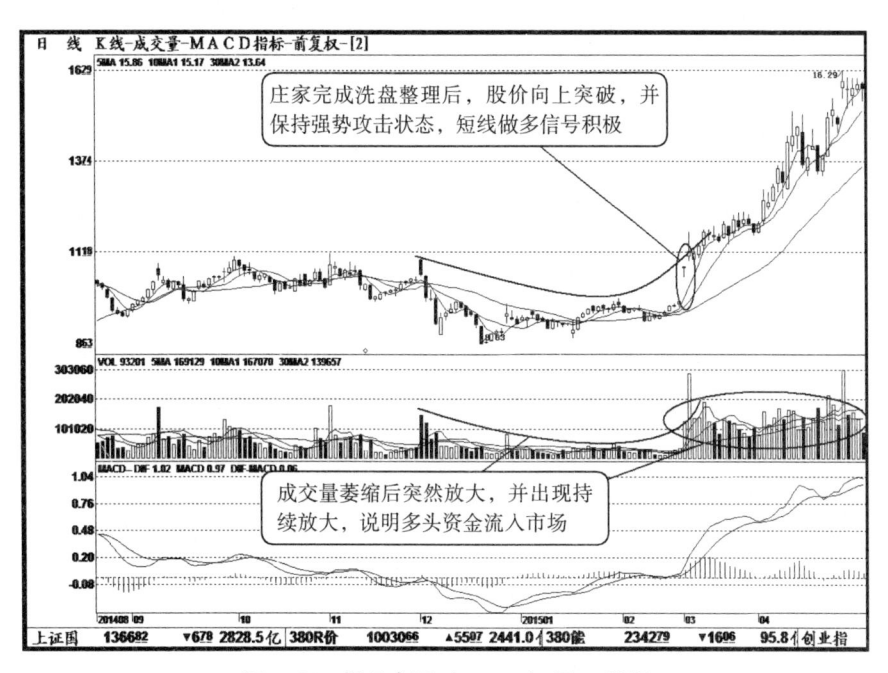

图6-35 福日电子（600203）日K线图

2. 成交量温和放大

成交量从某一天起逐步温和放大，并维持一种放大趋势，这也是有一种新的力量介入该股的证明，否则的话怎么会这么有规律呢？与此同时，股价经常表现为小幅上涨，庄家意图十分明显，不加掩饰，这种形状的出现表明庄家已经没有多少耐心或时间来慢慢进货了，不得不将股价一路推高进货（急速建仓，高举高打）。经过三五天放量过程之后，股价必定会突然起飞走出一段令人惊喜的行情。

图6-36，伊力特（600197）：该股经过一轮爬升行情后，庄家开始洗盘整理，股价出现横向震荡，在洗盘后期股价出现稳健的攀高走势，走势十分坚挺。在量能方面，原先放大的成交量开始逐步萎缩，显示浮动筹码已经不多，然后逐步温和放量，说明洗盘整理结束，投资者应在盘中回调低点介入，随后股价在不知不觉中向上走高。

成交量微妙变化的分析方法不仅可以用于日线图，在周线图或分时图上也都可以运用，关键在于用什么样的图分析得出来的结论只能适用于相应的时段。比如日线图

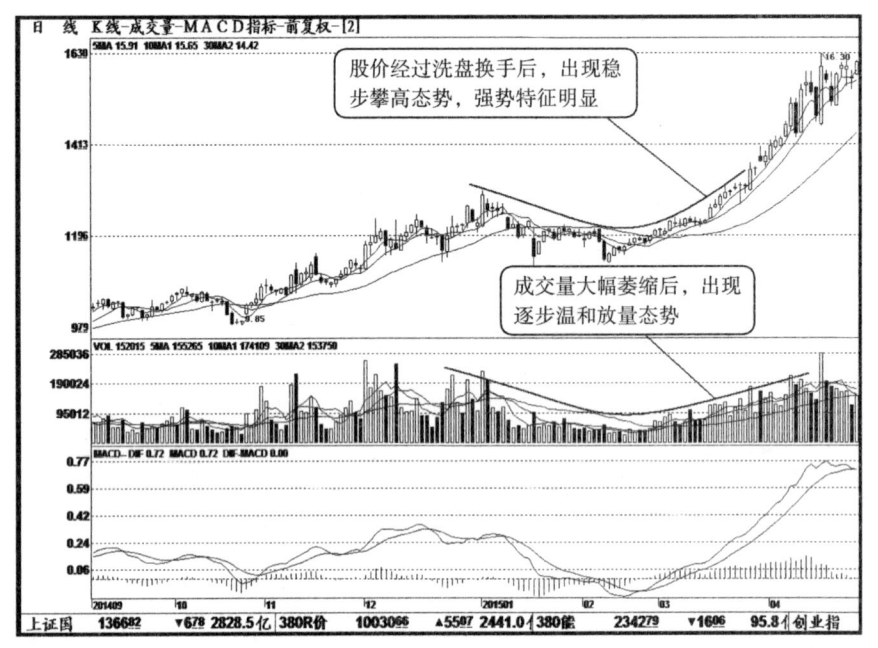

图 6-36 伊力特（600197）日 K 线图

上看得到的底部常常是中期底部，随后展开的升势可能持续一个月或几个月，而分时图上的底部就只能支撑十几个小时或几天，适合于短线操作。如果是真正的长线投资者，那么应该用周线图来分析，周线图上的底部一般可以管一年到几年的时间。

## 第六节  什么样的烂板出妖股

市场中出现的大妖股，对于一般散户来说，想要从头吃到尾是不可能的，但是掐头去尾吃到大部分主升浪，是完全可能实现的。事实上，这些股票有一个共同点——启动的时候都是烂板。但这只是表象，更重要的是表象深处，烂板代表着分歧。下面结合实例进行分析。

### 一、实例一：冀东装备

图 6-37，冀东装备（000856）：该股有着雄安、机械设备、摘帽等多重题材，启动时流通市值为 30.6 亿元，流通盘为 2.27 亿股。6 个交易日涨幅 74.6%，16 个交易日涨幅为 195%，而同期大盘下跌 1.96%。

## 第六章 妖股出没——烂板启动模式

2017年清明节后,"雄安概念"从天而降,一个题材撑起整个板块,一改指数往日颓势,但该板块个股起步几乎是一致的。6个涨停板后,4月12日走弱迹象初显,同时管理层给市场降温,几乎缩量"一"字涨停的龙头股全部被特停。

过了一个周末后,4月17日被陆续放出来的特停股,该补跌的补跌,勉勉强强剩下4只封在涨停板的股票,除该股外,还有先河环保(300137)、金隅集团(601992)、嘉寓股份(300117)。关键时刻,市场已经为你选择出了龙头,先河环保当天成交50亿元,从资金角度分析,不支持成为领航龙头。金隅股份,同理。嘉寓股份,复牌出来的绝对涨幅根本没有可比性。

那么只剩下一个冀东装备,成交16亿元左右,可以比拟一下近期的牛股西部建设(002302)和天山股份(000877),从资金角度来讲是有潜力的。而且,即便当天依旧无法分辨,那么第二天市场已经给出了最后的答案,4月18日雄安板块仅剩冀东装备一只涨停。大家不是要跟随市场吗?相信市场选择的,这就是跟随。然后经过3个交易日的股票强势,4月24日小幅低开后强势拉涨停,从而开启新一轮拉升行情。

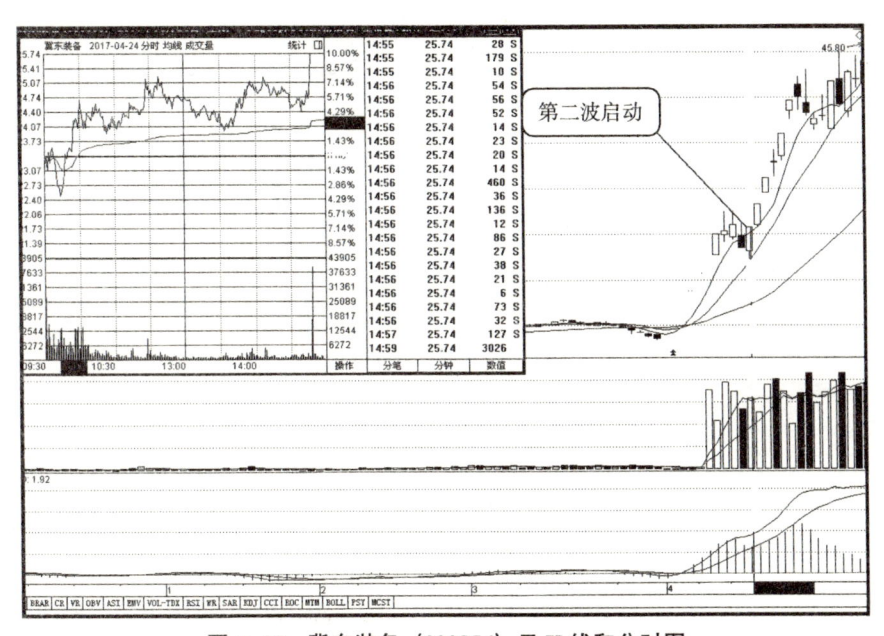

图 6-37 冀东装备(000856)日 K 线和分时图

### 二、实例二:西部建设

图6-38,西部建设(002302):该股同样有着"一带一路"(新疆)、混凝土、国资混改(激活股性)等多重题材。启动时流通市值为43.2亿元,流通盘3.49亿股。6个

交易日涨幅70.4%，同期大盘弱势震荡。

该股在2017年1月炒作国企混改概念的时候作为龙头股就已被成功激活，北新路桥（002307）偶尔跟风。2月份炒作"一带一路"（新疆+水泥）的时候，天山股份（000877）的走强并没有带动西部建设跟风，只有青松建化（600425）是最紧的跟风。"一带一路"是公开性的题材（不知道它要炒），不像"雄安概念"从天而降（第二波也是公开，但市场早已有预期）。

3月22日，作为天山股份的跟风涨停，西部建设的真正启动应该从3月22日开始算起，真正接过了"一带一路"（新疆+水泥）的接力棒。当天成交额14亿元，换手率10%，是一只并不受市场关注的个股，当天有夺人眼球的中材国际（600970）和"无影脚"的达刚路机（300103），西部建设烂板走势，并没有引起市场的过多关注。

但是，这只股票在不声不响中走出了2连板，3连板，甚至4连板，作为当时非庄股的连板，才开始引起市场资金的关注。这就是一直在强调的，每一只涨停股（非庄股）都值得被尊敬，尤其是2连板，是确认一只股票接下来短期未来的关键，2板的风险远远小于1板。

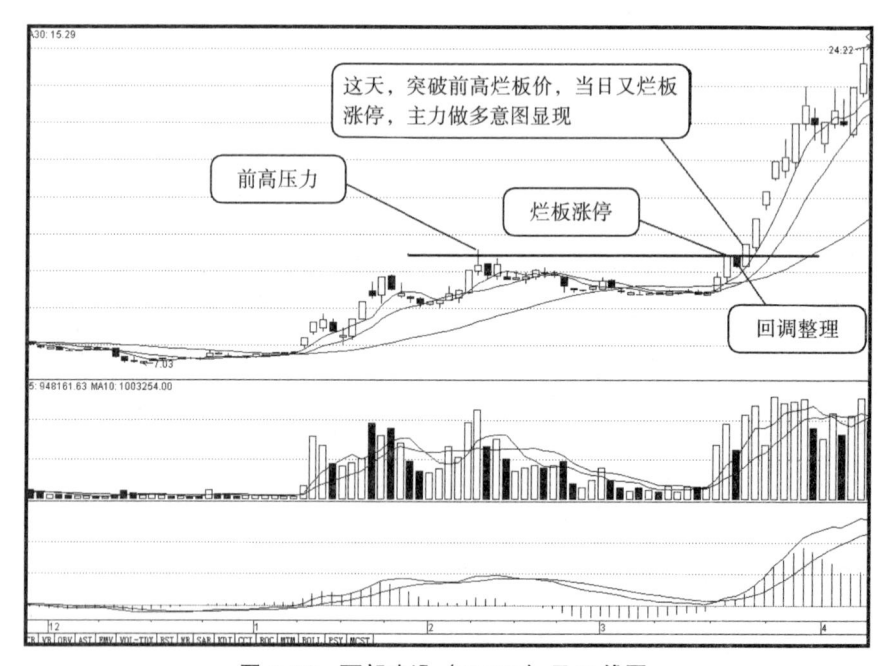

图6-38 西部建设（002302）日K线图

## 三、实例三：天山股份

图 6-39，天山股份（000877）：属于"一带一路"（新疆+水泥）题材，2017 年 2 月 7 日启动时流通市值为 43.6 亿元，实际流通盘为 5.68 亿股（价格低）。8 个交易日涨幅 79.3%，同期大盘上涨仅 1.74%。

该股第一天的表现可以归类为混改，其实彼此之间没有任何联动性可言，比较独立，被忽视，成交 12 亿元，换手率为 15%。第二天出现了忠诚的"小弟"——青松建化（600425），从此一路追随，因此归类为水泥板块，依旧比较独立。第三天，新疆、西藏、"一带一路"等题材基建个股全面爆发，归类为工程基建板块。第四天，"一带一路"题材开始逐渐清晰。

也正因此，市场总结了四川双马（000935）、上峰水泥（000672）、同力水泥（000885）等，看见了水泥板块比价效应的上方空间，打开了"一带一路"题材的入口。天山股份纯属在摸索中前行，第一波做龙头股性没有经历过激活的过程，属于基因突变。但是，从此股性被成功激活，基本上有"一带一路"题材表现的时候就能见到该股风采。

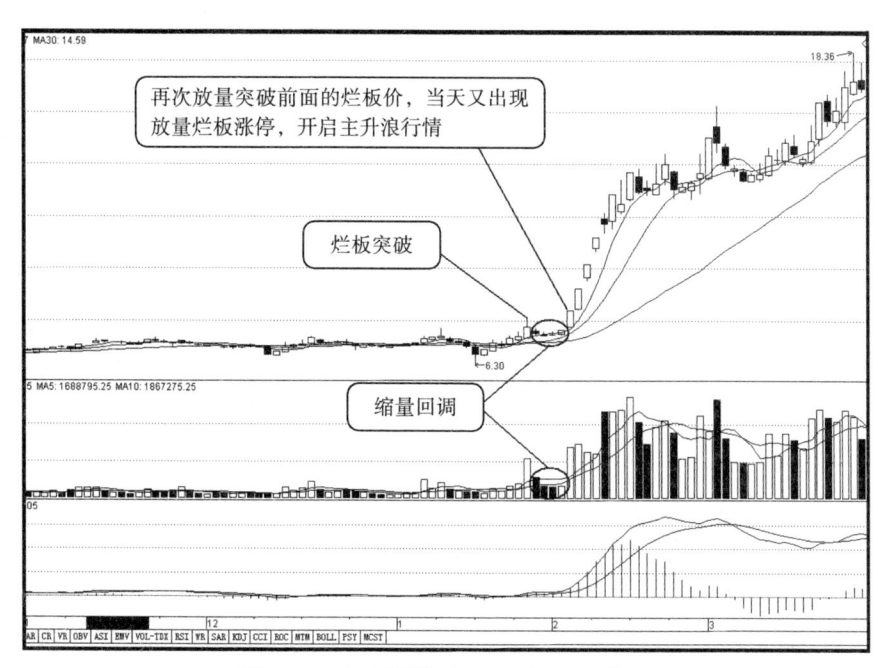

图 6-39　天山股份（000877）日 K 线图

### 四、实例四：三江购物

图 6-40，三江购物（601116）：有新零售（阿里）和泛股权（复牌）题材。启动时实际流通市值为 25.4 亿元，实际流通盘为 2 亿股。8 个交易日涨幅 87.7%，17 个交易日涨幅 310.5%，同期大盘下跌 2.72%。

该股在公告阿里入股后复牌，连续 6 个"一"字板＋一个实体板，随后又来个反包，惊呆了场内众人，引起市场关注，就被市场赋予了更多的期待，于是被特停。复牌出来后，分歧还是比较大的，毕竟再看好，监管也在注意，但还是在犹豫中推到了涨停板，着实说明市场对这个动作的强烈"看好"。

2016 年 12 月 6 日，出现第一天烂板，成交 13.5 亿元，换手率为 11%。走妖之后，市场挖掘了几个方向，阿里概念和新零售概念，同时该股也和当时火热的泛股权的超跌反弹个股混在一起，但实际上它炒作的泛股权属性并不明晰。只有在后来反弹的时候，被混为一谈。

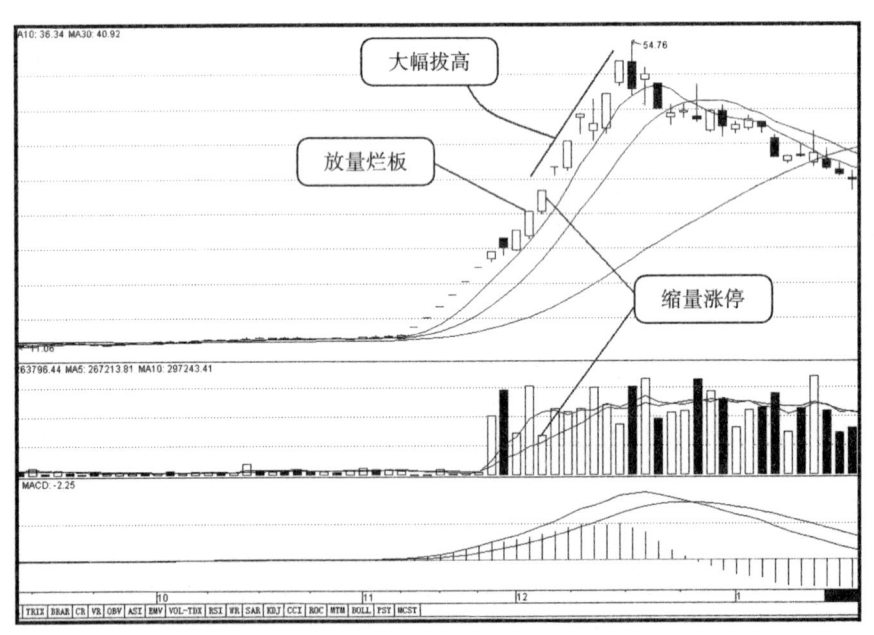

图 6-40 三江购物（601116）日 K 线图

### 五、实例五：四川双马

图 6-41，四川双马（000935）：有重组（复牌）和股权变更（全面要约收购）题材。在 2016 年 9 月 5 日启动时实际流通市值为 26 亿元，实际流通盘为 2.41 亿股。8

## 第六章 妖股出没——烂板启动模式

个交易日涨幅104%，9个交易日涨幅124%，24个交易日涨幅260%，同期大盘弱势震荡。

该股与三江购物一样，股性被激活就在于前面的那些连续"一"字板。虽然，"一"字板不给参与机会，一般也不会引起太多重视，但是这种超预期的情况非常容易引起注意，自然而然就会多了一分关注。该股出现第一板的时候，是不太起眼的股票，被视为重组板块的跟风，但其实很独立，成交量5亿元，换手率为15%左右。

在起初的时候，该股带动的是一些重组（复牌）概念，彼此之间的联动性也很强，这是那段时间市场的一条主要暗线逻辑。等到第一波彻底成妖之后，市场同样开始发散，重组+股权变更这两条线。这个与天山股份（000877）带出水泥、新疆和大题材"一带一路"走强相类似，以及三江购物（601116）带出阿里和新零售题材也是这样的。

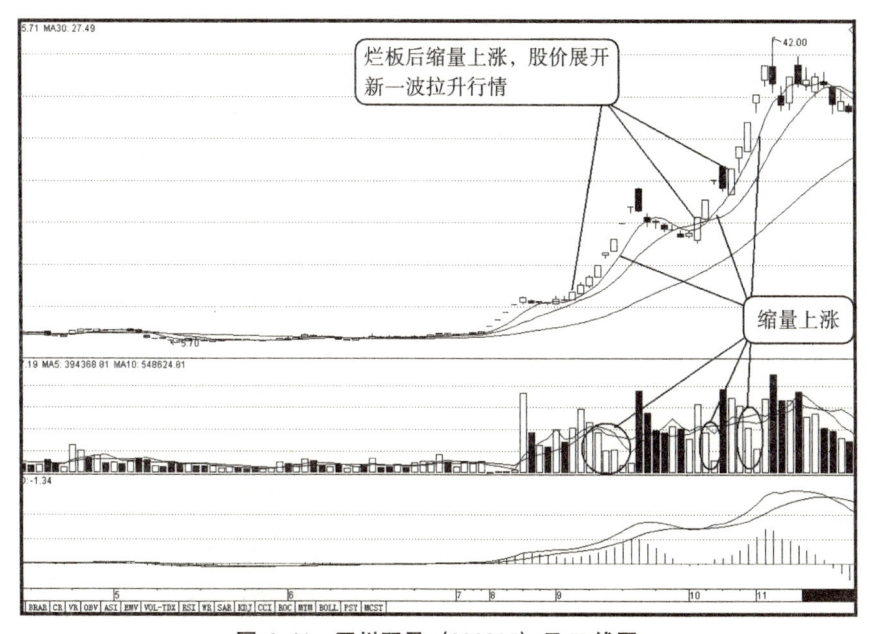

图 6-41 四川双马（000935）日 K 线图

### 六、实例六：廊坊发展

图6-42，廊坊发展（600149）：有举牌（恒大）和房地产题材。启动时流通市值为49亿元，流通盘为3.22亿股。10个交易日涨幅121.7%，同期大盘上涨4.39%。

该股在2016年8月1日启动的时候，是因为恒大的举牌，市场一直在试探中前行，连续3天拉出了3个涨停板，而且都是尾盘板，换手板。值得说的是，该股的启动一直都是独立走势，没有任何跟风，市场并没有对这个题材高看一线。

直到 8 月 4 日，该股已经连续大涨 4 天，而且媒体方面又出了恒大继续增持的消息，同为恒大概念的嘉凯城（000918）早盘快速封板，万科 A（000002）跟风而上，恒大概念初现雏形。连续两天廊坊发展高位调整，第三天恢复"体力"后继续带领板块向上。经历一段时间的特停后，彻底走妖。市场挖掘了两个方向，举牌概念（恒大概念），以及后面还带动了房地产板块等。

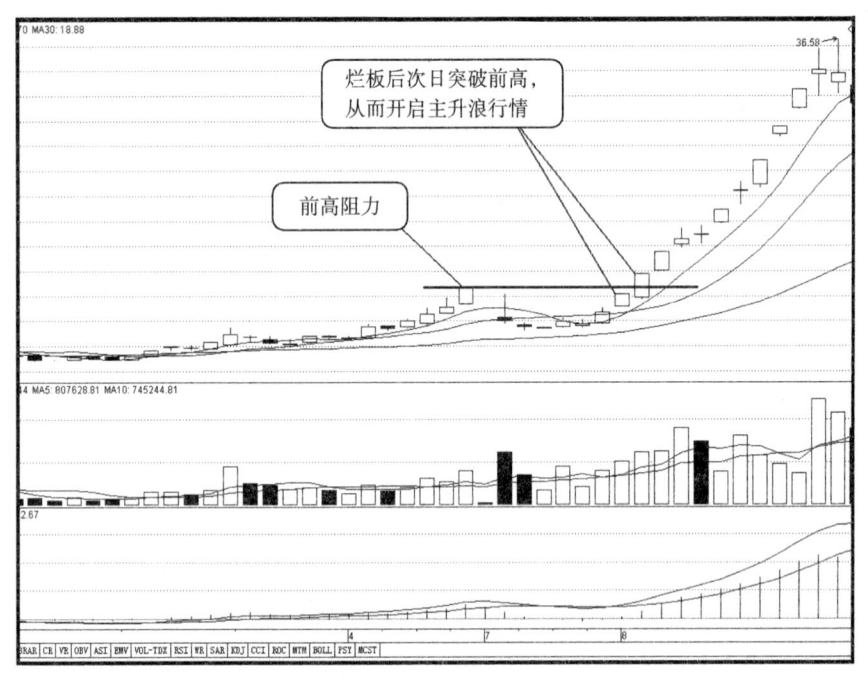

图 6-42　廊坊发展（600149）日 K 线图

### 七、实例七：中毅达

图 6-43，中毅达（600610）：有园林工程（复牌超跌）题材，启动时流通市值为 33.5 亿元，流通盘为 3.76 亿股。6 个交易日涨幅 77.3%，14 个交易日涨幅 119%，同期大盘下跌 9.38%。

由于该股是在大盘下跌的时候起来的，2016 年 1 月 13 日第一天烂到不能再烂了。前面有一波复牌 N+X 的强走势，股性算是被激活。一波结束后直接跌下来，给个超跌反弹着实不为过。但是，当个股出现 2 连板，而且股性又不错的时候，就不能再简单地忽视它了。

该股和特力 A（000025）一样，市场至今都没能给这波炒作一个定论，由于没有明确的炒作热点，走势又相对比较独立，再加上市场本身环境不好，而且事实上，它的基本面也没有特别明确的支撑,并没有过多地引起市场的关注。这种现象就是完全凭借股性和人气走出来的妖股。

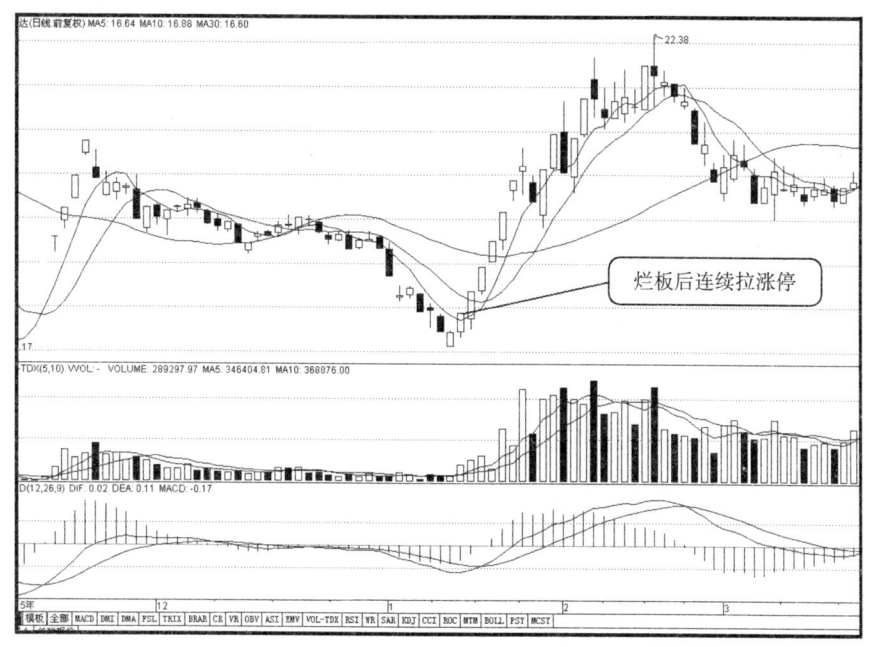

图 6-43 中毅达(600610)日 K 线图

## 八、实例八:特力 A

图 6-44,特力 A(000025):有深圳国资(汽车)题材,在 2015 年 9 月 14 日启动时实际流通市值为 11.7 亿元,实际流通盘为 5396 万股。9 个交易日涨幅 135.3%,19 个交易日涨幅 308.5%,同期大盘分别下跌 2.16%和上涨 5.08%。

该股属于终极妖股,股灾后的那两波反弹趁势起来,有借大盘也有凭借人气,同样没有明确的炒作理由,或归为国改,或归为汽车,都有些勉强。

通过上述实例的深入分析,对于妖股可以得出如下信息:

(1)数据。换手率的变化,10%~30%(人气,有分歧才有博弈)。成交额的变化,10 亿~30 亿元(符合当下市场资金的容量)。启动时流通盘,一般在 50 亿股以下,流通股在 3 亿股以下(加速的时候容易形成一致)。

(2)妖股。一定是有分歧,在不知不觉中启动。烂板,开始几乎是没人注意到的。不会有人刻意去做,不会有太过一致的预期,动不动就加速或者"一"字涨停的个股,一般是一波到底。

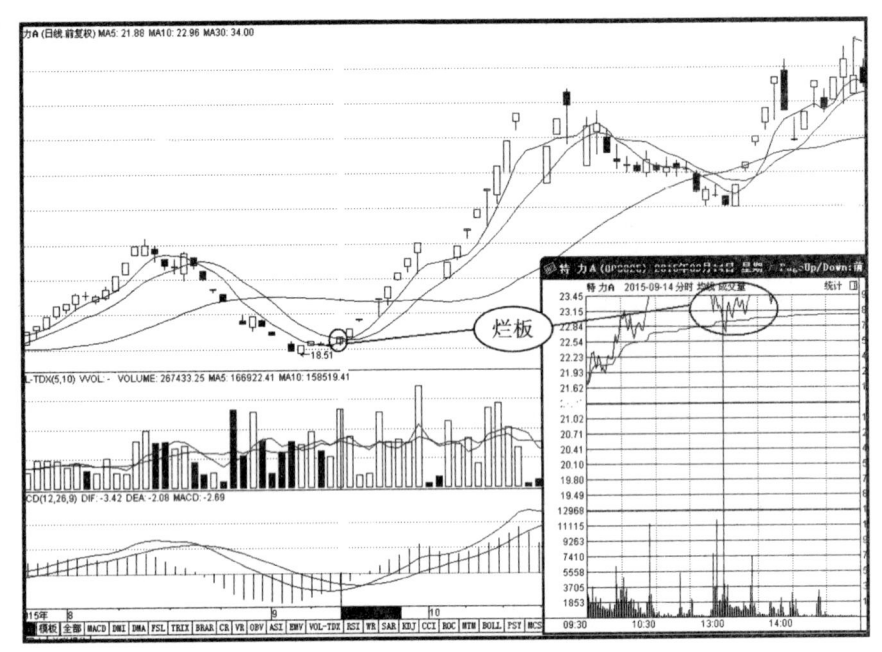

图 6-44 特力 A（000025）日 K 线和分时图

（3）无论哪只牛股，背后一定要有一个强逻辑支撑，并不是为了给一个"价值"说法，而是给市场一个理由，给一个让资金参与的理由，让大家"共鸣"的理由，这就是人气最重要的所在，"故事"一定要美丽动听。

（4）妖股的启动，一般是在大盘下跌末期，或者是反弹初期，这是妖股孕育的温床，因为启动正好能和大盘的短线周期吻合在一起。总之是盘面有些风雨飘摇的时候，稍微逆势出现连板，就容易引起市场的广泛关注，这是最重要的筹码。

（5）对于个股来说，数据表明 5 板有个强烈的分歧，出货窗口，虽然不同的行情有不同的变化。一个主升浪一般 6 个交易日，包含反包或空中加油，不包括最后一个交易日的出货。超过 6 个交易日连续涨停的，一般是 9 个涨停，这是妖股，而非常规的牛股。

（6）牛股的启动位置，一般是在个股的底部，而不是在相对高位，这样上方的空间很容易被打开。但是，如果想要成妖股，一般是在历史新高位置突破之后，这样上方没有筹码压力，有些类似于次新股。

（7）对于一个有预期性质的题材，市场自然会给你选择出龙头，跟随就是最好的选择。对于一个没有明确预期的启动题材，启动板大多是烂板，分歧非常明显，不起眼，在走出连板时要引起关注。

（8）出货那天的情况，加速次日直接被打压，小幅高开全天震荡。比如三江购物

(601116)、冀东水泥（000856）、中毅达（600610）、特力A（000025）。反包次日平开再度尝试无力回落的西部建设（002302），反包次日阳线内消化的天山股份（000877）、四川双马（000935），无论如何都是宽幅震荡。加速次日无力而直接炸板的四川双马（000935）、廊坊发展（600149）、特力A（000025），这些现象未必当天就爆出天量。

另外，还有一个角度来看待妖股，究竟是合力上去的，还是有大游资主导的，还是像有些阴谋论说的有资金操控，剖析一下龙虎榜就知道，看看各路游资豪杰是如何在这个市场风云起伏的。

# 第七章 游资接力——妖股拉升模式

## 第一节 妖股拉升模式

### 一、飙升式拉升

这种拉升方式在日 K 线图上，常常连续拉出涨停大阳线，或连续出现"一"字和"T"字 K 线，并伴有跳空高开不被回补的缺口，有时经过短暂的洗盘整理后，出现"梅开二度"行情，成交量也同步放大。这种方式大多出现在小盘股或中盘股，通常具备投资价值或有特大利好题材作为支持，市场基础良好，一般是市场中的"黑马"，投资者的追涨意识十分强烈。

图 7-1，中科信息（300678）：新股上市就染上了"妖气"，2017 年 7 月 28 日上市后连拉 9 个涨停，然后在 8 月 11 日开板震荡，当天在高位收出一根十字星线，成交量出现巨幅放大，当日换手率达到 66.84%，可以说，这天有大量的中签散户选择开板离场操作。

那么，释放出来的散户筹码落到了谁的手中呢？毫无疑问，落在了市场短线游资主力手中。这些主力资金傻吗？竟然在如此高的价位接走中签散户的筹码，后市必有好戏。8 月 14 日，开盘后经过半个小时的震荡，然后一波拉到涨停，直至收盘封单不动，说明有大量的资金涌入，足见主力的凶狠和狡猾，随后股价再次大幅上涨。

8 月 25 日，因股价走势异常而遭到管理层的临时停牌，但在 9 月 1 日复牌后，股价再次拉出多个涨停。累计涨幅仍然超过 240%，成为年度新股"妖王"。

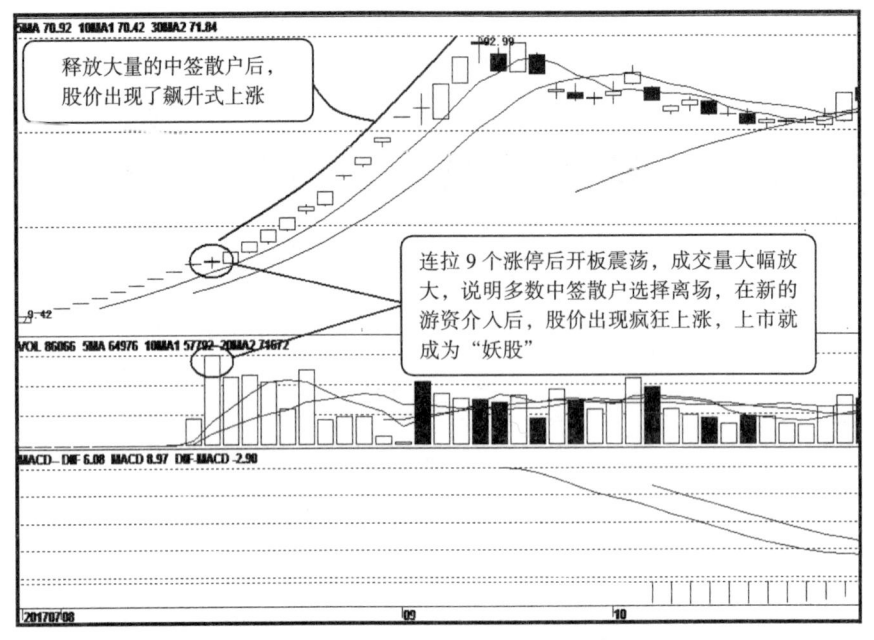

[图表：中科信息K线图，含标注"释放大量的中签散户后，股价出现了飙升式上涨"及"连拉9个涨停后开板震荡，成交量大幅放大，说明多数中签散户选择离场，在新的游资介入后，股价出现疯狂上涨，上市就成为'妖股'"]

图 7-1　中科信息（300678）日 K 线图

图 7-2，梅雁吉祥（600868）：自从"证金公司成为公司第一大股东"的公告发出之日起，该股就摇身一变成了"证金概念股"的领头羊。在"股灾"期间，国家队护盘动作频频，或仅出于缓解流动性的需要，证金公司也出手买入了该股。2015年8月4日公司公告显示，证金公司以4000余万元的投入，成为公司第一大股东。

尽管投入资金不多，持股量也仅为0.39%，但股价出现飙升式拉升，在8月4~14日短短9个交易日中，连续收获了8个涨停板，区间累计涨幅152.56%，而同期大盘的涨幅仅为10.23%。由于短线走势强劲，还带动了一批"证金概念股"，并引发了大量资金的追捧。而事实上，该股2015年前三季度亏损447.02万元，而公司在上一年已亏损5452.82万元，如果当年年底前不能扭亏，公司将在披露2015年年报后面临披星戴帽的命运。但是，尽管有这样的不利因素，股价走势依然很"妖"，盘面出现飙升式走势。

图 7-3，迅游科技（300467）：该股盘面分两波飙升式拉升，第一波涨幅为570%，第二波涨幅为168%，它的"妖性"就在于敢于"任性折腾"。

在2015年5月27日上市后，股价连拉19个"一"字涨停，并在6月24日创出74.18元（后复权价）的新高。就在投资者期待股价迈入80元的时候，公司突然宣布因筹划重大事项而停牌，新股上市不到一个月而股价还没有开板交易就停牌了，这在A股史上当属少见。7月2日，该股带着股权激励方案复牌，由于受"股灾"影响，该

第七章 游资接力——妖股拉升模式

股在 5 个交易日连续走出了 4 个跌停。可是，就在半个月后，公司再次宣布停牌，直到 11 月 23 日才再度复牌，不但公布推出了资产收购方案，更捧出了 10 转 30 派 6 的亮丽高送转方案，随之而来的就是连续 8 天的涨停行情。据统计，在两波上涨行情里共经历了 59 个交易日，其中居然包含了 33 个涨停板，5 个跌停板，实在"妖术"高超，也是 A 股市场难得一见的"妖法"。

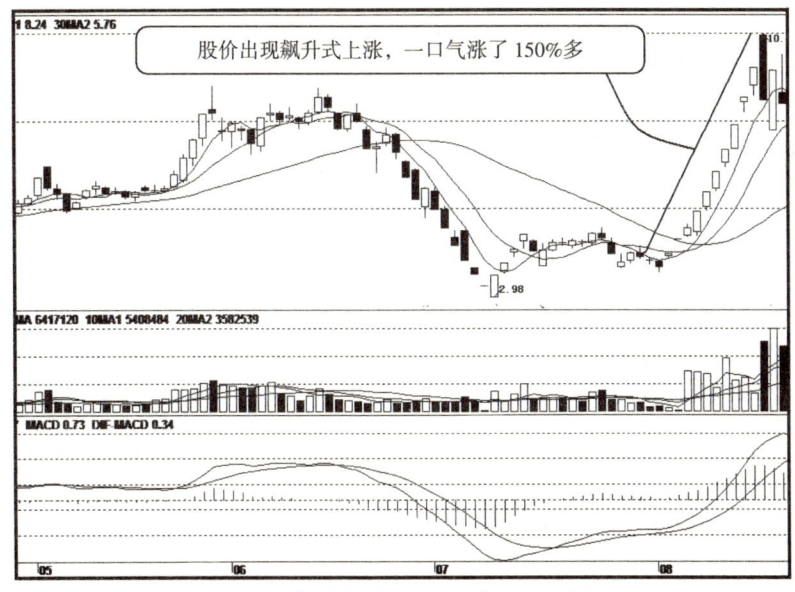

图 7-2 梅雁吉祥（600868）日 K 线图

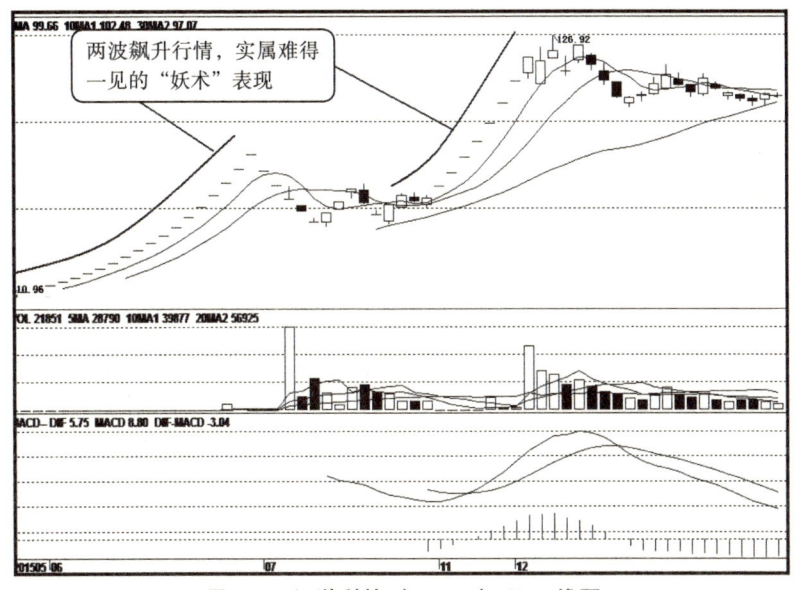

图 7-3 迅游科技（300467）日 K 线图

## 二、推高式拉升

这种拉升方法是股价沿着一定的斜率向上稳步推高，不受大势干扰，不受压力影响，我行我素地突破一道道艰难险阻，直到最后无力上攻时才结束。这是将洗盘与拉升结合起来的一种盘面运行方式。

在日K线组合上，中间夹杂着小阴或十字星线，股价回落幅度并不深。目的是让一些短线获利筹码离场，同时又让新资金入场，使股价上涨有了新鲜血液，这样会使行情走得更高更远。在分时走势图上，表现为下方有大量买单出现，有大量资金等待买入，一分一秒地把股价一分一分地往上推高，有时在拉升过程中庄家故意打压一下，放下"鱼钩"式的走势，以吸引买盘去逢低吸纳，然后又将股价拉上去。采用此法拉升的庄家实力一般较强，出货时往往还会有上市公司题材配合。

图7-4，方大炭素（600516）：该股经过建仓阶段和助跑阶段后，在2017年6月23日开始向上突破，股价进入拉升行情。在拉升过程中，股价涨跌有序，K线阴阳交错，中间夹杂着小阴或十字星线，股价回落幅度并不深。盘面坚挺有力，量价配合默契。迈着坚定的步子，朝着预定的方向，勇往直前，突破重重阻力，股价稳步推高。中间没有出现明显的大幅回调走势，但也不是一步到位的快速飙升走势，而是经过中间短暂的整理后，股价强势上行，上涨气势如虹，股价累计涨幅较大。

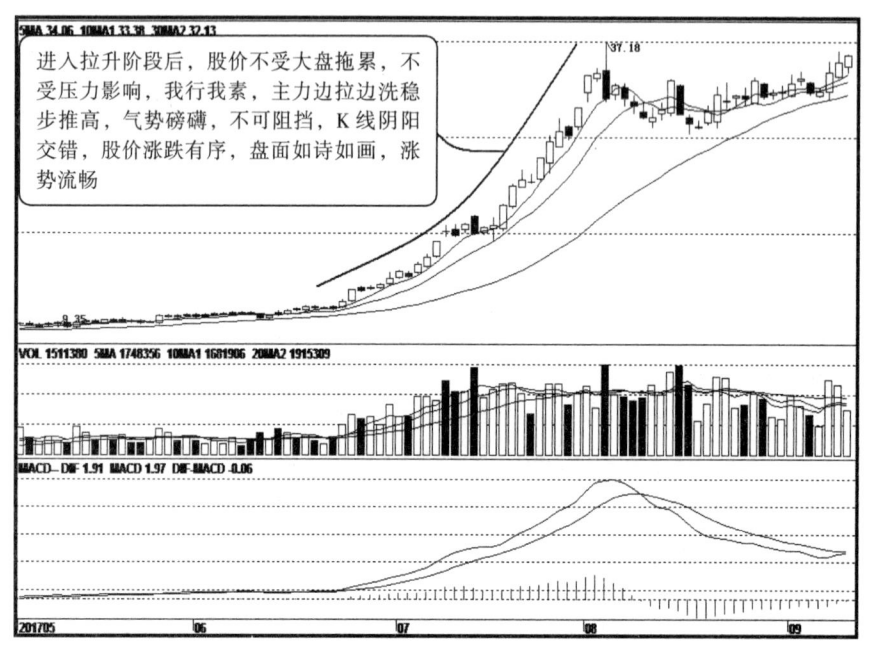

图7-4　方大炭素（600516）日K线图

图 7-5，文峰股份（601010）：众人所知的"私募一哥"——徐翔概念股，其旗下的泽熙基金成功完成建仓计划后，该股在 2015 年 2 月以"稳健推升启动"方式，开启了妖股的征程。在拉升过程中，不受大势涨跌影响，坚定地向上拉高，经过第一波启动行情后，出现短暂的横向洗盘蓄势整理，然后再次形成突破走势。拉升时虽有短暂的休整，但回落幅度都不深，以小阴小阳或十字星线代替调整。这样的目的是让前期底部获利散户离场，同时又让新散户入场，更换新鲜血液，增添上涨动力，使整个上涨如行云流水，流畅上涨。

这种盘面的散户操作策略：推进式拉升的累计涨幅是很大的，散户入场后要保持良好的心态，不要频繁操作。上涨过程中出现的小幅震荡，是正常的盘面现象，没有出现异常波动，上涨行情就没有结束。当股价出现冲高回落，形成大阴线或长上影线等 K 线形态时，应该引起注意。

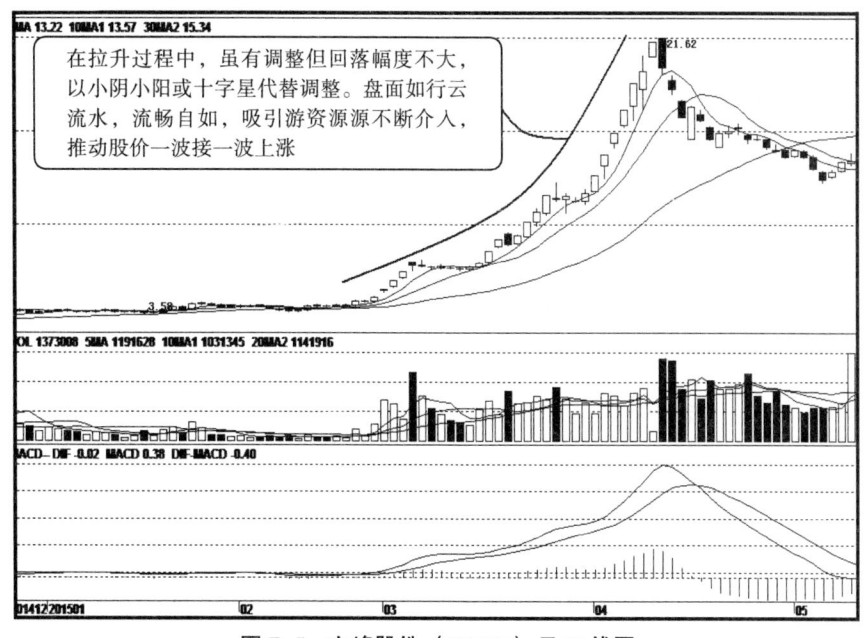

图 7-5　文峰股份（601010）日 K 线图

## 三、震荡式拉升

庄家完成建仓计划后，股价渐渐脱离底部区域，不断向上震荡攀高。盘面特点就是通过上下震荡的方式不断向上推高股价，没有明显的拉高和砸盘动作，波峰浪谷不清，也没有集中性的放量过程，一切在边拉高、边洗盘、边整理之中，盘面走势非常温柔，很少有惊心动魄的场面，股价在不知不觉中走高。

这种拉升手法，在当日分时走势图上，表现为下方有大量买单出现，以显示庄家实力强大，避免股价出现大跌。然后，庄家将股价不断向上推高，有时拉升一段时间后，还常常故意打压一下，凶猛的庄家还出现"跳水"式打压，以吸引买盘逢低接纳，然后又将股价拉上去。在日K线图上，小阴大阳，进二退一，股价震荡上行。采用此法拉升的庄家实力一般较强，控筹程度比较高，上涨行情往往持续较长时间，股价累计涨幅也比较大，出货时往往还会有上市公司题材配合。

图7-6，贵州茅台（600519）：在A股20多年的市场中，空前绝后的历史超级"大妖股"当属贵州茅台，市场中其他"妖股"与贵州茅台（以下简称茅台）相比，其"法术"只是小巫见大巫，说妖也只不过是"小妖"而已。那么是谁在操纵茅台？一份重要调查暗示了茅台的未来！

2017年最后一个交易日，贵州茅台股价再创历史新高，达到726.50元，市值达到9000亿元，成为全球第一大酒企，市值是第二名英国帝亚吉欧的1.25倍，而在2017年年初时，它仅有帝亚吉欧的80%多。

从2016年1月4日到2017年12月29日的两年时间里，股价就累计上涨超过253%，而同期的上证指数下跌0.06%，深成指下跌0.12%，这是不是很惊讶？其表现可谓"妖中妖"，自2016年以来，除8月和9月外，每个月都在刷新股价和市值的新纪录。

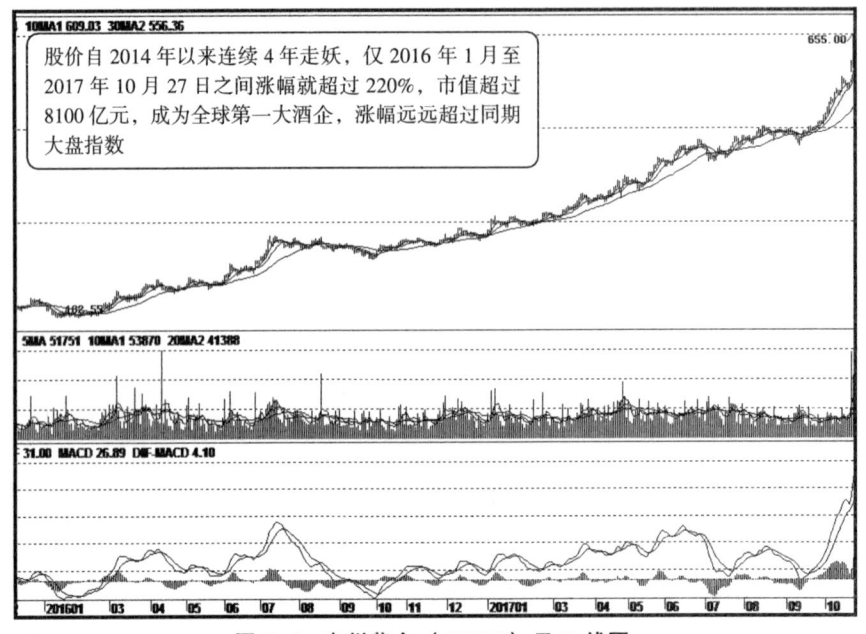

图7-6 贵州茅台（600519）日K线图

## 第七章 游资接力——妖股拉升模式

在大家印象里，茅台是属于高端消费品，主要消费人群是政商人员。可早在2012年年底，中央就颁布了"八项规定"，以往的公款吃喝遭到了遏制。自那时起，茅台股价也随即进入长达两年半的"鸟笼行情"，直到"股灾"后，开始了这轮波澜壮阔的"妖魔"行情。

那么，这就有问题了！在公款吃喝被限制，日后也不可能再被放开的情况下，茅台股价大涨的逻辑在哪儿？

（1）茅台股价还能走多高？茅台在已经高居全球第一的情况下，还会继续涨么？在2017年9月，有券商认为：目标股价为650元、680元、700元等，而今已经突破700元，也就是说基本到达目标价位。有私募大佬对茅台的评价："茅台就是液体黄金，但比金山更可贵！金山还有挖光的一天，但只要赤水河在流淌，中国白酒文化源远流长，茅台就是永不枯竭的金山！""茅台一万年不倒。"那么，支撑券商和私募看多茅台股价的理由是什么呢？

可见，私募的理由是茅台的长期"价值"，即中国白酒文化赋予其独一无二的竞争力，让其成为一座永不枯竭的金山。而券商的理由是销量大增、酒价提升，业绩超市场预期。

但是，"价值论"只能解释茅台有着核心的优势资源，抗风险能力强，但这并不足以支撑股价大涨；认为销量和价格上涨，带动业绩大涨，所以股价也该上涨，若这个逻辑成立，那么是谁在大肆消费茅台呢？所以，对于茅台股价的种种言论，要么是喝多茅台后的酒话，要么就是揣着明白装糊涂。因为，这些理由明显站不住脚。

（2）谁在消费茅台？2016年茅台产量为5.99万吨，但销量仅为3.69万吨，销量为62%，且同比增幅15.76%，供销比高达1.62。也就是说，茅台的产能是有充分保障的。但市场反应是什么样的呢？在前不久，当地的主流媒体上，更是赫然打着北京某白酒收藏馆的"高价大量收购茅台酒"的宣传广告。一位行内人士说："随着茅台价格的上扬，包括生肖酒的炒作、收藏酒的势头又来了。"可见，茅台酒的供应和价格已经被人为地扭曲了，炒家们在炒茅台现货。也就是说，茅台并没有被消费，而是被囤积了起来。那么，在这种氛围之下，茅台也不再是供人喝的酒，而是成了黄金、石油一样的大宗商品。

（3）茅台的上涨逻辑是什么？明白了上述内因后，对茅台股价上涨的原因或许有些心领神会了。茅台现货被热炒，而且这种气氛传染到了股价上，在一定程度上助推了这一波行情。当然，单方面助攻显然是不够的，重要的是资金有这方面的需求。

自2016年以来，市场结构性行情非常突出，机构扎堆抱团取暖，哪里有热点资金就流向哪里，个股涨指数不涨的行情，就充分说明了这一点。那么，这种现象是否可持续呢？如若从投资逻辑上来讲，是很脆弱的，原因有三：

一是白酒消费日薄西山，未来市场增量非常有限。随着人均收入的增长，烈性酒消费必定冲高回落。烈性白酒消费者后继乏人，已是不争的事实，年轻人更喜欢啤酒、红酒等，未来市场增量有限。

二是茅台自身也面临着很大的库存压力。茅台先后上马两个万吨茅台酒工程，2011年茅台酒及系列酒基酒产量接近4万吨，2016年达6万吨。按茅台酒工艺，当年生产的"基酒"至少存放5年后才能勾兑为成品酒。也就是说，2016年勾兑、灌装并销售的3.69万吨成品酒，来自2011年生产的基酒。截至2016年年末，贵州茅台库存量达25.25万吨（较2015年年末净增1.89万吨），按现有销量，差不多可以卖到2025年。

三是整体大环境也会有风险。2017年9月，中共中央出台的《关于营造企业家健康成长环境，弘扬优秀企业家精神，更好发挥企业家作用的意见》中明确指出，鼓励企业家保持艰苦奋斗的精神风貌。激励企业家自强不息、勤俭节约，反对享乐主义，力戒奢靡之风，保持健康向上的生活情趣。所以，可以预见，继公务员之后，作为高端白酒消费主力的企业家，也会受到舆论和环境的制约，而这对主打高端的茅台来说，则并非好消息。

虽然现货炒家们（收藏家）看重的是茅台的文化价值和品牌价值。不过，茅台的品牌价值，未来会随着产能的增加、年青一代需求的弱化、消费观的重塑，而被慢慢稀释。而且，从一些指标上看，茅台现在的股价，已经说不上便宜了。

## 四、波段式拉升

这种拉升方式在盘面中表现出十分稳健的姿态，比较容易被投资者所接受，并达到推波助澜的目的，多数妖股庄家乐意采用这种方法。在拉升时，由于股价加速拉升速度太快，短期累计获利盘也多，于是当股价拉升到一定高度时，获利盘蜂拥而出。庄家不得不释放这部分获利盘，股价回落再次进行洗盘换手，然后让新资金介入，再展开下一波拉升行情。

大家知道，在一个大波浪之中由许多个小波浪组成，大浪套小浪，浪中有浪。这种手法通常在拉升过程中进行洗盘，尤其是在重要阻力区域，以小回或横盘震荡的整理走势来消化上方阻力，并完成散户由低成本向高成本换手的过程，尽量减轻上行时的压力。然后趁着利好消息或市场良好的氛围再将股价拉高一个波段，股价重心上了一个台阶。最后股价会打破这个规律，这时产生两种结果：一种结果是，形成向上突破，股价进入加速拉升阶段；另一种结果是，股价向下调整，结束波段式拉升行情。

图7-7，四川双马（000935）：该股庄家完成建仓计划后，在2016年8月22日以突发性利好消息刺激引发井喷式突破走势，股价连续出现4个"一"字涨停后，开板洗盘整理，使盘中筹码得到很好交换。经过5个交易日震荡整理后，展开第二波拉升动作，将股价推向"妖魔化"，一口气股价翻了一倍多。这时，场内获利筹码纷纷选择落袋为安操作策略，也有不少人认为股价已经涨到了尽头。可是，当个股成为"妖股"之后，就不是大众的操作思维了，就会出现离奇的走势。经过7个交易日回落洗盘后，"妖孽"再现，股价又涨了一倍多，涨得让人不敢相信，目瞪口呆。

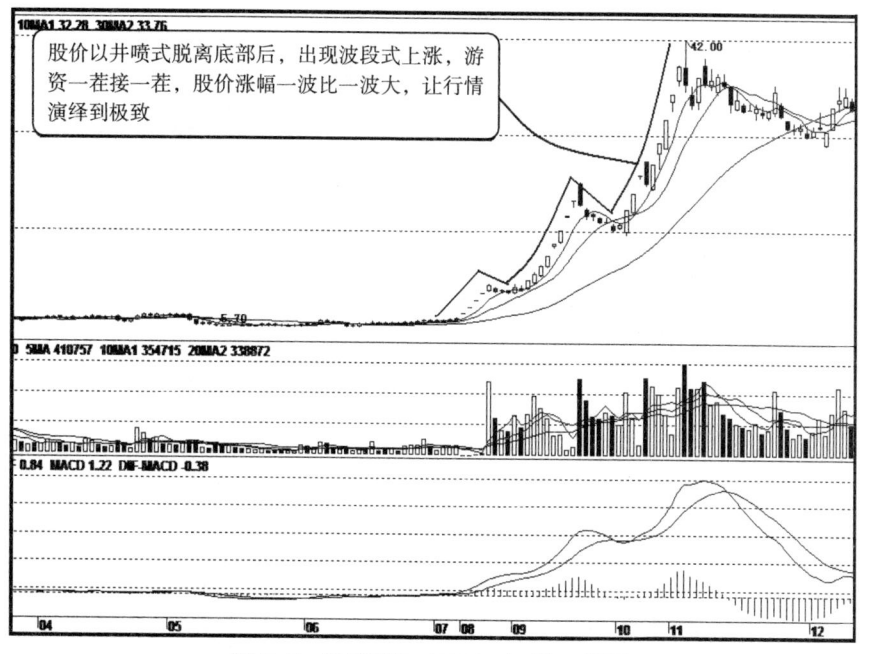

图7-7 四川双马（000935）日K线图

图7-8，创业环保（600874）：该股庄家完成建仓计划后，也是以受突发性利好消息影响出现井喷式启动走势，2017年4月5日向上脱离底部区域后，在整个上涨过程中分三波进行，每一次的回落幅度都不大。在每一波拉升时，都是以推高式拉升手法，上涨势头十分凶猛，势不可当。

在波段式拉升行情中，一般有两种现象：一是股价拉升到阶段性高点后，放出巨大成交量，走势上形成阶段性顶部。由于庄家身在暗处，一般人很难分辨是最终顶部还是局部小顶，从而被洗盘出局。二是股价向下回落，跌破某一个被大众公认的技术位置（如中短期均线），造成出货假象，破位之后的股价即使再次被拉升，也会被误认为是反弹，因此被骗出局。最终发现庄家锁仓不动，以较小的成交量就能创出新高时，此时再进可以说是为时已晚。

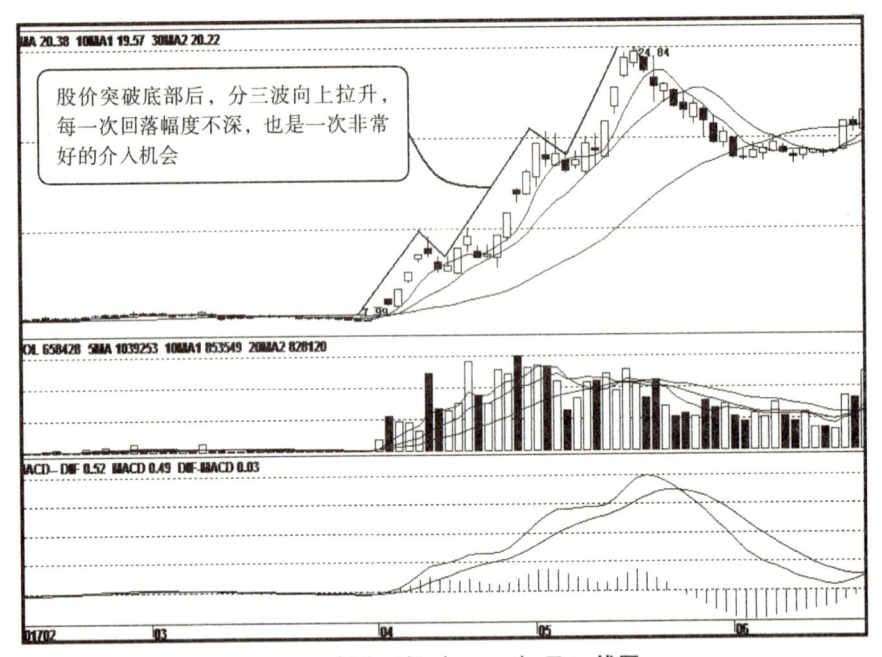

股价突破底部后，分三波向上拉升，每一次回落幅度不深，也是一次非常好的介入机会

图 7-8　创业环保（600874）日 K 线图

从上述两个实例可以看出，股价逐波上涨，波峰浪谷分明，每一个谷底都是一次好的介入机会。波段式拉升呈盘旋形式上行，有一次盘旋、二次盘旋、三次盘旋，但很少见到有四次及以上盘旋的例子，当完成三次盘旋之后，应做好择高离场准备。此外，从盘旋时间看有短盘旋、中盘旋、长盘旋，这一点投资者要多加注意。在日 K 线图上，有时也会出现"一"字或"T"字形涨停，股价回落时阴阳交替，常有大阴线出现。在成交量方面，拉升时放量，回落时缩量。

在当前监管严格的情况下，出现波段式拉升的个股很多，大家结合实盘多观察、多总结，找出波段拉升的共同规律，有益于提升实盘操作能力。比如国星光电（002449）2017 年 1 月以后的走势，晶盛机电（300316）2017 年 7 月以后的走势，雅化集团（002479）2017 年 7 月以后的走势。

第七章 游资接力——妖股拉升模式

## 第二节 妖股拉升节奏

大家知道，主升浪是指股价在某一段时间内涨速最快、涨幅最大的一个阶段。这对于中短期主升浪来说，问题比较简单，但对中长期主升浪来说，问题就复杂了，很多长期大牛股的走势，往往经过一段主升浪后，出现较大幅度的回落调整，然后，股价又会重新顽强地上涨，展开第二波或多波拉升行情。从长期走势来看，这些妖股的大主升浪，就是由一个个小主升浪连接而成的，这也就是波浪理论中的"大浪套小浪"。

这里就妖股的第二波行情的盘面特征做些分析，主力在完成第一波拉升后，经过短暂的调整或者中期调整蓄势，然后股价又继续创出新高，股价出现梅开二度的拉升行情。如果说第一波上涨是造就黑马股，那么第二波上涨就是成就大妖股。

一般情况下，当市场中有较多的个股出现第二波行情时，则说明市场处于强势之中；反之，假如市场中很少出现第二波行情的个股，只出现单波行情的短线黑马股，则说明市场并不强势，大多属于弱势反弹行情。所以，个股能不能走出第二波行情，通常取决于市场强弱，人气冷热，市场有没有推升股价走出第二波行情的能力。如果市场强盛，人气高涨，那么就有推升股价走出第二波行情的能力，否则，就很难走出第二波行情，这是因为市场缺乏人气，没有继续将股价托举起来的力量。

如果将拉升分为慢牛式和暴涨式这两种基础形态的话，那么，两波上涨就因其第一波和第二波的上涨形态不同，可以组合成四种不同类型的上涨形态：

（1）第一波慢牛式，第二波慢牛式，行情性质为两波慢牛式。
（2）第一波慢牛式，第二波暴涨式，行情性质为前慢后快式。
（3）第一波暴涨式，第二波慢牛式，行情性质为前快后慢式。
（4）第一波暴涨式，第二波暴涨式，行情性质为两波快速式。

这是两波拉升的基本形态，就是由1、2、3这三个浪组成的。其中，第1浪就是第一波的主升浪，第2浪是一个调整浪，第3浪是第二波的主升浪。这与浪理论中的前面3浪形态有点相似。由于两波拉升呈现3浪形态，这就涉及2浪调整方式，2浪有向下倾斜调整、横盘（水平）调整、向上倾斜调整三种形态，依次呈增强态势，2浪的调整方式有时也决定第二波拉升的走势，也就是说影响第二波的高度和力度。

## 一、前慢后慢两波拉升

这种拉升方式就是前后两波都呈现慢牛式上涨走势。在当前市场中，出现的慢牛式主升浪个股行情，通常有以下四种类型：一是稳定增长股；二是非主流股；三是超跌低价股；四是长庄、强庄股。

这类牛股的盘面在运行过程中，主力不慌不忙，以"进二退一"或"进三退一"的方式稳步向上推升股价，K线形态中以小阳小阴或大阳小阴为主，中间很少出现涨停现象，成交量处于温和放大状态。慢牛股短线不会出现特别快的拉升，但一段时间以后股价已经高高在上，累计涨幅也很可观，跟随这类个股考验的是耐心，不要怀着暴富的急切心理。

1. 稳定增长股

这类个股随着业绩的持续增长，个股的价格也是同步地、很有韧性地持续上涨。这样的成长股是很多的，如近年的银行股、保险股、白酒股等大盘蓝筹股，但这类个股通常盘子大，主升浪几年难得一见，一旦主升浪形成，往往行情持续几个月甚至几年之久。

图7-9，中国平安（601318）：该股是总股本有182.80亿股的大盘蓝筹股，公司主营保险业，基本面良好，业绩稳定增长，在二级市场一直受到机构、庄家、大户等大

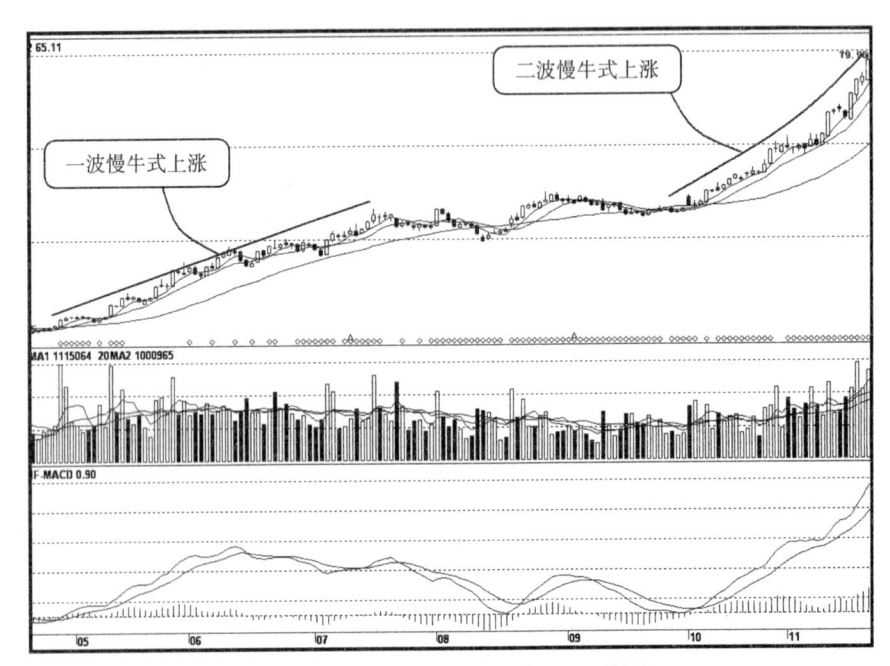

图7-9 中国平安（601318）日K线图

资金的关照,股价缓缓上行。特别是在 2017 年 4~11 月期间,走出两波涨幅较大的慢牛式主升浪行情,股价从 35 元左右开始上涨,最高接近 80 元,累计涨幅非常巨大。这类个股在操作上,以 30 日均线作为买卖参考点,在此得到支撑走强时跟进,相反,一旦有效击穿 30 日均线时,应果断离场。

2. 非主流股

非主流股就是不属于市场的热门股,一般不会被爆炒,因而很少出现暴涨式主升浪,但或多或少地沾有一些主流股的光,这类个股受到部分非主流资金的青睐,股价只能缓慢上涨。当大盘狂热时,这类个股也会爆出冷门,形成暴涨式主升浪。

图 7-10,常山药业(300255):该股归属于半导体板块,在近两年来在半导体板块走强时,只是充当随从者,盘面缺乏庄家资金的关照,一直受到市场冷落,但借助半导体板块的走强,该股也出现了两波慢牛式主升浪行情。这类个股也以 30 日均线作为买卖参考点,在此得到支撑走强时跟进,相反,一旦有效击穿 30 日均线时,应果断离场。

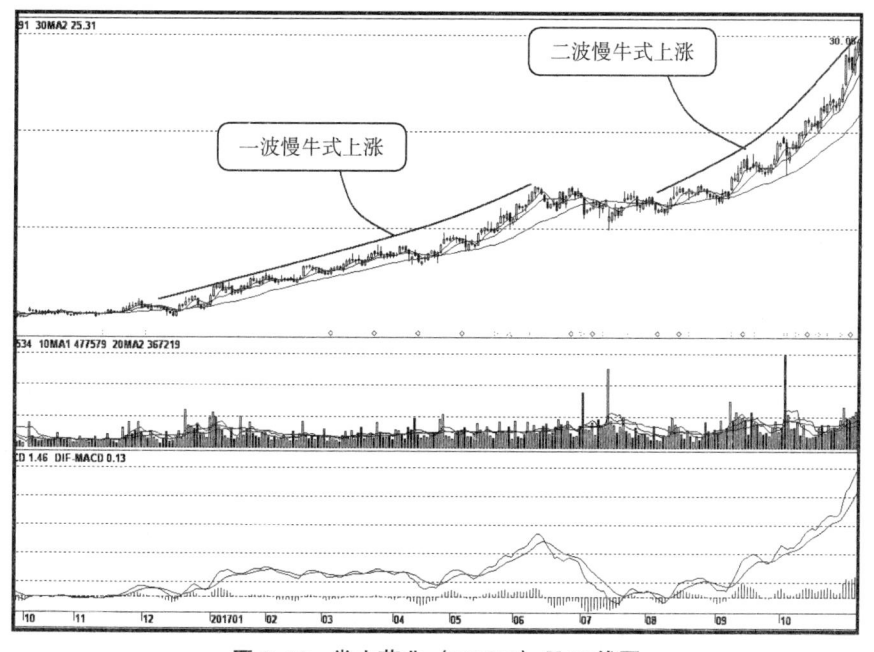

图 7-10 常山药业(300255)日 K 线图

3. 超跌低价股

这类个股因股价超跌而具有投机价值,也往往会被某些短线庄家看重而炒作一把,但因这些个股基本面缺乏亮点,且缺乏热门题材,难以成为暴涨式大牛股。

167

图 7-11，一心堂（002727）：该股随大盘调整而逐波下跌，在底部企稳后又缺乏庄家资金的关照，行情难以形成暴涨式走势，因而出现两波慢牛式反弹主升浪。那么，为什么这类个股又产生两波反弹行情？主要原因大致有：一是股价超跌严重，投资价值显现；二是板块或大盘带动，出现随波逐流的反弹走势；三是基本面没有出现不利因素，业绩基本稳定；四是庄家实力弱小，"低调"小炒而为。这类个股的操作方法，同样以 30 日均线作为买卖参考点，股价向上突破 30 日均线压力或得到 30 日均线支撑时介入，相反，股价向下突破 30 日均线支撑或遇到 30 日均线压力时，应及时离场。

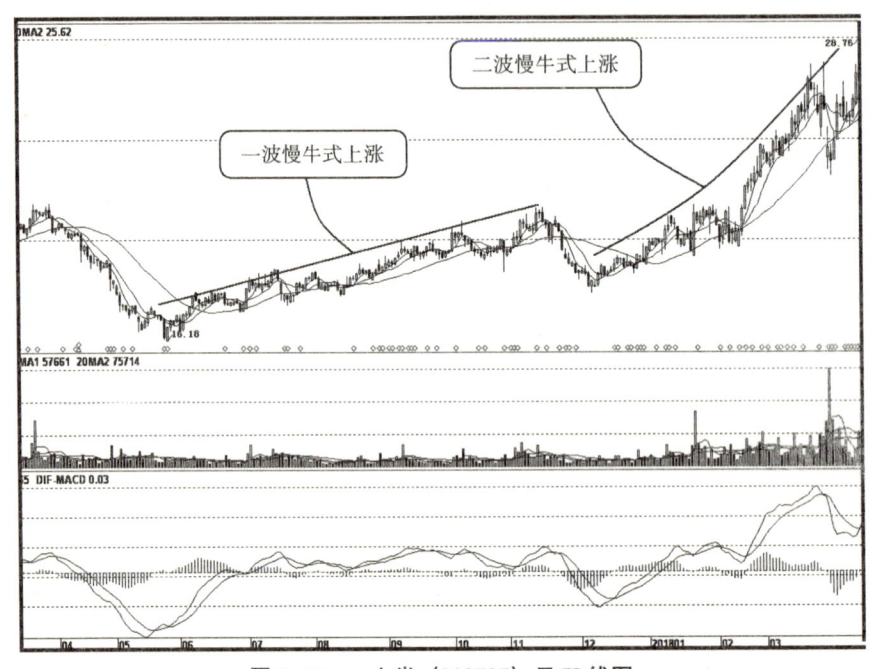

图 7-11 一心堂（002727）日 K 线图

4. 长庄、强庄股

庄家一直在里面运作，不急不慌，稳扎稳打，运作时间可以长达一年或几年之久，一般会出现两波或两波以上的主升浪行情，股价累计涨幅非常大。

图 7-12，青岛海尔（600690）：该股长期以来就有实力强大的庄家驻扎其中，庄家在底部震荡筑底期间，成功完成了建仓计划。从 2017 年 2 月开始，股价步入缓慢的上升通道，6 月初股价到达前期高点附近时，股价出现了震荡，构筑了一个小双顶形态后出现调整走势。8 月下旬，股价调整结束，重新形成新的第二波慢牛式上升通道，庄家稳扎稳打，股价缓缓上行，创出了历史新高，上涨空间被成功打开，股价累计涨幅非常大。

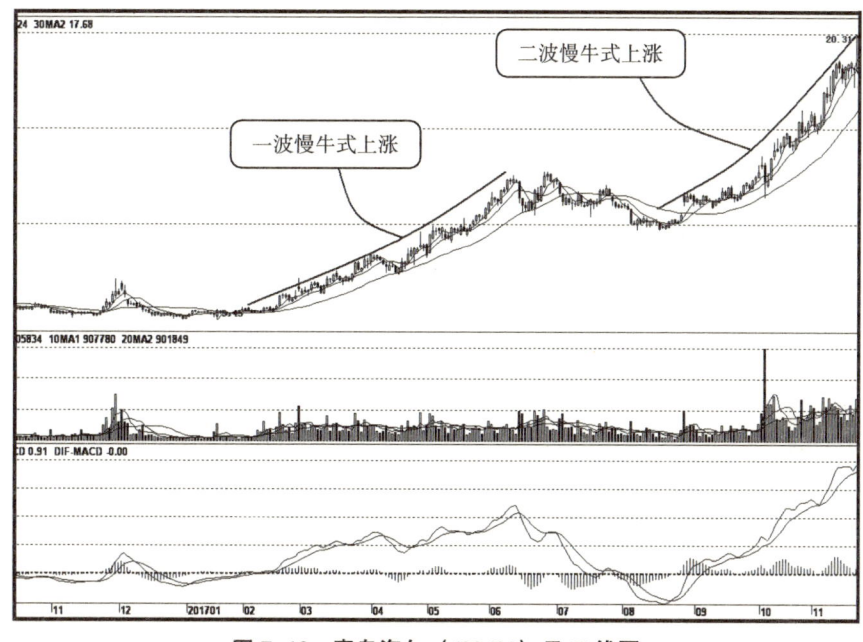

图 7-12 青岛海尔（600690）日 K 线图

一般来说，当市场处于牛市或一轮大反弹行情时，慢牛股的数量占牛股数量的多数，也就是说，慢牛股是最常见的牛股类型。但是，占牛股多数的慢牛股却是最难抓的一类个股，不管是用什么手段进行分析，发现和捕捉并捂住慢牛股都是一件不容易的事。

在慢牛股里，最有操作价值的应该属于非成长股，因为在慢牛股里，成长股还算是有迹可循的。所以，不管是从投资还是从投机的角度看，若要提高发现和抓住慢牛股的概率，获得较高的投资收益，就应该尽量在慢牛股里选择成长股作为投资目标。

大多数成长股的第一波主升浪是慢牛式的，短期暴涨式的较少见。这是由成长股的性质决定的，成长股的价格变动与其业绩的关联度很高，当成长股的业绩持续增长时，股价也会同步持续上涨，而当成长股的业绩增长减缓或者开始衰退时，其股价也会出现较大幅度的下跌，上涨行情甚至很可能就此完结。

一般说来，成长股的第一波行情与业绩增长之间大致有两种互动的关系：第一，业绩先增长，股价后上涨；第二，股价先上涨，业绩再跟进。

慢牛股发现不易，要抓住它们更难，这是因为这类个股行情在启动时，没有任何强势信号，是悄无声息地慢慢启动的，在其上涨过程中也几乎没有出现过涨停板，在每天的涨幅榜里面根本找不到它们的踪迹，那些善于追逐热门强势股的短线投资者很难发现它们。就拿慢牛式成长股为例，就有三个难点：一是这类个股主升浪的 K 线形态一般是小阴小阳交替出现，没有明显的技术性买点；二是这类个股主升浪的上涨完全依赖成长股的基本面，在大多数情况下，其股价大致反映了其基本面的情况，股价在整个主升浪发展过程中，很少出现明显低估的情况，所以，这类慢牛股也没有明显的价值低估的基本面买点；三是这类个股一直处于慢牛式主升浪之中，根本没有低吸的机会，要买就只能追高买入，当投资者难以判断这类个股的基本面会不会发生不利变化时，追高是有风险的，投资者担心这些股票会突然转势，这就给投资者的操作带来了很大的难度。

对于慢牛股，最佳投资策略就是在股价低位买入后持有，直至主升浪结束，假如对一只慢牛股真的这样做了，一定会获得丰厚的投资回报。但如何能够在这些慢牛股刚启动时，就准确判断出这些股票是未来的慢牛股，这确实是一件非常困难的事情。所以，在慢牛式个股里，挖掘其成长股是最靠谱的，但这需要提前预判出何种股票能够成为慢牛式成长股。

## 二、前慢后快两波拉升

这类个股的盘面特点是，第一波是一轮慢牛式的，而第二波却是一轮加速暴涨式的。由于任何暴涨式行情都是由基本面或市场面的原因所引起的，绝不是能够随随便便地自然形成的，所以，可以据此推测出现第二波暴涨式行情时，个股大多是发生了重大的基本面变化。那么，什么样的股票会出现这样的走势呢？一般说来，有成长股、题材股、热门股、补涨股和强庄股五类股票。

1. 成长股

当成长股的业绩开始增长时，由于投资者还未能认识到其价值，因此第一波行情大多是慢牛式，但是，当这类股票的业绩持续增长，甚至加速增长后，投资者对这些股票的业绩增长能力就有了更高的预期，一旦这种预期转化为积极的买盘，主升浪就会开始加速，上涨斜率变陡，从而形成了第二波暴涨式行情。第二波行情的加速，其根本原因是在投资价值提升的同时，投资者又因更高预期而给该类股票注入了新的投机价值，其最终结果就是将该类股票的市盈率提升到更高的水平，若该类股票的每股收益和市盈率双双得以提高，这就形成了叠加效应。

图7-13，达意隆（002209）：该股是一只小盘股，总股本为1.95亿股，实力强大的庄家入驻后，在底部吸纳了大量的低价筹码，从2015年1月底开始放量向上突破，由于基本面的成长并未形成市场的共识，第一波以慢牛式上涨展开，股价从8元左右上涨到14元之上时，耗时2个多月，涨幅接近80%。然后，股价步入横向震荡整理，

2015年5月5日开始展开第二波拉升行情，股价从14元左右上涨到29元多，仅用了1个月时间，涨幅超过100%。前面两波的涨幅相近，但第二波时间仅为第一波的1/2不到，显然属于快速拉升式上涨，其原因就是基本面的成长性给股价上涨注入了新的动力。

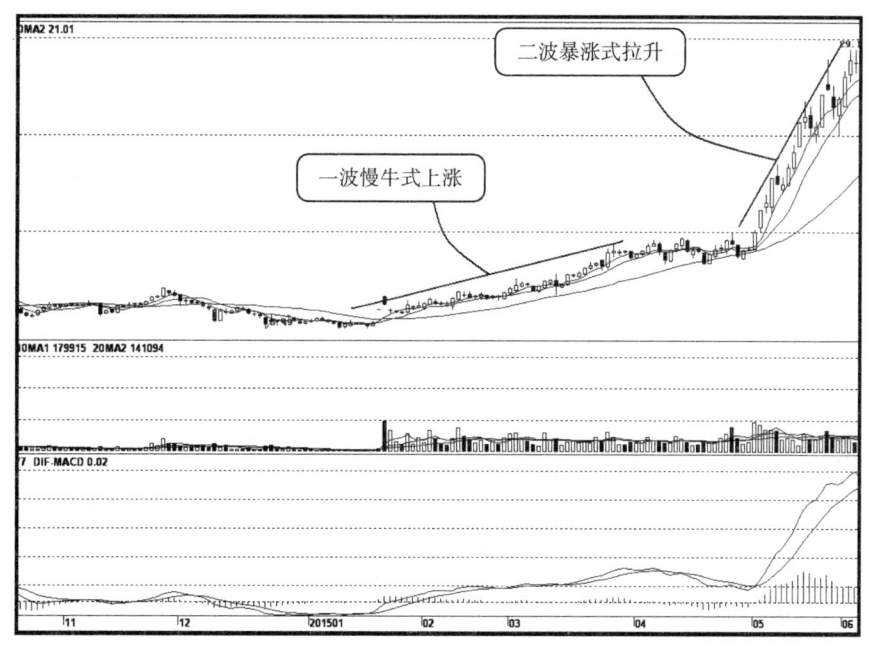

图 7-13　达意隆（002209）日 K 线图

对于这类"前慢后快"两波行情的成长股，其第一波慢牛式行情是较难操作的，但第二波暴涨式行情的操作相对容易一些。这是因为有了该类股票的第一波行情后，投资者就会发现并锁定这些牛股，一旦这些股票在经过调整后，股价再次启动时，投资者就不会像第一波行情启动时那样犹豫不决了。只要能够发现，且知道股价上涨的原因，那么如何操作心里就有谱了。炒股怕的就是发现不了牛股，不知道一只股票到底是因何上涨的，那样就很难获得利润。

2. 题材股

很多个股经过长期的下跌调整后，会跟随大盘反弹而走出第一波慢牛式行情，这波反弹行情没有任何基本面的原因，纯粹是超跌反弹所致。由于股价在反弹后也不算高，还属于低价股范畴，若控股股东感觉股价跌不下去，就想趁股价低时整点事情，搞个资产重组的题材，制造市场热点，引导投资大众投其所好，这样股价就会出现第二波爆发式行情。

图 7-14，航锦科技（000818）：该股走势就是典型的前慢后快式主升浪形态。第一波上涨是随着股价的调整企稳而出现的盘升走势，庄家在其中悄然运作，盘面节奏十分稳健，而第二波暴涨式主升浪是因为该股具有化工原材料涨价题材，这在当时市场环境中是一大利好。于是，庄家抓住天时、地利、人和的时机大炒一把，将股价从 6 元下方快速拉升到 15 元上方，20 多个交易日股价涨幅超过 150%，时间短、涨幅大，这是暴涨式主升浪的特点。

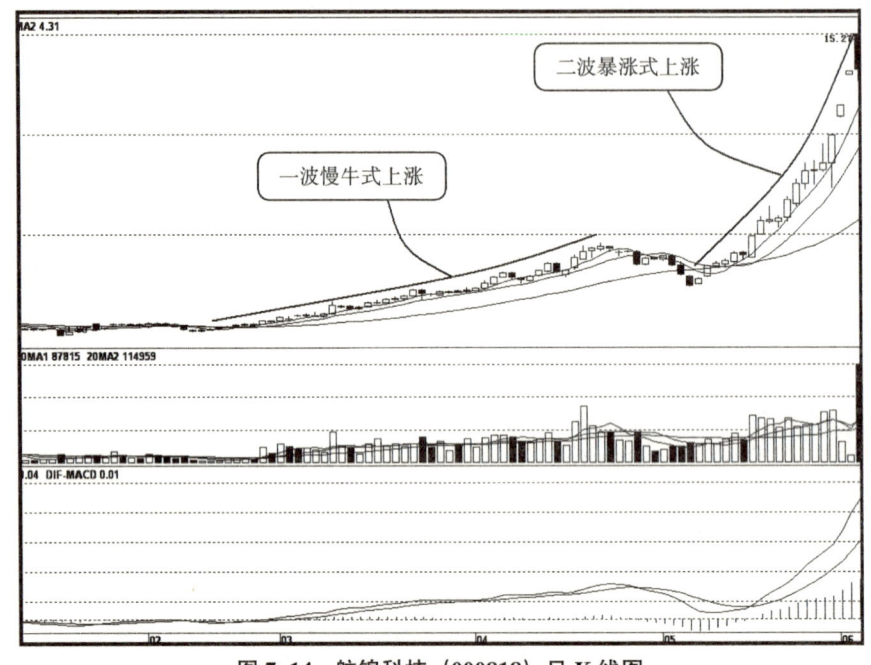

图 7-14 航锦科技（000818）日 K 线图

对于这类"前慢后快"两波行情的题材股，操作难度也是很大的。其第一波慢牛式行情大多是自然出现的，无迹可寻，难以发现和抓住；其第二波暴涨式行情，又往往是连续拉升式的，根本没有从容进货的机会。但总的来看，参与这类题材股，机会还在第二波行情中，这就要求投资者眼疾手快，当机立断。一旦犹豫，机会稍纵即逝，待到股价大幅上涨后，风险也就悄然降临了。

3. 热门股

热门股是指在当前市场热炒的板块或行业里，成为大家追捧的热门概念股。在市场中当某些股票成为热门的时候，这些热门概念对于股价起助涨作用，与此相关的个股也会成为炒作对象，往往会引发股价出现暴涨式上涨，这些概念股也就成了大妖股。

图 7-15，顶点软件（603383）：在长期的底部震荡过程中，主力成功地吸纳了大量

的低价筹码。2018年2月7日，股价最低下探到36.79元，然后探底回升形成第一波慢牛式上涨，当股价回升到前期小高点附近时，主力主动展开洗盘整理走势。浮动筹码得到充分换手后，出现第二波暴涨式拉升，股价连拉4个涨停板。该股的走势属于前慢后快式两波主升浪形态，而第二波暴涨式主升浪，完全与当时的次新股热炒有关，受到短线资金的追捧，加之庄家的借机炒作，股价出现快速拉升。

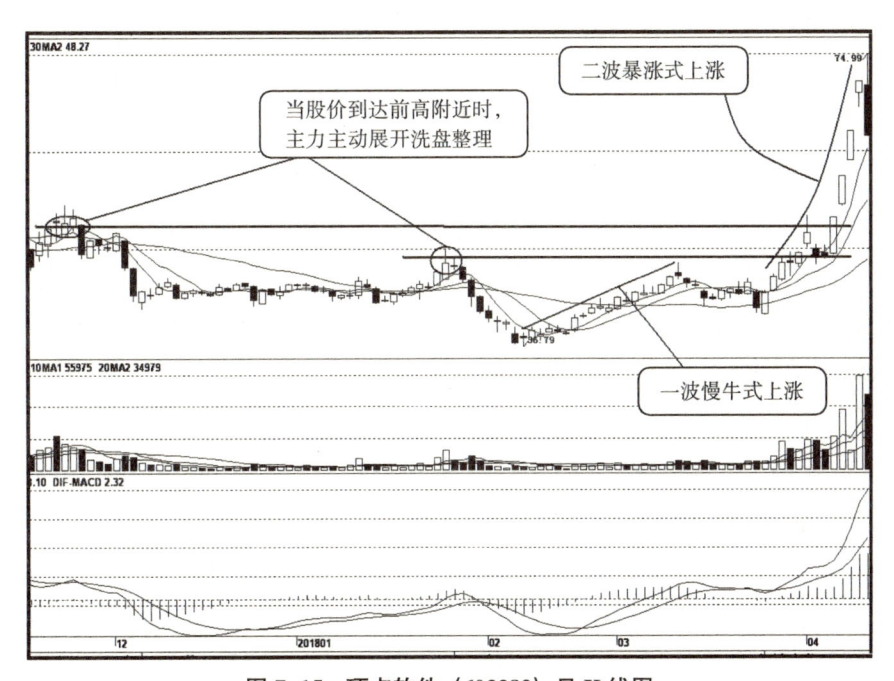

图7-15　顶点软件（603383）日K线图

在实盘操作中，遇到这类股票时，应该把握以下技术要点：

（1）要在第一时间搞清楚市场出现的新的炒作概念。目前，市场中主流概念主要来自四方面：

第一，来源于重大政策。重大政策往往会引发板块、行业或者股市出现概念性行情。比如2017年以来的去产能概念股（涨价概念）。

第二，来源于新兴行业。新兴行业的发展空间很大，又无法准确估值，这就给参与者提供了很大的想象空间。比如新能源汽车、石墨烯、独角兽等。

第三，来源于被成功炒作的、涨幅巨大的龙头股。当某些个股因行业景气而业绩暴增后，股价被爆炒，涨幅巨大。在这些龙头股的示范作用下，与此相关的所属板块就会成为炒作的热点。

第四，来源于国外的热门概念。多年来，我国出现的很多新兴行业的热门概念，并非来自本土，而是嫁接于大洋彼岸的美国市场，因为美国引领着全球产业的创新浪潮。比如网络概念、IT概念、石墨烯概念、页岩气概念等，都是受到美国市场的影响而成为热点。一般来说，当美国市场出现了一个很热门的炒作概念后，我国股市也会跟风炒作。

（2）要抓龙头股。每一个热门概念，一般只有一两只龙头股，还是很好辨别的。辨别龙头股有两种方法：一是看行业地位，行业龙头股往往就是市场龙头股；二是看股价涨势，涨得最猛的就是市场选择的龙头股。抓龙头股的好处是，由于龙头股率先上涨，且涨幅最大，即使追涨买入，也会获利不菲。

（3）要在龙头股启动的前3个涨停板之内买进，这属于"黄金买点"，买进越早越好。由于概念股与题材股是不同的，题材股因重大利好的突发性而往往使其股价连续以"一字形"暴涨，而概念股绝大多数是连续大阳线涨停板。既然是大阳线涨停板，那么在每一个交易日中，就会有较为充分的换手和充分的买进机会，只要眼疾手快，还是能够抓得住的。

4. 补涨股

补涨股就是比价优势股，比价关系是指同板块、同概念的股票之间，存在一个潜在的定价体系。在通常情况下，这个定价体系是稳定的，但当其中的某些股票由于种种原因出现大涨后，就打破了原有定价体系的平衡，造成了体系的不稳定，为了使定价体系得到新的平衡，要么那些涨上去的股票再跌回来，要么那些没有上涨的股票很快跟着涨，补涨上去。

短线投资者一定要搞清楚定价体系和比价关系，因为这是对于股票的投机价值进行估值的唯一依据。利用定价体系和比价关系可以挖掘市场大牛股，其要旨就是发现那些有比价优势的股票，这些股票往往会成为补涨股。补涨股在补涨的时候，其上涨力度有时候也是非常惊人的，一般的龙头股涨幅越大，补涨股的涨幅也越大。而且，在补涨的时候往往是启动一轮暴涨式行情，在绝大多数情况下是一浪到顶，简单明快，酣畅淋漓。

图7-16，迪威视讯（300167）：该股与卫宇软件（300253）同属软件和信息技术服务业，上市时间差不多，股本也差不多，但相比之下迪威视讯更具有优势，两股几乎同时启动第二波行情，而迪威视讯的上涨速度要比卫宇软件快得多。

在股市中，只要出现大的市场热点，就会出现涨幅巨大的龙头股，有龙头股就必定会有补涨股。所以，紧跟市场大的热点炒作，就一定会赚到钱，因为市场会给你两次赚钱的机会，一是抓龙头股，二是错过了龙头股，还有补涨股等着你抓，这是一个相对简单的盈利模式。能抓龙头股的一定是绝顶高手，能抓补涨股的也算是高手，若这两个都不会抓的，那就是新手了。

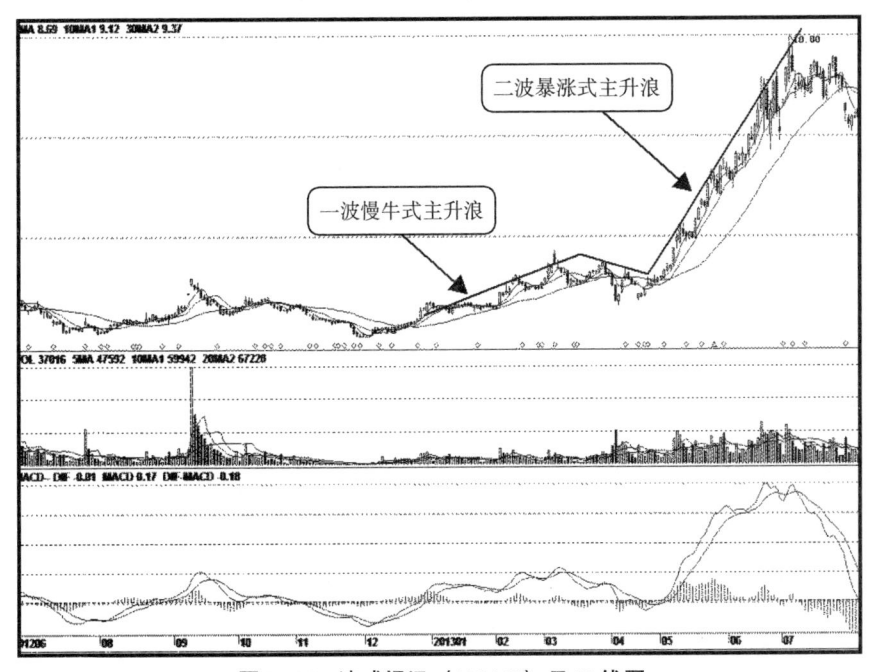

图 7-16　迪威视讯（300167）日 K 线图

5. 强庄股

尽管当前管理层大力打击主力操纵股价行为，但庄家行为一时还很难绝迹，只不过坐庄手法更为隐蔽而已。一般庄股有四个特点：一是控盘程度高；二是盘面走势独立；三是操作手法蛮横；四是运作时间较长。

一般而言，强庄股在进入主升浪之前，要经过试盘、爬高、洗盘等几个阶段，然后进行拉高突破，出现主升浪行情。庄家对某只股票控盘后，不管属于何种股票，一旦进入主升浪，就能让股价飞起来，而且不讲什么章法，涨得让你不敢相信，因此这类股票也是投资者追逐的主要对象。

图 7-17，大富科技（300134）：该股为次新股，上市以后随大盘调整而逐波下跌，在下跌过程中庄家不断加大建仓计划，成功吸纳了大量的低价筹码，然后渐渐企稳向上攀升，进入爬升阶段，即形成了第一波慢牛式上涨行情，该阶段属于坐庄过程中的热身阶段。然后，进行洗盘整理，对盘中浮动筹码进行清理，对不利于后期坐庄的市场因素清理出局，同时提高市场平均持仓成本。不久，股价向上突破上方压力位，但突破后并不立即展开升势，而是让股价重新回落到突破位置附近，以检验其突破是否

有效。当股价回落到突破位置附近时,买盘再次加强,表明该位置已由原先的压力作用转化为现在的支撑作用,随后股价出现主升浪行情。从该股走势中可以看出,庄家基本经过了从建仓到拉高的整个流程,投资者可以根据庄家的脉络恰到好处地进行跟庄,在拉升的时候及时介入,既可以避免建仓、洗盘时的折腾,又可以快速获得拉高的暴利。该股的理想买入点:一是在突破时适量跟进;二是在股价回抽确认其突破有效时介入。

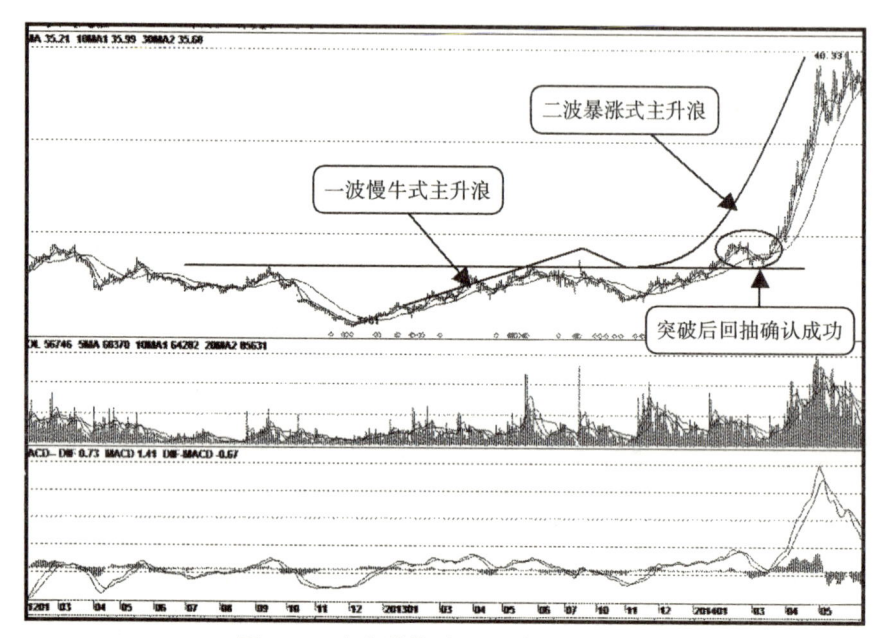

图7-17 大富科技(300134)日K线图

### 三、前快后慢两波拉升

这类个股的盘面特点是,第一波是一轮暴涨式的,而第二波却是一轮慢牛式的。股价在第一波暴涨式行情后,股价并未见顶,还能够在调整后继续上涨,走出第二波慢牛式行情,其股价上涨的动力是很强的。从大的方面来说,这类股票包括基本面转型股和技术面控盘股两种情形。

1. 基本面转型股

这类个股由于原先基本面原因股价表现平平,后因基本面突发性重大利好,使股价走出第一波暴涨式行情。由于第一波涨势太猛,股价几乎一步到位,在第一波行情结束后,短线投机者获利退出,股价出现震荡调整走势。此时,市场短期很容易出现不理智的上涨和不理智的下跌走势。经过一阵狂风暴雨后,市场重归平静,投资者重

新评估和定位价值优势，基本面得到合理的定位，投资者再度逢低介入，推动股价出现稳健的慢牛式上涨行情，走出妖股"第二春"的上涨行情。

图 7-18，宝鹰股份（002047）：该股经过脱胎换骨的资产重组后，由原先的"金属制品业"过渡为"建筑装饰和其他建筑业"，公司基本面发生了明显的改观，业绩稳定增长有了根本保证，公司顺利实现"华丽转身"。股票复牌后，连拉 11 个的"一"字涨停（因为是 ST 股，涨停板限制为 5%），出现一波暴涨性主升浪。然后回落蓄势调整，经过一段时间的修整后股价再次展开上攻行情，但却无能力出现暴涨式行情，而只能是以慢牛式上涨。该股就属于重大题材引起的前快后慢式主升浪。

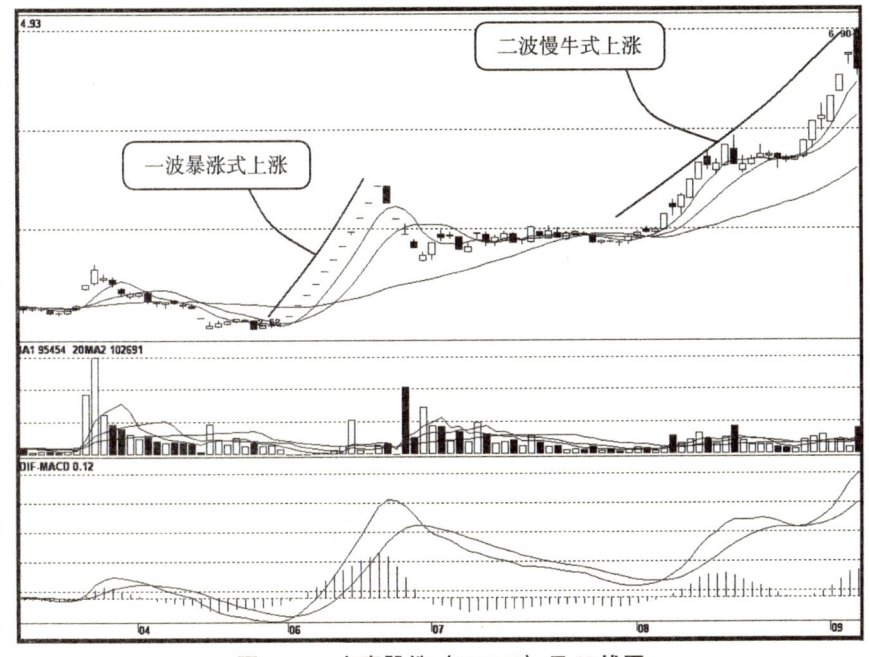

图 7-18　宝鹰股份（002047）日 K 线图

图 7-19，游族网络（002174）：该股庄家在长时间的底部震荡过程中吸纳了大量的低价筹码，2015 年 1 月 8 日，因策划重大资产重组而停牌，4 月 7 日带着利好复牌，股价拉出 5 个"一"字板和 1 个实体板，完成了第一波暴涨式主升浪。由于投资者对该股基本面非常看好，而且属于小盘股，股价易于炒作和控盘，使得该股仍具上涨动力。但由于股价在第一波主升浪中涨幅过大、速度过快，因此，从 5 月 8 日开始的第二波上涨行情，就走出慢牛式主升浪，但总体涨幅也非常大。

2. 技术面控盘股

这类股票大多属于强庄或长庄股，庄家将股价大幅拉高后，虽然获得了账户上的

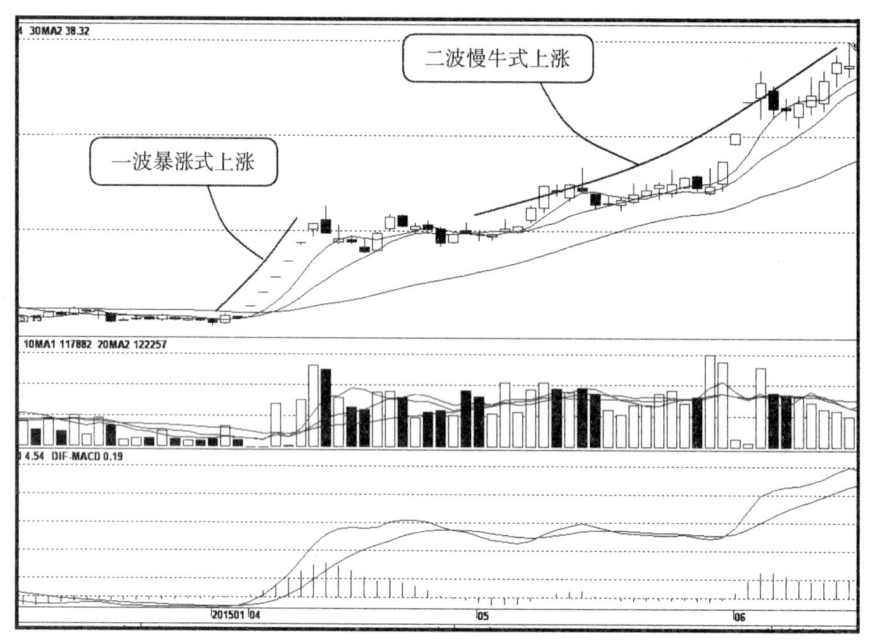

图 7-19 游族网络（002174）日 K 线图

暴利，但并未完全转换为实际利润，只有将获利筹码完全兑现后，才能收获实际利润。庄家出货是一件非常难的事，股价大幅拉高以后，不可能马上兑现筹码，毕竟高位接盘的人不多，但庄家花了大本钱拉高股价后，在没有完成出货计划之前，一般不会让股价大幅下跌，唯一的做法只有将股价继续拉高，让散户失去理智或警觉，然后暗中慢慢出货。有时候庄家不得不自拉自唱拉高股价，维持强势盘面走势。所以，强庄控盘股也会走出两波拉升行情，庄家在第二波慢牛行情中悄悄出货，因此第二波行情也叫出货波或涨后余波。

图 7-20，新南洋（600661）：在该股长时间的调整中，庄家顺利地完成建仓计划，然后渐渐企稳回升。经过打压洗盘整理后，股价突然放量突破 7 个多月以来的新高，小幅上涨后回落进行确认，当股价回落到突破位置附近时，获得支撑而企稳。消息灵通的庄家可能已经掌握了某些内情，此时公司发布公告因资产重组而停牌。8 月 27 日股票复牌后，连续拉出 4 个"一"字涨停，第 5 天股价从涨停板价位开盘后，打开封盘单子进行"放水"，释放了大量的浮动筹码，当日收出一个"T"字涨停 K 线，此后再次拉出 4 个涨停板，短期涨幅达到 148%，呈现暴涨式主升浪。股价一浪到顶后，庄家在高位进行减仓操作，在平台震荡过程中派发了大量的获利筹码，然后向下打压股价，为下波行情腾出足够的上涨空间。凑巧的是，股价正好打压到第五天开板"放水"位置附近，然后再次拉起展开第二波攻势。由于股价前期涨幅已大，加之上方存在一

些套牢盘，因此，第二波出现慢牛式上涨行情。

从走势图中可以看出，该股有两处出现明显的庄家行为，也是两次"巧合"现象。第一次是在股价突破后的回抽时，恰巧碰到公司因资产重组而停牌；第二次是在第二波行情启动前的故意砸盘行为，股价恰巧下砸到第五天的涨停开板"放水"位置附近。两次"巧合"均为典型的庄家行为，当然也是投资者非常难得的买入机会，这并非马后炮，这两个位置本身就具有非常重要的技术意义，从这两个位置的换手情况就能找到确切的答案。

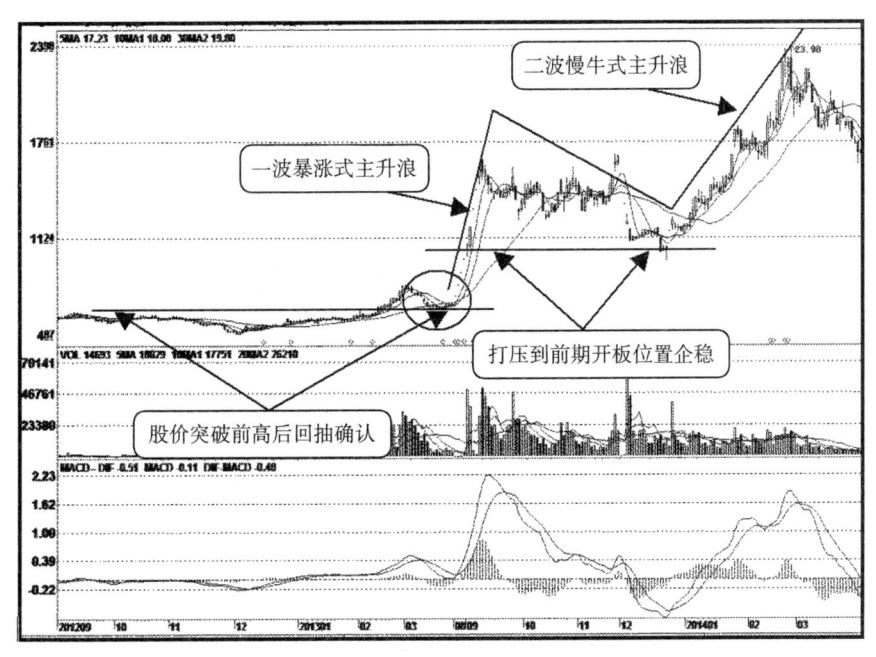

图 7-20　新南洋（600661）日 K 线图

图 7-21，威华股份（002240）：该股与前一个实例有着相似之处，庄家在低位完成建仓计划后，向上突破长达 8 个多月的盘整区域，然后进行回抽确认，当股价回落到突破位置附近时，因公司发布资产重组公告而停牌。当股票复牌后，连续拉出 11 个"一"字涨停板，第 12 天开板后收出一个"T"字涨停 K 线，经过一天的调整后，又连拉 2 个涨停板，此后股价还依然坚挺地向上攀高，期间再次拉出 3 个涨停板，其强劲势头不言而喻，累计涨幅达到 442%，呈现暴涨式主升浪。

一般来说，股价大幅拉高并坚守在高位，这绝非一般散户所为。那么，真的是资产重组让股价飞起来的吗？未必如此，因为资产重组少有这样的闪电效果。那么，是谁创造了这波飙升的行情呢？当然是强庄所为。庄家在低位吸足低价筹码后，借助资产重组利好大幅炒高股价，然后在高位维持强势走势，从而达到在高位暗中出货的目的。可是，出货并非一蹴而就，有一个反复的过程，所以，在股价出现破位之势时，又被一股神奇的力量重新拉起，从而形成第二波上涨行情，但第二波的上涨力度和幅度均不如第一波，因而成为庄家的出货波，此时投资者应抓住逢高退出的机会。

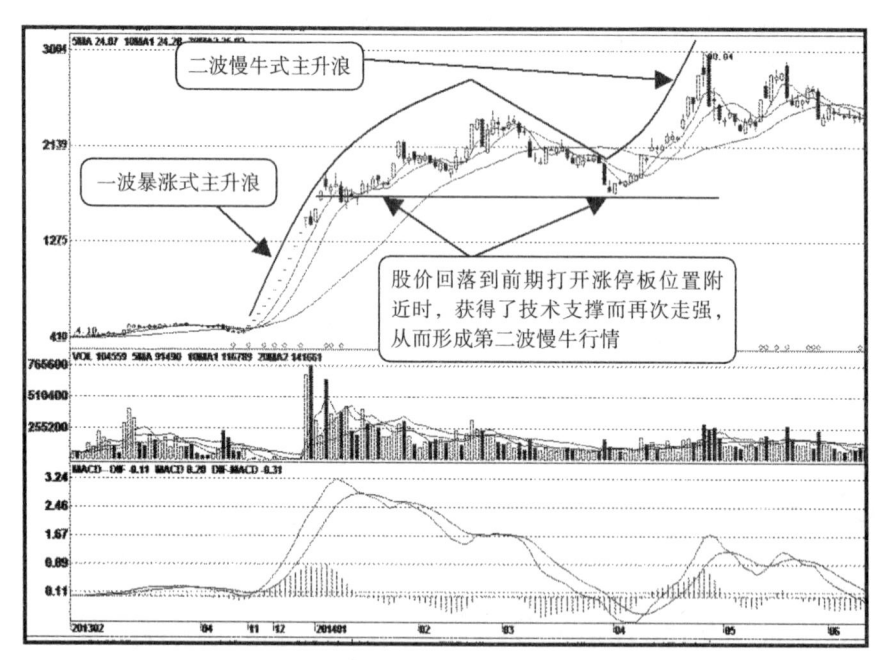

图 7-21　威华股份（002240）日 K 线图

## 四、前快后快两波拉升

这类个股的盘面特点是，第一波是一轮暴涨式的，而第二波也是一轮暴涨式的，这是最强的两波主升浪形态。引发两波暴涨式行情的个股，主要有两种因素：基本面因素和庄家面因素。抓住庄股的主升浪是短中期投资者孜孜以求的。如果将基本面与庄家面（或技术面）结合起来进行综合分析，无疑是最好、最有效的操作方法。

1. 基本面重大变化股

这主要包括长期成长股，以及业绩暴增股和题材股。其中，在题材股中能够催生主升浪，特别是两波暴涨式行情的题材，一定属于重大利好题材，比如资产暴增题材、热点概念题材、资产重组题材、资产注入题材等。

图 7-22，潜能恒信（300191）：该股上市以后呈现箱体震荡走势，庄家在此期间顺利地完成建仓计划。不久，因公司发布海外全资子公司"智慧石油"与"中国海油"签订为期 30 年的产品分成合同的消息，给公司带来长期利好，受此利好影响股价复牌

后出现一波拉升行情，在短短的十多个交易日里，股价从 8 元附近拉高到了 31 元上方，形成了一波暴涨式主升浪。然后，股价快速回落到 19 元附近，也是 30 日均线位置，同时还是 0.5 的黄金分割位附近，在此获得较强支撑后，股价出现第二波主升浪行情。但第二波主升浪的上涨力度和高度均不如第一波强大，以大阳线涨停为主，中间也没有跳空现象。此时，当股价在高位出现放量滞涨时，应及时离场观望。

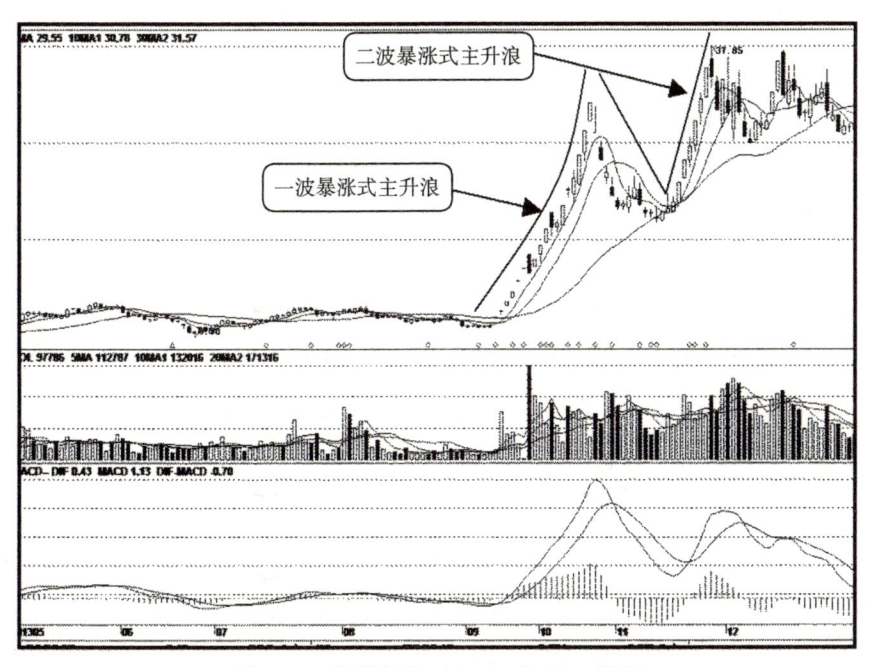

图 7-22　潜能恒信（300191）日 K 线图

图 7-23，贵州燃气（600903）：该股受基本面利好影响，股价打开"一"字涨停后，经过短暂的调整洗盘，展开新一轮暴涨式拉升行情，股价从 8 元左右开始上涨到 35 元之上，波段涨幅非常大。随后出现较大幅度的回调，2018 年 2 月 22 日企稳后再次出现暴涨式拉升走势，只是第二波拉升幅度小于第一波上涨幅度，这是由于投资价值基本已经被挖掘，短期上涨空间已经不大，同时缺乏市场跟风能力，主力也不敢贸然拉升股价，因此第二波的涨幅小于第一波的涨幅。

2. 强庄或长庄控盘股

在庄家盛行的资本市场初期，这类股票非常多见，庄家经过第一波的预演后，第二波走势更有把握，所以会再次走出第二波暴涨行情。

第一波和第二波均出现暴涨式拉升，只不过第二波的涨幅小于第一波的涨幅而已

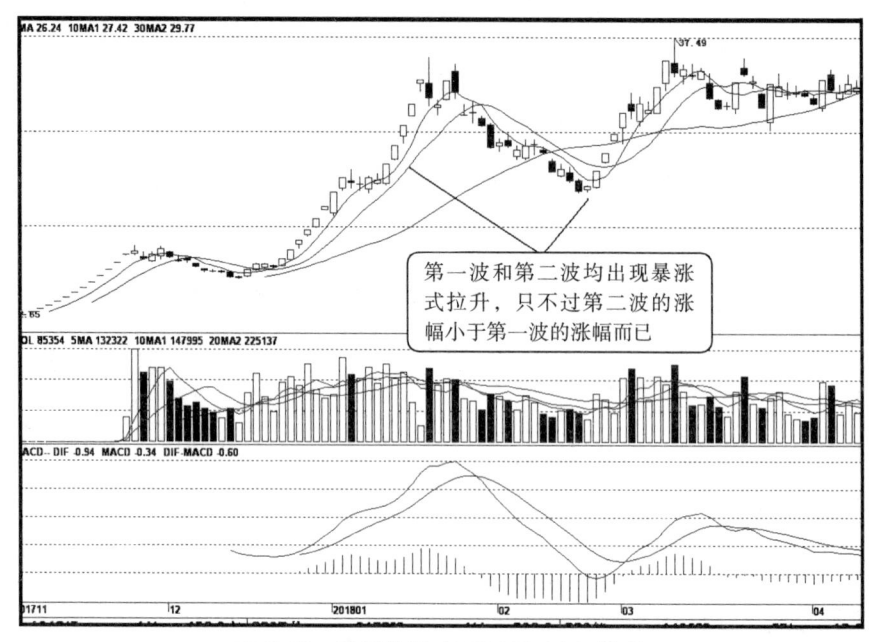

图 7-23　贵州燃气（600903）日 K 线图

图 7-24，万向钱潮（000559）：该股反弹结束再次下跌，然后渐渐企稳盘整。不久，一根放量涨停大阳线一举向上突破均线系统的压制，由此爆发一波暴涨式主升浪，股价从 4 元左右迅速拉升到了 11 元上方。此后，庄家在高位渐渐减仓，兑现部分获利筹码，股价出现 A、B、C 三浪调整，调整幅度达到前期涨幅的 50% 左右，即 0.5 的黄金分割位附近，股价渐渐企稳盘整。经过一段时间的调整后，股价开始出现第二波暴涨式主升浪。该股在前后两波暴涨式主升浪中，没有任何突发性利好刺激，完全是庄家行为所致，所以，很多时候股价涨不涨就看庄家有没有拉升的兴趣。投资者遇到这类股票时，在盘面上还是有迹可循的，首先要有一根标志性 K 线出现，然后判断这根标志性 K 线是否有效，继而决定买卖行为。该股的买入信号非常清晰，卖出信号也一目了然，即高位放量滞涨时退出。使用这种方法后发现即使卖错了，后面的上涨也是涨后余波行情，幅度也不会很大，完全不必为此感到惋惜。

图 7-25，上海钢联（300226）：该股上市以后就有实力强大的庄家入驻，随大盘下跌而长时间在底部盘整，庄家成功地吸纳了大量的低价筹码。当股价下探到前期低点附近时企稳回升，然后慢慢向上爬高，成交量渐渐放大，盘面逐渐得到复苏，初步形成双重底形态。然后，庄家开始向上试盘，挑战前期高点，试盘后股价再度回落到 30 日均线蓄势整理。6 月 26 日，成功构筑一个"早晨之星"K 线组合形态后，股价展开一波快速拉升行情，短线涨幅超过一倍。不久，出现回落洗盘走势，调整结束后从 8

月12日开始展开第二波暴涨式主升浪。该股的这两波暴涨式主升浪与当时的基本面没有什么关系,完全是在庄家主导下强势拉高走势,这就是强庄股带来的暴利机会。

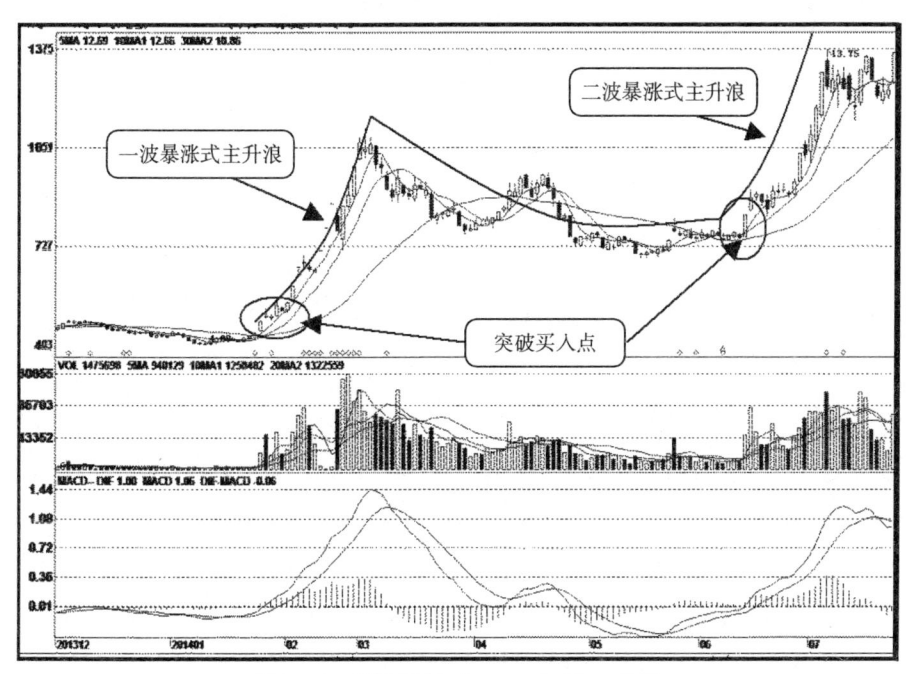

图 7-24 万向钱潮（000559）日 K 线图

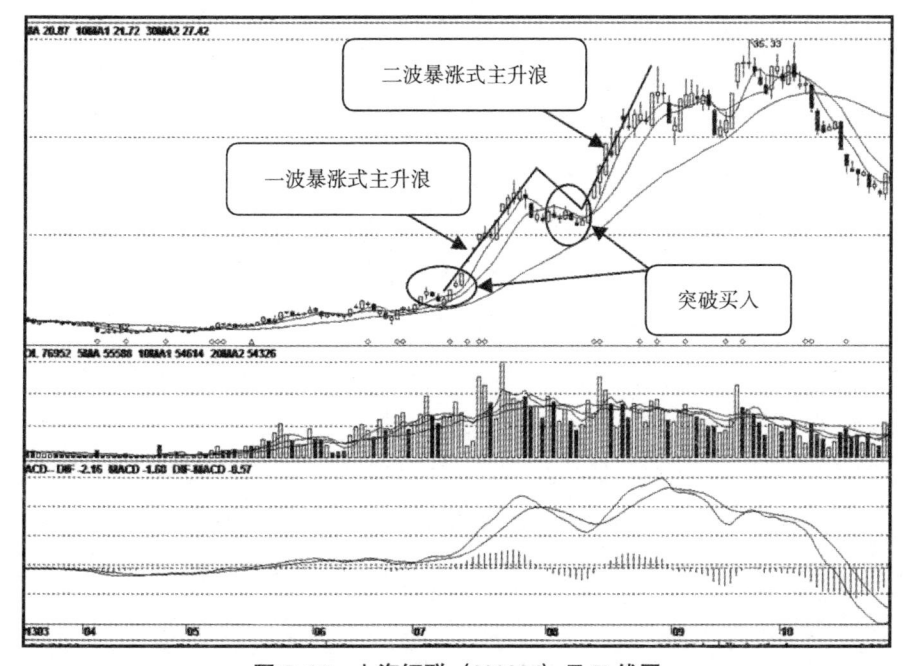

图 7-25 上海钢联（300226）日 K 线图

# 第三节　两波拉升分析

## 一、第二波上涨强度分析

在实盘操作中，出现两波行情的股票非常多见，投资者只要抓住两波行情的盘面特点，就可以获得大赢，很多时候股票出现第一波行情时，不见得就能抓得住，这时大可不必为此感到惋惜，完全可以逮住第二波行情。其实，很多股票第一波行情只是上涨的一个信号，后面还有更为壮观的第二波行情，因此当出现第一波行情后就可以密切关注它，一旦第二波行情启动就应立即介入。在此，为了更好地捕捉主升浪行情，这里研究一下第一波行情和第二波行情之间的关系。

从实盘经验总结，在两波行情中第一波的强度要高于第二波的强度，或者说，第二波的强度一般不会比第一波的强度高。要注意的是，在这里说的强度是指主升浪的形态强度，而不是指主升浪的涨幅。例如，第一波行情是最强的"连续涨停式"行情，那么，第二波行情可以是暴涨式行情中的任何一种（连续涨停式、连续大阳式、大阳小阴组合式），这并不是违反"第二波的强度一般不会比第一波的强度高"这个原则，但第二波行情的涨幅却可以高于第一波行情的幅度，这也不违反原则。

既然如此，那主升浪的形态强度有何意义呢？其意义在于，当出现第一波暴涨式行情后，根据这一波主升浪的形态，就可以大致推测出第二波行情可能出现的形态，这对于抓住第二波行情是很有实盘指导意义的。例如，当第一波行情是最强的"连续涨停式"，那么，第二波行情可以是上述三种形态中的任何一种，当然，从大概率来看，第二波行情再走出"连续涨停式"行情的可能性只占 1/4。

这实际上得出一个重要的推论，那就是任何走出两波暴涨式行情的股票，都很难在第二波行情中走出"连续涨停式"的形态。这实际上已经告诉了大家一个捕捉第二波行情的方法。由于第二波行情一般不是"连续涨停式"形态，这也就意味着不会在第二波行情启动时，因股价突然以"连续涨停式"暴涨再次让投资者彻底踏空。从大概率来看，第二波行情的启动方式，应该是以连续大阳式或大阳小阴结合式启动的，这就有足够的介入机会。此外，为什么在两波暴涨式行情中，第二波的强度一般不会比第一波的强度高呢？这有何道理可讲呢？

这可以从催生主升浪的原动力进行解释。对于题材股来说，当上市公司公告了一个重大利好题材后，就引发了股价的两波暴涨式行情，两波行情的成因是相同的，是一个成因催生出了两波行情。也就是说，利好题材就是催生行情的原动力。原动力就是第一推动力，因这个第一推动力，股价原有的运动模式被打破，形成新的运动模式，并具有新的运动惯性。可以说，因题材这个原动力的推动，股价就因此走出了第一波暴涨式行情，这轮行情是动力最充沛的，属于价值发现式，或者说是价值重估式，股价的上涨是很健康的，也是不可阻挡的，常常能以最强势的"一字形"连续涨停的形态展现。但第二波行情出现时，股价并没有增加新的推动力，因此第二波暴涨式行情本质上属于在原动力推动下的惯性上涨。这个惯性上涨从能量上看应该是不断衰减的，它并非不可阻挡。当市场背景允许时，第二波行情会走出来；当市场背景不允许时，第二波行情往往会走不出来，出现所谓失败的第二波行情。

根据长期观察，有很多重大题材股在题材公告后，会走出第一波暴涨式行情，但却难以走出第二波行情。能够走出第二波行情的只是少数个股，大多数个股走不出第二波行情，所以，题材股的第二波行情基本上是泡沫式的，或者说是涨后余波行情。从长期走势来看，绝大多数个股在完成第二波行情后，股价又回落到第二波行情的起点位置。这就引出了一个重要的问题，该怎样看待投资泡沫？是否参与这种泡沫化的第二波行情？这就是要考验投资者的研判能力了。

但是，庄股的第二波行情往往与上述情况相反，即第二波的强度要高于第一波的强度，或者说，第一波的强度不一定就比第二波的强度高。这是因为第一波行情大多是庄家真正拉升前的预演或热身运动，在理论上称为爬高阶段或初升阶段，也是股价脱离底部的第一阶段，然后，经过调整洗盘蓄势后，展开一波更为猛烈的上涨行情。因此，投资者对主升浪的成因和盘面走势一定要认真研判，然后对第二波行情进行定性，这样可以提高实战效果。

## 二、两波行情的互换性

在实盘操作中，两波行情之间有互换性，主要包括两个问题：一是结构形态的互换性；二是股价涨幅的互换性。

### 1. 结构形态的互换性

在实盘操作中，出现两波行情的个股非常多见，但两波完全相同的行情并不多，也就是说，两波行情具有一定的互换性，如果第一波行情是以"快速式"上涨的，那么，第二波行情大多会以"慢速式"上涨的比较多，如前面所讲的"前快后慢"式就属于这种类型。反之，如果第一波行情是以"慢速式"上涨的，那么，第二波行情有可能就是"快速式"上涨，如前面所讲的"前慢后快式"就属于这种类型，因此投资者对这个问题的了解和掌握，对研判第二波行情走势很有帮助。

根据两波行情的互换性特点，还可以把这个问题延伸到同一波行情的不同形态之中。前面说过，短期暴涨式行情有三种形态：连续涨停式、连续大阳式、大阳小阴组合式。从主升浪形态的强度来看，这三种形态的强度是从强到弱呈现递减趋势。从理论上说，第二波短期暴涨式行情形态也应该有以上的三种形态。若将这两波行情各三种形态进行组合的话，那么，两波暴涨式行情应该可以组合出九种形态。比如说，如果第一波行情是"连续涨停式"出现的，那么，第二波行情有可能就是以"连续大阳式"或"大阳小阴式"出现，如图7-13、图7-14、图7-15等就属于这种类型，更多的形态组合，请投资者仔细琢磨，定会获益多多。

（1）速率分型图。把两波的上涨速度分出形态来，以给投资者明确的操作思路，叫作速率分型图。急速行情和缓速行情的后续市场行为通常都是有规律的，为了方便大家记忆，口诀是八个字："急缓互补、涨跌呼应。"

通常有四大对应关系：

①急涨—缓跌；②缓涨—急跌；③急跌—缓涨；④缓跌—急涨。如图7-26所示。

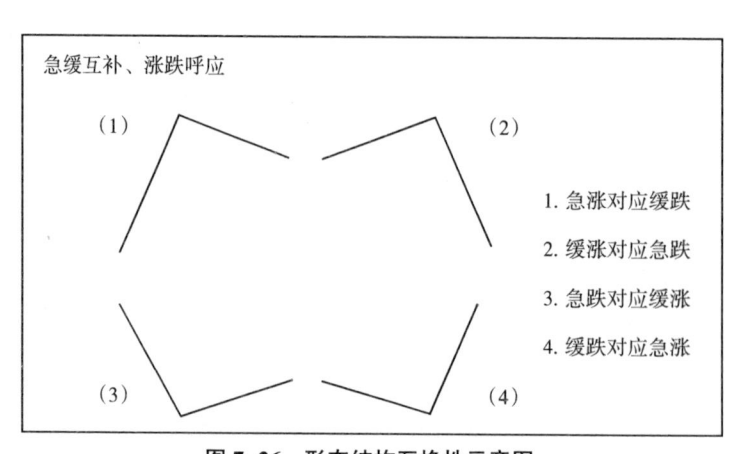

图7-26　形态结构互换性示意图

由于急速行情和缓速行情所对应的后续行情的速度有所不同，因此应用于急速行情和缓速行情的策略是不一样的。

（2）缓速行情对应操作策略。因为缓涨对应急跌，缓跌对应急涨，面对缓速行情的操作策略应该是逆势而为，而非顺势操作。

## 第七章 游资接力——妖股拉升模式

第一，缓涨行情对应的操作策略：因为缓涨之后大多数是急跌，所以缓涨期间的做多利润很小，一旦上涨周期结束，多半会引发短而急的下跌。这样的下跌由于空间较大，因此具备一定的杀伤力。在操作时面对缓涨的行情时，应尽量在行情的末端逆势做空，而非顺势做多。如图 7-27 所示。

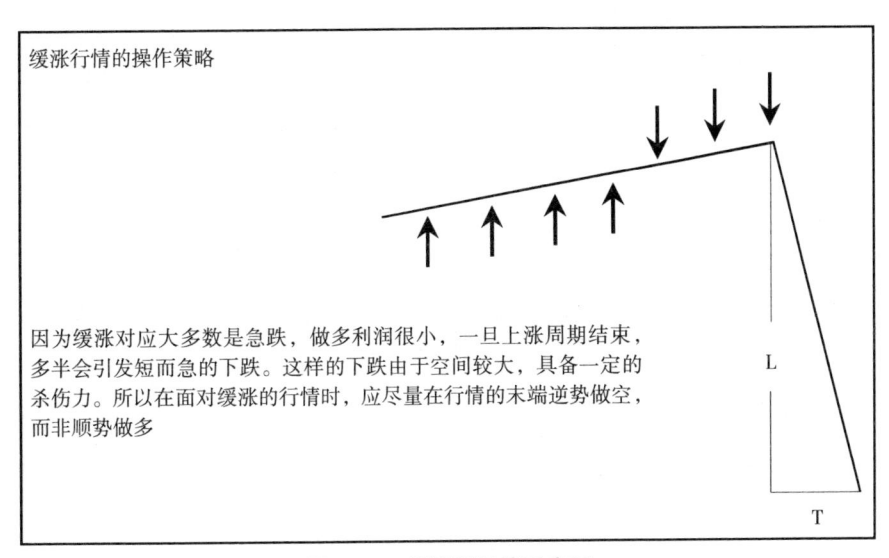

图 7-27 缓涨型行情示意图

第二，缓跌行情对应的操作策略：因为缓跌之后大多数是急涨，所以缓跌期间的做空利润很小，一旦下跌周期结束，多半会引发短而急的上涨。这样的上涨短期空间巨大，利润增长速度最高。所以面对缓跌的行情时，很多人不喜欢这样的行情，认为行情走得太慢、太黏。其实这样的行情对应的后续行情，大多是井喷行情。所以应尽量在行情的末端逆势做多，而非顺势做空。如图 7-28 所示。

第三，速度的变化。如果按照速度的对应规律，比如急涨对应缓跌，缓跌又对应急涨，那么一直延续的上升趋势不就永无休止了吗？但实际上没有任何一个趋势是永不休止的，趋势不会没有尽头。所以速度的对应变化会在特定的情况下发生变化，通常发生在趋势的末端。正常的是急对缓或缓对急，变化时分为两种情况，急对急或缓对缓。

急对急：如图 7-29 所示。一轮行情如果是急速的上涨，通常对应的是缓速的下跌（图中左虚线部分），但如果对应急速下跌，则代表速度的变化。同理，一轮行情如果是急速的下跌，通常对应的是缓速的上涨（图中右虚线部分），但如果对应急速上涨，则代表速度的变化。

### 缓跌行情的操作策略

面对缓跌的行情时，很多人不喜欢这样的行情，认为行情走得太慢、太粘。其实这样的行情对应的后续行情，大多是井喷行情。所以应尽量在行情的末端逆势做多，而非顺势做空。

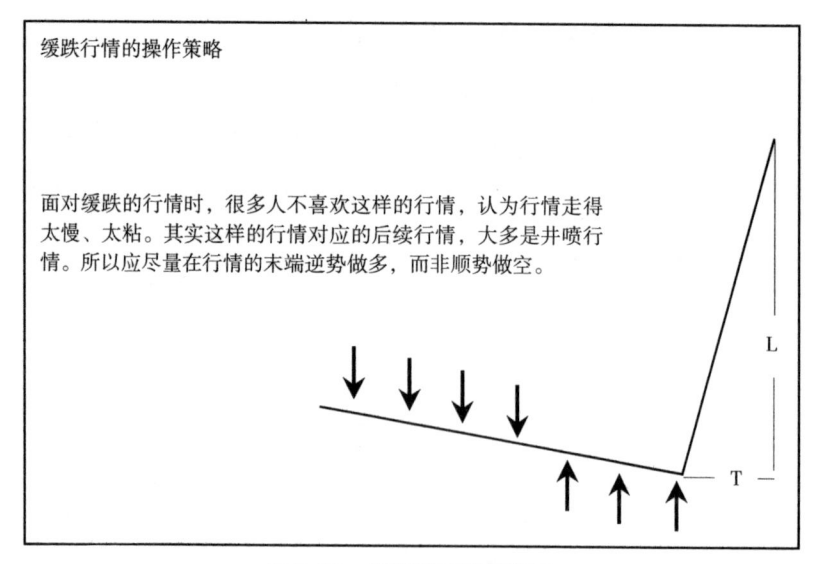

图 7-28 缓跌型行情示意图

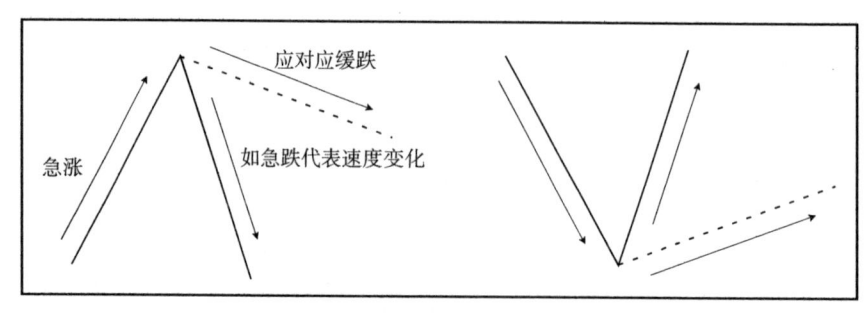

图 7-29 急对急速度变换示意图

缓对缓：如图 7-30 所示。一轮行情如果是缓速的上涨，通常对应的是急速的下跌（图中左虚线部分），但如果对应缓速下跌，则代表速度的变化。同理，一轮行情如果是缓速的下跌，通常对应的是急速的上涨（图中右虚线部分），但如果对应缓速上涨，则代表速度的变化。

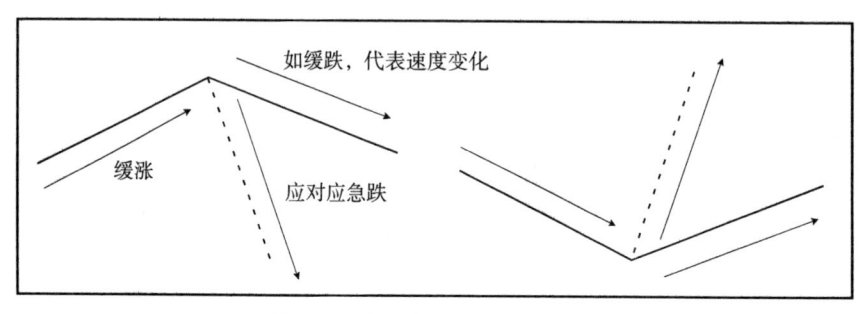

图 7-30 缓对缓速度变换示意图

## 2. 股价涨幅的互换性

两波行情之间的涨幅有一定的互换性，同样包括两波行情的上涨幅度，也就是说，如果第一波行情上涨幅度较大，且是以"快速式"上涨的，那么，第二波行情的上涨幅度相对较小，最大涨幅一般只有第一波行情的80%左右，很少有超过100%的。如图7-23列举的贵州燃气（600903），第一波行情的涨幅超过300%，涨幅较大，且以"快速式"上涨，而第二波行情的涨幅不到100%，相对涨速也没有第一波那么快速了。

但是，如果第二波行情也是以"快速式"上涨的，其涨幅有可能会达到或超过这个幅度，此时投资者对第二波行情的定性非常重要。

图7-31，中毅达（600610）：2015年11月启动的第一波超跌反弹行情，是以"快速式"拉升展开的，涨幅在135%左右，而2016年1月产生第二波主升浪行情，也是以"快速式"上涨出现的，其涨幅也在140%左右，跟第一波主升浪的涨幅非常接近。

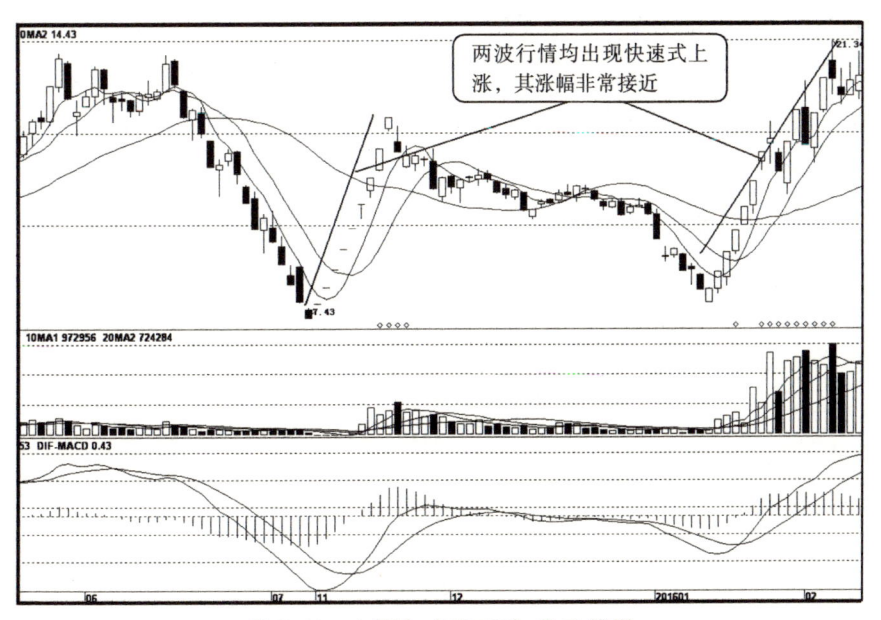

图7-31 中毅达（600610）日K线图

相反，如果第一波行情上涨幅度较小，且是以"慢速式"上涨的，那么，第二波行情的上涨幅度相对会大些，可能达到第一波行情涨幅的1.5倍以上。如二三四五（002195）第一波主升浪的涨幅为100%，幅度并不大，且以"慢速式"上涨，而第二波行情的涨幅就达到280%，呈"快速式"上涨。

但是，如果第二波行情也是以"慢速式"上涨的，其涨幅可能会有所降低。如图7-10常山药业（300255），第一波以"慢速式"上涨，涨幅为100%左右，幅度不算大，而第二波行情也是以"慢速式"上涨的，其涨幅也只有80%左右，上涨力度明显不如第一波。

### 三、调整的时间和幅度

1. 调整时间

一般而言，向下调整形态的时间最短，大多在20~30个交易日，就会结束调整走势，紧跟其后展开第二波行情。而向上调整形态的时间一般也不会很长，因为在股价震荡攀高过程中，做多能量渐渐堆积，有一种喷薄欲出的势头。而横向调整形态的时间最长，它起码需要等待30日均线跟上之后，才能出现第二波行情，很多时候当30日均线跟上之后，股价还难有起色，最终形成长时间的盘整走势，持续时间长达几个月甚至半年以上，对于这种走势的盘面把握，只能从股价是否突破某一个有意义的技术位置，来考量第二波主升浪是否启动。

2. 调整幅度

两波行情的形态由三个基本浪形组成，即第1、2、3浪，其中第1浪为第一波主升浪，第2浪为调整浪，第3浪是第二波主升浪。在实盘中，第2浪的调整一般有三种方式（如图7-32所示），即向下调整、横向（水平）调整、向上调整这三种形态。

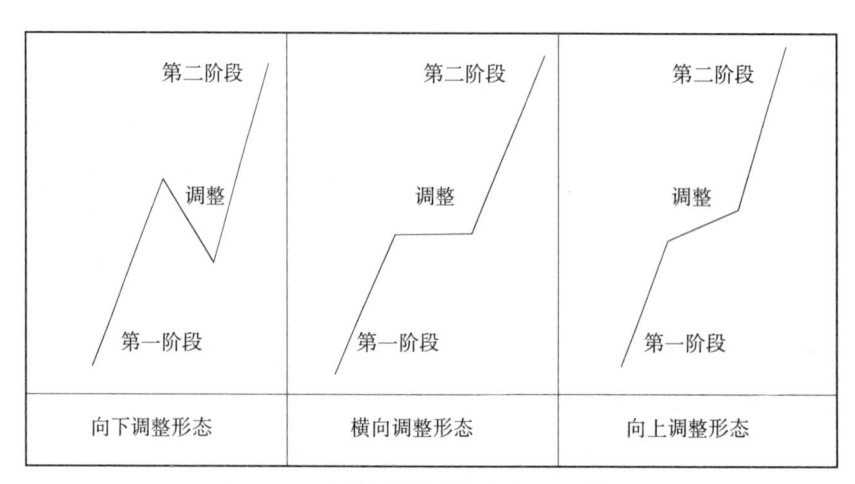

图7-32 两波行情间的调整方式示意图

从图中可以看出，这三类调整方式的强度是由上向下调整、横向调整、向上调整呈递强之势。

向下调整形态的回落幅度最大，它是以"空间换时间"的方式，对股价进行快速回调。这种方式主要把握两个关键点：一是30日均线附近；二是0.5的黄金分割位附近。投资者可以将这两个点作为买卖参考价位进行短线操作。

横向调整形态是以"时间换空间"的方式进行调整，一般回落幅度在20%左右，并以箱体整理居多，以30日均线作为买卖参考价位进行短线操作。对于横盘调整可以这样解释，正常的调整应该是向下的，但由于股价走势太强，股价不肯下跌，就只好以横盘代替下跌。

向上调整形态一般涨幅在10%左右，当股价放量超过这个幅度时，说明盘面十分强势，预示着第二波主升浪将要开始，如果第一波涨幅不是很大的话，此时可以考虑跟多。

# 第四节  妖股追涨技巧

## 一、追击妖股操作技巧

在主升浪行情出现时，散户很容易在纠结或怀疑中渐渐地成为踏空者。踏空就是失去短线暴利机会，短期甚至更长时间里难以再现主升浪行情。因此，作为股票投资者，主升浪是绝对不可以错过的。避免踏空的两种投资方式就是：一是在主升浪即将启动时低位买入；二是在主升浪启动后追涨买入。追涨操作必须要制订周密的投资计划，并且采用适宜的投资技巧。这里介绍一下追击妖股主升浪的操作技巧：

（1）在低位温和放量之后，出现了一根带量的长阳线（或涨停），同时成交量为上叉阳量托，就可以马上直扑追涨，这是一种成功概率较高的追涨形态。

（2）第一个交易日涨停板，第二个交易日出现先上后下走势，收长上影十字线（阴阳均可），成交量放大，往往在下一个交易日收出长阳吃掉第二个交易日的上影线。遇到这种走势时，可以在第二个交易日形态确立后追涨买进（多数尾盘操作）。

（3）平台整理的末端，股价先无量向下猛杀，之后放量中阳穿越均线，穿越之后碎步运行，当再次中长阳加速拉升时，就可以立即介入。这种情况可视该股的流通盘大小，选择合适的仓位追击。

（4）个股经过一轮上涨之后，K线形态构成一个圆弧形（圆弧震幅10%左右），股价再次回到前期起涨点，此时如果奔涨停向上突破，可以立即追击。

（5）追涨的选股种类。投资者在主升浪行情中选股需要转变思维，不能再完全拘泥于业绩、成长性、市盈率等进行投资了，而是要结合上涨的趋势来选股。具体来说，就是要选择更有盈利机会的个股。

另外，投资者也不能看到个股放量上涨了就立即追涨，有时候即使个股成交量突然剧烈增长，但如果资金只是属于短线流动性强的投机资金的话，那么，行情往往并不能持久。因此，投资者必须对增量资金进行综合分析，只有在个股的增量资金属于实力雄厚的主流资金时，才可以追涨操作。

（6）追涨的资金管理。即使看好后市行情，投资者也不宜采用满仓追涨的方法。稳健的方法是：可以用半仓追涨，另外半仓根据行情的波动规律，适当地高抛低吸做差价。由于手中已经有半仓筹码，可以变相地实施"T+0"操作，在控制仓位的同时，以滚动操作的方式获取最大化的利润。

（7）追涨的盈利目标。追涨过程中需要依据市场行情的变化设定盈利目标，设置目标时要考虑到市场的具体环境特征，从市场的实际出发。研判行情的上涨攻击力，并最终确定盈利目标。到达盈利目标位时，要坚决止盈，这是克服贪心和控制过度追涨的重要手段。

（8）追涨的风险控制。由于追涨操作相对风险较大，因此对风险的控制尤为重要，一旦大势出现反复或个股出现滞涨，要保证能立即全身而退。

### 二、追击妖股实例剖析

在实盘操作中，大家往往会有这样的体会，经过精挑细选的个股买入后，总是涨得不是很好，有可能第二天就套牢。因此困扰大家的操作思路，很多人思考探索多年，仍不得门路。这里面难道真的没有诀窍吗？答案肯定是有诀窍和规律的。经过多年的认真观察和分析，可以从成交量、形态、时间三方面进行考察。

（1）成交量：在近半年的上涨过程中，形成阶段性高点，然后在下跌回调过程中，并未将成交量有效放大，有可能成交量减半，然后再次放量向上突破。总体呈现放量—缩量—再放量状态。

（2）形态：第1个高点和第2个高点之间洗盘充分，阳包阴，阴包阴，但整体上涨点位比较低，形态紧凑、效果更好，主要是形态美。根据多年经验，在第1个高点之后下跌的第5个、7个、9个、13个交易日，容易形成涨停板。且在第7个交易日涨停的，往往会有3个板以上，第9个交易日涨停，也会有2个板以上，第13个交易日至少1个板以上。

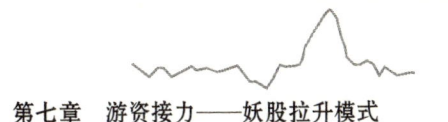

(3)时间：包括快速调整方式和慢速调理方式两种。

第一，快速调整方式。这种调理方式多出现在暴涨式主升浪中，一方面庄家进入主升浪后，乘胜而上，一鼓作气，将股价拉到目标价位；另一方面由于题材的重大，受到市场的热捧，股价出现持续性的飙升走势。快速调整时间一般为1~5个交易日，股价上涨势头不受任何影响，其间成交量有所萎缩，随后再次上攻，成交量也同步放大。

第二，慢速调理方式。这种调整方式大多出现在慢牛式主升浪中，洗盘与拉升相结合，盘面整理比较到位，股价走势也相当稳健。慢速调整时间一般为6~20个交易日，调整幅度以30日均线作为支撑位，股价依然保持强势状态，其间成交量明显萎缩，随后在股价再次上攻时，成交量也配合放大。如果20个交易日股价仍不能创出新高，说明这一波主升浪已经基本结束，随后可能会延长调理时间和调整幅度，股价面临回落风险。

上述三者条件缺一不可，这是最简单有效的诀窍。下面结合实例进一步分析：

图7-33，武昌鱼（600275）：该股在2017年8月至9月的行情中，股价上涨时成交量明显放大，在股价回调时成交量较上涨有效减半，且在洗盘时成交量都没有效放大，直到再次上攻时成交量又有所放大。在形态上，先出现一根冲高回落的大阴线，然后以小阴小阳的方式展开，股价回落到上涨幅度的2/3位置附近时震荡幅度开始收窄。在时间周期上，该股属于慢速洗盘走势，回落调整8个交易日，第9天拉涨停，时间方面恰到好处，此时散户可以积极跟进做多。

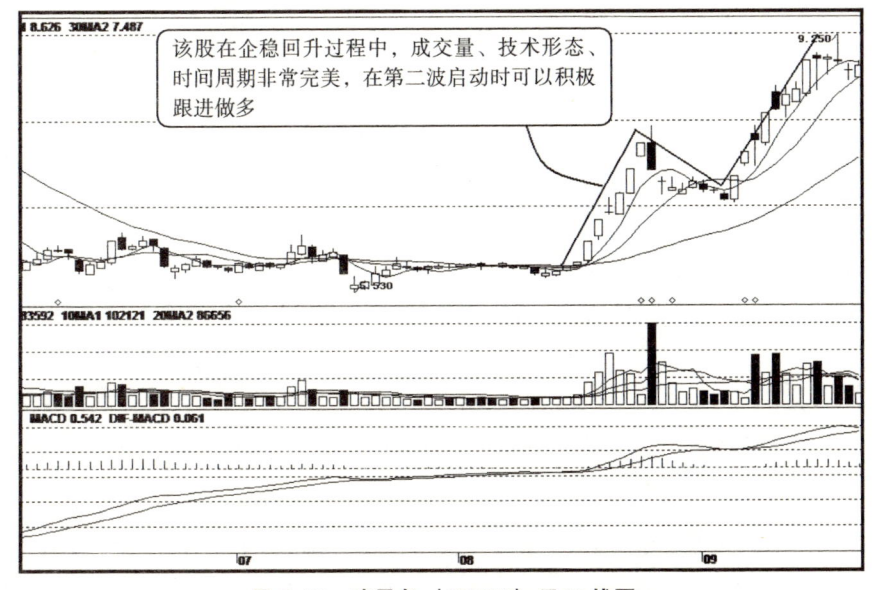

图7-33 武昌鱼（600275）日K线图

图 7-34，拓中股份（002346）：该股第一波反弹结束后，股价从 31.58 元下跌 9 个交易日有效止跌，成交量较上涨时出现有效减半，且在后期 5 天上涨及 3 天洗盘，成交量都未有效放大；再次上涨 5 天拉了 3 个涨停板之后，成交量开始放大，然后经过 3 天洗盘（从 30.09 元下跌），成交量缩小，后期成交量恢复有效放大，股价进入主升浪。从形态上来说，第 1 个高点和第 2 个高点之间洗盘非常充分，从下跌 9 个交易日止跌，到上涨 5 天，洗盘 3 天，再次上涨 5 天股价回升到前期高点附近，再次展开 3 天洗盘，形态上非常漂亮。从时间周期分析，该股属于慢速洗盘走势，从 31.58 元下跌第 9 天交易日止跌未拉板，上涨 5 天，然后洗盘 3 天，再次 5 天上涨，拉了 3 个有效涨停板，再次下跌 3 天之后进入主升浪。

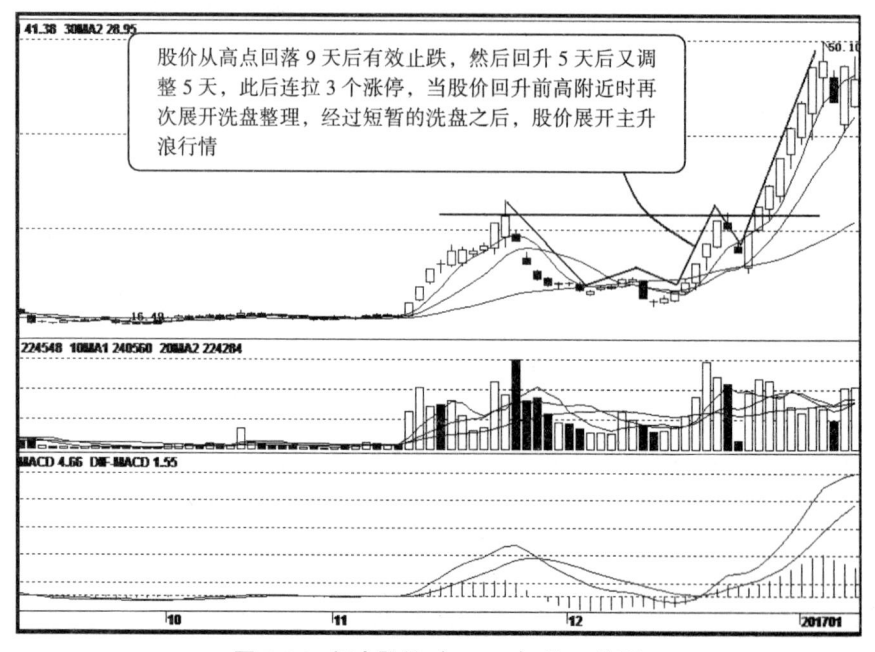

图 7-34　拓中股份（002346）日 K 线图

图 7-35，宝塔实业（000595）：该股从 10.19 元下跌 7 个交易日后有效止跌，成交量较前期放大时有效减半，且在之后的 3 天上涨及 2 天洗盘，成交量都未有效放大。当股价再次上涨 5 天拉了 2 个涨停板之后到达 10.74 元，成交量出现放大，后经过 5 天洗盘，第 6 个交易日涨停，成交量恢复有效放大。

从形态上来说，走势非常好，第一个高点到第二个高点之间的洗盘整理非常充分，从下跌 7 个交易日止跌，到上涨 3 天，洗盘 2 天，再次上涨 5 天，洗盘 4 天，再次上涨，在形态上非常漂亮。从时间周期分析，从 10.19 元下跌第 7 天交易日止跌未拉板，

第七章　游资接力——妖股拉升模式

上涨 3 天，然后洗盘 2 天，再次 5 天上涨，拉了 2 个有效涨停板，再次下跌 4 天之后出现连续涨停。

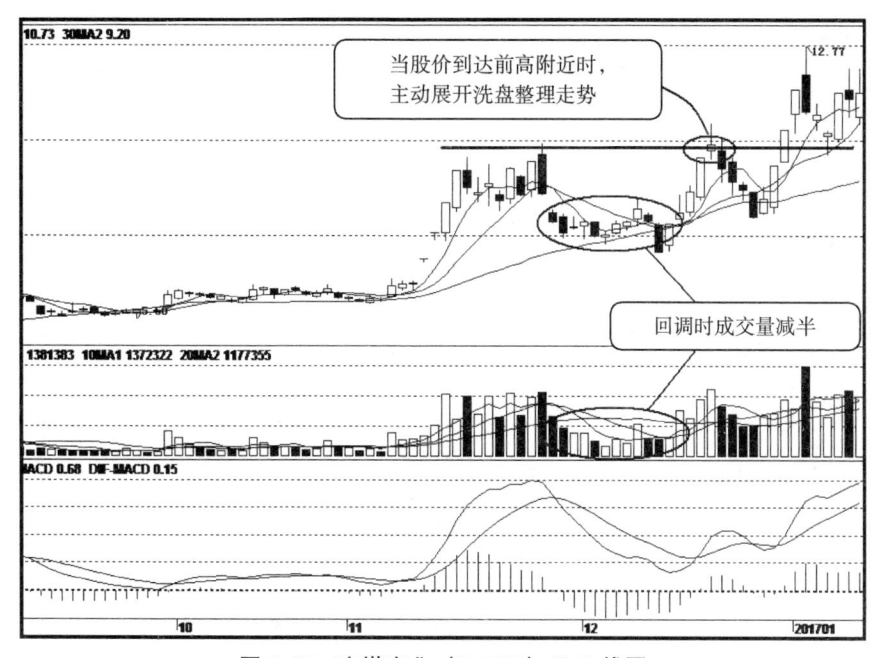

图 7-35　宝塔实业（000595）日 K 线图

图 7-36，诚迈科技（300598）：该股主力大幅砸低股价后企稳回升，成交量渐渐放大，当股价回升到前期盘区附近时，主动展开洗盘整理，成交量明显萎缩一半左右。从形态上看，经过 7 个交易日的缩量整理，2018 年 3 月 21 日（即第 8 个交易日）股价涨停，形态上非常完美。从时间周期分析，该股属于快速洗盘走势，从 27.58 元下跌第 4 天交易日止跌企稳，股价 3 个交易日整理后，在第 8 个交易日涨停，从此开启一波主升浪行情。

图 7-37，神马股份（600810）：该股从 9.39 元下跌 5 个交易日有效止跌，成交量较前期放量时减半，2018 年 2 月 13 日（即第 6 个交易日）再度放量涨停。从形态上看，股价从下跌第 6 个交易日止跌并涨停，形态上属于强势洗盘股，且成交量再次放大，说明洗盘结束，短期主力发起上攻。从时间周期分析，该股属于快速调整走势，符合主升浪的调整要求。

股市上有句名言：新手死于追高，老手死于抄底，高手死于杠杆。抄底不是好玩的，一波牛市的末尾，基本是大量的抄底盘被套，很多甚至是躲过了高点，躲过了暴跌，也躲过了股灾的，但却死在了抄底的路上，所以不要盲目抄底。只有掌握成交量、技术形态和时间周期三方面因素，当股价突破后回调洗盘结束时，才是最理想的买入时机。

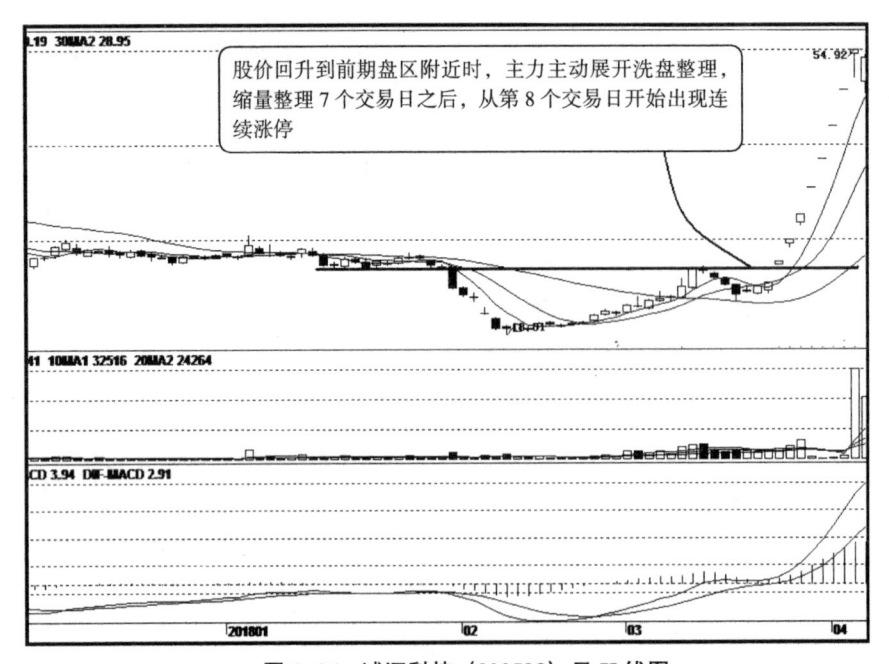

图7-36 诚迈科技（300598）日K线图

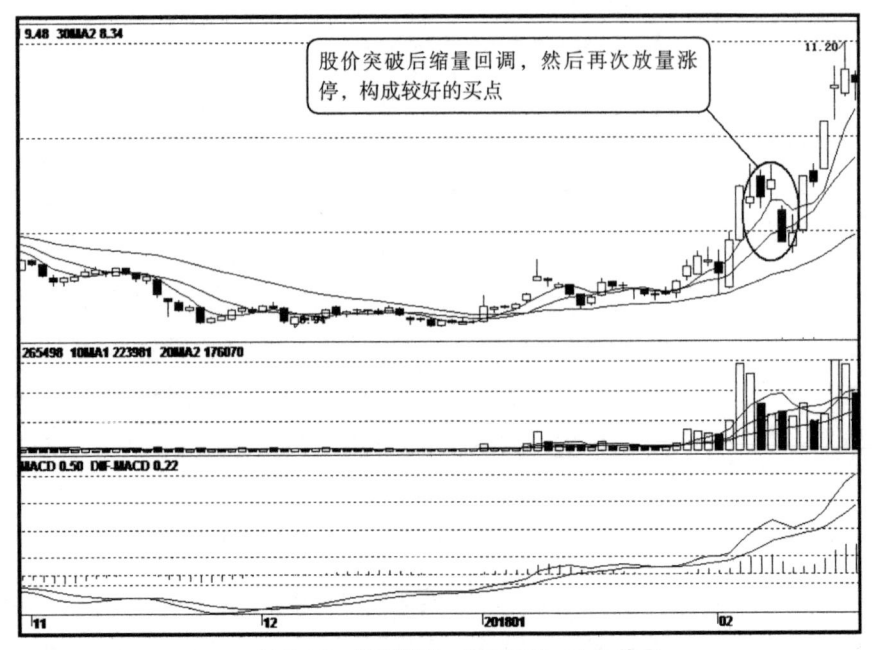

图7-37 神马股份（600810）日K线图

# 第八章　妖孽现形——妖股出货模式

天下没有不散的筵席，也没有不熊的牛市。妖股出货时有何特点？虚假性、突然性。妖股陨落时，与启动时一样，盘面毫无征兆，不按常理出牌，根本不给你反应的时间，直接人去楼空，树倒猢狲散。

## 第一节　变盘的主要原因

### 一、变盘前征兆

变盘的产生和发展，需要基本面和技术面的相互配合。股票的复杂之处在于很多因素相互交织在一起共同发挥作用，是多种因素作用的结果。对于引起变盘的原因，它们既可以单独存在，单独发挥作用，又可以相互影响，共同发挥作用。当共同发挥作用时，就会形成力量的叠加效应，而使变盘的力度更大。所以，在分析变盘时，必须了解变盘的成因。市场发生变盘前，总会呈现出一些征兆：

（1）指数在某一狭小区域内保持横盘震荡整理的走势，持续一段时间处于上下两难、涨跌空间日趋收窄的状态中，这是暴风雨前的宁静，预示即将变盘。

（2）在K线形态上，K线实体较小，经常有多根或连续性的小阴小阳线，并且期间经常出现十字星走势。

（3）大部分个股走势波澜不兴，缺乏大幅盈利的波动空间。

（4）市场投资热点平淡，既没有强悍的领涨板块，也没有能够聚拢人气的龙头个股。

（5）增量资金入市犹豫，成交量明显趋于萎缩且不时出现地量。

（6）市场人气涣散，投资者观望气氛浓厚，意味这种现象很快被打破。

（7）在有了一定涨幅的高位区域，放量不涨或小涨，出现量价背离现象，说明多空双方意见出现分歧。

（8）在高位区域，向上攻而不破，股价久盘不涨，暗示主力在高位暗中出货，一旦主力出货接近尾声，股价就会向下变盘。

## 二、基本面因素

（1）宏观政策。股市是国民经济的晴雨表，宏观政策的变动直接或间接影响到资本市场，直接引起股市的涨跌，这是引发股市变盘的内在原因，包括宏观政策导向、经济运行状况、国内外政治因素、国际金融市场秩序等，以及社会（或公司）突发性事件（如地震、自然灾害），也属于这方面的因素。

（2）公司消息。上市公司发布的具有实质性的利多或利空消息，能够直接导致股价的大起大落，这是引发股价变盘的直接原因。目前，能够引发个股股价变化的包括投资价值和投机价值的增长或缩短两方面内容。

投资价值的增长或缩短有以下两类：一是业绩增长，如爆发性增长、由大亏转大盈、持续高增长等；或业绩亏损，如盈利大幅下滑、由大盈转大亏、持续亏损等。二是资产增值或贬值，如隐蔽资产、股权等增值或贬值。

投机价值的增长或缩短也有以下两类：一是个股题材，如高送配、产品价格大幅上涨、资产重组、收购或者注入热门资产、重大行业性利好等；或个股题材落空，资产重组失败等。二是比价效应，如同板块或者同概念股票价格出现暴涨或暴跌，也会带动相关个股走牛或转熊。

## 三、技术面因素

股价在长期的运行过程中，大多是由于技术面到达临界点而出现变盘，这就是股价到达变盘时间窗口，掌握了这个时间窗口，就把握了较好的买卖时机。

### 1. 整理末期

当整理行情结束之时，将选择突破的方向，要么向上突破，要么向下变盘。横盘整理的变盘方向，在较大程度上取决于横盘整理行情的形成情况。横盘整理是变盘的前奏，特别是股价经过大幅上涨后的横盘整理，很容易形成顶部或阶段性顶部，在上涨高位形成的横盘整理行情结束时，绝大多数情况将选择向下突破。一旦向下变盘确立，则调整时间长、回落幅度大。

图8-1，亨通光电（600487）：股价大幅走高后，主力获利十分丰厚，但主力持有大量筹码，船大难掉头，一时难以兑现手中获利筹码，只能在震荡中悄然派发筹码，

于是在高位边护盘、边减仓，从而形成横向震荡整理形态。经过一段时间的横向震荡后，主力手中获利筹码已所剩无几，2018年1月29日主力放弃护盘，股价向下破位，此后进入中期整理走势。

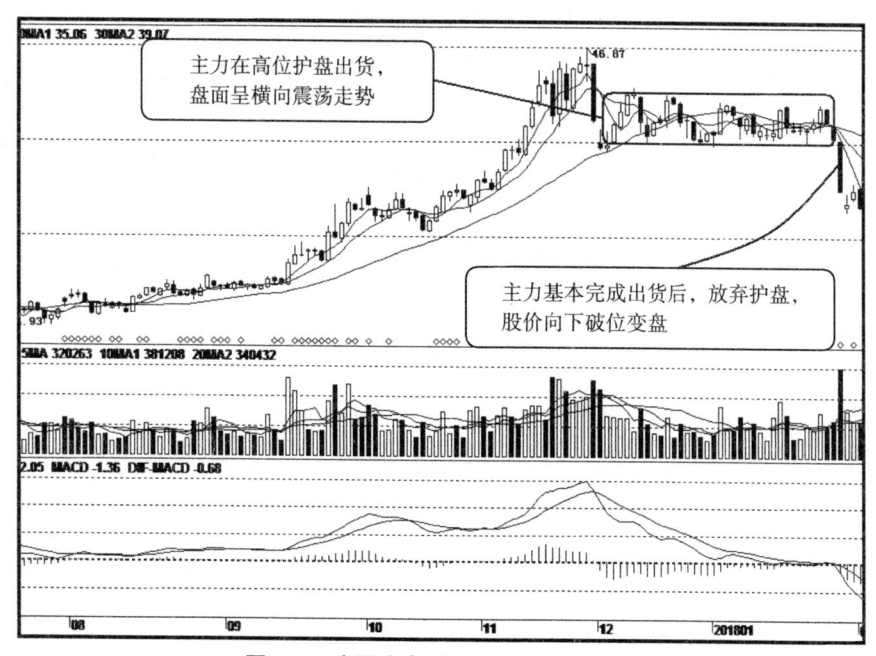

图 8-1　亨通光电（600487）日 K 线图

2. 出货完毕

当庄家在高位顺利完成或基本完成出货计划后，就会放弃护盘行动，股价出现向下变盘，这是技术因素引起的重要变盘之一。

图 8-2，飞科电器（603868）：该股庄家炒高股价后，在高位大量派发获利筹码，在 B 浪反弹过程中主力出货行为更加明显，股价到达前高附近时出现滞涨现象，2018年1月22日大幅跳空低开4.22%，全天呈弱势震荡走势，形成变盘信号。盘中这个向下跳空缺口就是一个向下变盘信号，而且跌破了30日均线的支撑，此时投资者应果断离场。

3. 超买超卖

如果在上涨之后的相对高位，短期股价出现超买，那么向下变盘的可能性较大，但也不排除短期出现上涨加速赶顶走势。相反，如果在大幅下跌之后的低位，股价严重超卖时，那么向上变盘的可能性较大，但也不排除加速下跌赶底。

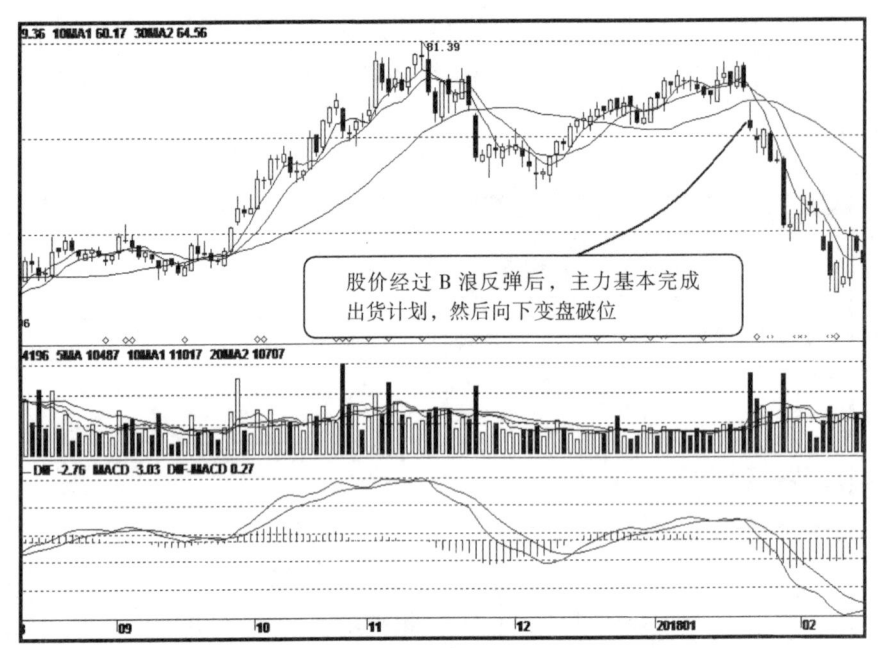

图8-2 飞科电器（603868）日K线图

图8-3，再升科技（603601）：该股上市后大幅炒高，股价上市首日以4.22元开盘，不到半年时间股价突破50元，涨幅超过10倍，短期股价严重超买，随时有回落调整的风险。2015年5月28日股价高开低走，在高位收出一根放量大阴线，这就是一

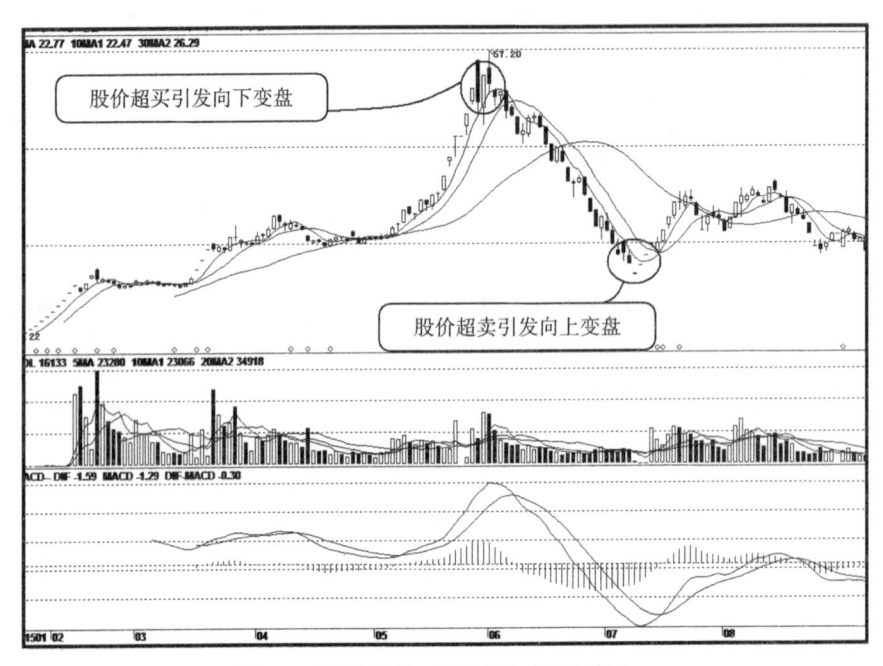

图8-3 再升科技（603601）日K线图

个变盘信号，说明主力有减仓动作。随后股价快速走低，7月8日股价已经回落到17元下方，累计跌幅接近70%，短期股价严重超卖，随时有超跌反弹出现。7月9日，股价出现"一"字涨停，这是一个向上变盘信号，随后出现强劲的反弹行情，反弹中一连收出6个涨停板。

## 第二节 变盘临界点

### 一、变盘的特征

在股市中，很多人对"变盘"非常敏感，也特别重视，那么什么叫变盘呢？变盘是指股价或指数本来处于某种长期趋势（上涨、下跌、盘整）之中，由于受某种原因影响，在短期内迅速改变原来的运行模式，由一种新的运行模式代替原来的运行模式，并延续新的运行模式持续一段时间。简单地说，变盘就是改变原来的运行轨迹。例如，股价打破盘整而转为上涨或下跌，或者股价由牛市转为熊市或熊市转为牛市，市场出现彻底的多空模式转换。

严格地说，只要股价出现不能维持原来的运行模式都称为变盘。例如，原来上涨的行情出现滞涨盘整，或原来下跌的行情出现止跌盘整，都属于变盘。或者，缓慢上涨变加速上涨或变下跌，或缓慢下跌变加速下跌或变上涨，也是变盘走势。

变盘具有以下三个特征：
（1）明确改变一个方向，形成一个明显的转折点。
（2）股价短时间内出现急剧变化，一锤定音，胜负立即见分晓。
（3）股价延续新的运行模式持续一段时间，而不是一两天的震荡走势。

### 二、变盘节点

变盘临界点也叫变盘节点，就是根据多年的股市运行规律总结出来的重要变盘时点，即股价运行到了变盘的关键"时间窗口"，可分为政策时间窗、周期时间窗、理论时间窗、技术时间窗。例如，连续上涨多少天，这一波上涨趋势多少天，会不会改变趋势，都是很重要的变盘节点，股市变盘节点应当重视、必须重视。变盘节点一般处于股票顶底和底部区域，或者股价运行到技术形态的末端。

临界点有空翻多的底部临界点，也有多翻空的顶部临界点。变盘究竟是向上变盘还是向下变盘，则取决于多种市场因素，其中主要有以下四点：

（1）股指或股价所处位置的高低，是处于高位还是处于低位。

（2）在出现变盘征兆以前是上涨的还是下跌的，因为上涨行情发展到强弩之末时达到某种的多空平衡，还是因下跌行情发展到做空动能衰竭而产生的平衡。上涨中的平衡要观察市场能否聚集新的做多能量来判断向上突破的可能性，而下跌中的平衡比较容易形成向上变盘。

（3）观察市场资金的流动方向，以及进入资金的实力和性质，通常低位大盘指标股的异动极有可能意味着将出现向上变盘的可能。

（4）观察主流热点板块在盘中是否有大笔买卖单的异动，关注板块中的龙头个股是否能崛起，如果仅仅是冷门股补涨或超跌股强劲反弹，往往不足以引发向上变盘。

### 三、变盘时间窗口

时间窗口也可称为"变盘期"，可分为政策时间窗、周期时间窗、理论时间窗、技术时间窗等。

政策时间窗：如国家重要会议召开、重要经济数据公布、重大调控时间段等。

周期时间窗：如股市运行规律周期、行业生命周期、其他一些运行周期等。

理论时间窗：如黄金分割位、斐波那契数列、涨跌等长周期、日历预测法等。

技术时间窗：在股市中玩技术的人越来越多，但懂技术的人并不多，能做精技术的人更少。技术随量价而千变万化，如果没有经过数百次以上的技术操练，那肯定会在技术上吃大亏。技术变盘期一般是处在行情持续的末端，如持续上涨后、持续下跌后、持续盘整后发生变盘转向的可能。在分清阶段位置中，就基本上有较高的方向判定，只是等待变盘信号的出现。简单地说，上涨后高位出现放量大阴线下跌或向下跳空缺口、下跌中止时出现大阳线或向上跳空缺口、横盘箱体后的向上或向下突破上下轨道线时，这些是已经变盘的信号。

# 第三节 妖股变盘的研判

一般来说,股市发生变盘总是来得非常突然,甚至来不及反应,但庄家在酝酿变盘之前,也会呈现出一些预兆性的市场特征。

## 一、区间震荡狭窄

指数或股价在出现变盘之前,大多有一个平静的过程,这是暴风雨前的宁静,意味着市场将要出现变盘。在盘面上,市场在某一个狭小区域内,保持横盘(微向上或向下倾斜)震荡整理走势,持续时间较长,多空处于上下两难状态,涨跌空间均十分有限。某日,股价出现大幅上涨或下跌,此时市场做出了方向性选择,变盘就此展开。

图8-4,中南建设(000961):该股经过一波下跌行情后形成横盘整理,震荡幅度渐渐收窄,K线实体缩短,此时30日均线继续下压,说明股价已经到了变盘的临界点。2015年8月18日股价放量下跌,收出一根跌停大阴线,股价向下变盘一目了然,此时投资者应果断离场。

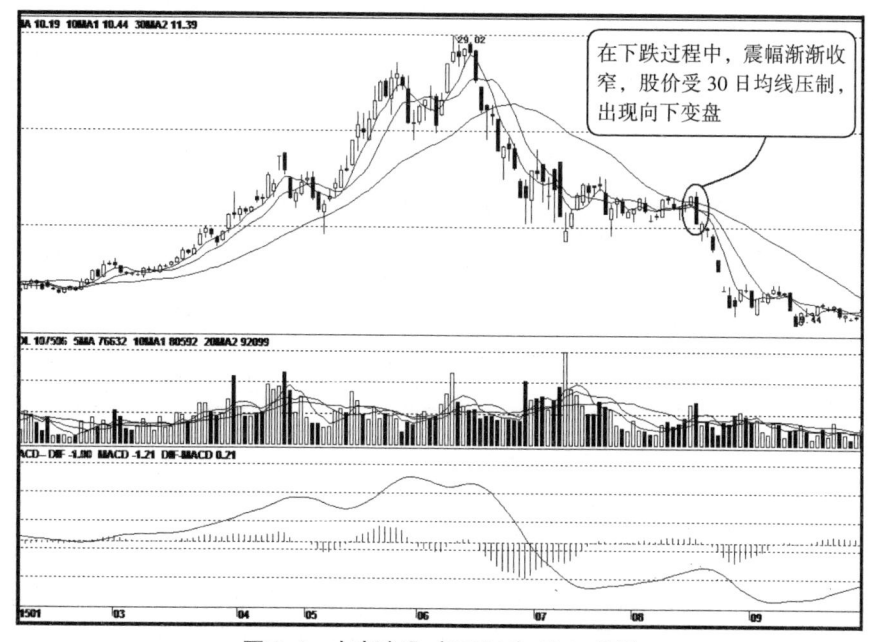

图8-4 中南建设(000961)日K线图

## 二、K线实体较小

在K线形态上，实体渐渐缩小，经常有多根或连续性的小阴小阳线，并且其间经常出现十字星走势，说明股价将发生变盘。此时，投资者可以根据股价所处的位置高低进行分析判断，如果股价处在大幅上涨后的高位，则向下变盘的可能性较大，宜逢高离场操作；如果股价处在长期调整后的低位，则向上变盘的可能性较大，宜逢低吸纳为主，但往往还有最后一跌的可能，此时也不必过于恐慌，毕竟股价已经到了市场的底部区域，应坚定持股待涨。

图8-5，金信诺（300252）：在股价大幅上涨的高位，震荡幅度慢慢变窄，K线实体渐渐缩小，逐步形成一个小型三角形整理形态，股价面临变盘节点。由于股价涨幅已高，预计向下变盘的可能性较高，投资者必须做好撤离准备。2015年6月16日，股价跳空低开2.96%后逐波走低，无力回补当天跳空缺口，并以跌停板报收，形成一个有效的向下变盘信号。

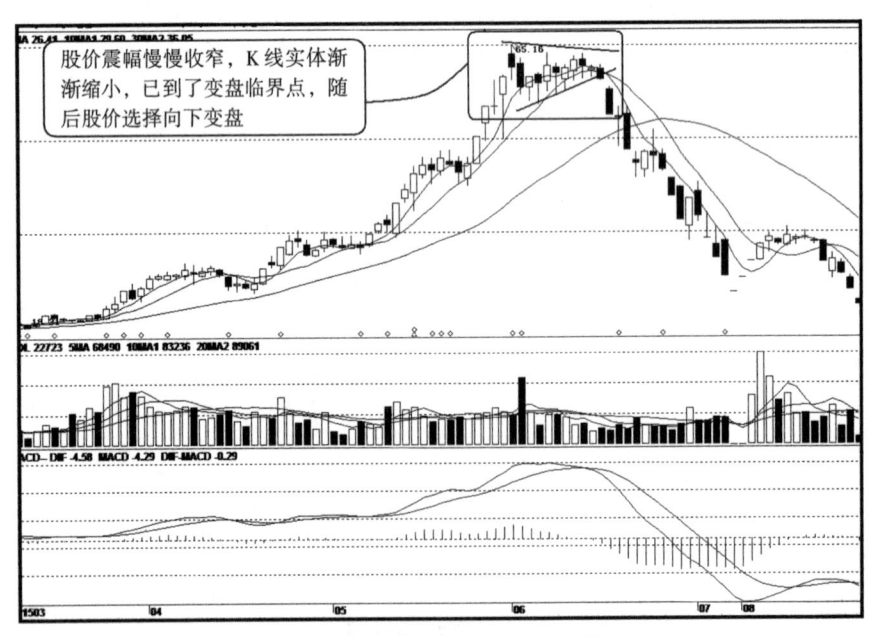

图8-5　金信诺（300252）日K线图

## 三、个股波澜不兴

当市场大部分个股波澜不兴、缺乏投资热点时，板块表现平淡，既没有强悍的领涨板块，又没有能够聚拢人气的龙头个股，市场一片沉寂，一时失去了方向，缺乏大幅盈利的波动空间，这往往也是变盘的征兆。

例如，在2015年6、7月的大盘暴跌期间，市场板块普遍下跌，个股纷纷跳水，市场没有持续热点板块，唯有钢铁板块独善其身，逆势飘红，那么该板块能扛起大盘吗？显然不可能。大盘的持续低迷预示着该板块即将出现变盘，投资者应有先知先觉准备，逢高离场观望。

图8-6，武钢股份（600005）：2015年6月15日至7月8日大盘出现持续暴跌，市场个股波澜不兴，而该股在7月1日之前一直坚持在高位震荡，那么该股能坚持得住吗？大盘的持续暴跌，市场的持续低迷，就是个股的一个变盘征兆。7月2日，庄家终于放弃护盘计划，股价向下击穿30日均线后，出现一轮急跌走势，从此进入中期调整行情。

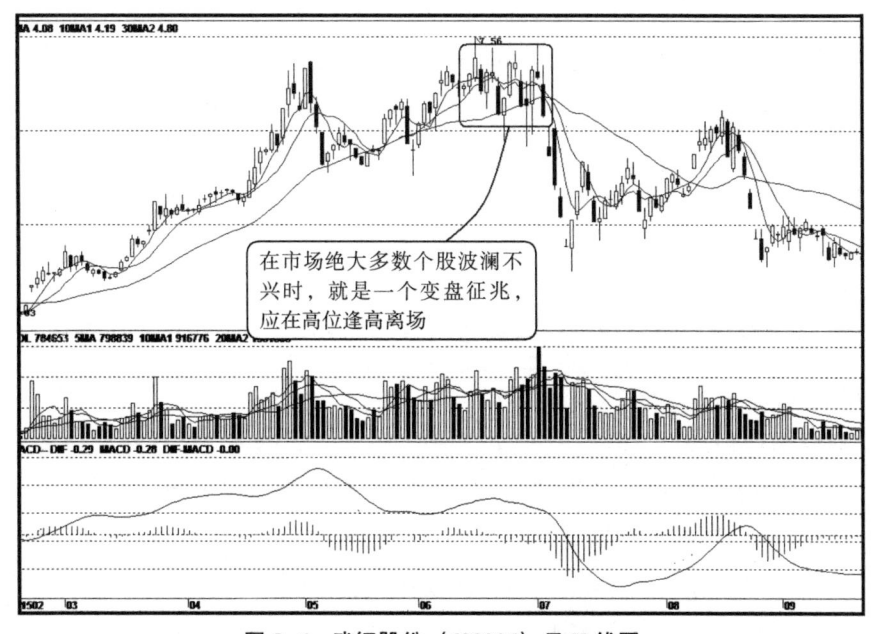

图8-6 武钢股份（600005）日K线图

## 四、量能出现异常

在实盘操作中，成交量出现异常的骤增或萎缩，都是不正常的，这是发生变盘的典型征兆。当增量资金入市犹豫，成交量明显趋于萎缩且不时出现地量，说明股价做空动能衰竭，庄家酝酿向上变盘，此时如果价位不高，可以逢低介入；当增量资金大举入市，成交量明显趋于放大且不时出现天量，说明短期炒作过头，且有庄家对敲嫌疑，一旦能量不继，就容易出现向下变盘，此时如果股价处于高位，应果断离场。

图 8-7，文峰股份（601010）：在 2015 年 2 月中上旬的整理时段，成交量极度萎缩，说明做空动能衰竭，股价面临变盘，投资者应积极关注，2 月 27 日选择向上变盘，此时应大胆介入。经过庄家大幅炒作后，4 月 13 日、14 日出现异常放量情况，K 线收大阴线，说明市场出现变盘，此时应果断离场。

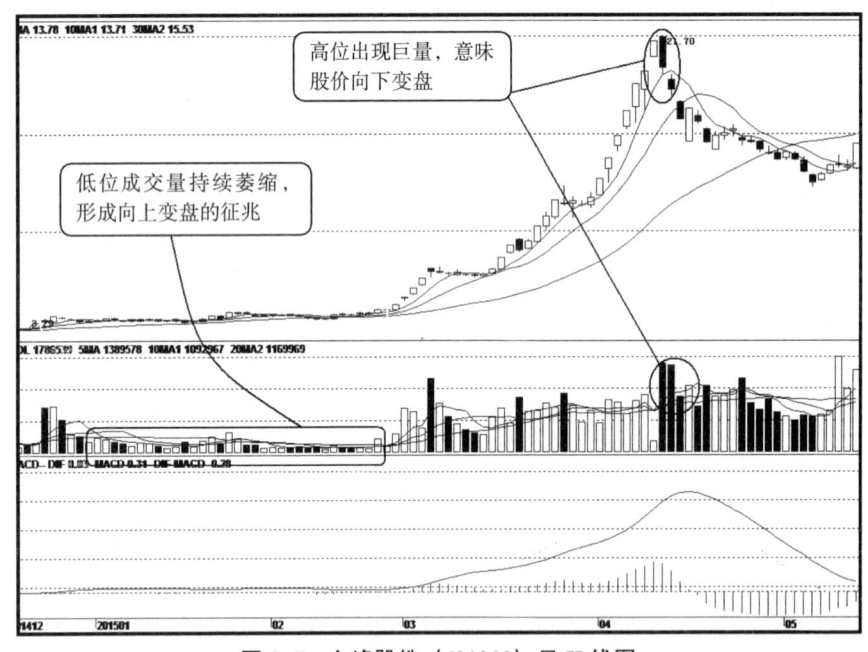

图 8-7  文峰股份（601010）日 K 线图

图 8-8，厦门信达（000701）：股价大幅下跌后，在底部出现震荡整理走势，成交量极度萎缩，说明下跌空间已经不大，股价面临变盘，投资者应积极关注。一般而言，这种底部缩量盘整走势，大多出现向上变盘的可能性较大，此时投资者应积极关注，一旦向上变盘应大胆介入。2015 年 10 月 12 日，股价出现向上变盘，短期股价快速上涨，连拉多个涨停板。而在 10 月 21 日之后的连续 3 个交易日里，成交量大幅放大，平均换手率超过 22%，而股价已经出现滞涨现象，说明股价将要发生变盘。由于股价处于阶段性高点位置，向下变盘的可能性较大，投资者应做好离场准备。随后几天震幅收窄，K 线实体缩小，变盘临界点越来越近，11 月 2 日终于出现向下变盘，此时应立即出局。

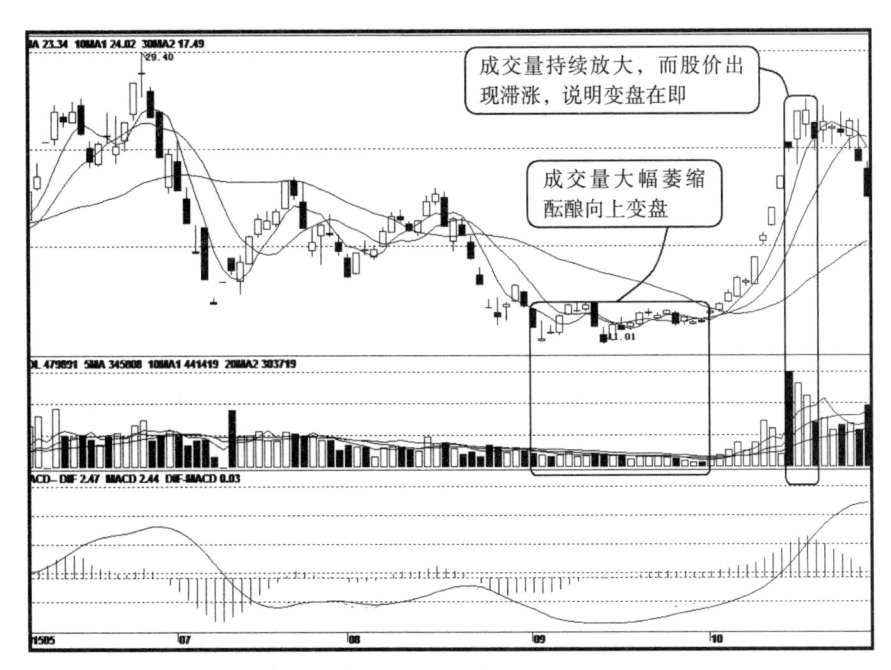

图 8-8 厦门信达（000701）日 K 线图

## 五、人气出现冷热

市场投机气氛的变化，也是股市变盘的征兆之一。当市场人气极度涣散，投资者观望气氛浓厚，盘面交投清淡时，预示股价即将出现向上变盘；当市场人气出现极度狂热，投资者争相购买股票时，往往失去理性投资，此时容易出现向下变盘。

图 8-9，上证指数（000001）：市场在 2014 年 7 月之前的盘势中，每日成交均量在 800 亿元左右，说明盘面交投清淡，市场人气涣散，同时也反映下方空间已经不大，只要出现做多由头，市场极易引发向上变盘。而到了 2015 年 6 月，股指已经突破 5000 点，此时市场人气沸腾，争相开户炒股票，成交量大增，热钱不断涌入市场。人们对市场产生较高预期，有人看高到 8000 点甚至 1 万点，这种过度投机和不理性的反应，是市场变盘的一个征兆，意味着市场将出现阶段性顶部。

## 六、市场走势极端

股价出现暴涨暴跌，市场形成超买超卖，短期过度投机，此时容易出现变盘，股价从一个极端走向另一个极端。

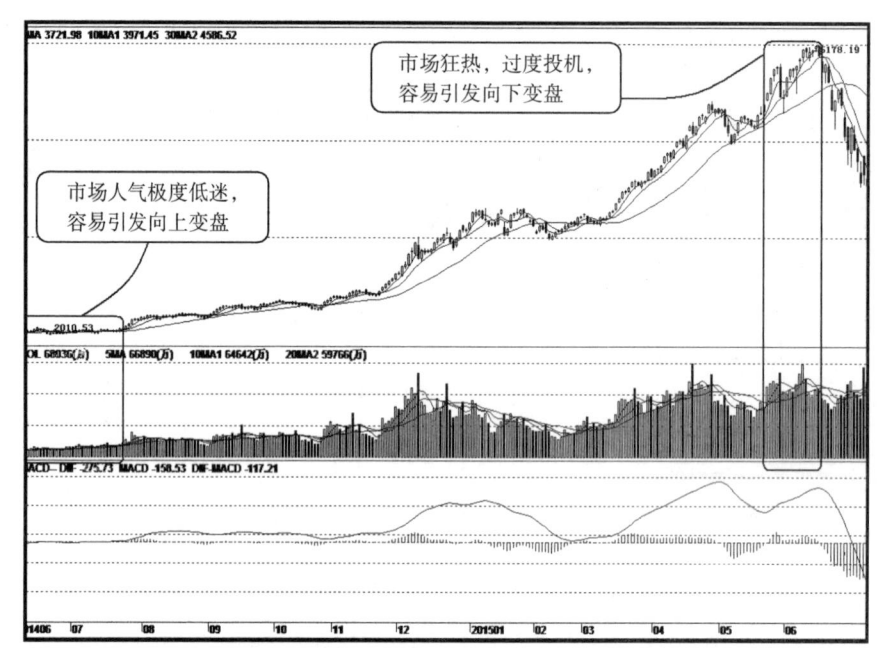

图 8-9 上证指数（000001）日 K 线图

图 8-10，双杰电气（300444）：该股上市后就被实力强大的庄家大幅炒作，股价出现飙涨行情，一共拉出 23 个涨停板，短期投机过度，股价超买严重，已经到了极端走势，随时有向下变盘的可能。2015 年 5 月 28 日，股价跳高从涨停板开盘，然后逐波震

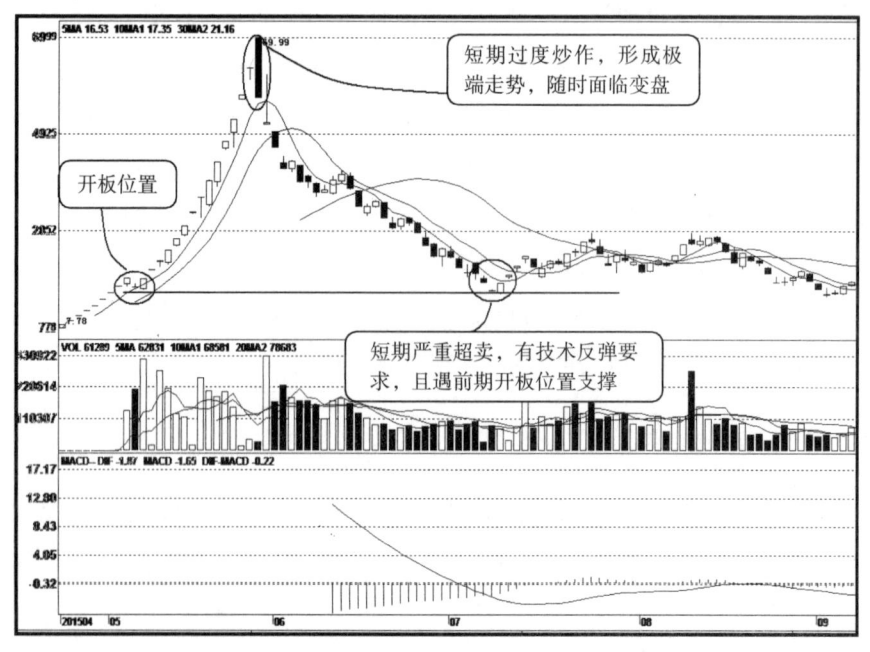

图 8-10 双杰电气（300444）日 K 线图

荡走低，以跌停板收盘，在高位收出一根幅度达到 20% 的大阴线，说明股价开始向下变盘，随后一路走低。到 7 月 8 日，股价累计跌幅已经达到 77%，说明此时股价严重超跌，又是一种极端盘面，有企稳反弹要求，且该处恰逢前期上涨过程中的开板位置，股价在此得到支撑后出现企稳反弹。

## 第四节　变盘时操作技巧

### 一、开盘——高开、低开

开盘是给全天的走势定下一个基调，很多个股在开盘时就咄咄逼人，有些庄股在即将启动时也利用开盘来显示其风采。投资者如果充分利用好开盘的某些异动来分析和判断，就能够捕捉一些市场机会。开盘异动重点关注大幅跳空高开盘和大幅跳空低开盘两种情况。

1. 大幅跳空高开

一般情况下，大幅跳空高开是一种强烈的向上变盘信号，最强烈的变盘信号就是直接从涨停板开盘，全天巨量封盘不动，形成"一"字涨停。一般性的跳空开盘会留下一个向上缺口，且当天跳空缺口不回补，股价往往以涨停板收盘。这种盘面说明多空力量趋于一致，股价继续强势向跳空一方发展，盘面气贯长虹，势如破竹。

但是，如果在股价涨幅已经巨大或者在加速上涨的高位出现大幅跳空高开现象，不见得就是一个向上突破的信号了，这往往反映庄家利用跳空高开诱导散户入场，以便实现自己高位出货的目的。特别是在高位出现大幅跳空高开后，股价不能坚挺在高位，而是出现高开低走收出阴线，K 线组合出倾盆大雨、乌云盖顶等形态，那就要引起高度警惕了。最强烈的向下变盘信号就是股价从涨停板开盘，然后一路盘跌至跌停板收盘，当天股价振幅达到 20%，说明空方抛压坚决，股价短期难以重新继续向上走强。

图 8-11，九典制药（300705）：股价完成筑底后，在 2018 年 3 月 20 日放量向上突破，从而开启一波拉升行情，短短 14 个交易日股价涨了一倍，盘中堆积了大量的获利筹码。4 月 11 日，股价大幅跳空到接近涨停价附近开盘，盘中一度封涨停，但很快开板并震荡走低，收盘时仅涨 2.17%，K 线组合上形成倾盆大雨形态，在涨幅较大的高位出现这种现象，就是一个向下变盘的信号。而且，当天成交量大增，说明主力暗中派

发获利筹码，因此构成一个卖出信号。次日，低开低走，股价跌停，从此出现深幅调整走势。

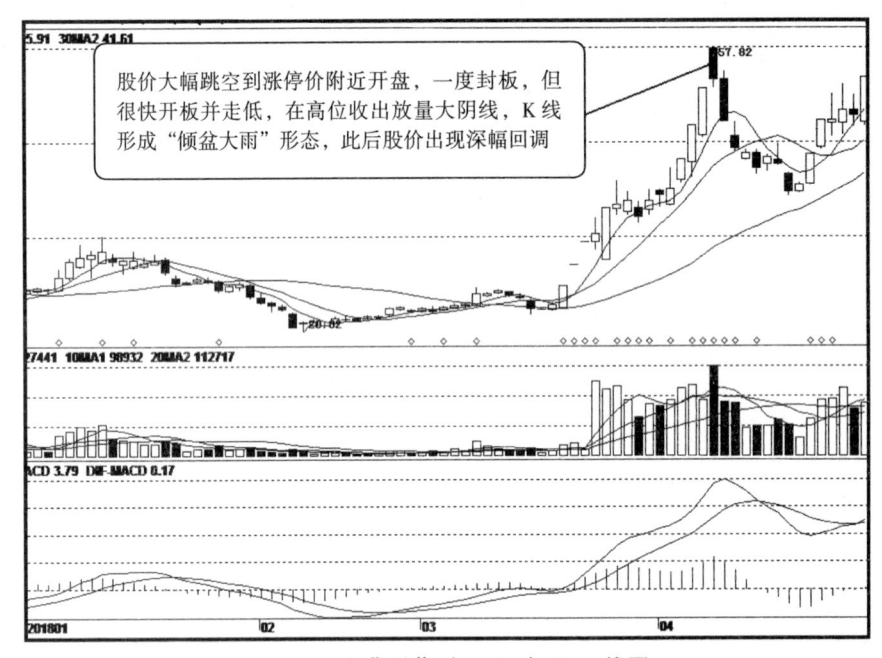

图中标注：股价大幅跳空到涨停价附近开盘，一度封板，但很快开板并走低，在高位收出放量大阴线，K线形成"倾盆大雨"形态，此后股价出现深幅回调

图 8-11　九典制药（300705）日 K 线图

在实盘中，股价出现跳空高开时，应注意以下六点：

（1）在底部建仓末期。要观察股价是否经过一轮大跌之后的阶段性底部？如果是，则说明已经有庄家开始关照了，应密切注意该股的动向，一旦向上变盘，随时准备介入。

（2）在拉升阶段初期。要观察股价是否从底部向上突破了 30 日均线，如果是，则说明股价已经进入拉升阶段初期，庄家前期建仓计划已经完成，此时可以在开盘价附近买入。

（3）在拉升阶段中期。要观察股价是否处在突破 30 日和 60 日均线后的上升通道，如果是，则说明庄家在按计划进行波段性拉高操盘，股价将向上变盘。当天如果涨停，则是变盘加速上涨信号，可在涨停位置排队买入，盘中开板就是入场机会。

（4）在拉升阶段末期。要观察股价是否已经完成了一轮大波段涨幅：熊市 30% 以上，牛市 80% 以上。如果是，即使向上变盘也不能追涨，股价加速后会快速回落见顶，只有短线机会，追涨风险较大。

（5）在盘头阶段初、中、末期。要观察股价是否处在 60 分钟技术系统的低位，如

## 第八章 妖孽现形——妖股出货模式

KDJ 指标在 50 以下金叉。如果是，则可以考虑轻仓买入，但只有短线机会。一般情况下，这种短线机会较小，因此建议还是以观望为主较好。

（6）在下跌阶段初、中期。这是股价超跌反弹的结果，庄家是在完成最后的出货计划，此时向上变盘，买入的风险仍然较大，应以观望为主。

### 2. 大幅跳空低开

大幅跳空低开是一种强烈的向下变盘信号，最强烈的变盘信号就是直接从跌停板开盘，全天巨量封盘不动，形成"一"字跌停。如果跳空低开留下一个向下缺口，且当天跳空缺口不回补，说明空方打压力量强大，股价将继续向下走低，甚至出现断崖式的连续跳水走势。

图 8-12，海伦钢琴（300329）：该股在高位出现连续的小阳拉高，2015 年 6 月 18 日开盘后小幅冲高，然后逐波走低，直至跌停（变盘征兆）。次日，大幅跳空低开 9.52%，然后冲高回落，当天股价巨量封于跌停板，此时市场从变盘征兆转变为有效变盘。投资者在开盘时就应引起警惕，盘中冲高时坚决离场，哪怕套牢也要止损出局，因为变盘信号一旦成立，短期趋势难以改变，股价会继续向变盘方向发展，所以要止损认亏。此后，股价继续向下击穿 30 日均线的支撑，出现大幅跳水走势。

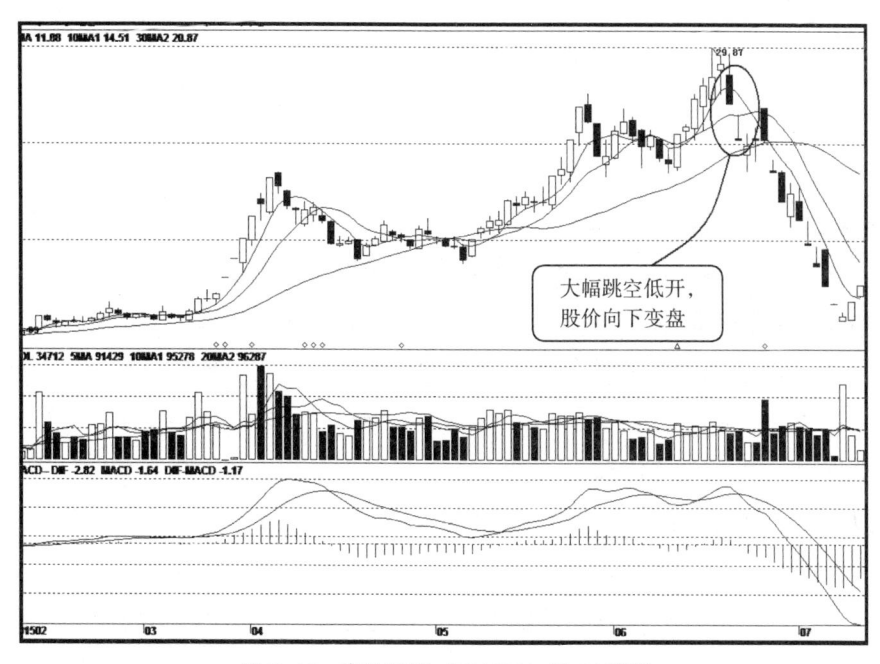

图 8-12 海伦钢琴（300329）日 K 线图

图 8-13，特力 A（000025）：该股经过短期疯狂爆炒，累计涨幅超过 4 倍，股价短期严重超买，随时面临回落风险。2015 年 10 月 26 日和 27 日，连续两个交易日以跌停板开盘，全天巨量封单不动，形成"一"字跌停，说明盘面已经出现变盘。虽然在随后的两个交易日里，股价再次上攻，但这是庄家诱多出货动作，夕阳下的余波。

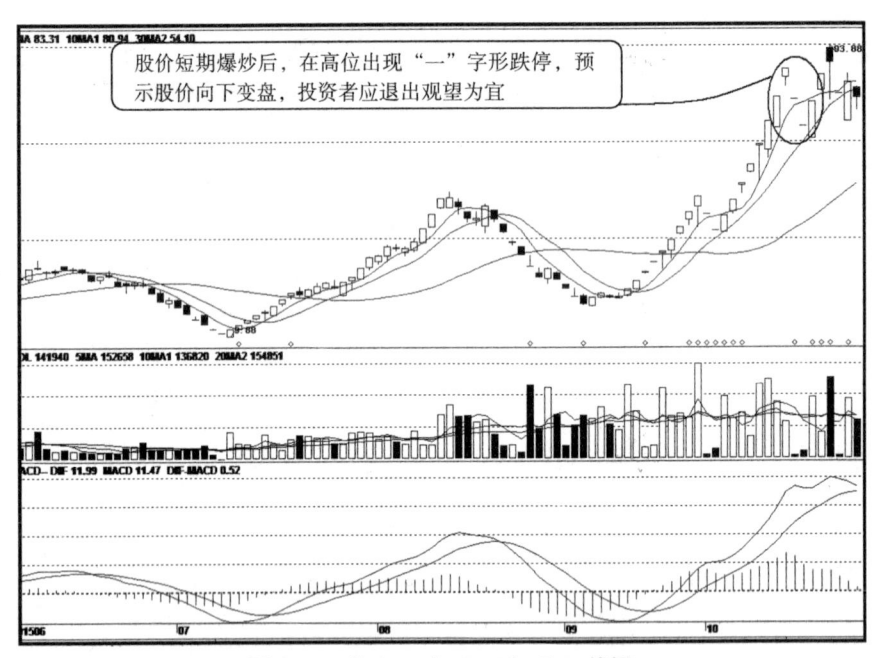

股价短期爆炒后，在高位出现"一"字形跌停，预示股价向下变盘，投资者应退出观望为宜

图 8-13　特力 A（000025）日 K 线图

一般而言，导致股价大幅低开的原因有两个：一是突发性利空消息；二是庄家有意为之。若是突发性因素所致的低开，一般不会导致股票原有趋势的改变。具体来讲，如果在大牛市当中出现重大利空，会导致股市短期急跌和震荡，但调整之后仍会继续原来的上涨趋势，可以不必理会这种短期调整，甚至是加仓的大好良机。当然，如果在下降趋势中出现重大利空，容易"放大"利空效果，加剧股价的下跌态势。面对突发性利空，无法事先得知，也无计可施，所能做的就是尽量减小自己的损失，及时止损。

若是庄家故意大幅低开的，可参考以下三个档次进行操作：

（1）强势低开。低开幅度为 1%~2%，当日反弹时突破前一日收盘价，回调不破均线和当天开盘价，可以继续持有。可能是庄家在洗盘，洗盘之后会拉起来，多表现开盘就拉或长时间横盘后拉起。

（2）弱势低开。低开幅度为 3%~7%，当日反弹时未能突破前一日收盘价，反弹后下撤击破当日开盘价和均线。如果股价处在高位，大多为变盘信号，应离场或减仓；

如果股价处在底部或涨势中途,可能是庄家洗盘或试盘,应根据后续盘面强弱而定。

(3) 极弱低开。低开幅度在 8% 以上,当日反弹时未能突破前一日收盘价,回调后再次击穿均线和当日开盘价,盘中直接跌停。如果在高位为强烈变盘信号,应果断离场;如果在底部或涨势中途,可能是庄家洗盘或试盘,根据下方支撑程度而定。

## 二、收盘——急涨、急跌

收盘异动与开盘异动都是一个短线操作的极好时机。在股票市场与期货市场,波幅最大的时间就是临收盘前近半小时左右。庄家最喜欢在这段时间兴风作浪。尾市是一日之内最重要的时刻,有时全天都在上升,但临到收尾的数分钟却变成"跳水";有时全日都在下跌,到临近收盘时却戏剧性地以飙升收场。收盘异动与开盘异动理论是根据市场的运行规律去推测市场短期的走势,特别是股票市场取消"T+0"制度后,更加体现出此理论的实际操作意义。

1. 尾盘快速急涨

(1) 如果某日临收盘之前,突然有利好消息传入股市,将会刺激投资者购买欲望,但已临近收盘,买方全力买入也买不到多少,只能等到明日开盘再买。

(2) 第二天一开盘,昨天尾市意犹未尽的购买欲,将会体现于一开盘就上升。因为大家唯恐踏空,昨日买不到,今早一开盘就买。短线市场笼罩着利好消息和乐观气氛,所以往往昨天尾市扫货收场,今朝一开盘多数也会出现高开继续扫货现象。

但是,如果股价已经有了大幅上涨的高位,出现尾盘拉高走势,可能是主力诱多动作,此时要谨慎操作。无论是消息所致,还是庄家行为,尾盘拉高要结合价位、量能进行综合分析,这样才能避免操作失误。

图 8-14,万向德农 (600371):该股从 2014 年 2 月开始,出现一波涨幅超过一倍的上涨行情。此时由于大盘环境欠佳,庄家炒作手法有所收敛,不断地在高位兑现获利筹码。

2014 年 5 月 5 日,全天股价窄幅震荡,在临近收盘前半小时,庄家刻意将股价拉到涨停价位。其目的有三:一是维护日 K 线的上升形态完好,使一般散户从日 K 线上看不出庄家在进行减仓操作;二是尾盘用少量资金就将股价快速拉到涨停板位置,为日后继续高位减仓出货腾出足够空间;三是在日 K 线上出现向上突破前期小高点压力,误导散户洗盘结束、股价打开上涨空间的假象。随后,股价维持在高位震荡走势,庄家不断地向外派发筹码。当庄家所剩筹码不多时,5 月 27 日出现一根跌停大阴线,从此进入中期调整走势。

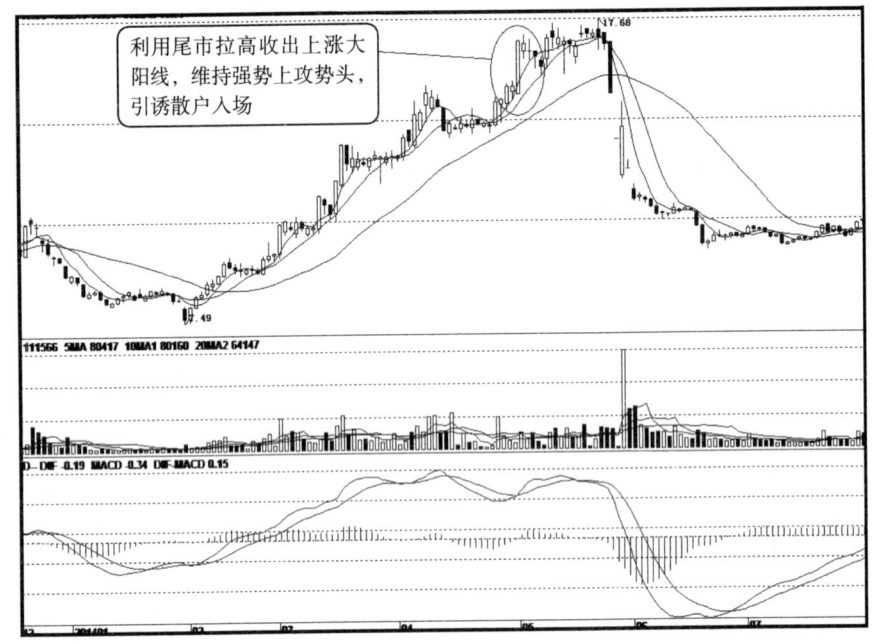

利用尾市拉高收出上涨大阳线，维持强势上攻势头，引诱散户入场

图 8-14　万向德农（600371）日 K 线图

图 8-15，该图为万向德农（600371）2014 年 5 月 5 日尾市拉高走势图。

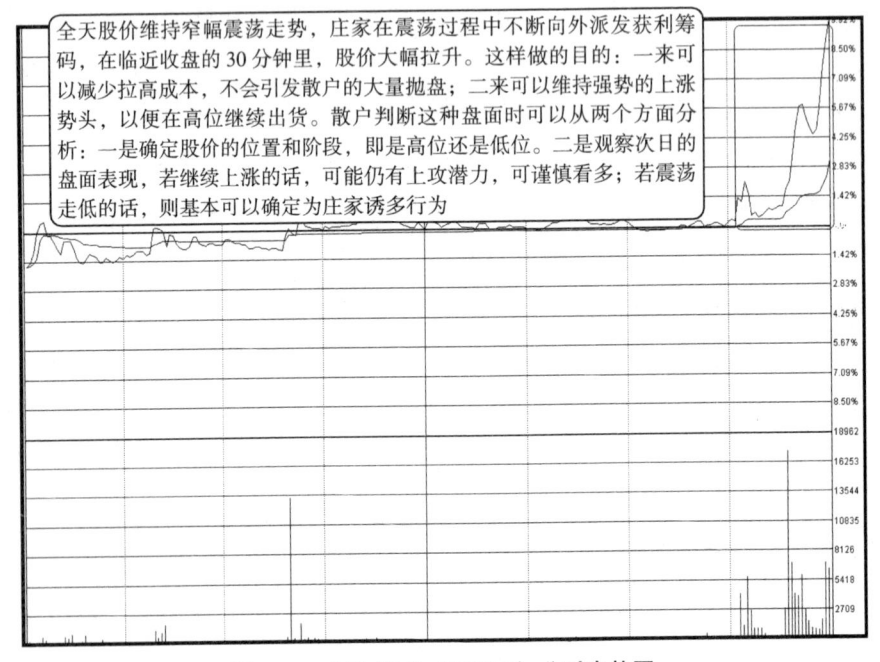

全天股价维持窄幅震荡走势，庄家在震荡过程中不断向外派发获利筹码，在临近收盘的 30 分钟里，股价大幅拉升。这样做的目的：一来可以减少拉高成本，不会引发散户的大量抛盘；二来可以维持强势的上涨势头，以便在高位继续出货。散户判断这种盘面时可以从两个方面分析：一是确定股价的位置和阶段，即是高位还是低位。二是观察次日的盘面表现，若继续上涨的话，可能仍有上攻潜力，可谨慎看多；若震荡走低的话，则基本可以确定为庄家诱多行为

图 8-15　万向德农（600371）分时走势图

图 8-16，中兴商业（000715）：庄家经过近一年的成功炒作后，股价有了两倍多的涨幅，庄家不断在高位减仓操作，股价形成横盘震荡走势。2014 年 4 月 2 日股价维持一天的强势震荡后，在尾市 20 分钟时间里股价迅速涨停，K 线图中产生一根上涨大阳线，这根大阳线无疑吸引了不少散户的热情追捧。可是，次日开始连续下跌收阴，把前面的大阳线全部吞没，此后股价维持一段时间的横盘震荡。自 5 月 14 日开始，股价出现跳水行情，在拉高时介入的散户全部被套牢其中。

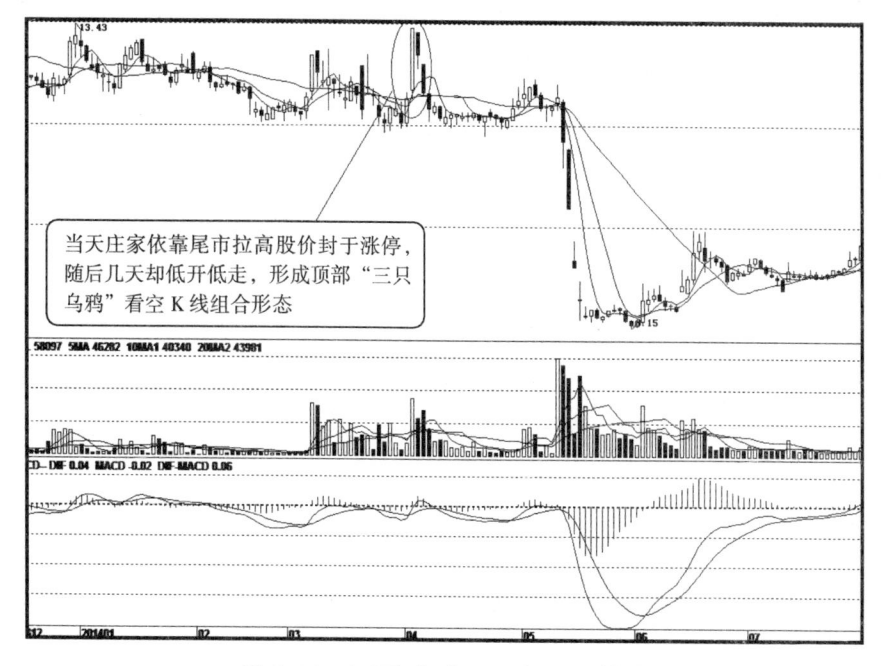

当天庄家依靠尾市拉高股价封于涨停，随后几天却低开低走，形成顶部"三只乌鸦"看空 K 线组合形态

图 8-16　中兴商业（000715）日 K 线图

图 8-17，该图为中兴商业（000715）2014 年 4 月 2 日尾市拉高走势图。

除消息因素外，在股价高位出现尾盘急拉，一般是主力为了加大出货空间，但出货有个时间和空间之差的问题。如果主力过早地在盘中拉高股价，就有可能在拉高后引发抛盘出现。这样主力为了将股价维持在一定的高位，还得在盘中高位接下一定数量的抛筹，甚至还要增加仓位，这对主力出货来说是得不偿失的。

特别在遇到大盘下午走坏时，市场抛压会特别大，要想把股价维持在一定高位就要大量地护盘接筹。没有雄厚的资金是扛不住的，扛不住股价就有可能出现抛压下跌，这样主力的盈利就大幅缩水，因此尾盘拉升的目的就不言而喻。在采用尾盘偷袭方式拉高，甚至拉升持续至收盘，这样可以避免或者缩短拉高后股价横盘的时间，减少拉高股价后主力为了将股价维持在一定的高位在盘中还要接筹的操作。尾盘偷袭方式既能达到拉高股价的目的，又可以节省拉升成本。对想出货的或资金实力一般的主力来说，这是一种较好的操盘技巧。

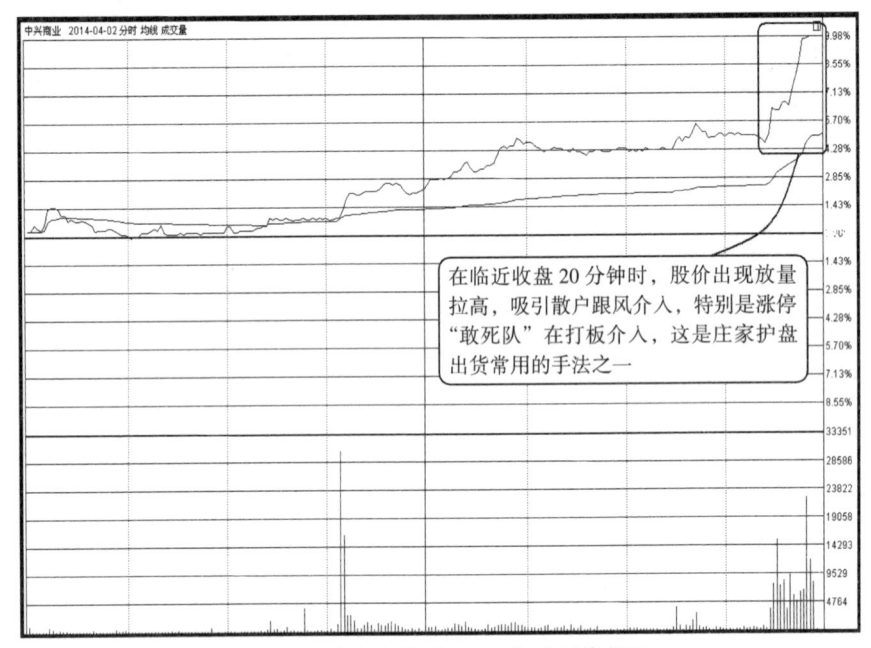

> 在临近收盘 20 分钟时，股价出现放量拉高，吸引散户跟风介入，特别是涨停"敢死队"在打板介入，这是庄家护盘出货常用的手法之一

图 8-17　中兴商业（000715）分时走势图

在技术图形上，尾盘拉高后可能出现以下四种情况：

第一，当天小幅震荡后，最后出现尾盘拉高，形成一根漂亮的大阳线或假阳线，确保第二天的出货空间。

第二，早盘冲高后一路出货而股价回落，通常尾盘拉高缩短 K 线上影线或收出阳线，保持 K 线形态的完美性，稳定市场人气。

第三，在股价震荡下跌过程中，庄家尾盘拉高使日 K 线形成长下影线 K 线，显示下方有支撑作用，吸引场外资金。

第四，通过尾盘拉高形成假突破图形，构筑漂亮的技术形态，给散户带来几许想象空间。

2. 尾盘快速急跌

（1）如果某日尾市有一些利空消息，以致人心惶惶，个个争先恐后，你抛我也抛，互相践踏，但时不我与，收盘已到，抛不出货的第二天再抛。

（2）这些恐惧的心理会持续，第二天一早开盘，大多会是"低开"的，一开盘就能见到抛货现象。大家唯恐手中头寸抛不出去会越跌越凶，所以争着做第一，抛货也要

## 第八章 妖孽现形——妖股出货模式

第一，快人一步，在相对高价抛出，以免落在人后，加重损失。

图 8-18，龙溪股份（600592）：庄家大幅炒高股价后，在高位派发了大量的获利筹码，然后向下变盘。2015 年 6 月 25 日，开盘后股价渐渐盘弱，在尾盘半小时出现加速跳水走势，股价一度触及跌停，在 K 线图中收出一根超过 9 个点的大阴线，并出现双重顶雏形，盘面发出向下变盘信号。次日，股价跳空低开 4.33%，然后逐波奔向跌停板，留下一个当日没有回补的向下跳空缺口。此时，双重顶形态成立，股价向下变盘明确，从此股价出现大幅跳水。

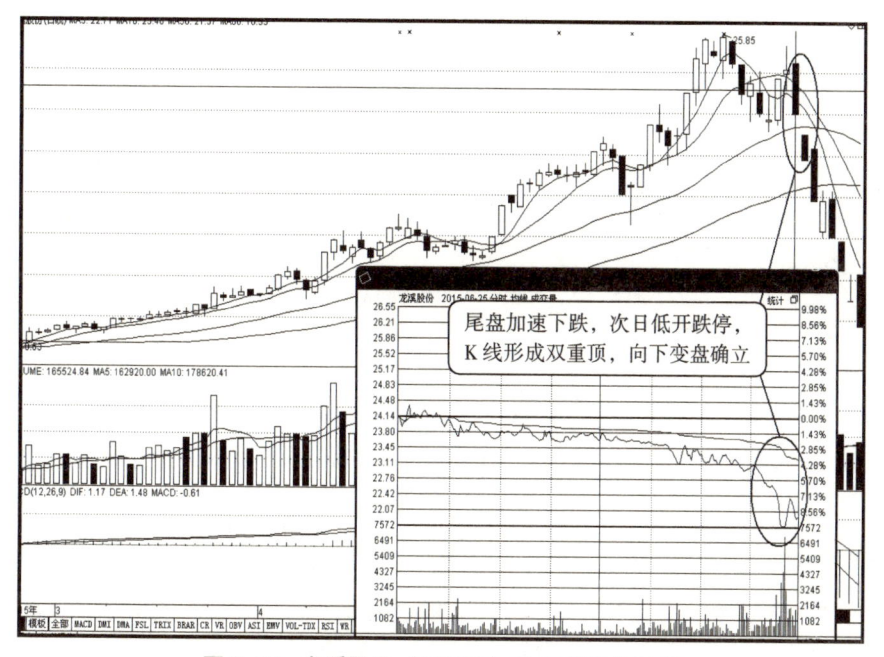

图 8-18 龙溪股份（600592）日 K 线和分时图

图 8-19，石化机械（000852）：2017 年 5 月 26 日，该股当天开盘后出现冲高走势，股价在高位维持震荡盘整，庄家在盘整过程中大量减仓，然后在 2 点开始出现回落走势，尾盘继续杀低，把当天所有的散户买单全部打掉，只要有散户接盘，庄家就会给你，有多少给多少。第二天，股价跳空低开低走，出现跌停板，说明庄家减仓意愿非常坚决，此后股价步入中期调整走势。

收盘异动理论告诉我们，当日尾市有消息，效应会延续到第二日一早。这是一个十分合乎逻辑的推论。有人做过一些研究统计，发觉这个理论准确性程度十分高，是一个炒短线股票的可取策略。如果今日尾市有消息，就应该立即采取行动。比如在尾市好消息之下买入，明日在利好消息仍然发生效应之下，趁高开之机，立即平仓，获

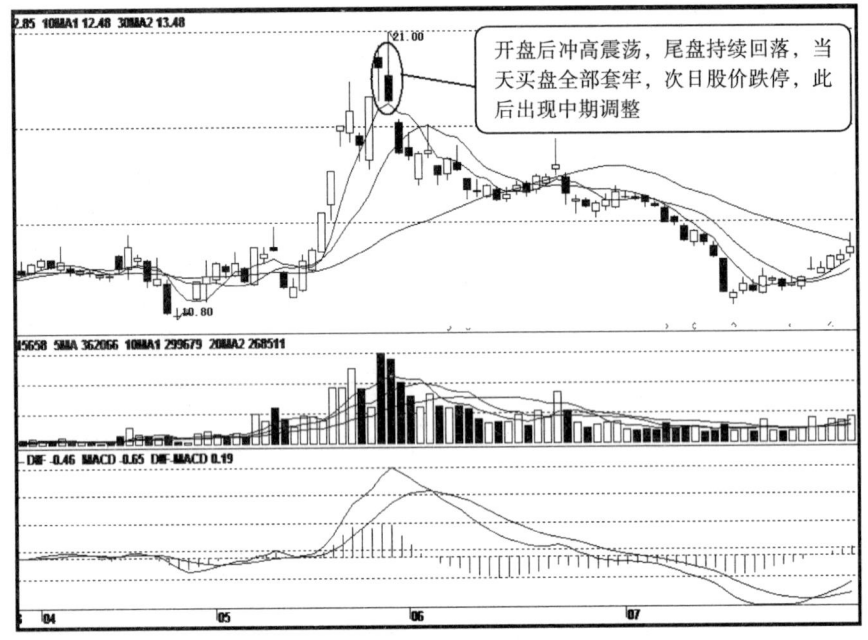

图8-19 石化机械（000852）日K线图

利不菲。

当然，因利好消息引发收盘异动，使尾市股价狂升，如果收盘之后证实是"流言"，明日股价可能会跌得面目全非。但只要持之以恒，长期运用尾市理论，盈利肯定是比较大的。不过，千万不要太贪。如果当日尾市拉升时买入，次日高开，根据理论就应立即获利回吐，不要希望市势不断上扬，因为到次日尾市又可能有坏消息流入市场。用这个理论只做隔夜市，无论是赚亏都要平仓了断，否则，一旦看错，死不认错，可能越陷越深，不赚反亏，而且越蚀越心寒。或者当你有钱赚时又希望能赚更多，市势却突然转变，原本可以赚钱却变成亏本，浪费机会和时间。如果要做一些中长线买卖，就应该参考其他理论。

从趋势角度分析，戏剧性的尾盘杀跌容易发生在下面四个阶段：
(1) 涨势末期，追高乏力之下空方在尾盘反手掼压。
(2) 形态整理结束，股价尾盘见分晓，做出方向性选择。
(3) 久盘不涨的个股，高位容易在尾盘出现巨量杀跌。
(4) 在特殊技术或心理关卡的支撑沦陷时，尾盘将引发强烈的杀跌意愿。

在高位出现尾盘跳水可能有三方面的目的：一是庄家打掉所有的当天委托买单，达到快速出货；二是为第二天留下一个高开的机会，挤进涨幅榜前列，吸引散户目光；三是在出货后期，庄家不计成本地抛售。

## 三、K线——大阴、大阳

具有变盘意义的K线，就是标志性K线，它是指位于均线系统"多头发散起始点"或"空头发散起始点"的单根或2~3根组合K线，通常以单根K线居多。前者称为"标志性阳线"，为做多信号；后者称为"标志性阴线"，为做空信号。标志性K线一旦出现，往往意味着庄家的进场和离场，或者说是头部和底部的确立，其可信度很高。

标志性K线不但可以出现在日线上，还可以出现在周线或月线上。通常以大阳线、大阴线和带长上下影线的K线为主要信号，有且只有倒（站）立式、贯穿式和跳空式三种。

1. 标志性变盘大阴线

对于标志性大阴线而言，所谓"倒立式"，就是倒悬于均线系统之下，大阴线的开盘价和均线族平齐；所谓"贯穿式"，就是从均线系统的上方向下贯穿，切断均线系统；所谓"跳空式"，就是完全脱离均线系统，以跳空的形式位于均线系统下方。与标志性阳K线不同的是，这种形态所对应的成交量没有明显特色。标志性阴K线也可能演变为"三连阴切断均线系统""五连阴切断均线系统"等经典形态。

需要特别强调的是，标志性K线变盘信号的前提是"均线发散起始点"，短、中、长三条均线由黏合状态向发散状态转变的节点位置，也就是说股价到了变盘的临界点，这样才能认为是有意义的标志性K线。

图8-20，双成药业（002693）：这是"倒立式"向下变盘的标志性大阴线实例。该股见顶后逐波回落，然后在相对低位形成横盘震荡走势，均线系统渐渐收窄，5日、10日、30日三条均线接近黏合状态，成交量持续大幅萎缩，意味着股价到达变盘临界点。2018年1月15日，一根放量杀跌大阴线向下突破，股价突破整理平台，均线系统向下发散，这根大阴线成为倒立式标志性K线，就是一个向下变盘信号，此时投资者不能因为股价跌幅已大而贸然抄底。

图8-21，文投控股（600715）：这是"贯穿式"向下变盘的标志性大阴线实例。该股在高位长时间形成横向整理，震荡幅度慢慢收窄，均线系统渐渐收拢，5日、10日、30日三条均线几乎呈黏合状态。2018年1月8日跳空高开4.14%后，快速杀跌，股价秒停，一根光头光脚的跌停大阴线从均线系统上方向下贯穿而过，一针穿三线，形成贯穿式标志性K线。这根大阴线成为向下变盘信号，随后均线系统出现空头发散。

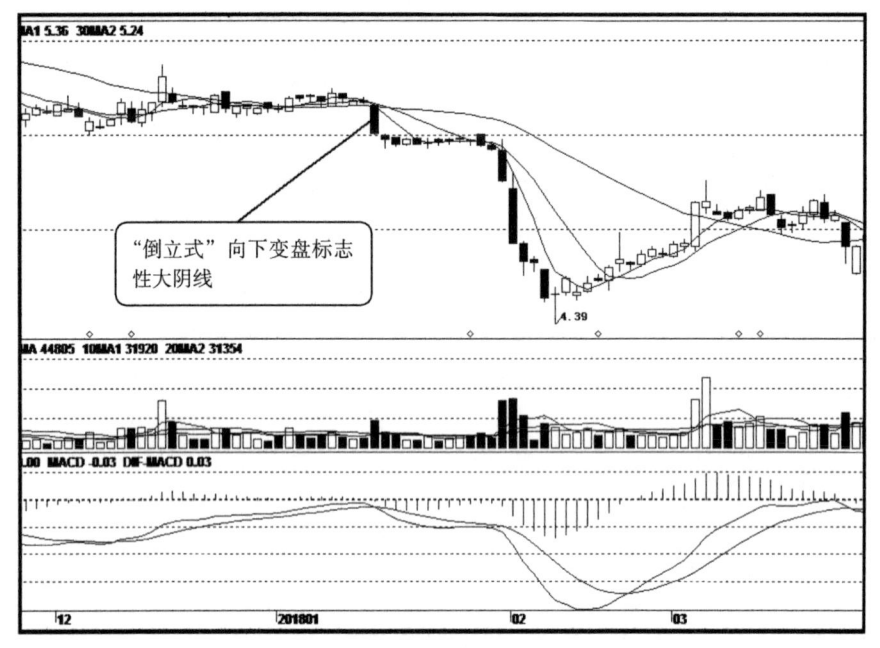

图 8-20　双成药业（002693）日 K 线图

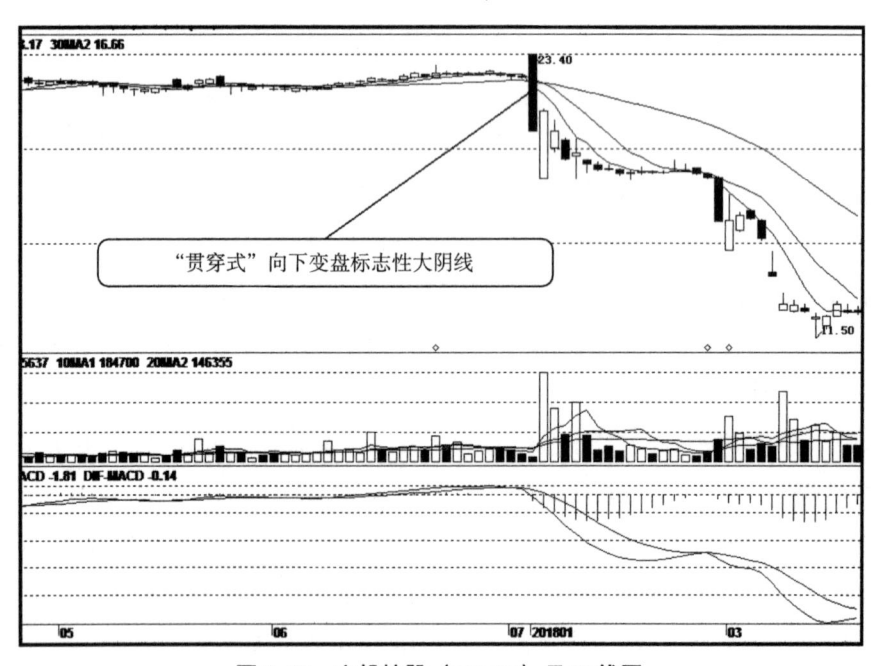

图 8-21　文投控股（600715）日 K 线图

图 8-22，光一科技（300356）：这是"跳空式"向下变盘的标志性大阴线实例。该股小幅反弹后进入横盘震荡整理，成交量持续低迷，三条均线呈胶着状态，预示股价即将变盘。2017 年 10 月 16 日，股价跳空低开 1.49%后，放量向下走低，留下一个当

第八章 妖孽现形——妖股出货模式

日没有回补的向下跳空缺口，形成跳空式向下变盘的标志性大阴线形态，此后均线系统向空头发散。投资者遇到这种走势时，应尽快将股票卖出。

"跳空式"向下变盘标志性大阴线

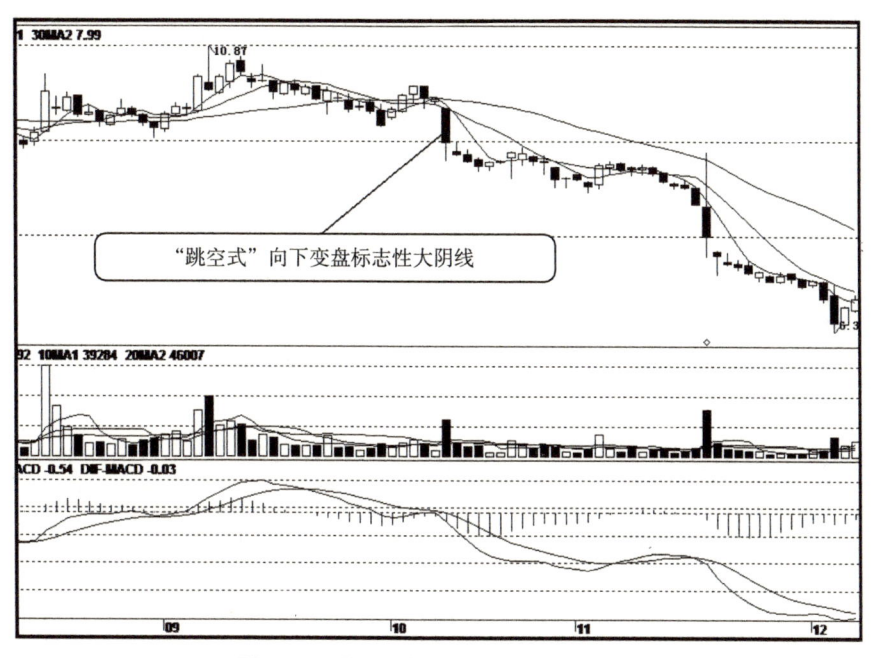

图8-22 光一科技（300356）日K线图

2. 标志性变盘大阳线

对于标志性大阳线而言，所谓"站立式"，就是站在均线系统之上，大阳线的根部和均线系统平齐；所谓"贯穿式"，就是从均线系统的下方向上贯穿，切断均线系统；所谓"跳空式"，就是跳空站在均线系统上方。无论这三种中的哪一种，都必须伴随着成交量的明显放大。标志性阳K线也有一些变种，比如有时候表现为一前一后两根放量K线，放量是为了突破均线系统的压力。

图8-23，达安基因（002030）：这是"站立式"向上变盘的标志性大阳线实例。该股探底成功后，缓缓向上爬升到前期盘整区域，然后进入横盘震荡走势，均线系统渐渐收窄，接近黏合状态，成交量持续大幅萎缩，意味着股价到达变盘临界点，此时投资者应关注盘面变化，一旦向上变盘应立即介入。2015年2月13日，一根放量涨停大阳线拔地而起，股价突破整理平台，均线系统向上发散，这根大阳线成为站立式标志性K线，就是一个向上变盘信号，此时投资者应大胆介入。

221

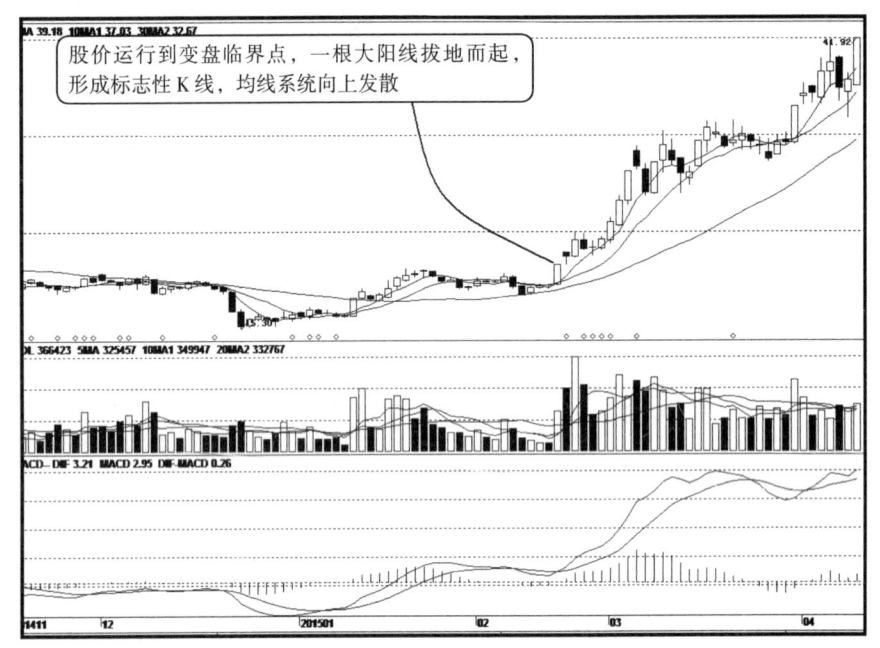

[图中标注：股价运行到变盘临界点，一根大阳线拔地而起，形成标志性K线，均线系统向上发散]

图 8-23 达安基因（002030）日K线图

图 8-24，商赢环球（600146）：这是"贯穿式"向上变盘的标志性大阳线实例。该股依托30日均线稳步上行，在2015年5月中上旬股价形成横盘整理，与均线渐渐接近，均线系统几乎呈黏合状态。5月19日，一根光头光脚的放量涨停大阳线从均线系

[图中标注：一根光头光脚的大阳线贯穿而过，形成贯穿式标志性K线，均线系统向多头发散，股价向上变盘]

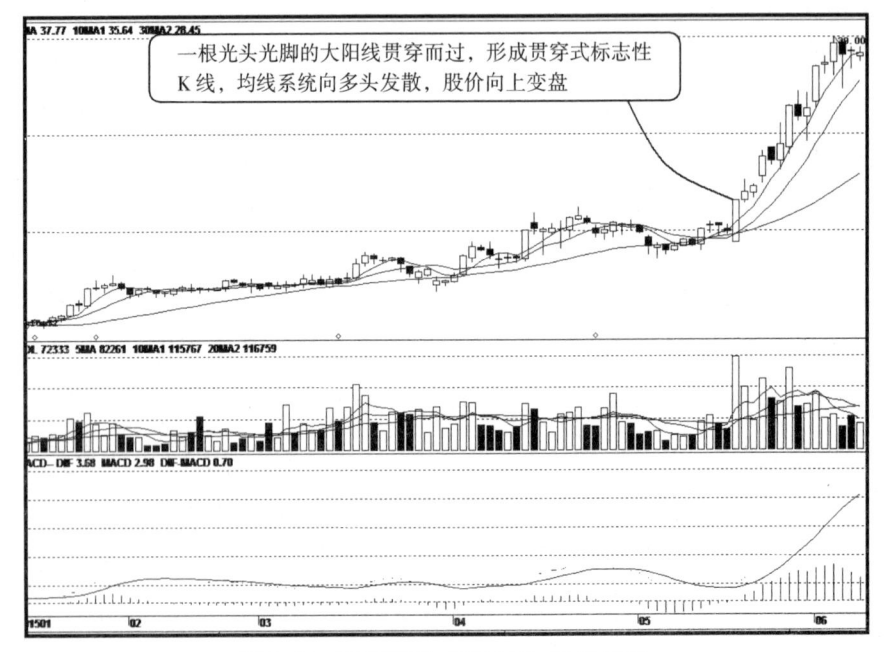

图 8-24 商赢环球（600146）日K线图

统下方向上贯穿而过，一针穿三线，形成贯穿式标志性 K 线。这根大阳线如出水芙蓉，亭亭玉立，随后均线系统多头发散，股价向上变盘。

图 8-25，健康元（600380）：这是"跳空式"向上变盘的标志性大阳线实例。该股小幅上涨后进入横盘震荡整理，成交量持续低迷，均线系统呈现微向上胶着状态，预示股价即将变盘，此时应关注盘面变化，一旦向上变盘立即介入。2015 年 2 月 13 日，股价跳空高开 2.26%，盘中小幅回落但未回补向上跳空缺口，然后放量两波拉至涨停板，直至收盘封单不动，股价突破整理平台，均线系统向多头发散，形成跳空式标志性 K 线。遇到这种形态时，投资者应大胆介入，迎接随后股价出现的主升浪行情。

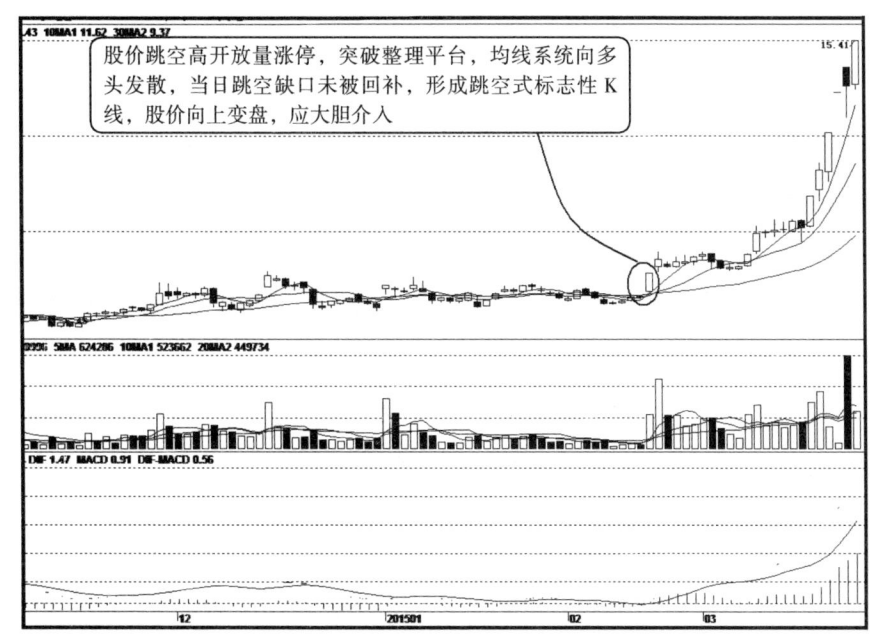

图 8-25 健康元（600380）日 K 线图

## 四、量能——天量、地量

天量和地量只是一个相对的概念，指的是个股走势出现前所未有的成交水平。相对地说，天量是指在近一轮行情周期中，从没有出现过的成交水平，而且这个成交水平出现后，短期内也不大可能重复出现。所以，相对的天量要具备两个条件：一是近一轮行情周期中从未出现的成交量，二是这个成交量过去及以后很难在短期内再次出现。天量天价，出现天量以后要注意回避，并采取卖出的操作方式。地量与天量对应，也是相对来讲的，表示的是成交量较前期低很多。成交量经过天量到地量的转化，并从地量缓慢增多的过程就会企稳了。

天量与地量要有一个参照点,没有参照点的天量和地量是没有任何意义的。如何设立这个参照点,每个人都有自己的观点。一般的参照点就是历史均量,也就是出现历史最大量之后的一段时间内一定会有一次或几次的地量出现,如果是几次,那么这几次所对应的价格一定是一个比一个高才对,如果不对,那么就证明趋势尚未成立,也不是进场的时机。通常,天量对应的价格难以逾越,地量对应的价格也是难以跌破,如果这两点价格被反复穿越或击破,那就是要关注的股票。

1. 天量实战技巧

一般高位天量有以下应用法则:

(1)股价处于大幅上涨的高位,或前期有过加速上冲走势,股价累计涨幅较大。

(2)成交量必须创出近期新高。

(3)成交量与股价出现背离。

(4)股价远离均线系统。符合上述条件的个股,应当引起高度警惕,股价很快将会出现向下变盘。

图 8-26,南京化纤(600889):该股进入上升趋势后,股价逐波走高,2015 年 6 月 15 日盘面出现异动,在没有任何消息干扰的情况下,股价无缘无故大幅低开 6.77%,全天一直在昨日收盘价之下弱势震荡,一度触及跌停板位置,而成交量保持较高水平,显示庄家愿意以较低的价格出售。在临近收盘前 10 分钟,再次放出巨量,股价从跌停

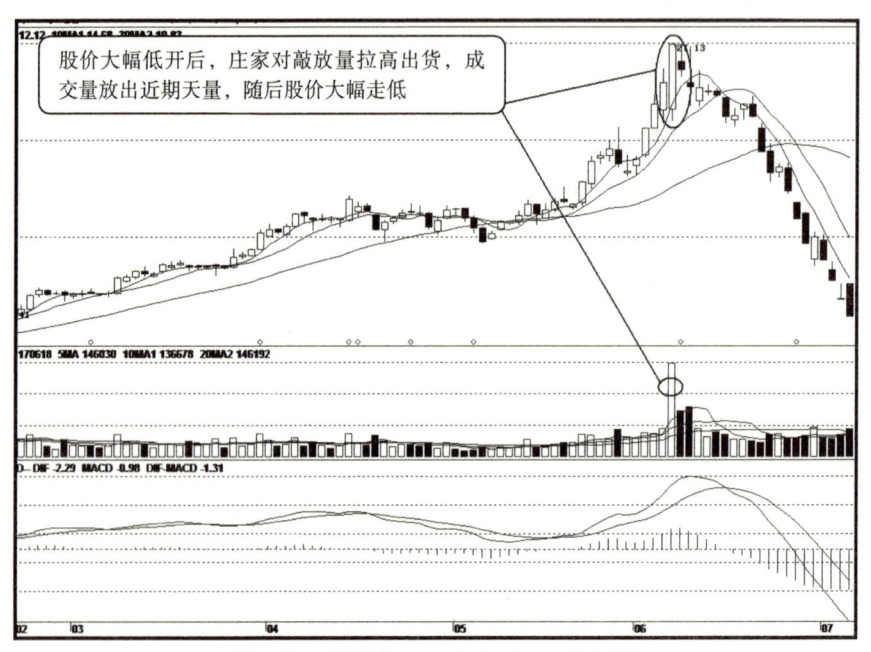

图 8-26 南京化纤(600889)日 K 线图

板边缘直线拉至涨停，当天换手率达到 18.21%，放出近一年多来的天量，说明庄家利用对敲放量出货。

图 8-27，海伦钢琴（300329）：从 2015 年 9 月下旬开始，股价渐渐向上走高，后期股价出现加速上涨，成交量持续大幅放大，从 10 月 21 日起连续 8 个交易日平均换手率超过 35.83%，成交量创出近期天量，且在高位出现放量滞涨现象，说明股价将要发生变盘。11 月 2 日终于出现向下变盘，股价以"⊥"字形跌停。

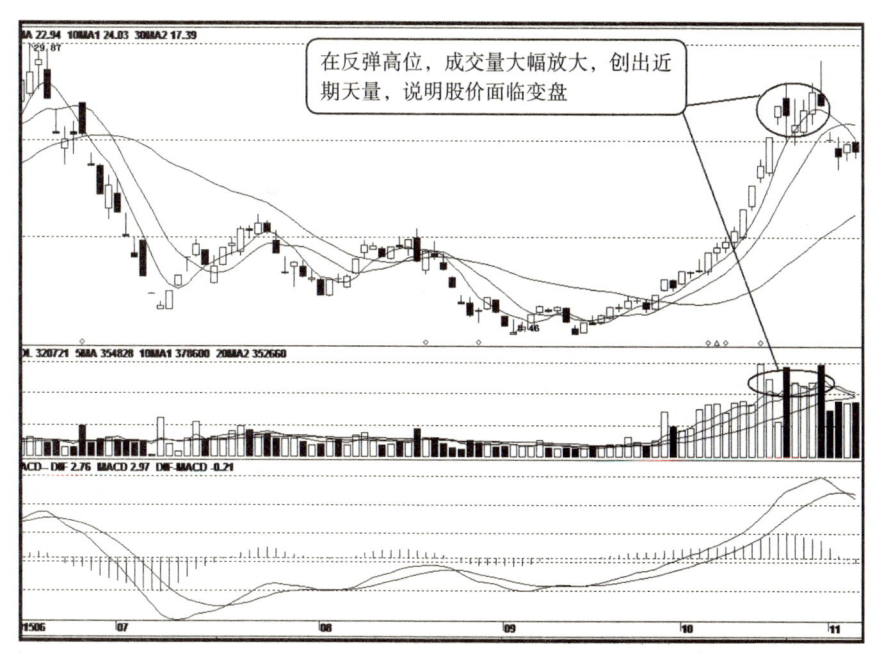

图 8-27　海伦钢琴（300329）日 K 线图

### 2. 地量实战技巧

地量的出现往往意味着股价接近阶段性底部。但地量的出现，仅仅是底部的一个信号，地量出现后底部并不一定立即随之出现。地量出现后，可能出现三种运行方式：一是继续地量；二是放量下跌，在长期下跌的末端，出现地量后再次放量下跌，基本可以肯定是底部信号；三是放量上涨，是典型的上涨信号。

地量大多出现在筑底区域、洗盘末期和拉升之前这三个阶段。地量可以用来预测调整是否结束，以及当前的调整是中级调整还是小级别调整。如果成交量在下跌过程中能够迅速缩小到高峰期的 30% 以内，则调整可望结束，牛市继续上涨的概率较大。反之，如果下跌过程中成交量不能萎缩，说明市场分歧较大，庄家在利用人们的惯性心理大幅减仓，调整的幅度会加大，时间会延长。

（1）地量在行情清淡的时候出现最多。此时，人气涣散，交投不活，股价波动幅度较窄，场内套利机会不多，几乎没有任何赚钱效应。持股的不想卖股，持币的不愿买股，于是地量的出现就很容易理解了。这一时期往往是长线庄家进场的时机。

（2）地量在股价即将见底的时候出现的也很多。一只股票经过一番炒作之后，总有价格向价值回归的道路。在其慢慢下跌途中，虽然偶有地量出现，但很快就会被更多抛压淹没，可见地量持续性较差。而在股价即将见底的时候，该卖的都已经卖了，没有卖的也不想再卖了，于是地量不断出现，而且持续性较强。如果结合该公司基本面的分析，在这一时期内介入，只要能忍受得住时间的考验，一般均会有所收获。

（3）地量在庄家震仓洗盘的末期肯定也会出现。任何庄家在坐庄的时候，都不愿意为别的投资者抬轿子，以免加大自己拉升途中的套利压力，于是，拉升前反复震仓、清洗获利盘就显得非常必要了。那么，庄家如何判断自己震仓是否有效，是否该告一段落呢？这其中方法与手段很多，地量的出现便是技术上的一个重要信号。此时，持股的不愿意再低价抛售，或者说已经没有股票可卖了，而持币的由于对该股后市走向迷茫，也不敢轻易进场抢反弹，于是成交清淡，地量便油然而生，而且一般还具有一定的持续性。这一时期往往是中线进场时机，如果再结合其他基本面、技术面的分析，一般来说均会有上佳的收益。

（4）地量在拉升前的整理阶段也会间断性地出现。一只股票在拉升前，总要不断地确认盘子是否已经很轻，以免拉升时压力过大而坐庄失败。换句话说，就是拉升前要让大部分筹码保持良好的锁定性。而要判断一只股票的筹码锁仓程度，从技术上来说，地量间断性地出现是一个较好的信号，由于庄家需要不断地对倒制造成交量以达到震仓目的，因此，这一阶段中，地量的出现是间断性的。如果能在这一时期的末期跟上庄，可能会吃到这只股票最肥的一段。

由此可见，地量作为成交量指标的一种表现形式，由于其不可能存在欺骗性，而且对投资者的操作具备相当的实战指导价值，因此被认为是最有价值的技术指标，其真实性及实用性是其他技术指标所望尘莫及的。

但是，多空双方看法高度一致时也会出现地量，比如：一致看涨或一致看跌，就会出现无量上涨或无量下跌的情况，这时地量与地价没有什么关系。通常筹码主要集中在庄家或散户的股票上。如果筹码主要集中在各种不同利益的庄家之间，由于各庄家之间看法雷同，造成成交稀少，这时候的地量与地价也可能就没有什么关系了。我们可以找到很多庄家高度控盘的股票，尤其在股价处在高位的时候，成交量稀少。如果筹码主要集中在散户之间，散户之间的交易通常比较稀少，这时候的地量与地价也没有什么明确的关系了。

图 8-28，华鹏飞（300350）：该股在 2015 年 2~6 月的行情中，由于庄家高度控盘，盘中交投稀少，从而形成股价持续上涨而成交量持续萎缩至地量水平，出现无量上涨情况，这时地量与地价没有任何关系。

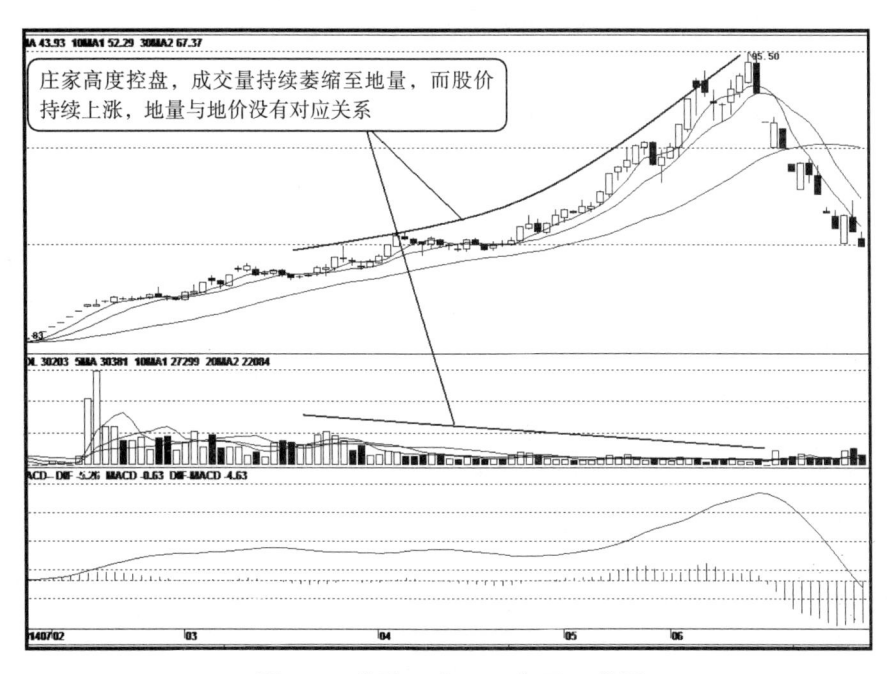

图 8-28　华鹏飞（300350）日 K 线图

地量的应用缺陷就是对地量的判断问题，当日出现量能的极度萎缩，但很难确定为地量，要结合其他指标应用。在分析地量时，必须结合市场趋势，趋势向上时，如果确认出现地量，可以择机介入。当趋势向下时，即使出现地量，也要谨慎，不要轻易介入。同时，还要结合技术分析、个股实际情况和资金动向等。

地量的选股技巧：一是波动幅度逐渐缩小；二是成交量缩小到极点；三是量缩以后出现量增；四是成交量连续放大且连续收出阳线；五是突破之后均线开始转为多头排列。

## 五、信号——"事不过三"原则

俗话说：一而再，再而三，三而竭。在这里向大家介绍一条非常实用的操盘经验，那就是当相同的信号出现三次以上时，这个信号就不准确了，说明市场将要变盘，也就是说，庄家前面几次用的是假动作、假信号，而出现三次以上时就是真动作、真信号。比如说，股价前面几次遇到支撑时均出现回升，而当三次以上遇到同一支撑位置时，可能就没有支撑作用了，股价就会出现向下突破。同样，股价前面几次试探压力时均出现回落，而当三次以上试探同一压力位置时，可能就没有压力作用了，股价往往会向上突破。总之，一种模式运行时间过长，并多次出现时，就会引起变盘，市场转换为一种新的运行模式。

这条经验可以延伸到台阶式走势、形态整理等技术领域，甚至还可以运用到消息之中（如三次以上的同一利多消息，已经不"多"了；反之亦然）。而且与波浪理论相吻合，大家知道波浪理论中有 5 个推动浪，而这 5 个推动浪中 1、3、5 为上升浪，2、4 为调整浪，股价经过 1、3、5 三波拉升后，预示着整个波浪已经走完，随后将是 A、B、C 三浪调整，调整浪也与"事不过三"对应。

"事不过三"的操盘原则：在多头行情中，第一次回调，大胆买入；第二次回调，酌情买入；第三次回调，谨慎买入；第四次回调，拒绝买入。在空头市场中，则操作方法相反。需要强调的是，在出现三次以上相同信号时，是否形成变盘走势，必须结合其他技术综合分析。下面结合实例做进一步分析：

图 8-29，实达集团（600734）：该股见底后步入上升通道，30 日均线坚挺上行。当股价第一次小幅击穿 30 日均线后，股价快速拉起，且继续坚挺上涨。不久，当股价第二次击穿 30 日均线时，又被快速拉起。此后，当股价第三次击穿 30 日均线时，但回升力度大不如前。然后股价反弹时遇前高压力，当第四次股价跌破 30 日均线时，真的"狼来了"，此后股价出现较长时间的调整。

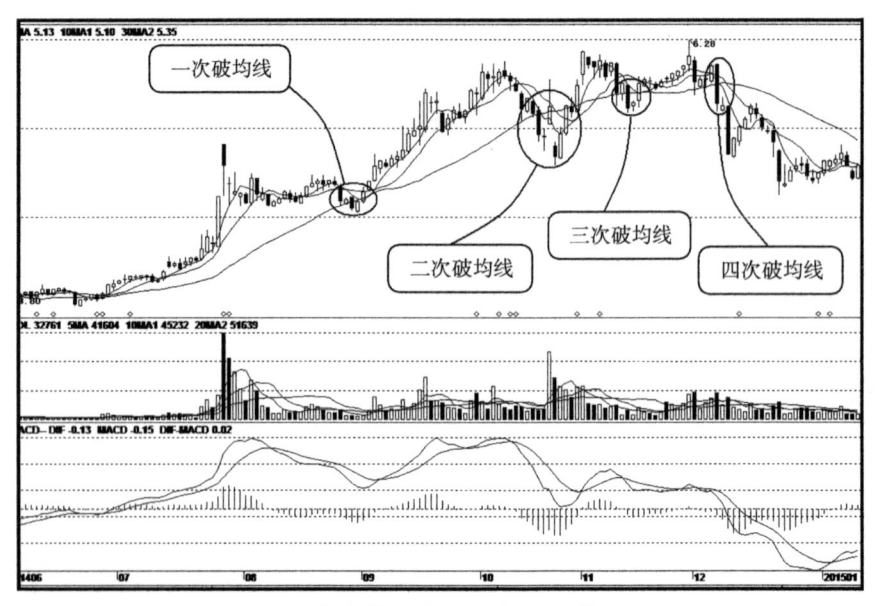

图 8-29 实达集团（600734）日 K 线图

## 第八章 妖孽现形——妖股出货模式

图 8-30，昆百大 A（000560）：从该股 2015 年 2~6 月的走势中可以看出，在上涨趋势中前面三次股价回调到 30 日均线附近时均遇到较强的支撑而回升，而第四次回落到该支撑位置附近时，一举向下有效击穿，股价由此出现快速下跌行情。

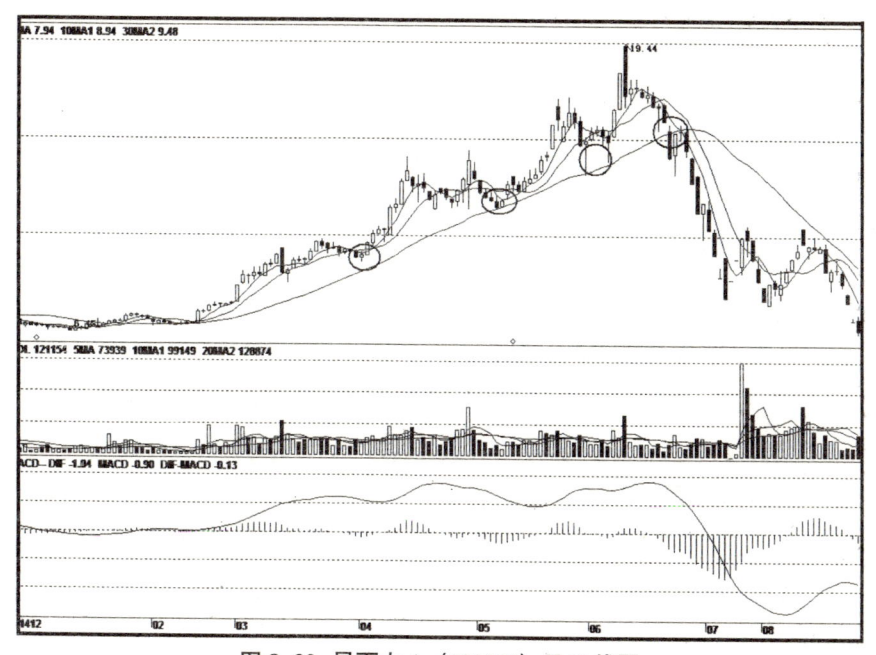

图 8-30　昆百大 A（000560）日 K 线图

图 8-31，锦龙股份（000712）：庄家在高位出货期间，股价几次跌下去又被拉起来，市场有惊无险，重回震荡中枢。有的散户见此走势反而放心了，认为庄家在蓄势整理。可是，在 2015 年 6 月第四次下跌到前期低点附近时，股价却没有任何反弹，而是直接向下变盘。

图 8-32，龙元建设（600491）：该股小幅上涨后回落震荡整理，形成一个阶段性小高点，该位置对后市股价上涨构成不小的压力。此后，当股价回升到前期小高点附近时，遭到抛压而回落。不久，第三次发起攻击时，仍然无功而返。此后，经过一段时间的震荡整理，上方压力逐步得到消化。直到第四次发起攻击时，上方压力才成功被突破，股价出现向上变盘，此后股价加速上涨。

图 8-33，中国武夷（000797）：该股成功脱离底部区域后，股价台阶式上涨，前面三级台阶很有规律。可是，当股价进入四级台阶整理时，盘面就出现向下变盘了，再次验证了市场信号事不过三的可靠性。

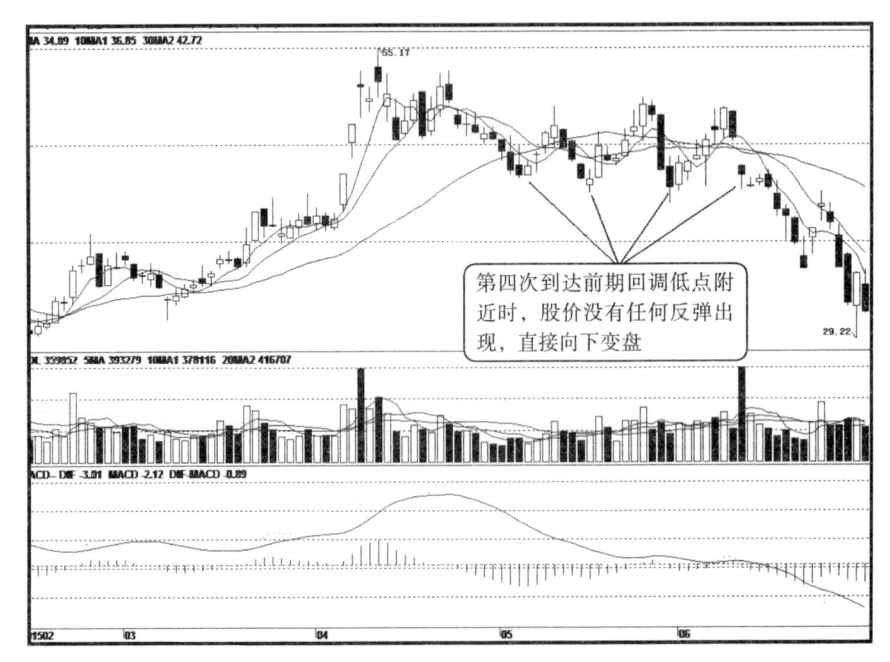

图 8-31 锦龙股份（000712）日 K 线图

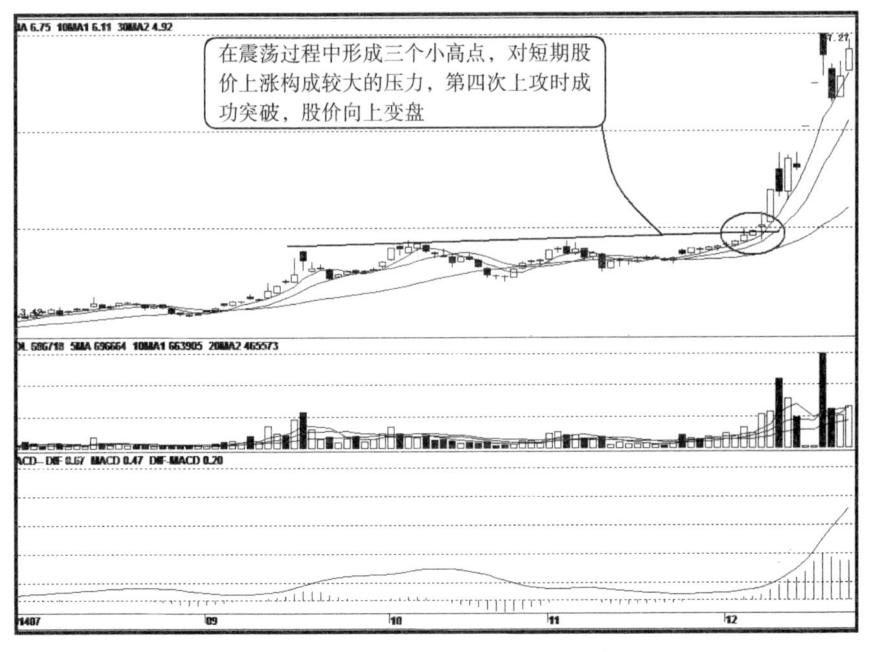

图 8-32 龙元建设（600491）日 K 线图

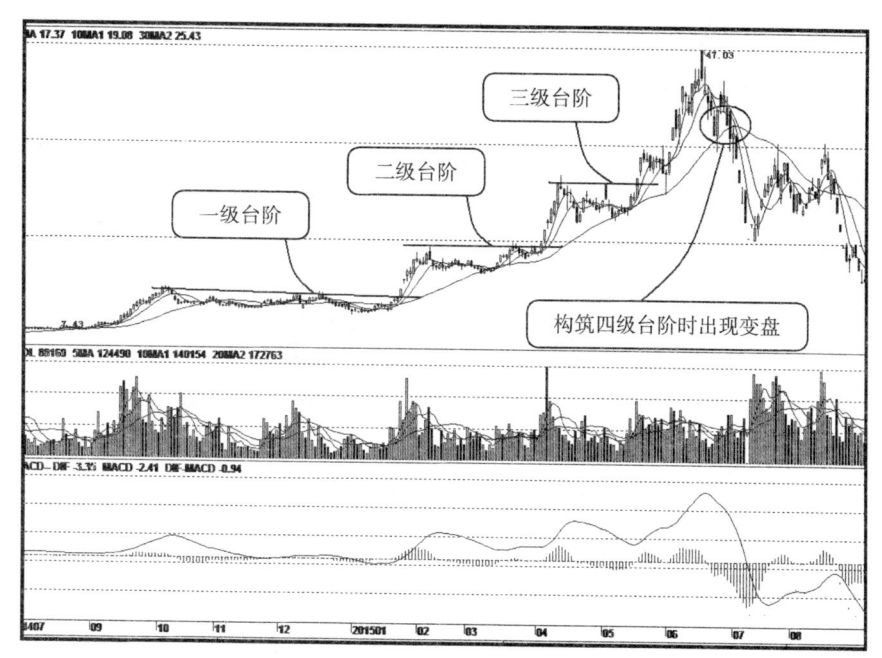

图 8-33  中国武夷（000797）日 K 线图

## 六、变盘和洗盘的区别

分辨庄家是洗盘还是变盘，在操盘中十分关键，直接关系到投资能否盈利。结合历史走势规律，可以通过以下四种特征进行综合研判和识别：

1. 价格变动的识别特征

洗盘的目的是恐吓市场中的浮动筹码，所以其走势特征往往符合这一标准，即股价的跌势较凶狠，用快速、连续性的下跌和跌破重要支撑线等方法来达到洗盘的目的。而变盘的目的是清仓出货，所以其走势特征较温和，以一种缓慢的下跌速率来麻痹投资者的警惕性，使投资者在类似"温水煮青蛙"的跌市中，不知不觉地陷入深套。

2. 成交量的识别特征

洗盘的成交量特征是缩量，随着股价的破位下行，成交量持续不断地萎缩，常常创出阶段性地量或极小量。变盘时成交量的特征则完全不同，在股价出现滞涨现象时成交量较大，而且，在股价转入下跌走势后，成交量依然不见明显缩小。

3. 持续时间的识别特征

上涨途中的洗盘持续时间不长，一般 5~12 个交易日就结束，因为时间过长的话，往往会被投资者识破，并且乘机大量建仓。而变盘的时候，股价即使超出这个时间段，仍然会表现出不温不火的震荡整理走势或缓慢的阴跌走势。

### 4. 成交密集区的识别特征

洗盘还是变盘往往与成交密集区有一定的关系，当股价从底部区域启动不久，离低位成交密集区不远的位置，这时出现洗盘的概率较大。如果股价逼近上档套牢筹码的成交密集区时遇到阻力，那么，出现变盘的概率比较大。

# 第五节　妖股的出货模式

## 一、高位蓄势式出货

股价大幅上涨后，庄家获利非常丰厚，但要想手中筹码全部在高位派发出去，也决非易事，所以在高位制造虚假的蓄势整理形态，给人一种股价还有新的上涨动力和空间的感觉，当人们纷纷跟进时，庄家反手向下做空，一举将新进资金套牢在高位。

图 8-34，西藏天路（600326）：该股在 2017 年 7 月出现一轮暴涨行情，庄家短期获利较大。无论后市股价是否继续上涨，短期都需要兑现获利筹码，因此兑现筹码是庄家当务之急。所以，庄家竭力将股价维持在高位震荡，通过高位大阳线维持市场人

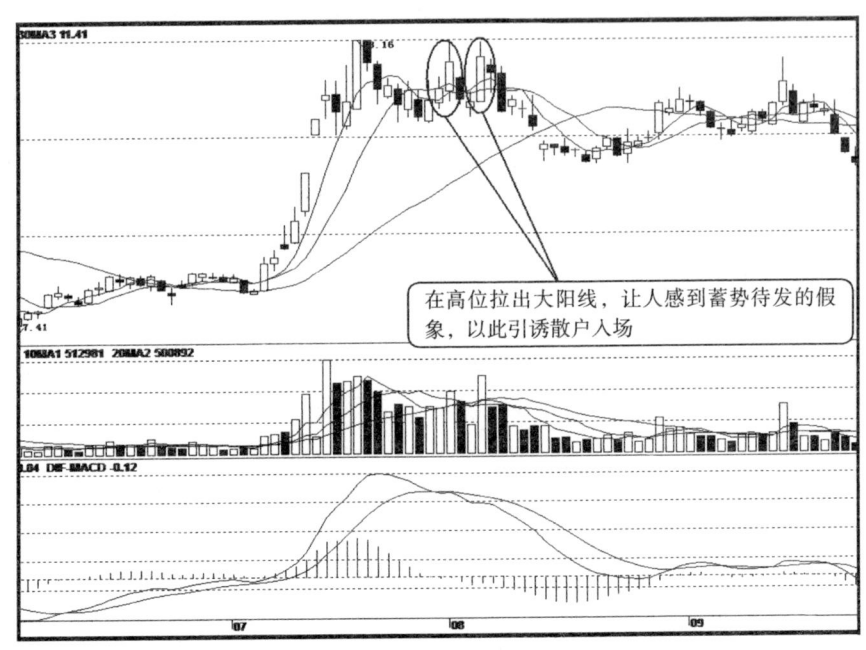

图 8-34　西藏天路（600326）日 K 线图

## 第八章 妖孽现形——妖股出货模式

气,达到尽可能在高位出货的目的。8月1日和8月4日,在高位拉出大阳线,形成蓄势待发的假象,以此引诱散户跟风入场。而结果呢?并没有出现持续的上涨行情,股价继续陷入盘跌走势,在大阳线当天介入者,别说赚钱,不被套牢就已经是万幸了。

庄家将股价大幅炒高后,极力营造乐观气氛,激发市场人气,趁着散户买盘的积极涌入,庄家不断地在暗中出货,使股价出现一定回落。然后,庄家停止抛售,反手护盘做多,创造强势反弹行情,设计美丽的技术陷阱,市场仍十分乐观,诱导新的买盘介入,将股价继续维持在较高价位派发。这时成交量大增,庄家大部分筹码在这一区域集中套现,盘面交投十分活跃。当庄家基本完成派发后,股价步入下跌不归路,在日K线图上形成顶部形态。

由于股价的大幅上涨,散户沉浸在获利的喜悦之中,这时庄家悄然出货,使股价出现滞涨震荡,而散户却把这种震荡当作蓄势整理而介入,这样庄家的获利筹码就可以顺利地在高位得到兑现。

图8-35,神火股份(000933):该股经过庄家的充分炒作,人气完全被激活,股价出现快速上涨,庄家获利极为丰厚,基本到达集中出仓区域。从2017年8月初开始,股价进入盘头走势,大起大落,放量出货,多次出现破位迹象时,总被庄家成功拉起,护盘出货迹象非常明显。这种走势被好多人理解为蓄势整理,期待股价向上突破,从而麻痹风险意识而贸然介入,当庄家基本完成出货后,庄家就放弃护盘,股价在9月25日破位下行,此后股价进入中期整理走势。

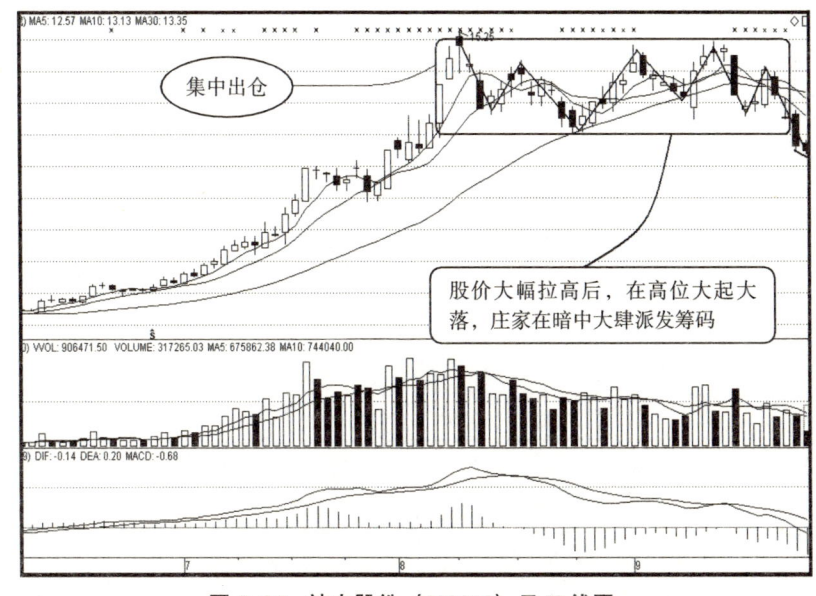

图8-35 神火股份(000933)日K线图

## 二、向上突破式出货

股价经过大幅上涨后，庄家为了使筹码能卖个好价钱，而刻意在高位拉升股价，向上突破前期的一个明显高点，形成强势的多头市场特征，以此引诱散户入场接单。这时，散户看到前期压力位被突破后，认为股价上涨空间再次被有效打开，于是纷纷买入做多。

这种做法在理论上讲没有错，关键是在实盘中经常出现"破高反跌"现象，股价创出新高后未能坚挺在高位，尤其是盘中瞬间冲高后快速回落，则更具有欺骗性。可见，在高位出现突破前高走势，不见得都是好事，操作不慎很容易中了"妖计"。

图 8-36，方大炭素（600516）：该股庄家在低位吸纳了大量的低价筹码后，股价被大幅炒高，顺利完成主升浪上涨行情。这时庄家的首要任务就是出货，但对于大幅炒作后的个股，庄家出货绝非易事，因此就要讲究出货"妖术"。庄家常用的做盘手法之一，就是以突破的方式继续创出新高，形成股价上涨空间非常巨大的假象，来吸引散户踊跃参与。

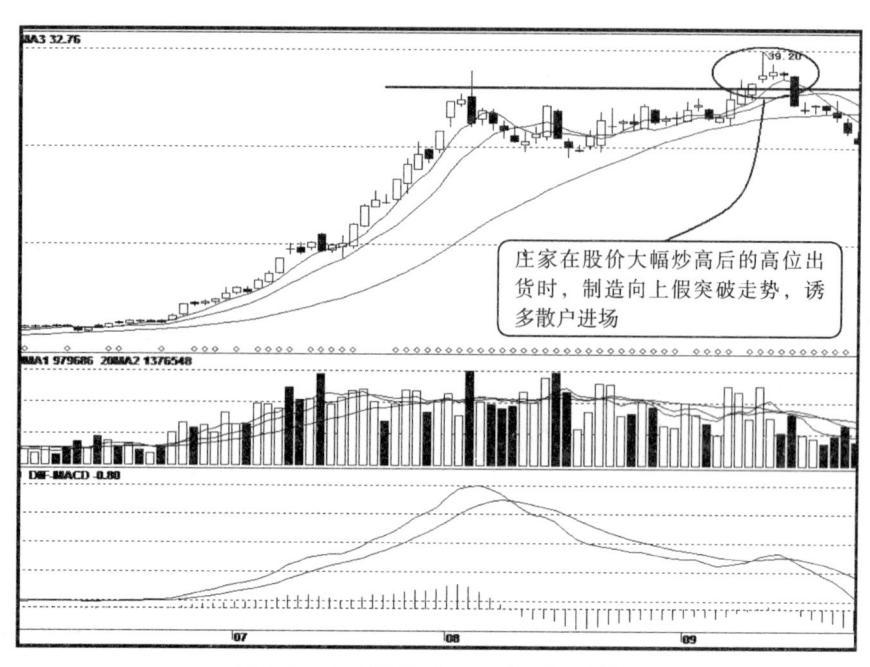

图 8-36 方大炭素（600516）日 K 线图

该股在 2017 年 9 月中旬，股价在高位连续拉出放量大阳线，成功突破了前高压力，盘面上形成新一轮上涨的攻势。这时有的散户以为新一轮上涨行情又开始了，且受该股

## 第八章 妖孽现形——妖股出货模式

前期大涨的诱惑而纷纷跟风介入。谁知，这是庄家精心布局的一个多头陷阱，当散户不断介入后，随之而来的就是缓缓下跌，这种温柔的走势将高位买入的散户全线套牢。

投资者在实盘操作中，遇到经过主升浪炒作之后的个股，无论出现多么诱人的看涨信号，也不要轻易介入，以免落入庄家设置的多头陷阱之中。夕阳余晖，虽然美丽，但已是落幕前的残波。

图 8-37，上港集团（600018）：该股股价经过快速大幅拉升后，短期涨幅较大，庄家获利丰厚而急于兑现获利筹码，但出货就要讲究做盘手法了，于是就采用假突破方式，创出股价上涨新高。不久，在高价区域出现一根放量涨停的大阳线，表面上看起来多头非常强劲，大有再来一波快速拉升的意思，这时就有不少散户被骗了进去。第二天，股价开盘后继续大幅冲高，刷新了前期高点，在当日盘中不少散户纷纷追高买入。但到收盘时股价大幅回落，收出一根带长上影线的"流星线"，当天买入的散户全线被套。第三天股价跳空低开低走，报收跌停大阴线，并留下一个当日没有回补的向下跳空缺口，在高位构筑一个"黄昏之星"形态，而且股价向下击穿了10日均线的支撑，随后10日均线掉头向下，股价渐行渐弱。这时散户才明白，原来这是庄家拉高出货所为。

判断股价突破的关键，就在于股价所处的位置。当时该股股价处于快速上涨后的高位，市场本身累积了较大的风险，因此每一次上涨都可能是诱多行为，或是多

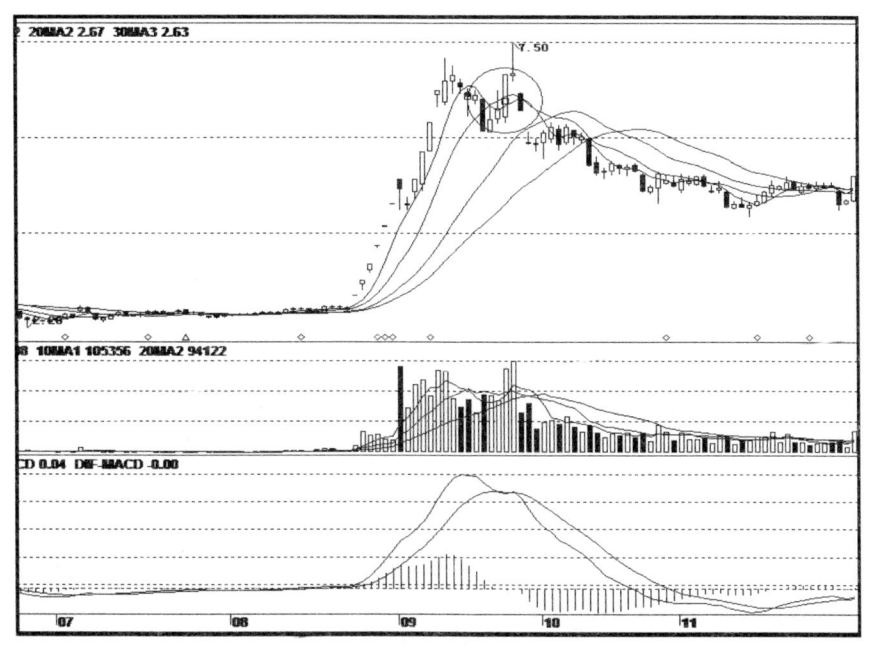

图 8-37 上港集团（600018）日 K 线图

头涨后余波所致。因此，分析股价突破的背景非常重要，以免掉进庄家设置的诱多陷阱之中。

从该股盘面分析，盘中有明显的对倒放量嫌疑，说明上涨动能渐渐衰弱。短期均线也从上升转为平走状态，爆发力渐渐消退，股价已处于摇摇欲坠之中。更为重要的是，该股在突破的当天出现冲高滑落走势，形成一根长长的上影线K线，显示庄家撤退迹象非常明显。第二天股价低开低走，最终报收跌停，从而进一步暴露出前一天突破的虚假性。因此，股价向上突破是庄家诱多行为的表现，投资者要谨慎看待。

## 三、放量冲高式出货

在市场中，有越来越多的人重视对成交量的分析，"放量上涨"或"放量突破"已经成为不少投资者的操盘经典。但是，如果股价经过大幅炒作后，在高位成交量持续放大，未必就是好事，这往往是庄家运用对敲手法出货。因此高位放量更具有欺骗性，投资者应谨慎看待。

图8-38，冀东装备（000856）：该股经过大幅炒作后，庄家获利十分丰厚，在高位出现明显的放量对敲出货现象。在2017年5月中上旬这段时间里，该股成交量保持很高水平，每天换手率超过30%，但股价没有出现明显的同步上涨走势，呈现量价背离现象，表明庄家在暗中对敲出货。当庄家筹码基本派发成功后，股价开始进入中期调整走势。

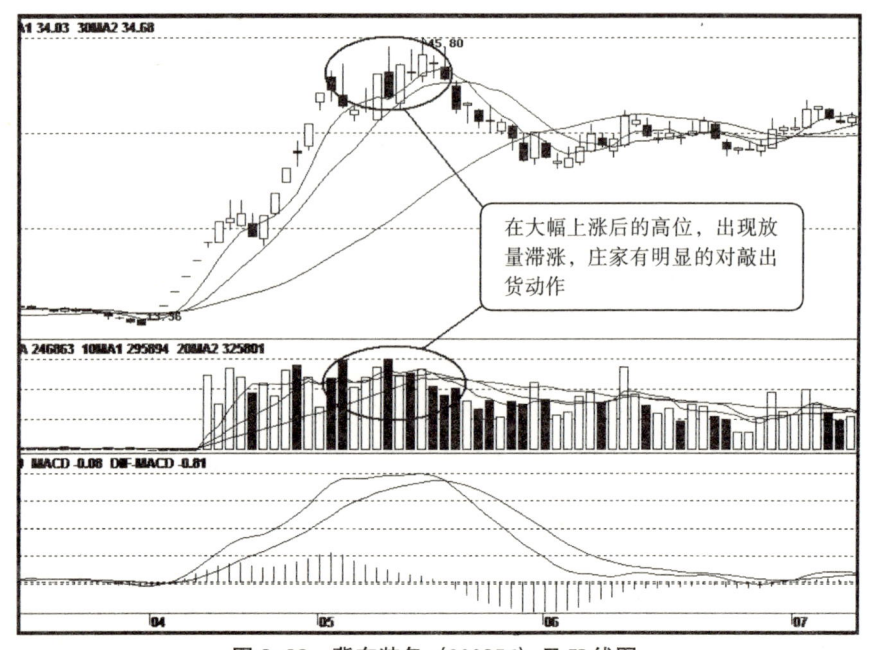

图8-38 冀东装备（000856）日K线图

第八章 妖孽现形——妖股出货模式

图 8-39，天山股份（000877）：该股经过长达半年之久的热身助跑后，2017 年 2 月 7 日股价向上突破而走"妖"，6 个交易日中拉出 5 个涨停板，随后股价继续放量走高，并创出相应新高，给人以股价远远没有见顶的感觉。可是，只要认真分析不难发现，股价在 3 月 17 日之后的 6 个交易日里，成交量巨幅放大，每天换手率超过 25%，而股价出现明显的滞涨走势，量价配合明显失衡。这种盘面现象，一方面说明上方压力较大，另一方面说明庄家在暗中对敲出货。当庄家减仓目的基本达到后，股价开始向下走低，市场进入中期调整走势。

可见，股价缩量上涨不可靠，对敲放量上涨也不可靠。那么，什么样的成交量最好呢？在分析成交量时，并不在于成交量的大小，而是在于量和价的配合上。量价配合默契，涨跌符合韵律，趋势就得以持续，这才是分析的重点。

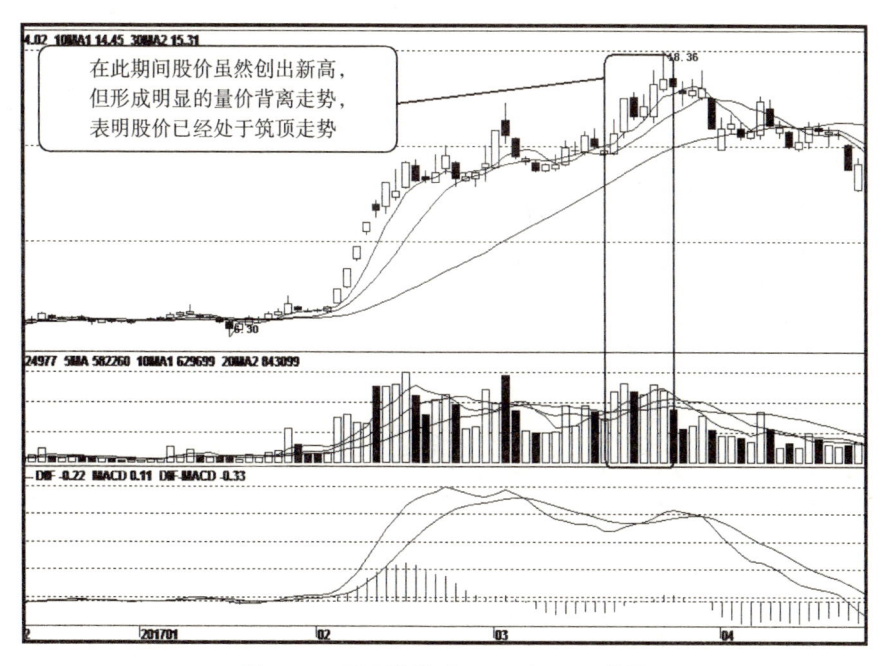

图 8-39 天山股份（000877）日 K 线图

## 四、持续阴跌式出货

股价被成功炒高后，庄家在高位不断减仓出货，由于手中筹码较多，出货非常有耐性，尽量不惊动散户，而是让股价缓缓回落，形成持续阴跌走势，K 线阴阳交错，虽然每天的涨跌幅度都不大，但重心不断下移，累计回落幅度也不浅，所以，持续阴跌出货是一把温柔的刀。

237

图 8-40，创业环保（600874）：该股经过三波拉高后，股价已经由 8 元涨到了 24 元之上，涨幅超过 200%，此时庄家兑现获利筹码，是大家都能想得到的。2017 年 5 月 17 日开始向下阴跌，庄家性情温柔和气，没有持续大跌，也没有大阴线和跌停现象。这种盘面走势为大多数人所接受，甚至认为是正常的蓄势调整，后市仍然充满乐观情绪。可是，就在人们放松警惕的时候，股价重心已经下移，不知不觉中将散户套牢在高位。

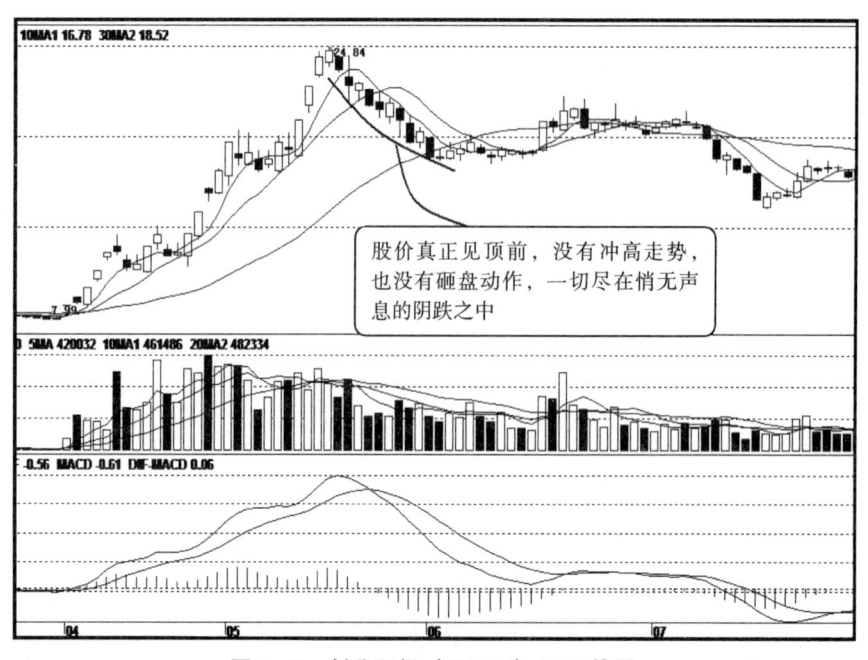

（图中文字：股价真正见顶前，没有冲高走势，也没有砸盘动作，一切尽在悄无声息的阴跌之中）

图 8-40　创业环保（600874）日 K 线图

图 8-41，华丽家族（600503）：该股有实力强大的庄家入驻其中，经过长时间的震荡筑底后，庄家吸纳了大量的低价筹码，2015 年 5 月 6 日股价一跃而起，出现一波"井喷"式行情，股价连续以"一"字形或"T"字形跳空涨停，短期涨幅非常惊人，一时间成为两市的妖股。

5 月 25 日，当股价打开"一"字涨停板后，盘中抛压迅速加大，但仍然大量短线游资涌进，同时庄家顶住一切压力，使股价维持在高位震荡。随后又在高位继续拉出两根涨停大阳线（其实是拉高出货走势），5 月 28 日继续高开强势震荡，以此吸引更多热钱参与。这时，有的散户以为股价后市还会上涨，在暴富心理的驱使下，盲目跟风而入，可是接着股价出现震荡走低，且持续向下阴跌，看起来跌势并不凶猛，但已将散户牢牢地拴在高位。

第八章 妖孽现形——妖股出货模式

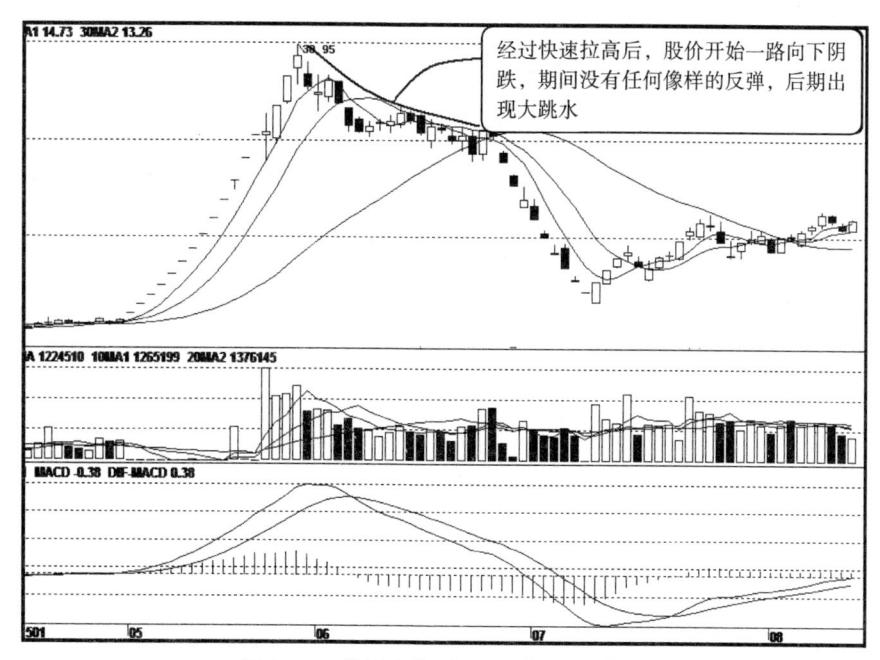

> 经过快速拉高后，股价开始一路向下阴跌，期间没有任何像样的反弹，后期出现大跳水

图 8-41　华丽家族（600503）日 K 线图

## 五、快速跌停式出货

股价跌停是投资者不希望发生的，它反映后市前景黯淡，很难从市场上获得回报，对投资者起到警示作用。那么，庄家是如何利用跌停板进行出货的呢？

在实盘操作中，有的股票开盘后股价直奔跌停板，或直接从跌停板开盘，且瞬间堆放大单封盘，接着庄家用巨量买单，打开跌停板。这时有的人一看股价即将打开跌停板，认为是庄家洗盘动作，生怕买不到低价筹码而纷纷跟进。有的股票上午直接从跌停板价位开盘，把所有的集合竞价买单都打掉，这时有的人一看到股价大幅低开，就会产生抄底的冲动，结果买入后被套。而且，庄家在跌停板位置打开又封盘，封盘又打开，反复进行着，反正在这个市场里总是有人被骗的。

图 8-42，无锡银行（600908）：庄家在低位吸纳了大量的低价筹码后，对股价进行了成功的炒作，股价从 10 元之下炒高到 23 元之上，短期累计涨幅较大，庄家获利十分丰厚。该股庄家在出货过程中，除了其他出货手法外，最典型的一招就是采用跌停出货法。有趣的是，在 2017 年 4 月 27 日出现跌停，随后股价连拉 4 个涨停。如果在跌停板买入，短线就轻松获取盈利，也就是说，给人的感觉就是跌停板是一个较好的买点，也为后面的跌停出货埋下伏笔。

因此，庄家先将股价拉高后，然后采取跌停手法出货。5 月 15 日，也同样直接在跌停价位开盘后，用巨量买盘打开封单，引诱散户跟风介入。这时，有不少散户借鉴了前期跌停后股价再次出现大幅上涨的先例，选择在跌停价位买入。可是，当天收盘时股价仍然封于跌停板，次日继续下跌，随后出现连续跌停。这期间，有不少喜欢"捡便宜"的散户，纷纷"逢低"买入，而庄家就在跌停板位置巧用挂单和开板手法暗中进行派发，可是散户的希望一次次地破灭，成为实实在在的"套牢族"。

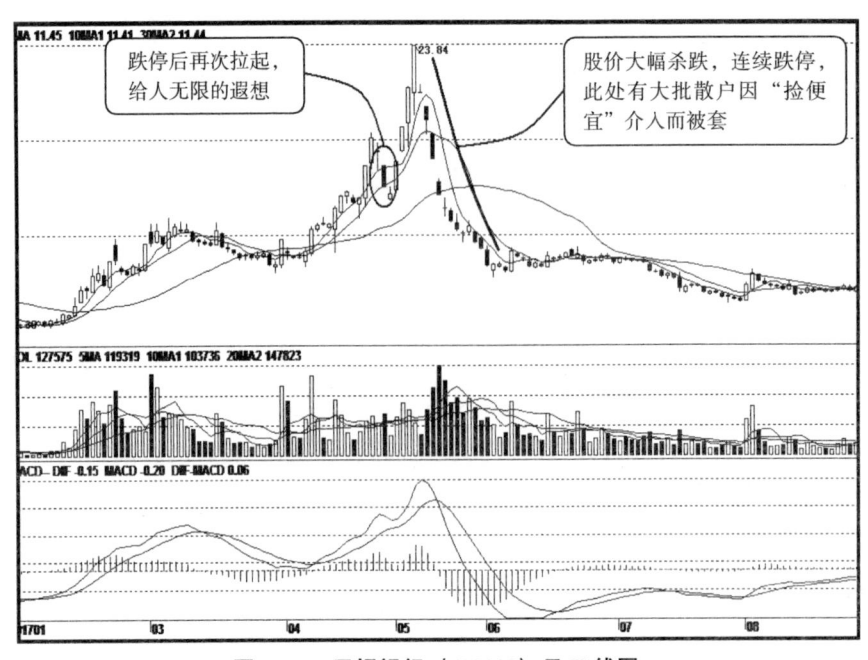

图 8-42　无锡银行（600908）日 K 线图

图 8-43，长城影视（002071）：该股庄家利用跌停出货时，其手法发挥得更加自如。在股价被大幅炒高后回落，股价被打到跌停位置，庄家在跌停位置封盘后再打开。这时场内的散户见封盘有希望被打开而持股不动，而场外的散户见股价打开跌停而买入。这样庄家顺利地派发了大量的筹码，最后股价离跌停价位相差一个价位收盘。虽然是一根大阴线，但股价毕竟没封跌停位置，给散户带来几许幻想。在此后的两个交易日里，股价惯性下探后再次被拉起，基本收回了大阴线的失地，这样可以说给场内的散户吃了一颗定心丸，让他们的持股信心坚定了许多。可是，不久庄家采用同样的方法继续出货，这时有的散户受到前面股价跌停后能够再次被拉起的影响，也跟风介入做多，所以庄家出货效果也非常好。

投资者在遇到股价跌停时，要分析股价跌停的性质、所处的位置和庄家意图。辨别这种盘面的方法就是：如果不是庄家出货，属于洗盘性质的跌停，那么股价就会立

第八章 妖孽现形——妖股出货模式

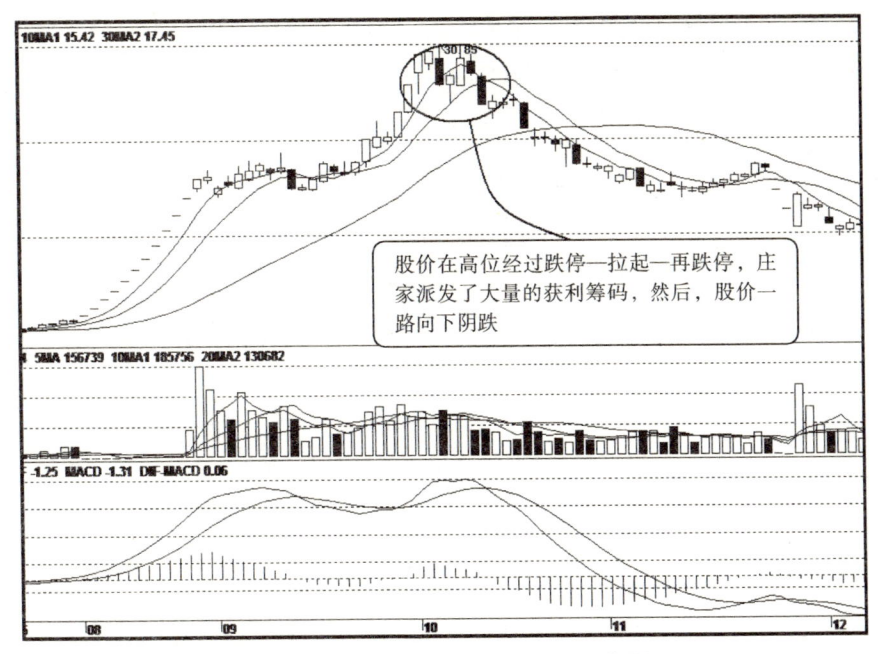

股价在高位经过跌停—拉起—再跌停，庄家派发了大量的获利筹码，然后，股价一路向下阴跌

图 8-43 长城影视（002071）日 K 线图

刻复原，散户根本就不可能买进来。如果散户居然在跌停板附近从容买进许多，且股价弹升又乏力时，绝对证明庄家以跌停方式出货。

## 第六节 妖股的风险控制

自古"妖魔"多险恶，"善妖"毕竟是少数。妖股能使大家短期内快速获利，但也容易遭受套牢损失，大多数妖股一旦去意已决，则无比绝情，高位追进者短期绝无解套希望，所以风险控制比其他股票更加重要。那么，妖股有哪些风险呢？

概括地说，妖股的炒作风险主要有三个因素：价格因素、心理因素、政策因素，三个风险总体是一致的。

（1）价格因素。价格越高，成本越大，风险越高，这是实际上的投入。

（2）心理因素。就是你对于这只股票承受的预期风险。比如方大炭素、创业环保、天山股份等，出现第一个涨停时低吸入场，价格风险比较低，但这时所承受的心理风险很高，因为它看起来并没有很强势，你也不太可能有重仓。之后继续上涨，强势走势已经出来了，大家对其热情高涨，这时价格风险就上去了，但心理风险就降低了。

241

简单来说，所有人都看好的股票（心理风险低），却意味着当下股价不便宜（价格风险高），但所有人都看好的情况（心理风险低），股价会持续到什么时候？持续不下去的时候，就是结束的时候。这个"度"的把握，其实就是风险控制。

（3）政策因素。政策变化是市场中一个重要的风险，比如中化岩土、河北宣工等9只"雄安新区"概念股连拉6个"一"字涨停后在2017年4月13日被集体特停，方大炭素2017年7月31日被特停，然后中科信息2017年8月25日高位被特停，可见，监管层对妖股的打击力度从来没有手软过，炒妖疯狂情绪势必投鼠忌器。

# 第九章 贵在新宠——新股、次新股"妖魔化"

## 第一节 新股、次新股的特点

新股是指上市不久的股票，次新股是指上市超过3个月而未满一个年度的品种。炒新是中国股市的一大特点，历来受到市场的广泛追捧和青睐。由于新股、次新股有诸多的市场特点，成为近几年来疯狂炒作的品种，新股破茧成妖，连拉十几个涨停都很正常，甚至到了"妖魔化"。那么，新股、次新股够级别的妖股都有哪些市场特点呢？

（1）新股、次新股具有稀缺性。

（2）对新股的业绩预期往往比较高。

（3）新股往往代表产业的新方向和经济转型的行业属性。

（4）每股公积金较高，有高送转预期，壳资源价值较高，迎合市场热点。

（5）股本普遍较小，便于庄家控盘，且新股、次新股上方没有套牢盘，炒作空间大。

（6）盘面走势容易大起大落，波动幅度较大，适合激进投资者。

从2017年8月以后的市场表现来看，不少新股、次新股有明显的主题概念。如江丰电子（300666）涉及国产芯片替换、苹果概念，华大基因（300676）涉及基因测序主题，中科信息（300678）涉及人工智能，中通国脉（603813）涉及大数据以及5G概念。

在目前行情下，能够吸引市场资金的新股、次新股不仅是具有刚开板和市值小等因素，其本身叠加的主题概念更是目前资金选股的重要因素。特别是大势震荡行情中，市场存量的活跃资金倾向于选择受指数影响小的新股、次新股进行投机交易，一定程度造成了这一板块的活跃。"新股、次新股+主题概念"成为目前游资的主要目标，相比之下，老股由于历史筹码较多，以及解禁冲击，相同题材下，市场活跃资金更倾向于新股、次新股进行交易，所以近几年来新股、次新股中出现了不少妖股。

# 第二节 游资钟情新股、次新股

## 一、"新妖"争相斗艳

目前次新股将形成一个规模性板块，按照当前新股发行速度，到2018年上半年两市预计就有350~400只个股的上市时间小于1年，如果以此作为次新股的定义，那么届时次新股板块占两市A股上市数量的比重将超过10%，成为仅次于创业板的第四大板块。

在新股、次新股行情"盛宴"中，作为市场最活跃的资金———一线游资频频出手，"次新股+主题概念"越来越成为游资的选股对象。次新股叠加主题，往往能取得超额收益，在未来一段时期里对于主题叠加的次新股需要密切关注。当然，没有丰富经验的投资者一般不要参与这个板块的操作，但也要关注这一板块的动向，因为次新股从某种程度而言就是市场的风向标。

从2017年8月以来，随着两市指数的纷纷走高，次新股板块也开始发力，两个月的时间里，其上涨幅度超过20%。据统计数据显示，在剔除掉2017年8月以后上市的新股之后，次新股板块总共384只个股，而从8月中旬至10月底这段时间，仅有34只个股处于下跌状态，这意味着超过90%的次新股在上涨。在这些个股中，中科信息（300678）、建科院（300675）、中通国脉（603559）的涨幅超过100%，而涨幅超过50%的个股更是多达24只。

在新股、次新股行情中，其背后的主要推手就是一线游资。据龙虎榜显示，从2017年9月以来，上榜次数最多的三只个股分别为中通国脉（603559）、原尚股份（603813）和华通热力（002893），上榜次数分别为15次、13次、12次，三只个股均叠加有明显的主题概念。

图9-1，中通国脉（603559）：作为一只2016年12月2日上市的次新股，该股显然不怎么"新"了，但由于2017年9月掀起的5G概念行情，其再次吸引了游资的注

第九章 贵在新宠——新股、次新股"妖魔化"

意力，符合游资的选股范畴。据统计数据显示，该股 2017 年 9 月 20 日现身龙虎榜之后，国金证券上海金碧路营业部、国泰君安成都北一环路营业部等著名游资均有出现。

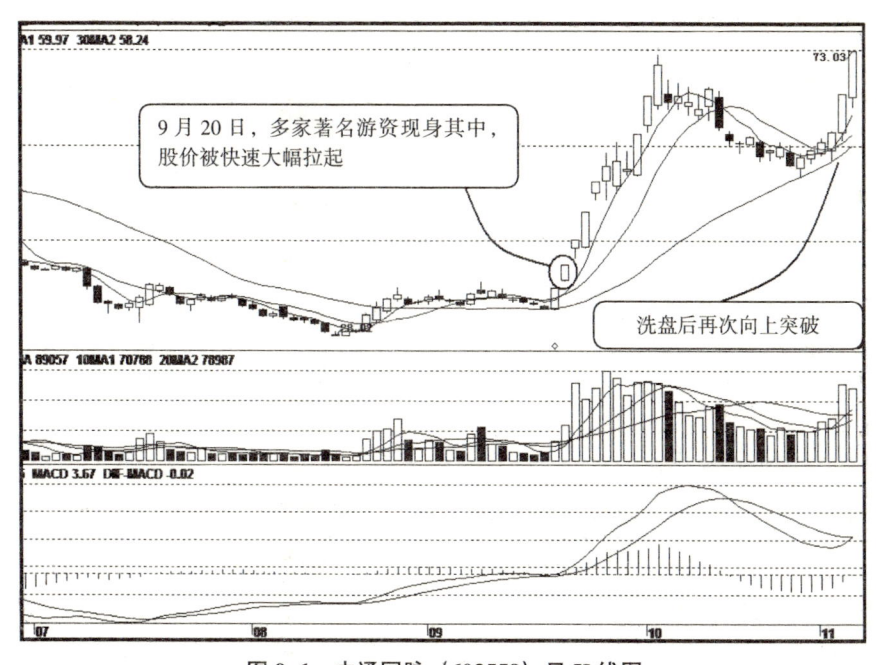

9 月 20 日，多家著名游资现身其中，股价被快速大幅拉起

洗盘后再次向上突破

图 9-1　中通国脉（603559）日 K 线图

图 9-2，原尚股份（603813）：在该股龙虎榜中，游资之间的拼杀也是极为凶猛的，上市一个多月来，上榜次数最多的国金证券上海金碧路营业部同样现身其中。2017 年 9 月 19 日上市，在创下 10 个 "一" 字涨停之后，于 10 月 10 日开板。接下来，该股又在 10 月 10 日到 13 日连收 4 个涨停板，随后的 16 日股价跌停，17 日大幅低开后却涨停收盘，18 日股价再度大跌 9.58%，而前述营业部则分别在 11 日和 18 日出现，不过其两次现身均以卖盘方式出现。从游资迹象来看，股价将步入一个修正期。

自 2017 年 9 月以来，据统计数据分析，国金证券上海金碧路营业部现身多只次新股，除上述三股外，还有掌阅科技（603533）、横店影视（603103）、英派斯（002899）等，而诸多一线游资也在这些个股中上演了一幕幕厮杀场景。

从游资进入的这些个股来看，几乎有较大涨幅的都是带有一定主题概念的股票，这跟游资本身就喜好追逐热点、吸引跟风盘的风格是息息相关的。2017 年 10 月 18 日，次新股板块遭遇整体回调，次新股指数下跌 1.43%，反映出次新股板块出现分化格局，要警惕遭到爆炒的个股，特别是涨幅较大的个股都有被游资炒作的迹象，虽然这些上市公司本身具有一定的看点和成长性，但游资行为主导下的行情，短期内暴涨往往使

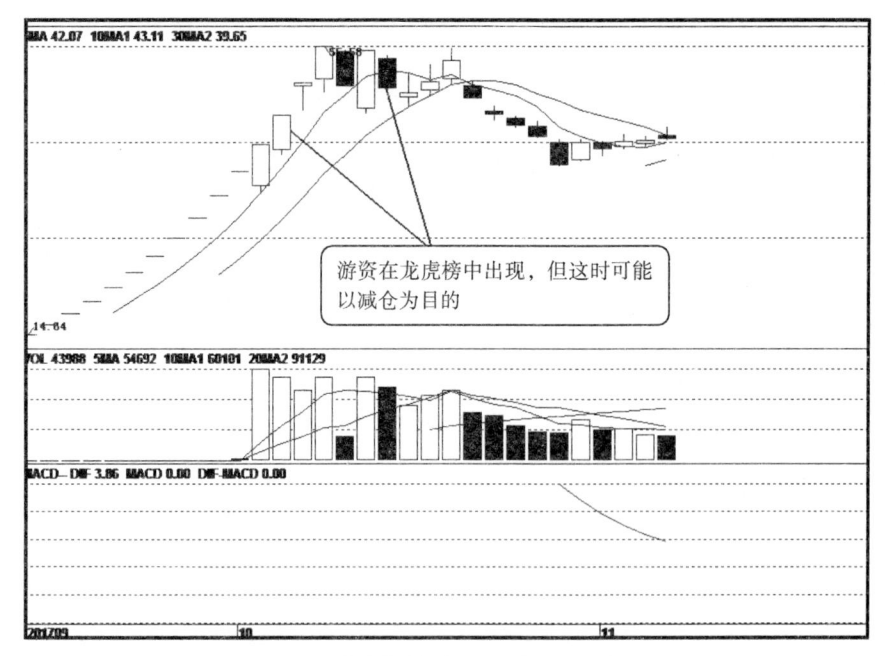

图 9-2　原尚股份（603813）日 K 线图

股价大幅偏离其实际价值，需警惕风险。

## 二、结构性机会仍然存在

新开板股票其盘面转换较快，次新股盘中起伏较大，震荡频率高。在次新股没有出现趋势性估值下跌的情况下，基于次新股的高送转属性，部分次新股仍存在投资机会。未来一段时间仍可关注，但应注意以下三个方面：

（1）次新股叠加主题概念，往往能取得超额收益，因此在未来一段时期内对于主题叠加的次新股需要密切保持关注。

（2）上市时间较久的次新股会有较大的机会，半年以上甚至 1 年至 2 年的股票，正好处于股本迅速扩张期。

（3）次新股整体估值偏高，动态市盈率（TTM）达到 50 倍以上，继续上涨的空间有限。这类个股一上市就透支了未来的上涨空间（完成主升浪行情），至少 6 个月以内不会有大的动作，期间可能有 N 次反弹出现，除非有真正的主题概念配合，否则每一次反弹力度都不会特别大。

图 9-3，华大基因（300676）：该股整体估值偏高，动态市盈率达到 190 倍以上，2017 年 7 月 14 日上市后就被游资大幅炒作，连拉 17 个 "一" 字涨停后开板整理，经过成功的换手后，股价继续震荡走高，11 月 14 日最高创出 261.99 元。

第九章　贵在新宠——新股、次新股"妖魔化"

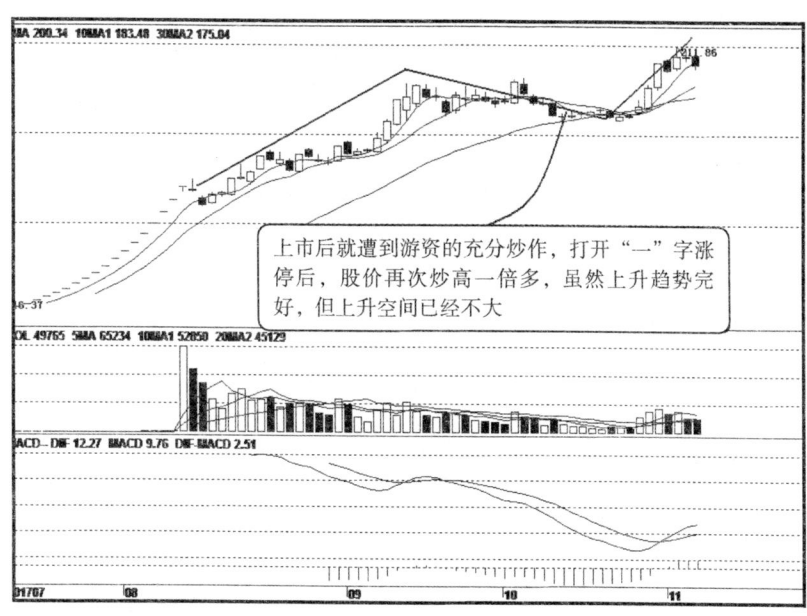

图 9-3　华大基因（300676）日 K 线图

图 9-4，国科微（300672）：该股自 2017 年 7 月 12 日上市后，连续拉了 7 个 "一"字涨停，然后开板高位横盘整理。8 月份，因涉及国产芯片替换概念，股价展开新的攀升行情，11 月 14 日股价创出 78.48 元。其实，该股基本面并不理想，2017 年中报业绩每股亏损 0.31 元，说明股价已经透支了未来的上涨空间，一旦游资全面撤退，后市将进入中期调整走势。

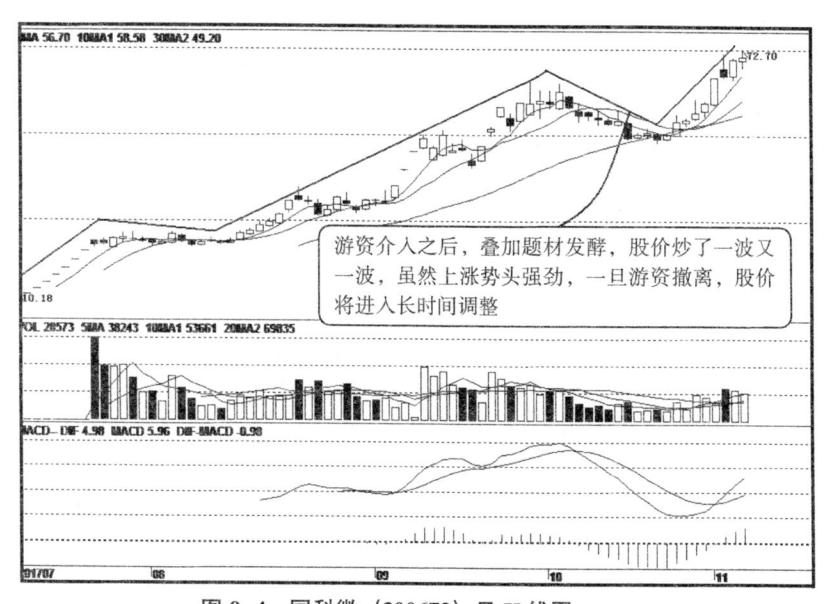

图 9-4　国科微（300672）日 K 线图

247

# 第三节 新股、次新股分析方法

## 一、内在质地

新股、次新股的内在质地、行业前景、竞争地位、公司经营管理状况等是决定市场定位的主要依据。对于新股、次新股的把握，可以从下列六个方面综合考虑：

（1）时机选择：市场行情启动初期，新股、次新股往往会出现井喷式狂炒，盈利惊人，而到了市场低迷期，由于中小散户进场意愿不强，市场筹码锁定程度不高，庄家很容易收集到新股、次新股筹码，然后强劲拉升股价，因此市场低迷时也是新股、次新股炒作时机。

（2）行业选择：行业特殊，有一定的垄断性，且在上市公司中的可比性小；或者公司属于朝阳行业，发展前景诱人，这类股票后市股性容易被激活。

（3）募资用途：新股发行后，上市公司如何利用募集的资金提高公司的业绩，将成为市场是否炒作的重要条件之一。

（4）大股东背景：公司前几名大股东直接影响到公司将来产业的发展方向，且直接影响到二级市场的定位和炒作空间。

（5）股本结构：这是新股、次新股后市表现的主要条件之一。一般来说，总股本在3亿股、流通量在2亿股以内的股本机构，便于庄家进出。

（6）主承销商：主承销商如果是实力较强的券商，或者开板后有机构席位参与，这些都是选择新股、次新股时需要考虑的重要因素。

## 二、选股策略

（1）根据新股、次新股的可扩容性选股。要选择流通盘较小，具有高送转、高派现题材的次新股。

（2）根据次新股的技术指标选股。炒作次新股要重点参考人气意愿指标ARBR，其中人气指标AR可以反映次新股买卖的人气，意愿指标BR可以反映次新股买卖意愿的强度，当次新股的26日ARBR指标中的AR和BR线均小于100时，如果BR线急速地有力上穿AR线，投资者可以积极逢低买入。

（3）根据新股、次新股的放量特征选股。在放量上涨过程中，投资者仍可以积极关注，把握时机，适度追涨。但是要注意成交量是否过于放大，如果成交放量过大，会极大地消耗股价上攻动力，容易使股价短期见顶，转入强势调整。

（4）注意次新股上市时间的长短。由于新股上市接连不断，该板块的容量不断扩大，有些上市时间稍长的次新股也将渐渐演变成老股，和次新股板块之间逐渐缺乏联动性，一般选择上市时间在一年以内。

（5）注意次新股前期是否为曾经被疯狂炒作过的，投资者要尽量选择还没有经历过疯炒的次新股，炒作潜力更大。

（6）注意次新股业绩是否稳定，目前一年绩优、两年绩平、三年绩差的现象比比皆是，甚至上市不到一年就变脸的次新股也并不鲜见，投资者要注意选择经营运作良好的次新股。

（7）注意次新股上档是否有沉重的套牢筹码，部分次新股上市之初，做过大量的宣传工作和各种投资分析报告，上市后受到散户的大力追捧，结果造成上档沉重的套牢筹码，使股价很难有所表现。

### 三、上市环境

新股上市时指数的相对位置，当指数在高位时，整个市场的价格体系重心较高，新股容易获得较高的市场定位，存在价值被高估的可能，短线机会不多。这时候对于连续"一"字涨停的新股在开板后，并不适合买入，因为这时候主力可能会借大盘上涨之势"多"拉一个或几个"一"字涨停，这类个股开板后，一旦出现调整，回调幅度往往比较大。

当指数处在低位时，价格体系重心下移，新股定位往往较低，此时新股常会得到大资金关注，相应地就会产生较好的中短线套利机会。这时候由于大势低迷，市场缺乏热情，生不逢时的新股也敢大肆连续拉出"一"字涨停，跟市场火爆时期相比，可能"少"拉一个或几个"一"字涨停，这类个股往往中线机会较大，回调时可以作为中线品种关注。

当指数强势运行时，上市新股通常能得到即时炒作，短线机会非常丰富。通常打开"一"字涨停之后，经过短暂的调整往往又迎来新的炒作机会，因为"炒新"是A股市场的一大特色。

## 四、盘面表现

在盘面上新股、次新股炒作还是有一定门道可循的,可参照以下四点:

(1) 看上市时大盘强弱。新股、次新股和大盘走势之间存在非常明显的正相关关系,并且涨跌幅度往往会超过大盘。在熊市中,新股、次新股以短炒为主,做长庄的情况很少出现;而牛市中,庄家往往倾向于中长线操作。

(2) 看新股、次新股的基本面。除了公司经营管理和资产情况外,还应从发行方式、发行价、发行市盈率、大股东情况、每股收益、每股公积金、每股净资产、募集资金投向、公司管理层情况、主承销商实力等方面综合研判,最重要的是要看它是否具有潜在的题材,是否具有想象空间,等等。

(3) 比价效应。对比与同类个股的定位,发现新股、次新股价值被低估带来的炒作机会。

(4) 观察盘口。量是根本,以往统计数据显示,新股开板日最初5分钟的换手率在15%以下,表明庄家资金介入还不明显,短线获利机会不大。如果换手率在15%以上,短线获利较高。若5分钟换手率达到20%以上,则短线获利机会更高。

通常5分钟换手率在20%以上,15分钟换手率在30%以上,30分钟换手率在40%以上,全天换手率在60%~70%最为理想。

## 五、游资动向

(1) 判断新股是否有短线机会,最重要的一点就是换手是否充分。一般情况下,新股开板后换手接近60%时,庄家才有可能进行疯狂拉高脱离成本区的动作。根据实盘经验,新股开板后的前5~15分钟,买入的往往以游资为主。换句话说,游资若看好某只新股,会利用开盘后的5~15分钟,趁广大散户犹豫、观望之际,快速介入收集筹码。所以,前5~15分钟及前30分钟的换手率及其股价走势,往往能分析是否有大庄家介入。

(2) 在主力成本区附近介入。判断主力成本区的方法很简单,单日成交量最为集中时的均价线,就可以看成是主力的成本区,在成本区上下浮动10%的区间,具有相当的介入价值。毕竟资金介入后最终目标就是获利,而这最终的利润,如果连10%以上的空间都没有的话,资金还有介入的兴趣吗?

(3) 真正会大涨的新股,往往出乎市场大部分人的预期。换句话说,如果某只新股开盘后的走势高于市场大部分人的预期,那么,这只股票就值得重点关注。

总之，上市后的市场表现，开板后换手是否充分，当前价位是否接近主力成本区，这三点是投资者具体分析和把握时不可忽视的因素。

## 第四节　新股、次新股实战技巧

新股、次新股一直都炒得很热，人们对它时爱时恨，爱它是因为可以在短时间产生较大收益，股价无理由涨停，甚至全然不用关心基本面，拿到了就一路上涨，账户市值一飞冲天，每天睡觉都在笑。恨它是因为，可能一次的投机失误，会让你辛辛苦苦通过大半年积累起来的收益，在一两个交易日化为乌有，股价经常从涨停到跌停，若是在涨停价进入，一天损失就20%了，次日还有续跌可能，如此损失大也。

新股、次新股为什么涨得这么凶？造成这种现象的原因是：群体共识的疯狂，会造成群体非理性的发生，这在新股、次新股上体现得酣畅淋漓，在A股，新股是极度稀缺的资源，在新股、次新股大涨后，前期卖飞了的后面暴涨一两倍，此时给人们一种假象，就好比拿到新股、次新股就能大赚，以至于造成筹码极度稀缺，没开板的打死都不卖，开板新股、次新股稍有跌幅，很快会吸引大批的抄底资金抢筹，从而使股价一涨再涨。所以在股市中，估值只是市场炒作的一部分，情绪估值同样具有很多机会。在这种情况下，股票已经不代表一份公司所有权和股东权利，现在很多股票就是赌场的筹码，大家都知道这个东西没有实际价值，但看到别人赚钱了，就都想来"赌"一把。

### 一、买入技巧

**1. 买入策略**

开盘前竞价换手率大约7%，且符合市场热点，可先买入1/3的仓位；如果5分钟换手率达25%以上或者更高，且收出阳K线时，可加仓买入；如果前15分钟换手率达到40%以上，且股价一直在均价线上方运行时，可逢低加仓买入；如果新股全天换手率低于40%（特别是大盘股），并且以大阴线收盘时，可以在收盘前试探性买入，如果次日开盘平开或高开，可重仓介入。

**2. 实战技巧**

重点关注以下三类股票：

（1）刚开板的新股。一般不要去买重新封涨停的新股，如果持筹者预期一致，可能委托几天也买不到，一旦开板成交，反而遭受套牢。也许有人会说，不少新股涨停板追进，后面上涨也不少。其实，那是"上一次"，每次都不一样，如果新股已经涨到令人咋舌的地步，追涨停一旦失手，则短期很难翻身，赌博也要在保证本金相对安全下进行。

通常涨了若干个涨停板打开后，股价已经高高在上，这时应结合大盘和该板块的强弱，如果大盘弱势，次新股表现整体弱势，所预计的那些涨幅巨大的新股可能会开板，这时可分批委托买入即将触及跌停但不封跌停板的新股。在跌停板上方几个点位作为买点，即使出现恐慌性跌停，那么当天损失也不大，这个可以很好地规避一日损失20%的风险。

需要注意的是，不要在已封跌停时挂单买入，因为当天股价封跌停后，次日往往出现低开惯性探底走势。通常在大跌后大盘回暖，这种急涨急跌的新股会有很大的反弹动能，或许还可以大赚一笔，此时就能以最小的风险，获得最大的收益。因为在大盘暴跌时，新股可能会以一种非常残暴的方式开板下行，这里也蕴含了大量机会。这种方法同样适用于已经开板调整的新股，整理后短期快速上涨的新股，但不适用于走势偏弱的新股。

图9-5，弘信电子（300657）：2017年5月25日上市后，连拉12个"一"字涨停，第13个交易日开板后当天再次封涨停，次日开盘后股价逐波走低接近跌停，这时就是一个比较好的买入机会，收盘时股价也没有封跌停。第二天，股价高开高走封涨停，随后股价继续震荡走高，所以在接近跌停时买入一般风险不大。

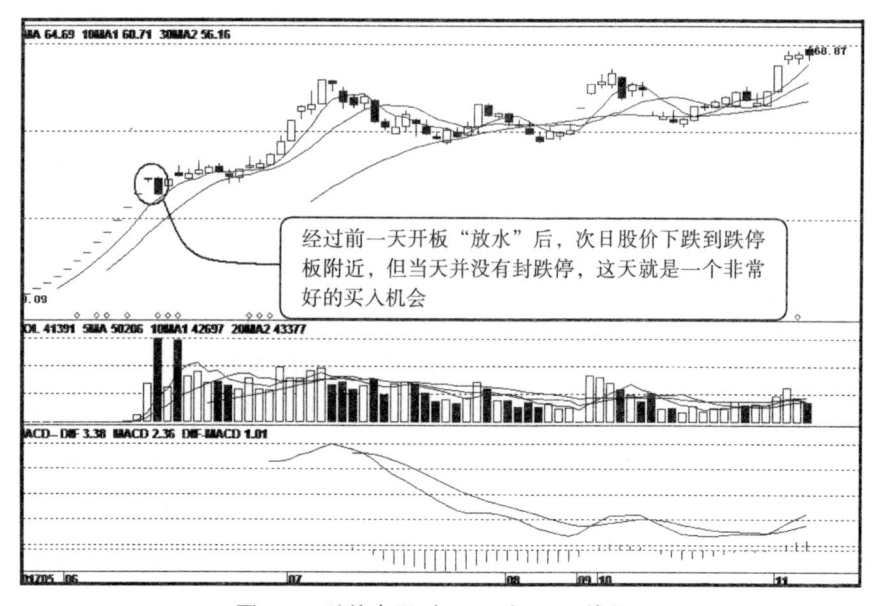

图9-5 弘信电子（300657）日K线图

## 第九章 贵在新宠——新股、次新股"妖魔化"

为什么说 6 月 14 日是一个买点呢？因为，该股在 6 月 13 日已经打开"一"字涨停，一般中签散户在这天会全部出局，次日股价打压到 9 个多点就是一次洗盘动作，所以只要当天不封跌停板，就是一次非常好的入场机会。

图 9-6，华大基因（300676）：2017 年 7 月 14 日上市后，连拉 17 个"一"字涨停后开板整理，次日继续高位震荡，经过两天的高位折腾之后，盘内中签散户所剩无几。8 月 11 日，股价低开低走，接近跌停，但收盘时没有封跌停。这天收盘前几分钟就是一个好的买入机会，因为，盘内中签散户已经在前面两天的震荡中基本离场，庄家敢于在该位置接过散户的筹码，后面应有所动作，其随后的走势也证明了这一点。

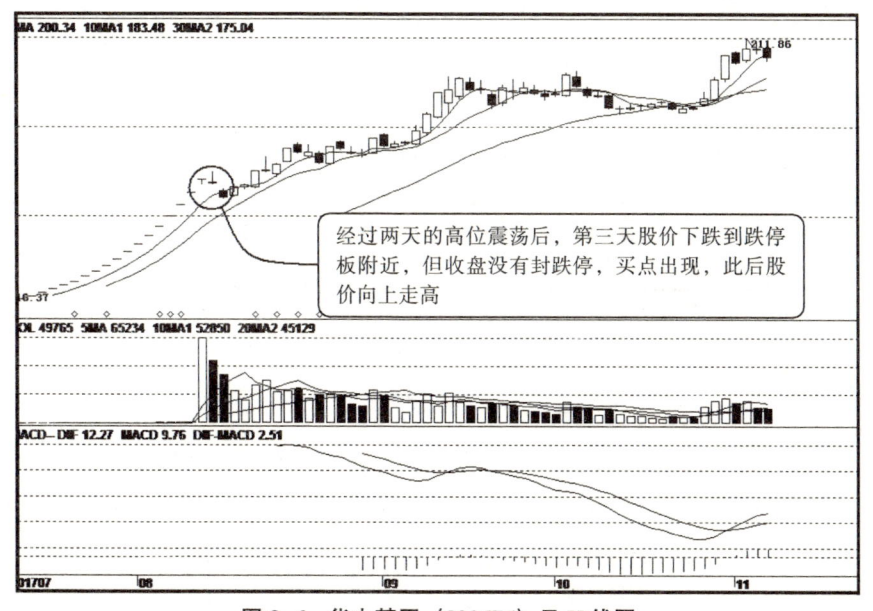

图 9-6 华大基因（300676）日 K 线图

下面再看两个相反的实例。

图 9-7，太龙照明（300650）：2017 年 5 月 3 日上市后，连拉 9 个"一"字涨停，第 10 个交易日打开"一"字涨停，然后再次封涨停。可是，次日大幅低开后，股价逐波走低，直接封跌停，这就不能作为买点看待，后市仍有惯性下跌的可能。其后走势，尽在掌握之中。

图 9-8，世纪天鸿（300654）：2017 年 9 月 26 日上市后，连拉 13 个"一"字涨停后开板整理，开板后次日低开低走封跌停，这也不是一个好的买点，此后股价继续向下跌落。所以，股价封跌停时多数个股是不能买的，说明跌势没有结束，至少还有惯性下探要求。

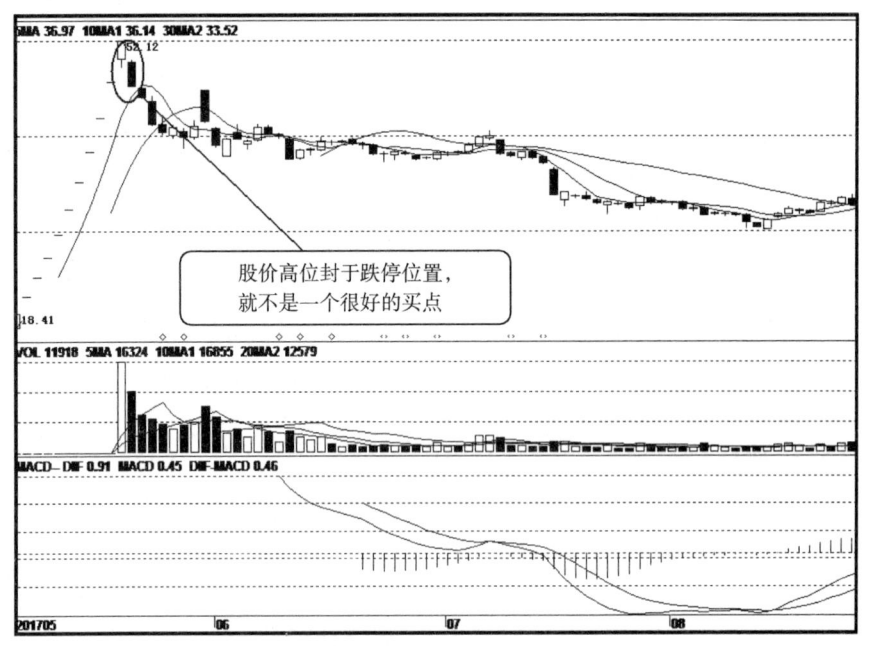

[股价高位封于跌停位置，就不是一个很好的买点]

图 9-7 太龙照明（300650）日 K 线图

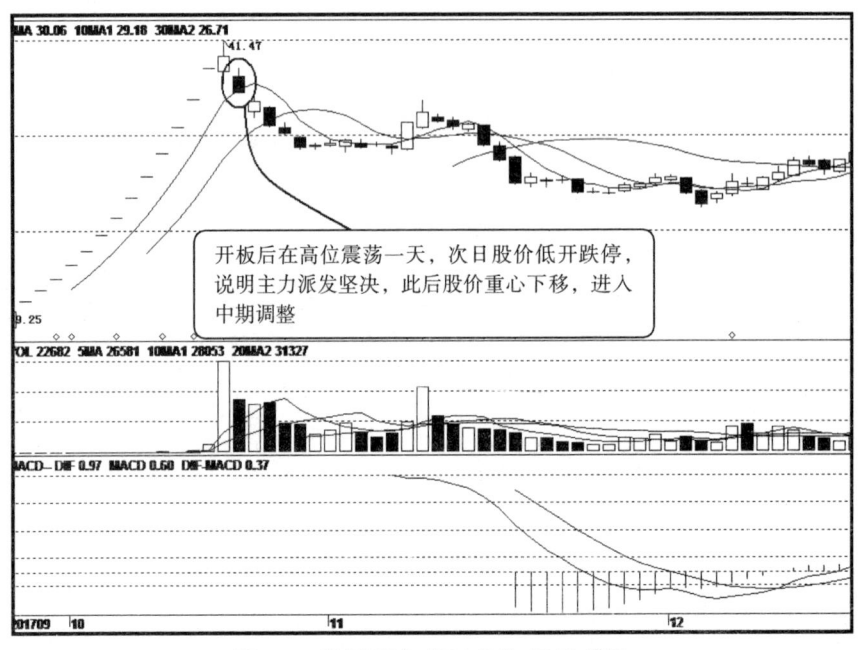

[开板后在高位震荡一天，次日股价低开跌停，说明主力派发坚决，此后股价重心下移，进入中期调整]

图 9-8 世纪天鸿（300654）日 K 线图

（2）新股高送转。在下跌调整中，次新股中有一类个股整体强于其他个股，这就是近期高送转除权派息预期的次新股，特别是那些 10 转 10、10 转 20 的个股，属于次新股走势最强的，无论大盘如何萧条，这类个股即使大跌也会迎来疯狂的抢筹买盘，股

## 第九章 贵在新宠——新股、次新股"妖魔化"

权被拆分后，股价被降低，会有一波强劲的填权行情。比如安达股份（300635）、中富通（300560）、诺力股份（603611）等，在大盘回调中，短线都有不俗表现。

在操作方法上，先将近期高送转的次新股挑出来，在等待股东大会后，确定除权派息具体日期，这时距离具体实施还有几周或者几天时间，这时就可以根据股价走势，在它回调时确定一个合适的买卖点潜伏其中，等待其除权派息日的到来，在除权派息日到来之前多数个股会有一波强劲的上涨行情。如果后期能享受一段填权行情，那收益会有翻番可能，盈利相当诱人，不过还要结合大盘和整体板块走势来决定卖出时间点。

图9-9，杭州园林（300649）：2017年9月15日为10转10除权派息日，在此前的十多个交易日里，股价涨幅超过75%，而同期的上证指数处于横向震荡，该股盘面显然强于大盘走势，究其原因是该股属于新股高送转概念。

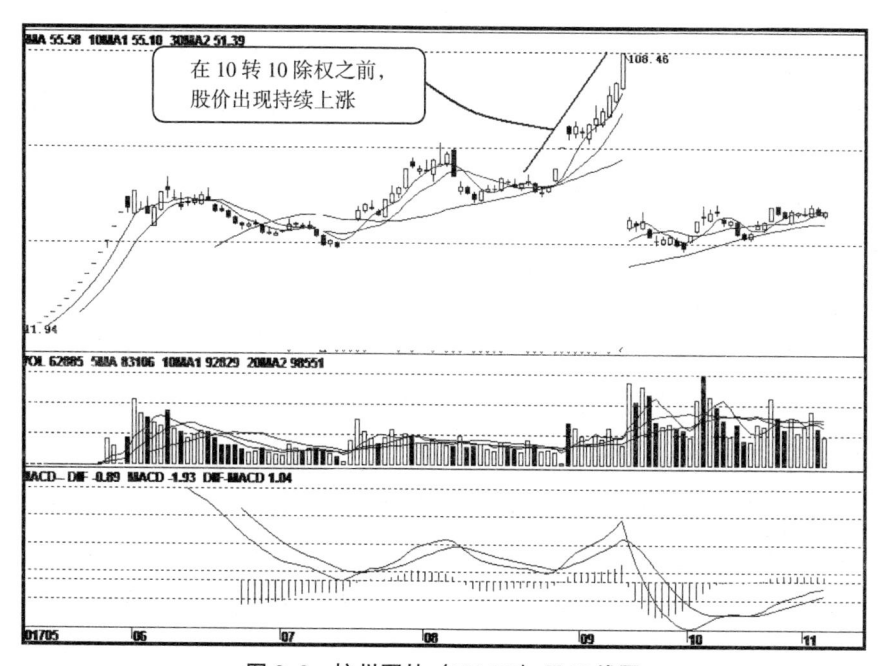

图 9-9　杭州园林（300649）日K线图

多数情况下，次新股送股后，会有一波强劲的填权行情，但通常情况下，在高送转除权出息日之前就会有一波高送转行情，股价有时已经反映了这种预期，如果在送股后介入，应该买最为强势的股票，此时强者恒强，而不是去买那些上涨动能减弱的填权预期股。

（3）早盘弱势低开次新股。如果大盘近期走势较为强劲，次新股板块也较为活跃，每日早盘会有一些强劲的次新股依旧封于涨停板，也有一些相对偏弱的次新股早盘会出现低开，如果整体板块表现强劲，就不会去赌涨停板个股了，通常情况下是买不到的，这时应该买入那些低开次新股，特别是早盘急跌幅度越大的越是买入的好机会，如果次新股板块表现强劲，这些低开次新股会有一波很好的补涨行情，甚至尾盘封为涨停，这样当日盈利可能达到"10%+"的机会。如果情况不是想象的那样，盘中板块整体出现回落，既然已经是买的低开股，向下的空间也有限。相比赌封涨停板，下跌风险其实要小很多。

## 二、卖出技巧

### 1. 卖出策略

新股中签筹码卖出价分两种情况：一是继续以"一"字涨停开盘后，在盘中打开封盘时立即卖出；二是如果开盘没有继续"一"字涨停的，应在开盘价附近提前挂单卖出。

大多数新股开板后，经过调整仍有一波上攻行情，一般在5个交易日前后形成高点，这时及时卖出或止损很关键。如果当日收阳线，开板后涨幅达到20%以上，且出现长上影线或其他见顶K线形态时，是短期调整信号；若次日低开，则在开盘价第一时间卖出；当日收阴线的话，对于高开低走跌幅5%以上，换手率较大（一般在70%以上），次日跳空低开的个股，应在第一时间先减仓后止损。

### 2. 实战技巧

不少新股打开"一"字涨停后，经过短暂的调整后（调整时间3个交易日左右，期间不能有跌停板出现），仍有一波上冲行情，但持续时间往往不长，一般在5个交易日左右会出现一个阶段性高点，这时应及时卖出或止损观望。

图9-10，科蓝软件（300663）：2017年6月8日上市后，连拉9个"一"字涨停，6月23日没有继续以"一"字涨停开盘，此时开盘后中签散户应快速在开盘价附近挂单卖出。然后股价回落，高位收阴K线。经过5个交易日的调整后（期间没有出现跌停），股价再次企稳回升，展开新一波上攻行情，经过5个交易日上涨后，股价出现一个阶段性高点，此时应及时卖出。

新股在"一"字涨停开板后，继续上涨超过20%，如果出现长上影线或其他见顶K线形态时，有可能是一个头部信号，可在当日收盘前卖出；若当日没有卖出，如果次日出现低开，则在第一时间在开盘价附近卖出。

图9-11，诚迈科技（300598）：2017年1月20日上市后，连拉15个"一"字涨停，2月20日继续以"一"字涨停开盘，但盘中快速开板，这时中签散户应该立即卖

## 第九章 贵在新宠——新股、次新股"妖魔化"

出。然后经过短期调整后,股价再次出现向上走强,累计涨幅超过30%,3月16日在高位收出一根带长上影线K线,这时散户应在当天收盘前卖出。

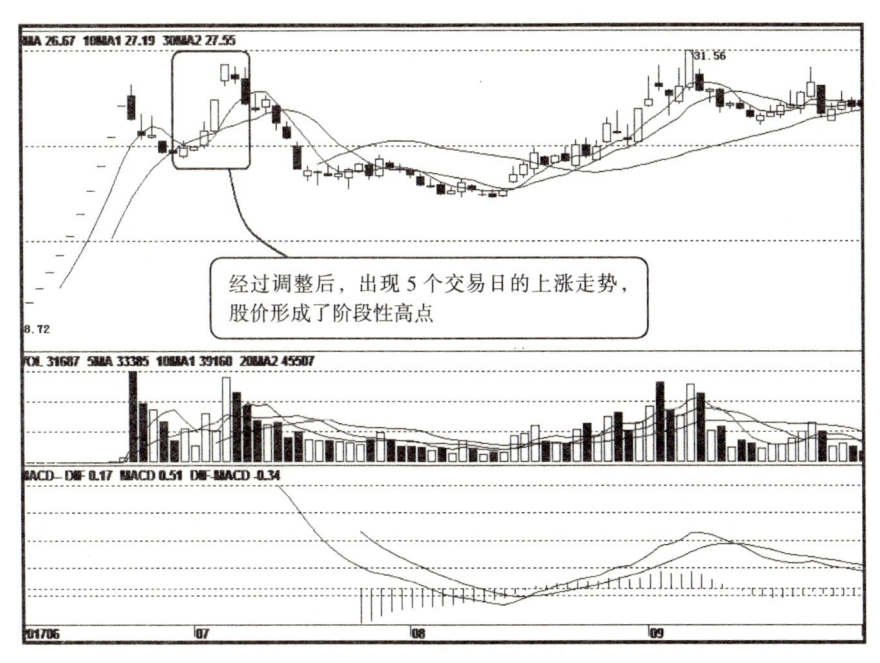

经过调整后,出现5个交易日的上涨走势,股价形成了阶段性高点

图 9-10 科蓝软件(300663)日 K 线图

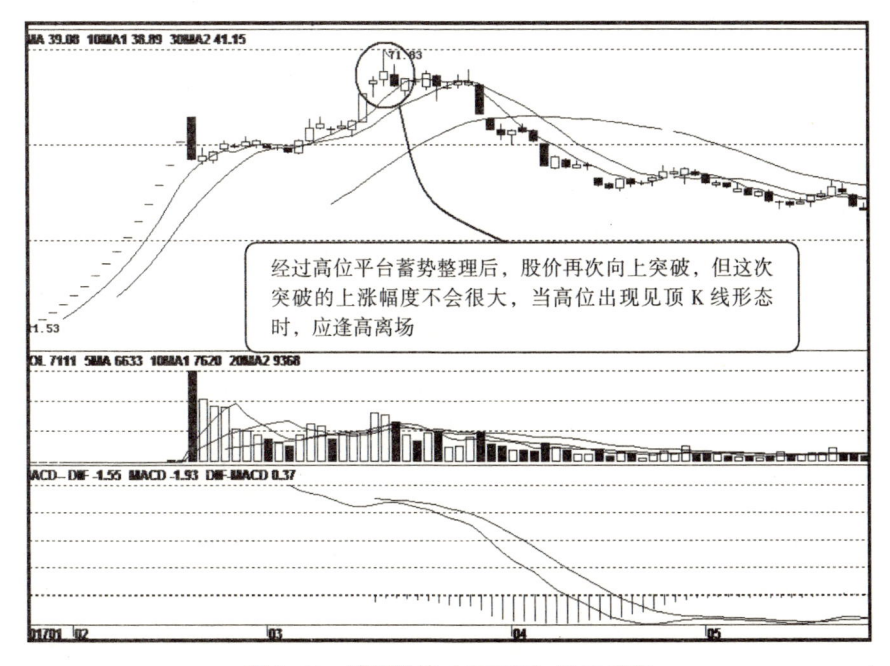

经过高位平台蓄势整理后,股价再次向上突破,但这次突破的上涨幅度不会很大,当高位出现见顶K线形态时,应逢高离场

图 9-11 诚迈科技(300598)日 K 线图

次新股操作的逻辑就是心理博弈。次新股操作的精髓在于"卖",而不在于"买"。次新股开板后的上涨靠的是通过"强烈的视觉信号"来吸引大量的游资来接力,一旦信号减弱,无论涨跌都应该立刻退出。大部分散户无法做到这一点,究其原因:买股票的时候面临的是"3000选1"的决策,卖的时候面临的是"1选1"的决策,人性弱点会被充分放大。开板后追进,有信号就持有,信号转弱就卖,这个最简单的策略背后包含了复杂的心理博弈。

对于散户,尤其是新入市的散户,在操作新股、次新股时,有三条操作纪律是需要遵守的。其一是介入要迅速,新股盘面波动极快,稍有迟疑就可能错过最佳买点。其二要有耐心,在市场尚未出现买入条件时,要耐心等待,切忌盲目随意介入,避免亏损。其三是要果断离场,这是最关键的一步,一般持股3~5天,盈利20%,就可考虑第二天离场,不要贪心恋战。需要提醒的是,炒新股、次新股虽然短期收益大,但风险也较大,做好风险控制是重中之重。投资者炒新之前应该方方面面地掌握新股、次新股的具体情况,方可尝试进入。

# 第十章 擒贼擒王——龙头股战法

## 第一节 什么是龙头股

### 一、龙头股的属性

在一个热点板块走强过程中，上涨时冲锋陷阵，回调时抗拒下跌，能够起到稳定军心作用的个股就是龙头股。通常龙头股有大资金介入背景，有实质性题材或业绩提升为依托。只要有持续性热点，就有阶段性热点龙头股。

在市场中，如果谁最先发现并介入龙头股，那么谁就掌握了股市的核心机密。那么如何理解龙头股呢？什么是龙头股呢？很多人没有把这两个问题说清楚。本章结合实盘谈谈对龙头股的认识，龙头股一定要具有以下五个属性，认清了这些属性，也就等于定义了龙头股。

（1）龙头股的第一属性是领涨。领涨可以理解为发动机、火车头、引擎、引路人、风向标。也就是说，龙头股能够带领其他个股上涨，在所属主题概念内领着其他个股上涨，为所属板块拓展上涨空间。

（2）龙头股的第二属性是人气，具有明星效应，领袖气质，是该主题概念内的一面旗帜。龙头股一定是该主题板块中最聚集人气的地方，最耀眼、最有风格、最吸引人的眼球。龙头股是各大媒体争相报道的对象，也是市场竞相追捧的榜样，更是散户大户以及庄家都谈论的对象，具有无与伦比的光环。

（3）龙头股的第三属性是资金介入最疯狂，也就是说，市场各路资金争先恐后介入，表现在成交量上就是成交量急剧放大。

（4）龙头股的第四属性是涨幅数一数二。在空间上，上涨幅度数一数二；在时间上，持续时间数一数二。也就是说，龙头股上涨空间大，持续时间长，而且不怕累、不怕高，涨起来没完没了，无法估计顶部在何处。

（5）龙头股的第五属性是涨起来无法无天，很多时候会超越市场绝大部分人的预期。市场本身的力量是强大的，龙头股一定是最强大的。没有人能够预计到龙头股的涨幅，很多龙头股的涨幅不但超越市场的预期，甚至还会超过主力自己的当初预期。这就是"龙"性大发，请神容易，送神难。

这五个属性中，第一属性是龙头股的核心属性，其他四个属性是龙头股的派生属性或者说都是由第一个属性带来的结果。龙头=领涨，所以龙头最疯狂，最具明星光环，上涨时间长和空间大，也最不按常理出牌，涨到哪里谁都无法预计。

## 二、龙头股的逻辑

通俗地讲，当一只或几只股票上涨时，能同时带动同一板块或有同一概念，甚至相邻概念的股票跟着上涨，如果其回调，也导致板块其他股票跟着回落，它能通过对板块的影响而间接影响大盘指数的涨跌，这样就形成板块效应或热点效应，那么初步或基本可以判定这只股票或这几只股票是领涨的股票，也就是龙头或热点中的领涨股票。"龙头现，天下安"，就是说龙头股几乎是安定天下的君王。龙头股的战略逻辑有：

（1）龙头股利润最大。这个毋庸置疑，不用解释。

（2）龙头股最安全。安全性是股市的生命。通过实盘研究发现，龙头股其实是最安全的，因为资金介入最多，而且是市场的旗帜，庄家一定要维护龙头股的大旗不倒才能去炒作其他个股。就像皇帝是最安全的，一旦皇帝出事，那么国家就要危亡。

（3）龙头股炒作非常傻瓜，它的出货非常明显，谁都能看出，其出货时日K线图和分时走势非常明显。我们可以研究下历次的龙头的顶部，特别是股价最高的那天，都是很明显的，要么日K线高位十字星，要么分时走势来回折腾，要么快速冲高回落，要么放出天大的成交量，这些都是傻瓜都能看得出的顶部信号。

（4）龙头股几乎不理会大盘的涨跌，具有天然的抗系统性风险。

（5）龙头股也几乎不理会关于它本身的负面消息，具有天然的抗非系统性风险。这些负面消息包括上市公司自己的澄清公告、业绩下滑公告、舆论报道、管理层警告，以及小道消息等。

这些就是龙头股的核心机密。说出来很简单，只可惜很多人悟不到这个逻辑，以为龙头股涨得很高了，风险很大，而看不到龙头股上涨无法无天的逻辑，看不到龙头股安全性的秘密，看不到龙头股利润的巨大性。

### 三、龙头股的特点

在每轮牛市行情中，领涨龙头股那种一飞冲天、天马行空的走势总是令众多投资者热血沸腾。每一轮行情总有一轮行情的灵魂，龙头品种总是出现在那些最时髦概念中。如在2017年的行情中，去产能概念（涨价概念）中的方大炭素（600516）、沧州大化（600230）、山西焦化（600740）、安阳钢铁（600569）等，次新板块中的中科信息（300678）、华大基因（300676）等概念反复炒作，只要有一点点的利好吹拂，这些板块顿时风云乍起，激发一阵涨停风暴。

通常龙头股有以下特点：

（1）题材新颖。所谓题材就是市场正在关心什么，或者说正在制定哪些政策，这是捕捉热点最根本的一点。为什么呢？原因很简单，没有题材，主流资金就失去了炒作的依据，就无法聚拢市场人气，就不能激活成交量。因此，我们要密切关注政策消息、行业报道、市场焦点等，从中发掘可能上涨的股票。

（2）股性活跃。有了题材怎么办？是不是具有该题材的股票都要买？肯定不是，那么究竟买哪些股票呢？一句话：看谁的股性活跃。同一题材的股票并不一定都要涨，即使普涨，涨幅也相差巨大，这个时候就要看股性了。也就是看谁比较活跃，历史表现往往"大起大落"。对于一向没有什么波动的股票，最好不要介入，因为没有什么差价可做。

（3）盘面态势。所谓"态势"就是指该股目前的运行趋势，热点龙头股的态势往往具有率先启动、率先止跌、率先创出新高、率先放量等特点。

主力也有先知先觉和后知后觉之分，那些抢在大盘见底的前夕动手的主力，"道行"必然了得，其对政策面、基本面、技术面深刻的把握，远超出市场一般水平。

（4）最先涨停。在一片低迷的市场氛围中，大部分个股萎靡不振，此时，若有某只个股率先拉涨停，必然会吸引市场众多眼球，目前讲究"注意力经济"，首先获得市场注意的个股肯定会吸引大量资金追捧，股价自然水涨船高，也是游资捕捉的最佳猎物。

（5）量能放大。龙头股通常是集团化资金大举介入的股票，对大盘走势起着举足轻重的作用，因此有主力的特别关注，往往风险小，而涨幅大，是短线上佳品种。哪个板块的成交量最大，说明该板块流入的资金量最大，"弹药充足"必将成为"特种部队"，有巨大的成交量做后盾，股价向上的空间自然乐观。

（6）从历史信息记录来发现，最常见的该类强势股有：

第一，市场形象突出的个股一旦出现异动，就容易成为强势股。这里的市场形象主要有：基本面突出有龙头股的潜力，股本结构突出，股价表现特别沉闷的个股。

第二，有明显操作风格的主力重仓持有的个股。

第三，有特殊事件发生，股价量价配合默契的个股。

第四，大盘强势时，成交量连续成为市场中最大的一类个股，在大盘弱势中，成交量连续成为最小的一类个股。

第五，市场都看好又不敢买，但还在涨的个股容易成为强势股。

（7）龙头股有三大特征：一是股价率先启动，启动时连续放量拉升，涨幅巨大，有雷霆万钧之势；二是符合市场炒作热点，有巨大想象空间，能激起市场共鸣；三是有号召力，能迅速带起相关板块，进而带起大盘。不符合这三大特征的个股，可以成为短线牛股，但成不了龙头股。

## 四、龙头股方法论

龙头股方法论其实就是如何操作，这是主题投资的最核心之处。龙头股方法论很多，概括起来有以下九个方面：

（1）迅速发现和大胆介入龙头股是龙头股战略的第一思维，一旦发现龙头股，要不惜任何代价，任何时候去介入龙头股，从战略上树立龙头股思维。

（2）主题投资具有稀缺性，龙头股也具有稀缺性，不是什么时候都有龙头股，有时候必要的等待是必须的。

（3）龙头股任何形式的洗盘都是大家绝佳的介入机会。龙头股一旦确定，可能会洗盘，洗盘可能是因为上市公司澄清报告，也可能是大盘暴跌，也可能是更换主力。这个时候是介入龙头股的最佳机会。记住，任何形式的洗盘低开都是对龙头股最大的侮辱，皇帝是不能离开皇宫的，龙头股天生傲慢不驯顺。龙头股就是任何笼子也关不住的，只要洗盘达到-10%~-5%，就可以大胆介入龙头股。

（4）龙头股的形式很多，在K线图上出现"T"字涨停的龙头往往更有爆发力，一旦发现，越早介入越好。

（5）龙头股的裁判虽然是市场，但是经过跟踪发现，股价较低的，最近半年内没有爆炒过的，题材最正宗的，就容易成为龙头股。次新股极其容易成为龙头，而且一旦低价充当龙头，涨幅会更大。

（6）追涨停是龙头股战法的常用策略，不敢追涨停的人，不适合用龙头股战法。龙头股战略要从灵魂深处克服恐高症。

（7）如果受到不可抗力，主题板块出现下跌，如果要抄底的话，不是选择跌幅最大的，而是选择跌幅最小的，也就是说选择最不愿意下跌的个股作为抄底对象，因为它极有可能是龙头。目光要跟踪最强的，而不是看着最弱的，不能捏软柿子，要迎风破浪，勇于像狼一样与北风呼号作斗争。

（8）一旦在K线图上出现倒"T"字、十字星、射击之星，在分时图上出现很奇怪的走势，就要引起警惕。一句话，一旦龙头股不再涨停，要毫不留情地卖掉手中的龙头股，无论是亏是盈，这是操作龙头股的铁律。因为龙头股一旦失去龙的光环，补跌起来也是很凶狠的。换句话说，如果龙头股不打开涨停，就不要卖出，一直等到封不住涨停的时候再卖出，特别是妖股式的龙头股。

（9）龙头股二次发动的时候，无论在什么时候，一旦尾盘出现拉升异动，都可大胆介入龙头股，尾盘拉升往往是龙头不宣而战的信号。

在实盘操作过程中，投资者在选股时应尽可能选择龙头股。除了对热点板块，龙头股的概念熟悉外，还必须随时注意正在处于拉升期的个股与板块效应，注意市场成交量最大的一类板块涨跌的目的，板块的转换，在一个热点板块呈现明显的疲态之后，不应再放主要精力关注这一板块，应立刻退出，耐心等待下一个热点板块出现。所以，要对目前市场正在炒作的热点板块个股，进行研判这个热点能维持多久，潜在的朦胧题材是否被充分挖掘，介入这样的热门个股常常也能收到较好的效果。

## 第二节　龙头股基本特性

在一波行情来临之际，抓住龙头股紧紧不放是最暴利的方法，然而，为什么很多人只敢看不敢买呢？下面就分析一下。

龙头股有独特的逻辑和操作方法，领悟后会觉得操作龙头股非常傻瓜简单，没有领悟会觉得龙头股非常可怕，风险大、章法怪。这之间其实就是隔着一层窗户纸，一旦捅破了，就会发现其实很简单。但是，没有捅破之前，就会觉得无比的难。大多数人恰恰是看到了龙头股的难，所以不敢炒作龙头股。

1. 龙头难以辨认

从事后看，龙头股很好辨认，但当行情来临时，很多股都红火，龙头股淹没在一片上涨的大潮之中，能从千军万马中选中龙头股其实非常难。可以这样说，如果在行情刚开始的时候，知道了谁是龙头股，就等于捡到了现金。在龙头股交易体系中，寻找谁是龙头股占据很重要的位置，要及时准确地判断龙头股是一项难度很高的工作。

找到龙头股对高手来说也同样是一个很棘手的难题，更别说是普通散户了。在有些情况下，当涨幅很高的时候，龙头股容易辨识，水落石出后当然很清楚，但是在行情刚开始的时候，辨认龙头股几乎是一项智力竞赛。谁都知道龙头股好，骑上龙头股就等于挖到金矿，问题是，谁是龙头股？可以说，辨认龙头股是炒作的核心，解决了龙头股难以辨认的问题，也就解决了龙头股最大的难题。

图 10-1，这是上海普天（600680）和中安消（600654）两股的走势图。一段时间股价出现疯涨，初期多数散户没有发现，涨高了又不敢买入，所以抓龙头股要有独特的逻辑和操作方法，而且还要有几分胆识。

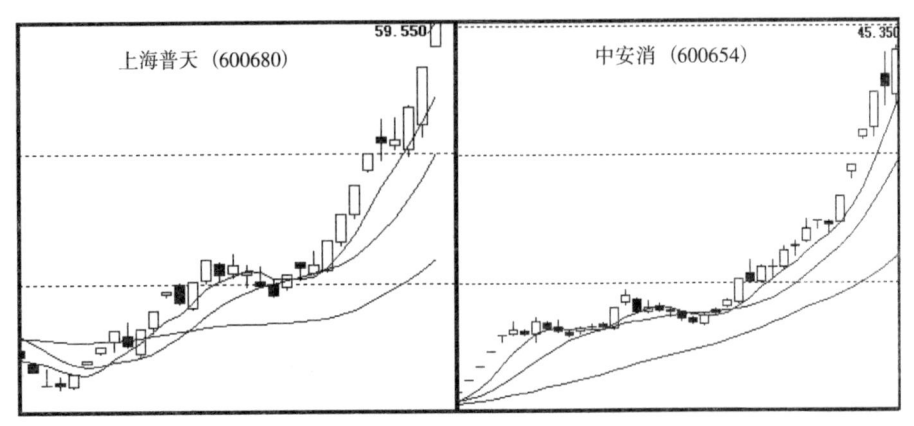

图 10-1　上海普天（600680）和中安消（600654）日 K 线图

### 2. 挑战人性极限

龙头股不仅以其涨幅巨大挑战人的心理极限，其上涨方式也同样挑战人的心理极限。

龙头股会不断冲击人性极限，让很多人畏惧龙头股。龙头股涨起来无法无天，像疯子一样，在这种情况下介入龙头股无疑是对心灵和胆量的极大挑战。很少有人有足够的勇气来陪着龙头股疯狂。当莱茵生物（002166）从 12 元开始涨到 22 元的时候，这个时候很多人觉得高，很少有人具备在 22 元建仓的胆量，但是它马上又涨到 32 元，如果你不敢买它又一下子涨到 42 元，如果你再不买它又冲到 50 元附近，每一次上涨都冲击着人的心理底线，很多人眼看它一路疯涨而不敢介入，最后只能望洋兴叹地留下一句牢骚话：这个股疯掉了。不是股疯掉了，而是你根本就没有认清它。

图 10-2，这是特力 A（000025）和洛阳玻璃（600876）两股的日 K 线图。这两个图都有一个共同的特点，那就是上涨方式非常的霸道，其 K 线走势超出很多散户的心

## 第十章 擒贼擒王——龙头股战法

理想象的极限，这种几乎天天上涨天天大阳线的走势让很多散户心理崩溃，即使没有买入，单单是看热闹的都会吓出一身冷汗，又有几人还敢去与之共舞呢？这就是龙头股的杀气，它直接击穿你的心理防线，你越不敢买它越涨，你越害怕它涨起来越轻松。总之，它让你没有气魄、没有胆量来驾驭它，这就是龙头股的又一难点。

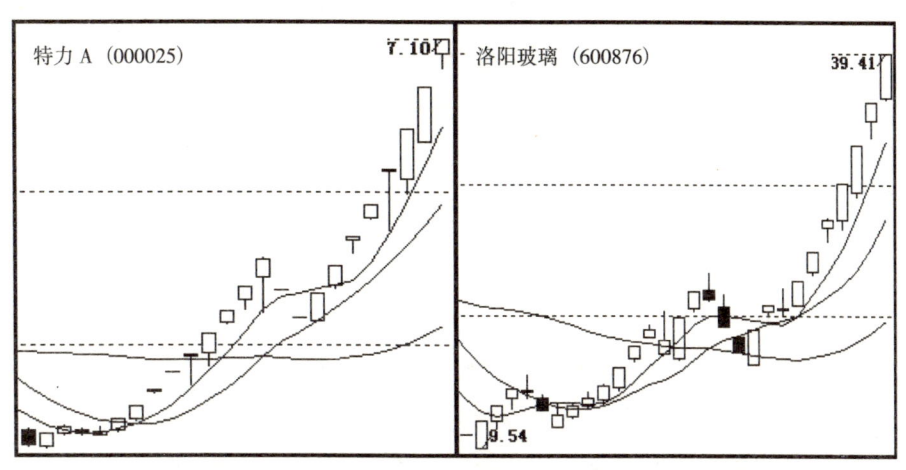

图 10-2 特力 A（000025）和洛阳玻璃（600876）日 K 线图

**3. 龙头的稀缺性**

龙头股具有稀缺性。市场不是每时每刻都有龙头股，龙头股需要条件，它产生于大题材和热点之中，还需要足够的人气和资金介入。通常情况下股市按部就班，只有在特殊状态下才有翻江倒海的"混世魔王"龙头股现身。龙头股的稀缺让很多人等不及，或者不愿意等，这是炒作龙头股的另一难点。

**4. 介入机会较难**

龙头股的介入机会较难把握，需要自我设限。有的龙头股一开始就是连续涨停，想要在第一时间介入非常难，而一旦有介入机会，股价已经高高在上，这是龙头股在实际操作中的难点。

图 10-3，这是贵州燃气（600903）和中科信息（300678）两股的日 K 线图。这两股一开始就暴涨，根本没有介入机会，而一旦有介入机会了，股价就已经很高了。这个时候是买还是观望？这是个很大的问题。很多龙头股难就难在这里，发现时买不到，能买到的时候已经很高了，不买吧它又继续疯涨，买吧又怕套在高位，矛盾着呢。

当然有的龙头股一开始上涨是比较温柔的，有足够的介入机会，但是大家难以在一开始就知道它是龙头股，当大家知道它是龙头股时，它的涨幅又很凌厉甚至"一"字板涨停，大家根本没有介入机会。有的龙头股虽然事后从 K 线上看有买入机会，但

265

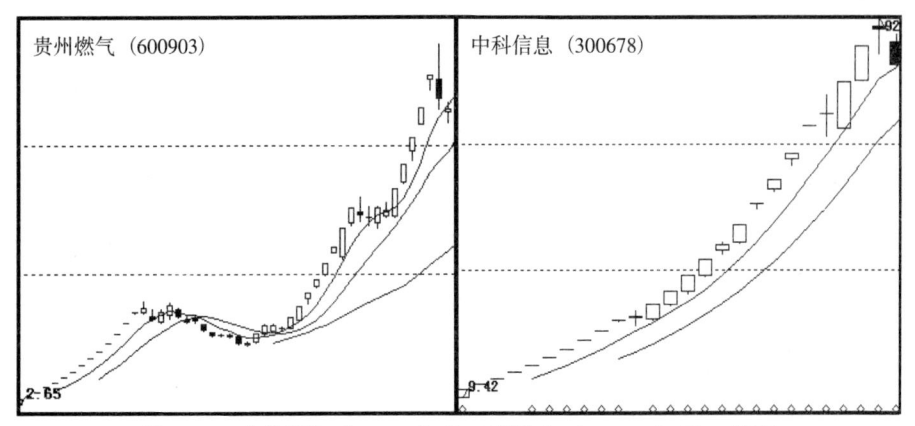

图 10-3 贵州燃气（600903）和中科信息（300678）日 K 线图

是买入的时间点也就是早盘的那一刹那，稍有犹豫股价就封住涨停板了，实际交易中的买点很少。这就是龙头股的自我设限，它也是交易龙头股的难点。

龙头股有简单的一面，它的走势单纯，它安全又暴利，但它难辨认、稀缺、触及人性底线、自我设限，它既简单又难。简单是相对的，只有解决了难处之后它才表现得简单。它的难点之中，稀缺性是天然的，可遇而不可求；自我设限是客观的，有时候大家只能干着急而买不到股。大家能够做的就是想办法在行情开始的时候去辨认它，练就能准确及时辨认龙头股的火眼金睛，同时接受它桀骜不驯、霸道凶狠的上涨方式，利用这种挑战人性底线的特点去赚大钱。

## 第三节 龙头股必备条件

### 一、如何识别龙头股

一个涨停由一个偶发因素激发即可，但是能够连续涨停的，必须是蓄谋已久的，或者该股有特别的因素吸引市场源源不断地追捧。涨得越凌厉，蓄谋越明显，或者越特别。而蓄势越久、越特别，也就越容易被识别出来。而连续上涨幅度越小，蓄势越少，计划性越弱，随机性就越强，越没有规律，相应的也就越不好把握。这如同一个能连续成功者，必定是因为其内在特征上有异于常人的地方，这样就比较容易识别。而一个偶然的成功随机性太强，不容易识别和把握。做成功一件事是不容易的，但做失败一件事很容易。各方面都准备好的，都不见得能成功，何况基本条件还不具备的呢？

要发动一场大行情，不管对大盘还是个股，必须要有大资金长期筹备，而大资金运作不可能踏雪无痕，在盘面上就能通过一系列技术手段分析出来，有一定的特征和迹象可循，这就是所谓的"龙性妖气"。

（1）热点切换识别：龙头股会在大盘下跌末端逆势走强，提前大盘见底上涨。如双飞、双浪的转换，龙头股一般出现三日以上的攻击性放量。

（2）放量性质识别：放量有攻击性和补仓性两种类型。单日放量不可能充当龙头，必须有连续多日持续的放量过程。

（3）量价配合识别：换手率、均线保持良好是识别龙头股的关键。

（4）龙头股有两种：一是热点切换进去的新龙头；二是老龙头调整到位后，出现二次上涨。

## 二、龙头股必备条件

按所属板块的不同，龙头股分为概念龙头、行业龙头、风格龙头、地区龙头。经过大量的实例研究发现，一只股票要成为概念龙头，必须同时具备三大必备条件，用顺口溜概括，就是："技术面支撑，题材面催生，资金面拉升。"具体来说，有以下六点：

### 1. 基本面前景

（1）低价股：龙头个股一定是低价的，因为高价股不具备炒作空间，不可能做龙头，只有低价股才能得到市场追捧。一般启动时价格在20元以下，最好是10元以下，成为市场的大众情人——龙头。

（2）低市值：龙头个股流通市值要适中，适合大资金运作和散户追涨杀跌，大市值股票和小盘股都不可能充当龙头。一般市值在50亿元左右，最好不超过100亿元。

（3）业绩好：公司业绩至少不能为负，负的业绩容易被特停，机构一般也不能买（基金公司内部规定）。

（4）前景好：有高送转预期，每股未分配和每股公积金比较高，股价有向上涨的欲望。

（5）配合度：公司比较配合，及时出异动公告，并且公告中含有想象空间的文字。

说明：前面三点一般为必要条件；后两点属于锦上添花，可有可无。

### 2. 题材面催生

可以把股票涨停的原因叫作"催生因子"，并分为三类：各级政府政策、重大社会事件、公司本身利好。把促进股价上涨幅度的力量，叫作"催生力度"，用1~5星标识。催生因子明确，催生力度4星以上（重大题材、直接相关）。

（1）各级政府，包括国家级、部委级、省级、地市级、区县级，显然，国家级的政策力度最大，比如党的十九大报告、金融体制改革试点政策、近期土壤环境保护和综合治理工作安排等。

（2）重大社会事件，包括国内、国外，比如钓鱼岛争端、中美贸易战、美俄叙利亚战事、地沟油事件、塑化剂事件等。

（3）公司本身利好，比如重组、摘帽、涉矿、重大技术突破、高送转等。

以上三类催生因子，从另一个维度，可以分为直接相关和间接相关两类，显然，直接相关的催生力度要强一些。

题材面要达到"四够"：①够时髦：如芯片概念、独角兽概念、军工概念、区块链概念等；②够档次：国家级别，如金改概念、美丽中国概念、"一带一路"概念等；③够革新：如PPP概念、触摸屏概念、5G概念、智能手表等；④够独特：这是上市公司中细分行业的唯一，如冠豪高新是营改增发票的唯一提供商。

每天都会获取大量的信息，一定要快速、准确地判断它的催生力度，进行筛选，否则就会无所适从。

3. 技术面支撑

无论是长线主力，还是短线主力（典型代表就是游资），它们的信息能力都是非常强大的，操盘都是"建仓、洗盘、拉升、出货"四步程序，只是风格不同、节奏各异。

第一步：底部横盘（建仓）。主力提前很长时间就知道某只股票会有大题材，便开始在底部悄无声息地耐心吸筹，人弃我取。

第二步：杀跌挖坑（洗盘）。大题材即将出来之前，主力会利用部分筹码进行杀跌，震出最后一批廉价筹码。洗盘之前，往往有一种形态特征，就是短期均线（5日、10日、20日）黏合，洗盘过程中，缩量下跌，空头排列。总之，主升浪启动之前的形态总是很难看、很吓人。

第三步：涨停突破（拉升）。涨停启动主升浪，是龙头的共同特征。大题材一出来，主力便拉出涨停，向世人宣告："有主力在做这只股，要大涨了，跟我来吧！"这时候，龙头技术面的终极特征就出来了，那就是周期共振——月线、周线、日线的KDJ先后全部金叉。同时还可以明显地看到，随着洗盘的结束，开始温和放量，直到涨停时放出巨量（少数股票由于高度控盘而放量不大），这就是量价匹配、量在价先。

第四步：滞涨盘整（出货）。股价炒高后，一般主力很难一次性在高位完成出货，需要在高位构筑小平台整理形态，让散户误认为是蓄势整理，当主力完成出货计划后股价开始向下突破，市场进入中长期调整。

总体而言，在技术面方面注意两点：①首个涨停封板坚决（早盘封板且不开板，但不是"一"字板）。首个涨停（或二连板）为跳空，并实现以下三种突破之一：突破半年线（或年线）、突破阶段高点、突破历史新高。②周期共振（月线、周线、日线的KDJ先后全部金叉）。

4. 资金面拉升

一个判断市场合力的指标就是有否知名游资的参与。游资也是一个江湖，资金实力和调研能力参差不齐，而那些财大气粗的游资自然资金雄厚、调研能力强大，江湖大哥一旦振臂一呼，自然应者云集。

行情级别大的龙头股，尤其是狂龙，绝不是一个主力吃独食的，而是主力接力、散户追捧，众人拾柴火焰高。为什么有些股票"一"字板启动后，很快就趴下了？就是因为主力只想快拉快跑，根本不想做大行情，不让别人参与，吃一把小小的独食就算了，所以"一"字板启动的股票最好别理。

涨停启动主升浪后，做多行为越持久、越狂热，行情级别就越大。

要成为龙头股，上述三个条件缺一不可。从实盘中经常可以看到，有的股票题材面很好，催生力度挺大的，但是缺乏资金拉升，只是个一日游行情，甚至冲高回落、不能封板。原因要么是因为技术面没有准备好、时间和空间不够（比如近年大涨过的一些军工股票，频繁出题材，就是动不了），要么就是资金面不行；有的股票技术面很好、已经周期共振，但一直趴着不动，就是因为没有大题材，或者正在等大题材。

5. 人气面高涨

龙头股与人一样，有生有死。在股市中，机会在怀疑中产生，在争论中发展，在叫好声中结束。从操作角度讲，可把龙头股的生命划为四个周期：

（1）朦胧阶段（诞生）：第一个涨停，首轮行情开始。第一板甚至第二板时，大部分人还没有全面了解该股的看点。

（2）分歧阶段（成长）：龙头出自迷茫，妖股来自烂板，但凡某个题材一出，万众一心无人反对，必然折戟沉沙，既不能成妖，也无法化龙。不经过烂板的洗礼难以成神，烂板代表市场对股价走势有分歧，只有出现分歧，出现对手，才能一路走高，才会升华为大妖，定格为总龙头。

（3）疯狂阶段（壮年）：连日大涨，甚至连板。股票名称人人皆知，街头巷尾开始议论，媒体出现吹嘘的文章和帖子，股票出现非理性的疯狂拉升，也是利润最肥的一段。

(4) 衰竭阶段（死亡）：涨停之后的回调或横盘，股价跌破 5 日线的次日没有涨停，本波行情结束。三天不新高、四天不出现涨停板，说明人气不再。同时，一般会有想出名的实习记者写文章报道该股属于乱炒，有诸多问题。

6. 环境面火爆

（1）大盘弱势：有熊市妖股的说法。大盘弱势或者震荡中，热点更容易凸显，更容易出现妖股。而普涨阶段时，资金被分流，反而难出妖股。

（2）新热点出现：股票如同时尚，主力资金都喜新厌旧。一个新的大热点出现也就意味着老热点的退潮。

（3）新龙头出现：同一个大热点炒作的中后期，一般都会有龙头切换。江湖代有新龙出，各领风骚数涨板。

（4）颠覆传统理念：高收益低风险，只要不上车太晚，就会有大把从容获利出货的机会；即使买错，也有从容小幅止损的机会。

### 三、龙头股操作策略

1. 龙头操作优先原则

（1）新龙头为先，旧龙头为次。

（2）初生期、加速期追击为先，休整期狙击为次。

（3）前面的加速期为先，后面的加速期为次。

（4）休整期短的为先，休整期长的为次。

（5）催生力度五星为先，四星、三星为次。

2. 追板龙头三大纪律

追板，就是在涨停的瞬间，以涨停价（或接近涨停价）迅速抢入，是追击龙头股的方法之一，常在龙头股的初生期、加速期的初期使用。

（1）大盘弱势时不打板。大盘绿着脸，股票一片稀里哗啦，大环境不好，抛压大，容易开板。

（2）10：30 以后不打板。10：30 之前封板且不开板，风险小。开盘后，越早涨停的龙头，后劲越足。10：30 以后封板，属于封板不够坚决，不参与（除非 10：30 以后突发重大利好）。

（3）连续三个以上"一"字板不打板。"一"字板，就是不带你玩；连续 3 个"一"字板，就是坚决、坚决、坚决不带你玩，开板就有出货、形成短期头部的风险，何必理它？

3. 龙头股操作"八为八不为"

以爱龙头而为，以怕龙头而不为。

以计划操作而为，以临盘冲动而不为。

以操作领涨的龙头而为，以操作跟风的龙套而不为。

以杀入真龙头而为，以误入假龙头而不为。

以骑龙到底而为，以半路下车而不为。

以出手坚决而为，以犹豫不决而不为。

以顺应趋势而为，以主观猜测而不为。

以赚钱而为，以亏本而不为。

从市场趋势分析，如果当股市内在强势日益明显时，投资者要注意转变投资理念。转变弱势思维和熊市思维。因为市场已经转强，投资者当用强势思维，遇到利空消息要敢于买进、遇到回调走势要积极建仓。选股的时候不仅要重视投资价值，而且要重视投机价值。

在个股方面要注意选准目标。一波涨升行情中，通常都有最重要的核心热点板块，这些板块的升幅最大、利润最大，而其他个股多数属于跟风行为。

在操作上，要勇于追涨。强势行情中有许多强势股越走越强，连续走高，许多龙头妖股就是这样形成的，弱市之中"不追高""不追涨"的理念在强市中要改变成"要追高""敢追涨"。

4. 龙头股操作准备工作

捕捉龙头股，一是要做好捕捉龙头股所必须做的准备工作，二是要运用具体的投资技巧。有些投资者在追龙头股上屡屡失手，原因在于追买龙头股，虽然是一种短线快速获利的好方法，但是，它对操作者的心态、操盘技巧、看盘基本功和应变能力等有非常高的要求。

捕捉龙头股的准备工作，事实上在大盘处于弱势下跌过程时就必须开始，不能等到行情止跌反转以后才手忙脚乱地选股追龙头。只有及早地做好准备，在弱市中就研判和选择在未来行情中可能成为龙头股和领军板块的品种，才能在行情再次启动之际，迅速准确地介入。

捕捉龙头股的准备工作包括以下五个方面：

（1）首先要选择在未来行情中可能形成热点的板块。需要注意的是：板块热点的持续性不能太短，板块所拥有的题材要具备想象空间，板块的领头羊个股要具备能够激发市场人气、带动大盘的能力。

(2) 所选的板块容量不能过大。如果出现板块过大的现象，就必须将其细分。例如，深圳本地股的板块容量过大，在一轮中级行情中是不可能全盘上涨的，因此可以根据行业特点将其细分为若干个板块，这样才可以有的放矢地选择个股介入。又如，信息类的南天信息（000948）、紫光股份（000938），纺织板块的龙头股份（600630），零售商业类的弘业股份（600128），综合类的综艺股份（600770），节能环保的同济科技（600846），等等。

(3) 精选个股。选股时要注意，宜精不宜多，一般每个板块只能选3~6只，多了不利于分析、关注和快速反应的出击。

(4) 板块设置。将选出的板块和股票设置到分析软件的自定义板块中，便于今后的跟踪分析。自定义板块名称越简单越好，如A、B、C……看盘时一旦发现领头羊启动，可以用键盘快速一键敲定，节约操盘时间，盘面熟练的投资者可以开启预警功能。

(5) 跟踪观察。投资者选择的板块和个股未必全部能成为热点，也未必能立刻展开逼空行情，投资者需要长期跟踪观察，把握最佳的介入时机。

## 四、龙头股注意事项

(1) 弱市中的机会极难把握，涨停后的第二天就会进入整理的居多，若没有明显的把握宁可放弃。

(2) 龙头股涨停第二日并非全都涨停，甚至可能留下较长的上影线，这并不一定意味着行情已经结束。

(3) 强势市场与弱市或平衡市中龙头股的表现差别较大，弱市或平衡市中，强势股的行情比较短暂，不可有过高预期。

(4) 强势股若在3个涨停板后出现长上影线或反复振荡，说明已到行情尾声，这时要掌握好高抛的机会，并严格执行止损（盈）纪律。

(5) 在盘面上出现下列现象时，应积极主动地清仓或减仓操作：收益达到30%甚至以上后，股价的上涨动能开始减弱。当个股的成交量出现天量后迅速萎缩，日K线收出中阴线或连续上涨后，换手率超过10%，就要小心股价见顶。当股价跌破5日均线就要考虑部分仓位离场，若跌破10日均线则应全线清仓。

(6) 龙头股操作纪律：绝对不允许模棱两可的操作表现。一是实盘操作要求客观化、定量化、维护化。市场信号是实战操作的唯一，也是最高原则。二是给出精确的止损点，誓死执行，用止损来控制操作的方向。什么股票都敢做，因为风险已被锁定，这是操盘手的最高圣经。

# 第四节　龙头股选择技巧

发掘和捕捉龙头股，一是要做好捕捉龙头股所必须做的准备工作，二是要运用具体的操作技巧。有些投资者在追龙头股时屡屡失手，原因在于虽然追买龙头股是一种短线快速获利的好方法，但是它对投资者的心态、操盘技巧、看盘基本功和应变能力等有非常高的要求。如果没有在各方面进行细心完善的准备，就贸然追涨龙头股，自然容易遭受挫折。

捕捉龙头股的准备工作，事实上在大盘处于弱势下跌过程时就必须开始，不能等到行情止跌反转以后才手忙脚乱地选择追击龙头。只有及早地做好准备，在弱市中就研判和选择在未来行情中可能成为龙头股和领军板块的品种，才能在行情再次启动之际，迅速准确地介入。那么如何选择热点强势龙头股？

## 一、龙头股选择理念

（1）核心：热点板块，只有热钱追涨的板块，才是大牛股诞生的温床。

（2）核心的核心：板块龙头股，只有板块龙头才有可能实现短期内的惊人涨幅。

（3）核心的核心的核心：大盘所处位置，只有大盘处于相对安全的位置，板块才能真正吸引热钱或大资金的持续流入，板块的炒作才能得以延伸和扩散。

具体操作方法就是根据板块个股选择龙头股，密切关注板块中的大部分个股的资金动向，当某一板块中的大部分个股有资金增仓现象时，要根据个股的品质特别留意有可能成为领头羊的品种，一旦某只个股率先放量启动时，确认向上有效突破后，不要去买其他跟风股，而是追涨这只龙头股，这叫"擒贼先擒王"。这种选股方法看上去是追涨已经高涨且风险很大的个股，实际上由于龙头股具有先于大盘企稳，先于大盘启动，先于大盘放量，而且后于大盘、板块回落而落的特性，所以，它的安全系数和可操作性均远高于跟风股，至于收益更是跟风股望尘莫及。

例如，2017年10月以来天然气价格上涨，贵州燃气（600903）就是城市燃气板块的龙头个股，率先启动，走出独立行情，那么我们就密切关注该股的走势，抓住机会立即介入，而不是去买跟风而行的佛燃股份（002911）、长春燃气（600333）、重庆燃气（600917）等。

## 二、龙头股操作理念

（1）节奏：保持节奏第一重要。好的节奏决定短线投资的成败，永远不要与短线股票谈恋爱。

（2）价格：价格不重要，正确率更重要。买入时永远不要贪图自己没把握的低价；卖出时永远不要幻想自己没把握的理想高价。资本市场几乎没有价廉物美的事情。

（3）利润：顺风顺水实现暴利的品种，多让利润跑一会儿，总在浮盈浮亏徘徊的品种，早点收割。

（4）复利：处理好暴利和小亏小赚的矛盾，以复利为信仰，提醒自己一口吃不成胖子，做好止损和逐级止盈。

具体操作方法就是追涨龙头股的第一个涨停板，如果投资者错过了龙头股启动时的买入机会，或者投资者的研判能力弱，没能够及时识别龙头股，那么可以在其拉升阶段的第一个涨停板位置追涨，通常龙头股的第一个涨停板是比较安全的，后市最起码有一个上冲过程，可以使投资者从容地全身而退。追涨方法有两种：一是在龙头股即将封涨停时追涨；二是在龙头股封涨停后的开板时追涨。

## 三、龙头股选择流程

（1）大盘研判：看大盘日K线是否多头排列，任选自己熟悉的某一个指标，如MACD、RSI、KDJ等是否支持做多，再参考周线形态。

（2）板块研判：世界级的技术突破、国家级的政策、国家级的产业革命都是大题材的缔造者，大家可以拿这三个套子对号入座，研判热点板块没那么玄乎，很简单。

（3）锁定目标：一个真正的热点板块出来的话，炒作周期会一个月或数月甚至是贯穿一整年，如这两年的白酒板块中的贵州茅台（600519）、五粮液（000858）、水井坊（600779）等，家电板块中的美的集团（000333）、小天鹅A（000418）、格力电器（000651）等，化工板块的沧州大化（600230）、万华化学（600309）、蓝晓科技（300487）等。根据实盘经验，首板必须有3个以上的同一板块个股涨停，随后整体持续走强或者更强，即可确认龙头板块成立。

具体操作方法就是板块确定成立后，不要急于介入，等待龙头股强势整理期间介入。最强劲的龙头股行情，中途也会有强势整理的阶段。这时，是投资者参与龙头股操作的最佳时机。识别龙头股是见顶回落还是强势整理，主要应用心理线指标PSY，当龙头股转入调整时，PSY有效贯穿50的中轴线时，则说明龙头股已经见顶回落，投资者不必再盲目追涨买入。如果 PSY 始终不能有效贯穿 50 的中轴线，则说明龙头股此次调整属于强势整理，后市仍有上涨空间，投资者可择机介入。

### 四、龙头股选择方法

1. 常规选股法

（1）板块率先首板的，一般来说就是该板块的龙头股。

（2）考虑率先涨停股的基本面：流通盘适中、价格适中、历史股性不差、参与资金性质、原个股问题、主力性质和习惯等各方面因素，确认率先涨停股是否适合当龙头。

（3）第二天开盘价确认：是否仍然是同类板块里面开得最好。

（4）第二天走势确认：开得最好的话，是否仍然是走得最好。

（5）如果前面四点都成立，再结合分时走势，如果连板可能非常大，即完成龙头确认，找买点尽快切入。

（6）如果碰到爆炸性的大题材，龙头"一"字板无法买入，即涉及买入方法的层面。

2. 非常规选股法

在遇到爆炸性的大题材时，龙头"一"字板无法买入，怎么办呢？

（1）预判龙头股难于买入，一线龙头可以在晚上下单"一"字板排队。

（2）预先寻找二线龙头，换手率、流通盘等各方面都比较理想的准龙头，利用上述方法确认后及时买入，大题材的二线龙头涨幅也很惊人，遇到这种机会就不要拘泥于一线龙头，先上车再说，择机再换乘。

（3）密切关注，耐心等待。当一线龙头因连续涨停短期涨幅过大必然会有开板机会，此时板块仍然处于整体强势的话，毫不犹豫挤上车。

（4）二线龙头如果之前有介入，也应在一线龙头开板的临界点出局，把握住切换到一线龙头的机会。

（5）留意补涨龙头机会，也就是说前期比较正宗的概念股连板后，出现强弩之末的现象时，有新的同类个股跳出来不看一线龙头脸色率先封板，此时也可以及时跟进打板。大家可以结合 2017 年 4 月的"雄安新区"概念的操作进行体会。

## 第五节　龙头股战法揭秘

板块掘金的核心就是找到主流热点板块，而主流热点板块的核心就是找到龙头股。给出了判断主流热点板块的方法，那就是在一段时间内，在市场人气、资金流入、活跃程度、上涨幅度、市场号召力等方面排在第一名和第二名的板块。由此可见，龙头股就是一个板块中，号召力最强，涨幅最大，起着旗帜和带头作用的股票。有时候龙头股是一个板块中基本面最好的股票，而有些时候龙头股不是基本面最好的而是资金介入最多最活跃的股票。比如券商板块中，按照基本面中信证券是龙头，但是在2015年的行情中，国金证券这个基本面一般的股票反而成了龙头。也就是说，在分析龙头股时，应把龙头股和妖股合二为一来分析，只要能够起到领涨作用、有旗帜的效应而且资金介入最强的股票，不管其基本面如何，它就可以成为市场的龙头股。

### 一、龙头股的精髓

（1）龙头股不再以基本面划分，基本面的好坏是传统的观点。这个认识是一个突破，首先定义龙头股的时候不是说它是什么，而是先说它不是什么。就是要打破传统对龙头股的认识，这一点非常重要。当然，如果基本面最好的股票，又是一段时间最活跃的个股，它当然也可以当龙头，只是这种可能性在实盘中比较少。

（2）龙头股的核心特点是：领涨、旗帜作用，最活跃（最有人气），资金介入最强。领涨就是板块涨速最快，幅度最大，板块调整时候最抗跌，发起进攻时它最先启动；旗帜作用就是市场舆论和焦点集中在它身上；最活跃（最有人气）就是该股具有明星一样的效果，总是出现在涨幅最前的地方；资金介入最强不是说资金介入最多，而是说资金控盘程度最强。以上特点才是龙头股的核心特点。

（3）龙头股可以不止一个，龙头股一般情况下是一个，但是有时也不止一个，比如2017年的去产能概念，龙头股就是方大炭素（600516）和沧州化工（600230）两个，但是最多的时候龙头股也不会超过三个。

（4）龙头股可能会有转移现象。同一板块，在不同启动阶段，龙头股也可能会变化，龙头股的转移是一个很有趣的现象，比如前期市场的主流热点板块就是创业板板块，第一阶段的龙头是复旦复华（600624），中间阶段的龙头是龙头股份（600630）和同济科技（600846），后一个阶段龙头是华金资本（000532）；再比如农业股板块成为主流热点的时候，前一阶段的龙头是冠农股份（600251），后一阶段的龙头是隆平高科（000998）；再比如有色金属板块中，第一阶段的龙头是西部矿业（601168）和中国铝业（601600），第二阶段的龙头是江西铜业（600362），最后阶段的龙头是山东黄金（600547）；在次新板块中的龙头切换更加明显，比如从中科信息（300678）到华大基因（300676）再到贵州燃气（600903）。区分不同阶段不同的龙头，是一个非常有意义的事情，它可以让大家的头脑一直处于思辨和运动状态。对于短中期热点，龙头股可能会转移，但是对于中长期热点，龙头股转换速度没有那么快，比如白酒板块中，贵州茅台（600519）一直是龙头；家电板块中，美的集团（000333）在相当长一段时间内是龙头；银行股板块中，招商银行（600036）也在很长时间内是龙头。对于长期热点，可以用中线思维去做，对于中短期热点用中短期思维去做，但是核心理念都是一个：擒贼先擒王，抓住龙头胜过一切！

（5）龙头股一定要贯穿板块运作的始终，也就是说龙头股不应先于板块中其他个股而倒台，当然龙头转移会发生，但是龙头股即使转移，它也不会倒台，顶多是横盘不涨。否则不是龙头股。

## 二、龙头股的涨幅

很多人都买过好股，但是都没有拿到最后，什么原因呢？第一是对个股的基本面不了解，内心没有信心；第二是对介入该股的主力特点不了解，不知道这个主力会做到哪里；第三是对该股所属的板块上涨的原因不了解，不知道该股在这个板块中的位置，以及不知道该板块的活跃度能持续多久。这里可以谈谈龙头的精髓内容，个股的涨幅很大程度上受制于或者取决于龙头股的上涨空间和时间。注意在这里说了两个概念：一个是时间，一个是空间。

时间上：龙头股上涨时间区间就是该板块其他股的上涨时间区间，当龙头股资金出逃时，该板块中的其他个股再好也要立即出货。

空间上：龙头股涨幅越大，该板块其他个股涨幅就越大，反之也成立。一旦热点板块确立为当时的市场主流，其他个股的涨幅最少也是龙头股的30%，一般是50%以上，也有涨幅超过龙头股涨幅的。注意，不是一个板块中的所有股都会符合这个理论，很多时候，板块虽然成为热点板块，但是有些股基本面太差或者是老庄股，这些股可能一点也不涨，这种股属于板块中的"败类"，与该板块没有联动性，应该从板块成员中剔除，不给予分析。

那么龙头股的上涨空间和时间又是多少呢？这就引出关于龙头股的时间法则和空间法则。这是一个非常重要的问题。通过观察A股的主力特点，就会发现龙头股上涨的上限很难限制，但是可以对下限进行研究。

龙头股上涨的空间法则：超短期热点板块龙头股涨幅不应低于70%。一般情况下，热点板块中的龙头股涨幅都以翻番为最低目标。翻番不仅是一个数字上的概念，它在板块理论中还是一个心理概念，翻番才能有号召力，才能符合大多数股民内心深处神秘的牛股特点，这样才能有刺激性。主力要做某个板块，如果连龙头股的涨幅都没有翻番，那么这个板块一定是没有太大的意义。这个神秘的数字即100%，大家要深深地记在心中，也就是说如果龙头股没有翻番，这个板块就不会退潮，大家手里的个股，无论是龙头股还是其他个股，都不要急于抛弃，这个是板块理论的空间法则。如果大盘不好，龙头股涨幅会打折，但是最低也不会低于70%。

龙头股上涨的时间法则：龙头股到底能涨多长时间？这取决于板块的意识流和妖股。什么是意识流呢？可以借鉴一种思维，美国投资大师彼得·林奇曾讲过一个故事，他经常去看牙医，一开始牙医听说他是做股票的，由于那个时候股市冷冷清清，牙医一点也没有兴趣去和他聊天。过些日子，股市回暖开始涨了，彼得·林奇又到牙医诊所，牙医就让他推荐股票。后来股市很疯狂，当他再到牙医诊所时，还没有开口说话，牙医就开始给彼得·林奇推荐股票了。这是股市的三个阶段，与意识流有关，意识流就是后知后觉的人对股票的群体性认识，当后知后觉的人都变成已知已觉的人的时候，这个时候的意识流是100%，此时就是股市的最后一个阶段，无论如何一定要出货。板块理论也是如此思维，当一个主流热点板块热到人人都知道来买这个板块，也就是报纸上、街头人一说股票都是某个板块的时候，这个时候的板块意识流是100%，此时的核心特点就是板块中的妖股满天飞，鸡犬升天，只要和这个板块沾边，其实一点关系也没有，但是它也能涨停，此时这个板块就要结束了，而板块结束的标志就是龙头的倒下。因此，当意识流100%+板块中妖股出现时，就是板块龙头要倒台的时间，也是板块要结束的时候，这就是龙头股的时间法则。

## 三、牛市中抓龙头

在强市中捕捉龙头。只有抓住龙头，才可能有大利润。因为龙头有三个显著特点：一是涨势迅猛，二是巨量换手，三是相对低价。几乎是清一色的中低价股，每一波行情的龙头股在启动之际，大盘一般经过了大幅或中幅的调整，大盘一般处在相对低位。大盘的每个波段都有各自的"领头羊"，每个龙头行情的终结，则意味着一个上升波段

的结束。于是，也就有了"龙头一倒，大家拉倒"的说法。因此密切关注"龙头股"的走势，对研判大盘的运行趋势有着重要的意义。这些龙头个股都具有板块联动效应，都能起到以点带面的作用，进而带动市场人气，促使行情向纵深发展。这些强势品种往往是在众多股评呼吁要规避风险、逢高派发，此类个股之中不断上涨，存在"大家都在看，却都不敢买"的状况。

由于它们涨幅巨大，也就是说，在对大盘做出短期趋势能够向上的判断之后，即使错过了该股的启动之初最佳的介入时间，只要在该股拉升途中，即短期涨幅一般没有超过 20% 以上，大胆杀入，并且注意及时了结，也同样可以获得一定的收益。龙头股往往具有爆发力，涨势迅猛，但缺乏可持续性。由于龙头股短线的暴利效应，一旦吸引了投资者广泛的参与热情，则往往意味着行情已到了尾声。值得注意的是，当大盘出现回落，这些个股往往还会出现抗跌的表现，并且在高位进行震荡表演，而这时也正是出货的最佳时机。

## 第六节　龙头股战法精髓

投资者都明白龙头股的投资价值，但是在龙头股的巨大涨幅面前却望而却步，不敢追涨。其实，由于龙头股具有先板块启动而起，后板块回调而落的特性，因此，它的安全系数和可操作性均远高于跟风股和补涨股，至于收益更是跟风股望尘莫及的。捕捉龙头股比较稳健的投资方法有以下三种：

### 一、龙头股买入要点

1. 龙头股买卖条件

在实盘中，要学会只做龙头，只要热点，只做涨停，选择的操作标的，要求同时满足以下三个条件：

（1）周 KDJ 指标在 20 以下金叉。

（2）日线 SAR 指标第一次发出买进信号。

（3）底部第一次放量，第一个涨停板。

2. 龙头股买入技巧

（1）在龙头股即将封涨停时追涨买入。比如华锋股份（002806）在 2018 年 4 月 1

日启动时，投资者可以在股价即将涨停时介入。

（2）龙头个股涨停后，开闸放水时追涨买入。比如泰禾集团（000732）在2017年12月25日上午开盘后开始冲击涨停板，然后出现板震，投资者可以有充足的时间，在它开板时追涨买入，可以享受后面上涨的利润。

（3）没有开闸放水的个股，第二天该股若高开，即可以在涨幅1.5%~3.5%时介入。

（4）龙头股回到第一个涨停板的起涨点，就构成了回调买点，将梅开二度，比第一个买点更稳、更准、更狠。

3. 龙头股操作要点

（1）只做第一个涨停板。如果投资者错过了龙头股启动时的买入机会，或者投资者的研判能力弱，没能及时识别龙头股，则可以在其拉升阶段的第一个涨停板处追涨，通常龙头股的第一个涨停板比较安全，后市最起码有一个上冲过程，可以使投资者从容地全身而退。

（2）只做第一次放量的涨停板。

（3）相对股价并不高，流通市值并不大，处于循环的低点。

（4）指标从低位上穿，短线日KDJ从低位金叉，如果周KDJ同时从低位金叉就更好、更安全。

4. 龙头股分时形态

（1）高开缺口不补，10：30前封板。

（2）震荡盘上，上午封板，说明主力强悍，不理会大盘。

（3）标准突破图形，下午2点左右封涨停，量比放大，换手率高，说明主力有备而来。

（4）开盘涨停和尾盘涨停这两种较难操作，最容易操作的是开闸放水、开肠破肚。

（5）追涨停板第一次下单可在3%~5%涨幅试探性买入，不要在7%~8%追涨，第二次下单可在涨停过后开闸放水介入，若该股是热点、龙头，涨停又放量封住，以涨停板为止损点，一路中线持有。

5. 龙头股K线形态

（1）底部放量第一个涨停，安全性高，最好第一次放量。

（2）停上穿前期平台，短期均线良好。

（3）主升浪个股，长期均线完好，巨量突破涨停。

6. 龙头股卖出要点

（1）连续涨停的龙头个股，要耐心持股，一直到不再涨停，收盘前10分钟卖出。

(2) 不连续涨停的龙头个股，用日线 SAR 指标判断，SAR 指标是中线指标，中线持有该股，直到 SAR 指标第一次转为卖出信号。

## 二、龙头股买入技巧

（1）龙头股涨停第一日：如果龙头股当日龙头地位比较明确，要及时介入。介入的位置有两个：一是在 5% 以下第二波放量拉升时介入；二是超过 5% 时，则要等待涨停时以涨停板价位坚决介入。为什么要在这两个价位介入？主要是为了减少当日被套的风险。

在已经涨停的龙头股和正在上涨的次龙头之间，如何选择？历次行情表明，以涨停板价介入龙头股的收益也比次龙头收益高，因此主抓龙头是最佳选择。若当日没有机会介入，则可选择涨得最好的次龙头介入，第二日不能涨停，或回落过急，要逢高抛出，最大的任务是择机换成龙头股，以争取利润最大化。

（2）龙头股涨停第二日：龙头股涨停第二日的介入机会有：平开或小幅高开的，放量拉升时是最好的介入时机；大幅高开（5% 以上），迅速封停的，只好等封停后介入，以防套在高位；大幅高开，而后打低的（此时异常放量），出现迅速上攻动作时介入，或涨停后介入，板块效应明显的，也可在打到低位时提前介入；低开低走的，留下较长上、下影线的，收小阴线或小阳线的，暂不介入，观察第三日表现；开盘即封停的，可以涨停板价介入，此种操作需要大盘强势的适合。

（3）主升浪结束后的机会：龙头股主升浪结束后，并非完全没有机会，以下两种情况可以考虑介入：若龙头股遭遇大盘风险或主动下挫收出中阴线，要列入第二日重点观察对象，有放量拉升时迹象，可以及时介入，第三日冲高卖出；若龙头股在行情尾声的强势整理中，表现出一定的规律，可以做差价。

（4）强势股回调买入：这是吃龙头股的"回锅肉"，适合于强势整理或回调时使用，如果个股是放量上涨或涨停，可耐心等待股价回落到维护线或起涨点附近买入。主要是通过 K 线形态位置、量能变化来区别。比如特力 A（000025）2015 年 8 月 13 日见顶回调之后，在 9 月 14 日再次发动主升浪行情，然后在 10 月 30 日开始又回调整理，于 11 月 24 日再次发动上攻行情。

即使最强劲的龙头股行情，中途也会有强势整理的阶段。这时，投资者参与龙头股操作的最后阶段，投资者需要把握其休整的机遇，积极参与。当然，这种操作方式也存在一定风险，当市场整体趋势走弱，龙头股也有可能会从强势整理演化为真的见顶回落。比如泰禾集团（000732）2018 年 1 月 24 日见顶，随后整理之中买入的都是风险。

### 三、反弹巧抓龙头股

1. 超跌反弹的条件

凡具备以下特征，都可认为反弹行情即将出现：

第一，超跌股年内的跌幅通常要在30%以上，若跌幅超过50%更好，最好是那种无缘无故的下跌，而且是无量空跌的个股。

第二，没有形成抵抗性平台，在历史低位长期震荡，近日破位下跌创出新低，形成较近的反弹套牢区，并且最近几个交易日盘中或某一交易日没有出现过反弹行情。

2. 目标股的选定

目标股的选择并不是跌幅越大越好，相对来说短期走势弱于大盘走势的个股，短期涨升空间和成功率相对要高些（可将大盘指数叠加于个股上）。其中又以强庄股（强庄股主要是指近期涨幅巨大且创出近年来新高的个股）和创出近年来新低的个股为首选。

3. 龙头股买入的三个时机

第一，从价格来看，如次日开盘价低于昨天收2%左右，并保持平盘整理格局可适当建仓。平开或跳空高开，则应在股价二次探底后介入。开盘后继续大幅下探，则应保持观望，等待几个交易日有明显企稳迹象时再行介入。

第二，从时间上来看，在市场处于极弱状态时，其反弹多发生在收盘前一小时。

第三，从成交上来看，反弹启动首日的成交量应在5日均量的两倍以上，而后的成交量都要保持在5日均量之上。若当日成交量出现天量后迅速萎缩，则往往是短期见顶的重要信号。

# 第七节　龙头股实战技法

### 一、龙头股的法则

（1）股价涨停：龙头个股必须从涨停板开始，不能涨停的股票不可能做龙头。在事实上，涨停板是多空双方最准确的攻击信号，是所有黑马股的摇篮，也是龙头的标志。

（2）上涨涨幅：第一波一般都会有4~5个连续涨停板的高度，总涨幅一般会翻番。

（3）强阻力位：第一道门槛一般也是5个涨停板，如最近的冀东装备（000856）、贵州燃气（600903）、中京电子（002579）都是接近5板，上涨动力衰竭，然后开始调整。

（4）分时走势：见不到分时凌乱、上下波动大（一般10个点以内）的走势，一般不会见顶，超过10个点以上的震荡幅度，往往迎来短线调整。

（5）K线形态：历史新高形态、大箱体突破形态、底部放量突破形态等。

（6）走势独立：龙头个股通常在大盘下跌末端，市场恐慌时，逆市涨停，提前见底，或者先于大盘启动，并且经受大盘一轮下跌考验。

## 二、领涨妖股战法

龙头股一旦走妖，赚钱效应是很快的，比如方大炭素（600516）、赣锋锂业（002460）等。为什么会成为龙头妖股呢？主要是股性好，主题概念突出，只要向上突破，就可以大胆去追，不会坑人，这是筹码博弈，因为它的股性在，盘中筹码都有一个较高的预期，无论是短线还是超短线，赚钱概率极大，这时追进去成功率就很高。特别是领涨龙头股出现异动时，就可以重点关注。

图10-4，方大炭素（600516）：2017年6月26日小幅高开后，股价逐波拉涨停，盘面运行很有节奏。第一波拉了3个多点左右，向上突破前高压力，然后开始震荡，释放了大量的套牢盘；第二波拉了5个多点，这时新资金涌进，并继续释放底部获利盘；第三波拉了8个多点，吸引市场眼球，给人无限的想象；第四波拉至涨停，但不封盘，目的是在启动前让盘中筹码进行充分换手。经过封盘—开板—再封盘的反复折腾后，盘中筹码更加稳定，尾盘一举封死涨停。

这种盘面情况，就可以直接大胆追进，虽然在当时市场情绪疲软的情况下有可能回落继续整理，但是还是被市场游资给扛起来了。在大势环境欠佳时，妖股多少也会受到影响，但正因为缺少市场热点时，妖股会引来市场资金关注，市场一线游资都盯着这些强势股，几十万、几百万，甚至上千万元资金蠢蠢欲动，这种强势股有很多的资金来帮助拉抬，有很多的游资等着逢低介入，股价就是跌不下来，所以这种妖股是完全可以做的。

这种走势符合当下热门题材，盘面资金进攻又很强势，这是肯定要参与的。这种类型的个股，由以下四类资金构成，并且这四类资金必须是连贯的：

（1）点火资金。点火资金是很关键的资金，能够引领游资跟风。

（2）进攻资金。上攻气势非常猛烈，毫不退缩，源源不断跟进。

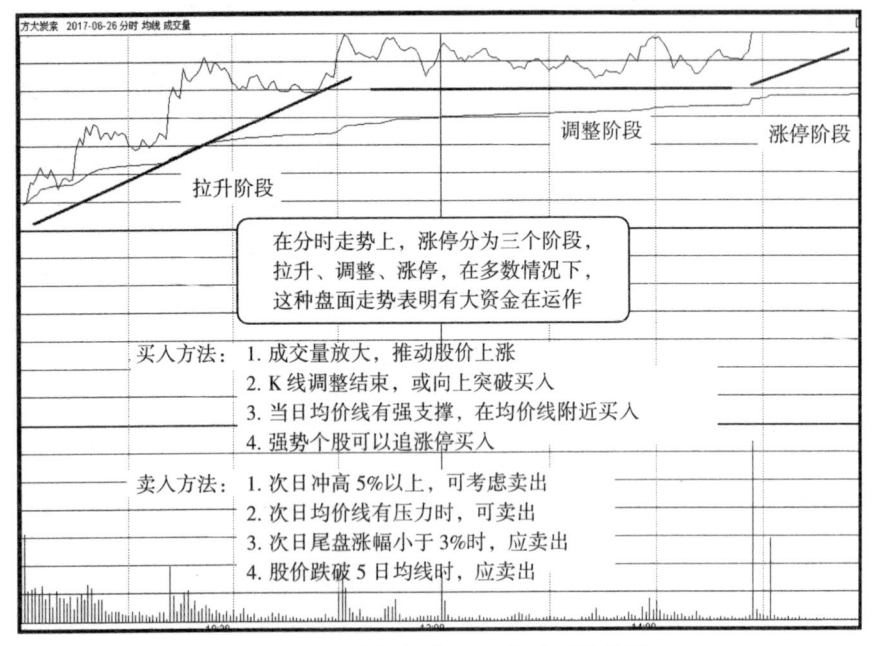

图 10-4 方大炭素（600516）分时走势图

（3）扫板资金。大手笔扫单，意志坚决，扫板速度快。

（4）封板资金。封盘不动摇，不撤单、不挂单，堵住市场抛压。

## 三、转势妖股战法

做股票要严格遵守纪律，平常可以大部分时间空仓，在大盘不好的情况下更应该空仓，当大盘跌到位了，恐慌情绪有了，那就做快速反弹龙头。这种战法称为"转势灵魂"战法，成功率也很高。

图 10-5，西水股份（600291）：2017 年 5 月 2 日大盘并不好，还处于跌势之中，可是当天该股走势与大势形成强烈的反差，小幅高开后两波拉涨停，提前大盘企稳回升，率领市场人气。这种涨停板的出现，也就意味着妖股出没，所以散户可以大胆去扫单、打板、排单，成功率也是非常高的。因为，这个绝对是当天或近期的快速转势龙头，而且是第一板，这种享受的溢价是非常高的。为什么？道理很简单，"转势灵魂板"都是在大盘疲软的情况下，它已经带领整个板块率先涨停。

这种盘面走势的跟进方法，可以在第一波 7 个点、8 个点、甚至 9 个点的时候追进，一般次日会高开高走，就能快速见到盈利。做这种股票需要快速反应，心里要提前做出预判，也许就是一秒钟要做出实际行动，且预判能力要达到精准，如果预判能力达不到精准，干脆去做其他的个股。当然，这类个股也有失手的时候，甚至出现亏钱结局，为什么呢？因为大盘还是属于一个弱势的行情，不少个股演变为反弹行情。

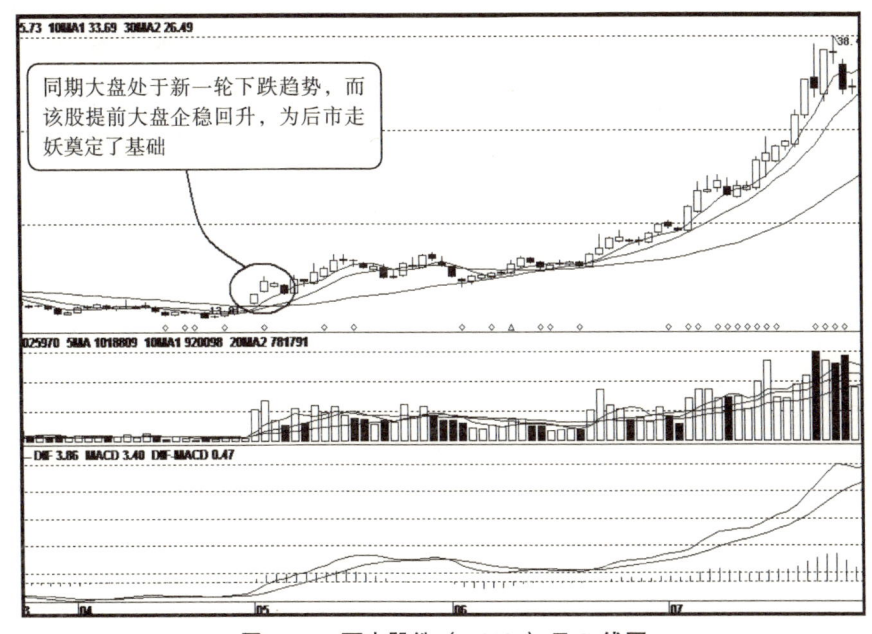

图 10-5　西水股份（600291）日 K 线图

## 四、补涨妖股战法

龙头妖股出来以后，如果没有及时跟进也没关系，那就去做快速补涨龙头。什么叫快速补涨龙头呢？就是在同一板块中龙头股抓不到的情况下，当天盘中或第二天早盘出现了一只非常快速的龙头，主力多头资金非常坚决，而且上拉速度很快，在成交、量能、换手率也很大的情况下，这种走势也是非常值得追的。

2017 年 8 月 25 日，中科信息（300678）被特停，此时不少"炒新一族"恐慌了，担心新股、次新股板块出现大跌，然而替补队员朗新科技（300682）、华大基因（300676）、国科微（300672）等成了后起之秀"新妖股"，表现抢眼。当时市场上是群龙无首，这种情况下如何去操作呢？由于次新板块的热度还在，市场情绪也很高，这种情况下就去做快速补涨龙头。比如 "雄安新区"板块中的龙头股冀东装备（000856）、创业环保（600874）、保变电气（600550）等 9 只股票连续 6 个交易日"一"字涨停后，2017 年 4 月 13 日遭到集体特停，一时间失去龙头股的时候，而新一批雄安概念股汉精钟机（002158）、西霞建设（600533）等随之而来，形成补涨行情。只要跟对妖股热点，市场不乏妖股。

285

在炒作龙头股时，资金不必全仓杀入。虽然一轮行情产生后，龙头股表现远远较一般股票出色，但不一定是最出色的。这是因为，一旦行情被龙头股激起，部分市场主力就会找到与此类似的股票介入，趁机狂炒，企图浑水摸鱼，有时会出现部分个股乱涨一气。而且龙头股树立之后，部分与之相关的公司会被市场投资者挖掘，也会随后跟上，从而形成板块效应，往往这些个股也有不错的机会。因此可适当分配部分资金参与这些个股的炒作，以取得较佳的收益。所以留点后备资金是必然的，也是必须的。特别是在中国，很多上市公司非常喜欢凑热闹，市场流行炒作什么，上市公司就上什么项目。比如市场上房地产板块炒作火热，则上市公司就参股搞房地产，当市场炒作网络股时，上市公司也不管三七二十一先做个网站再说，即成立一家科技网络公司，上市公司的真正目的不是发展主业，而是配合二级市场炒作的需要。

## 五、智擒妖股首板

一般情况下，快速涨停或持续上涨的个股大多是龙头股。如何去鉴定龙头股？在当天盘面较好的情况下，比较强势的板块，率先出现涨停，当然率先涨停也许不是唯一评价，但是它的人气度这一点是特别重要。

如何快速擒获第一板呢？这一点是非常重要的，关键是如何区分它是否是龙头。那就是它的强度。比如说，盘面磨磨唧唧上去的涨停，就有点勉强，千万不能跟。如果跟的话，在不开板时可以排队等候，一旦排队成交，且尾盘封盘不动时，也许次日会有冲高获利机会；在封单不多时，要立马撤单，这时若不撤单，可能就立马砸到你，次日有下探可能。

如何区分它的强度？强度就是一笔带过，比如说，在涨停的五档中，最后一档就是涨停价位上，在该位置有大量的卖单（如50万手），这时就可以看出它的强弱了。如果这些卖单在几秒钟内抢完，那说明盘面气势非常强势，这时就可以去参与的（这时其实已经是在排队），这种龙头涨停会带动整个板块，次日大有可能享受溢价，不管是持股还是盈利抛出，都能进退自如。反之，如果涨停位置上的卖单长时间吃不掉，或者吃完后又有新单挂出，说明抛压较重，当天收盘时能否封盘值得怀疑，此时不宜参与。

图10-6，大吉通信（300597）：2017年9月22日，小幅低开0.91%，经过半个小时盘整后，股价开始上攻，第二波拉高到7个多点后形成平台整理，11：14开始股价一口气封至涨停，盘面气势强盛，封盘后立即缩量。散户看到这种盘面时，应迅速随大单跟进，享受短线溢价。

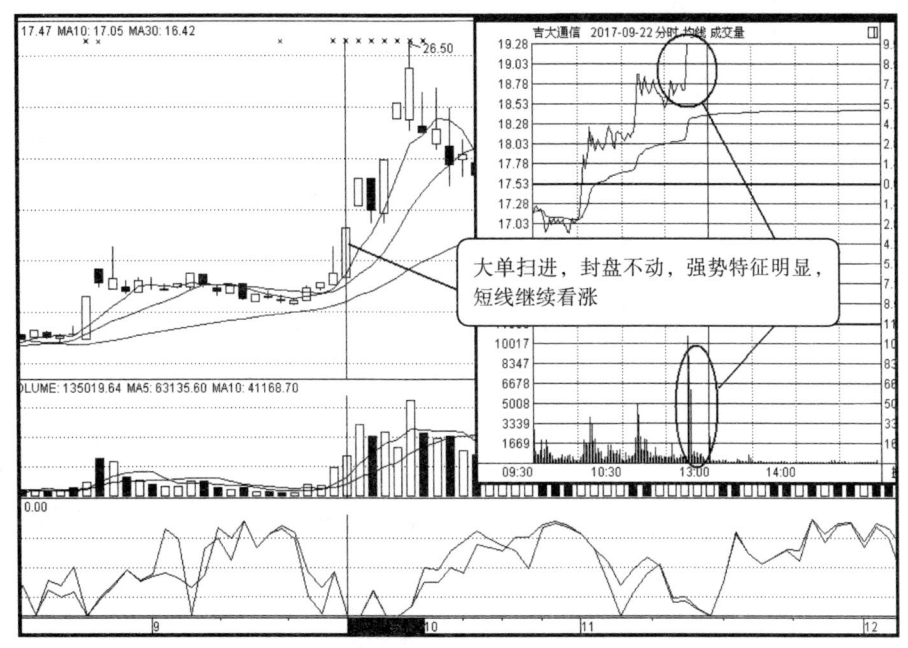

图 10-6 大吉通信（300597）日 K 线和分时图

## 六、常见买入形态

很多人认为龙头股无迹可寻，无踪可觅。如果仔细观察，深入分析，认真总结一定会有所发现，龙头股是有规律可循的，下面用图例进行具体剖析。

1. V 形反转形态

这种形态出现妖股，一发不可收拾，力度在所有形态中最强。

图 10-7，特力 A（000025）：该股从 2015 年 7 月开始，出现三次 V 形反转走势，股价从最低 10 元涨到 100 元以上，每一波涨幅都很大。

图 10-8，康泰生物（300601）：该股在 2018 年 2 月初出现一波急跌后，形成 V 形反转形态，股价从 36 元涨到 90 多元，涨幅超过 150%。

2. 缩量挖坑形态

这种形态堪比 V 形反转，最不容易被发现。技术要点：一是判断股票是否符合缩量挖坑的形态；二是个股若符合缩量挖坑，投资者就要对该股密切关注，一旦股价突破，就可立即介入；三是利用该形态寻找牛股的时候，要细心认真，形态相似，但还没有上涨的个股，说明该股才刚刚露出而已，需要有足够的耐心关注。

图 10-9，太阳电缆（002300）：该股从 2017 年 1 月开始，出现缩量挖坑形态，股价从最低 8 元涨到 20 元，14 个交易日翻了一番。

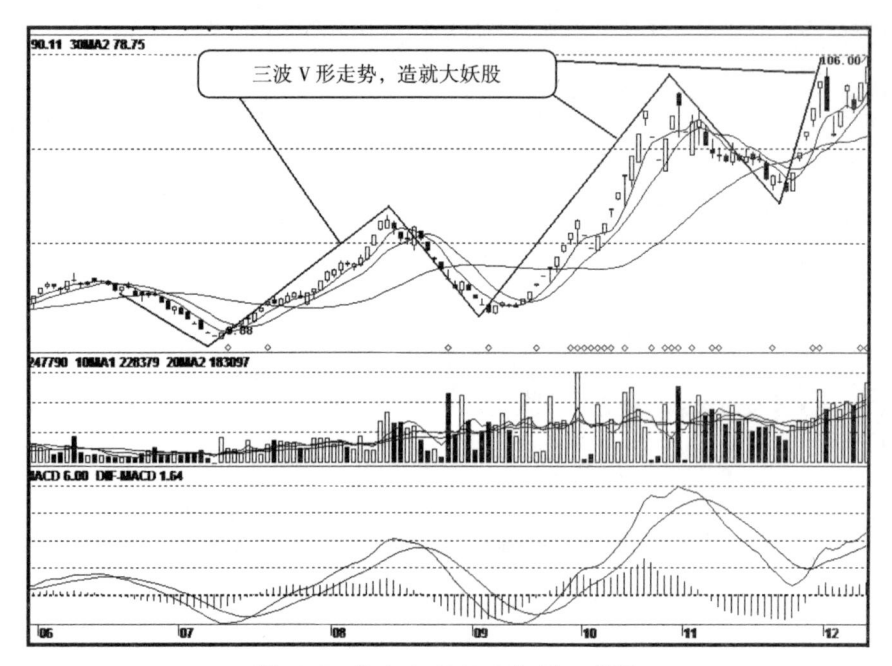

图 10-7 特力 A（000025）日 K 线图

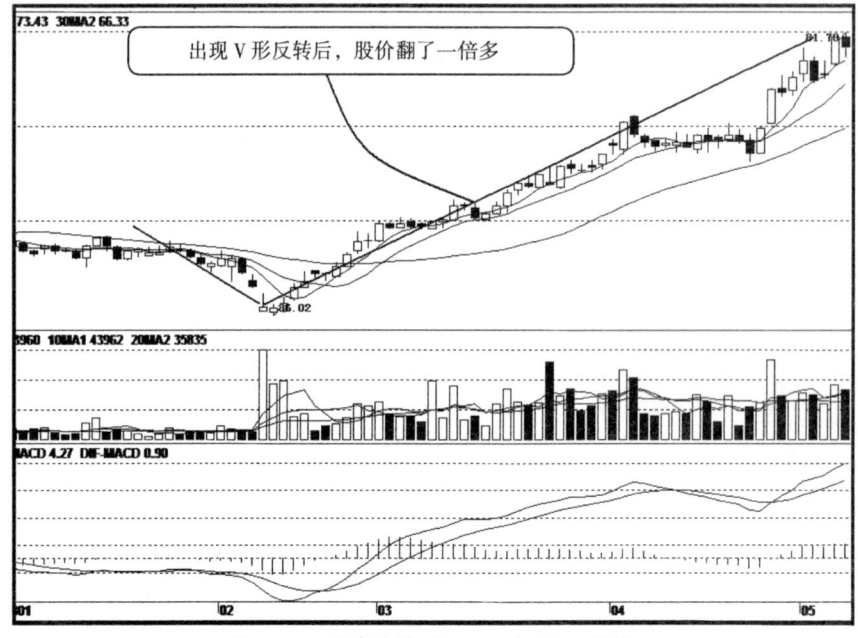

图 10-8 康泰生物（300601）日 K 线图

## 第十章 擒贼擒王——龙头股战法

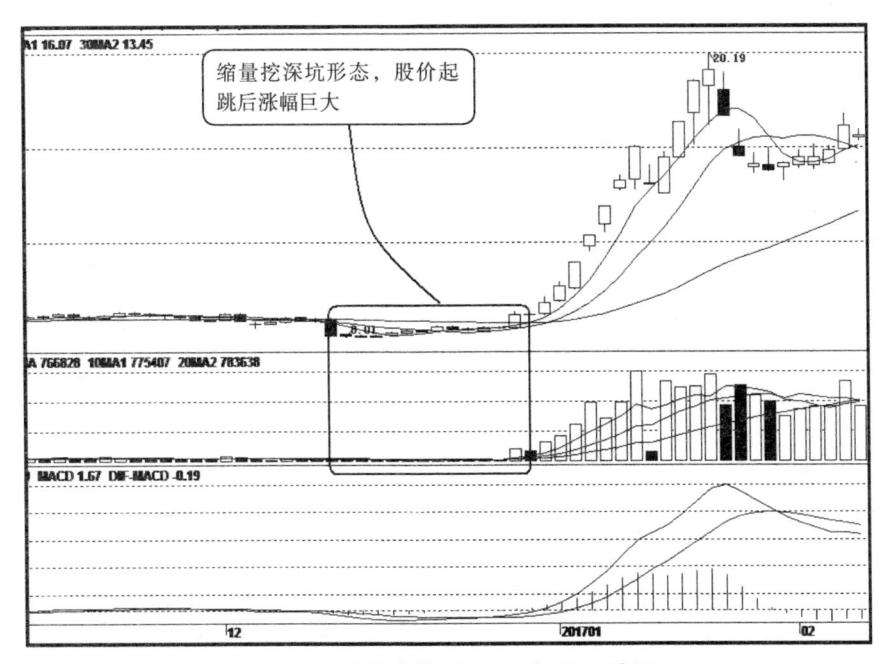

缩量挖深坑形态，股价起跳后涨幅巨大

图 10-9　太阳电缆（002300）日 K 线图

图 10-10，陕西黑猫（601015）：该股从 2017 年 6 月企稳后，形成一个缓慢的上升通道，均线系统呈多头排列，8 月中旬出现缩量回调走势，8 月 25 日再次放量上攻，当日股价涨停，此后股价出现快速上涨。

缩量挖坑形态

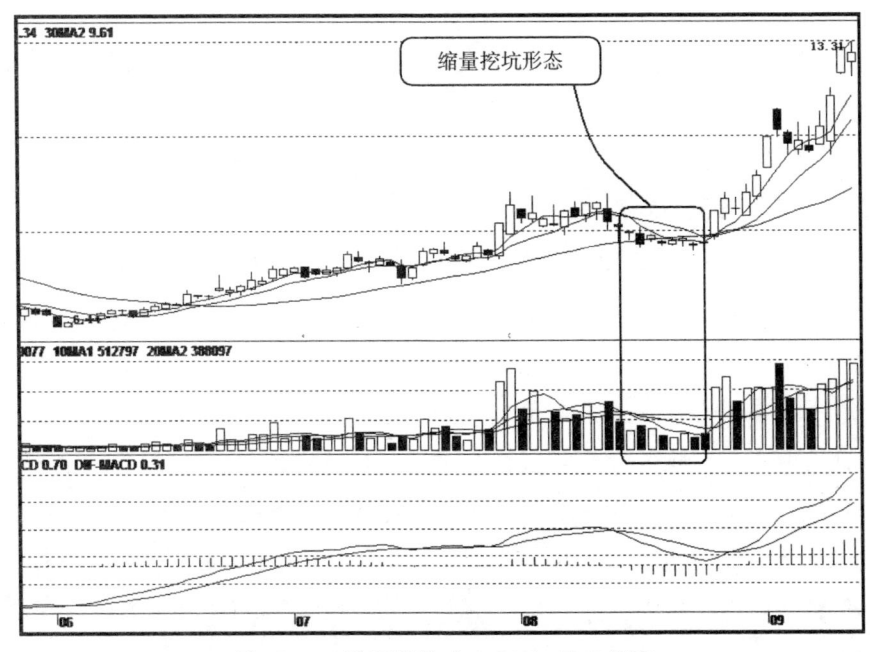

图 10-10　陕西黑猫（601015）日 K 线图

### 3. 老鸭头形态

市场牛股中，出现这种形态最多，最容易被发现。

图 10-11，煌上煌（002695）：该股从 2016 年 7 月开始，盘面出现老鸭头形态，股价最低 12 元到 35 元，行情几乎贯穿下半年。

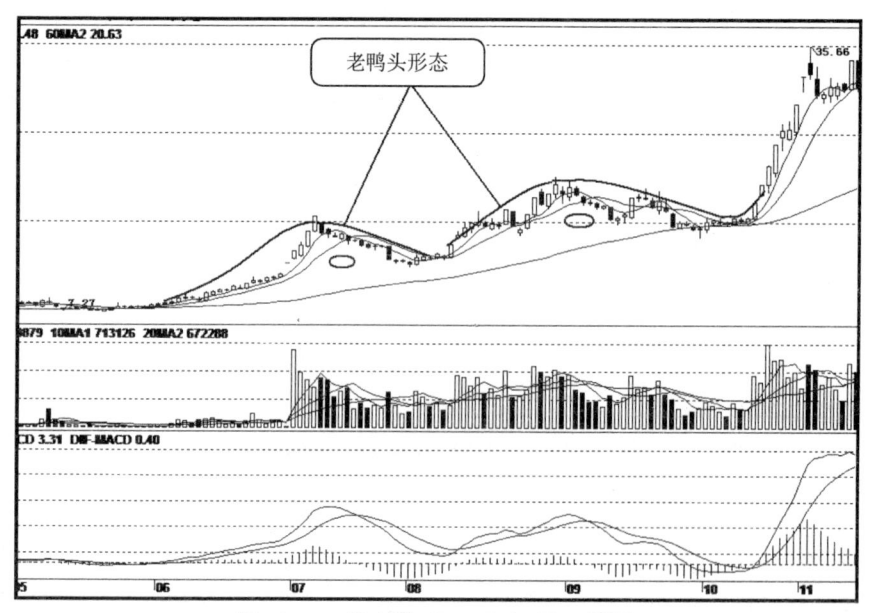

图 10-11　煌上煌（002695）日 K 线图

图 10-12，世名科技（300522）：该股从 2018 年 2 月企稳后，底部渐渐向上抬高，经小幅上涨后出现整理，形成老鸭头形态，5 月 7 日开始股价连拉 4 个涨停。

### 4. 倍量买入法

成交量分析的着眼点不是成交量的大小，而是成交量的变化。"倍量"是指某日的成交量是前一日的一倍。如果此时的 K 线是中阳线，则称为"倍量中阳"，这常常是行情发动的标志。此时投资者可以试探性买入做多，特别是这种情况出现在上升的初期，并以此来突破盘整平台。

运用本技法要注意以下三点：

（1）前后两个交易日的成交量呈现"一倍"的数量关系，不能超过两倍。

（2）倍量当日的 K 线以中偏小阳线为宜。K 线实体不能太大（不超过 5%），否则后面的持续性不好；不能太小（不小于 1%），否则被视为无意义的倍量阳线。

（3）倍量之后需要成交量的支持，即倍量之后的成交量不能急剧缩小，也不能急剧放大。

第十章 擒贼擒王——龙头股战法

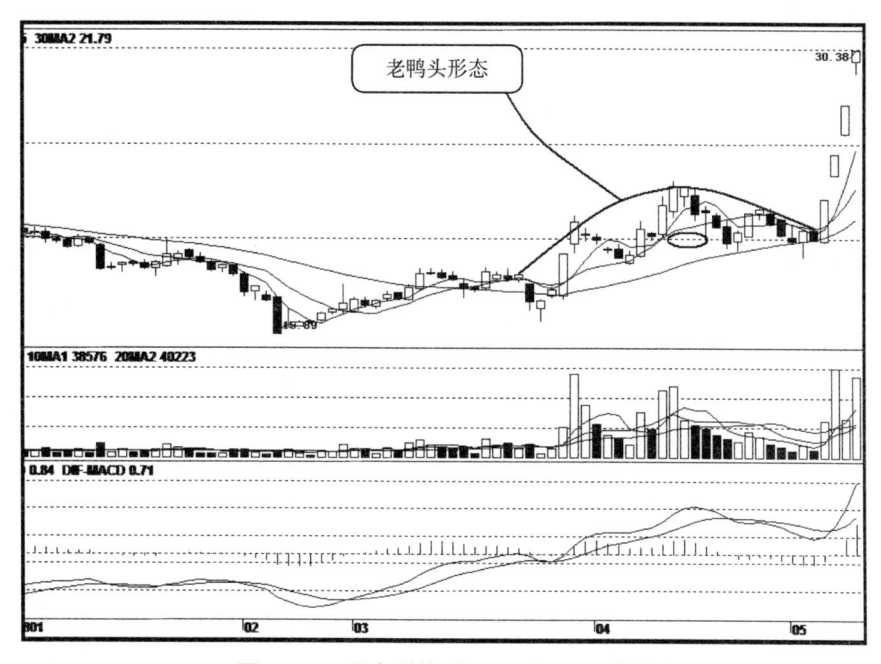

图 10-12 世名科技（300522）日 K 线图

技术含义：做短线要想赚钱，就不能忽视成交量这个关键要素。"倍量"是最显眼也是最容易把握的，它往往是行情启动的标志。

这种放大一倍的成交量，体现了主力有计划的行动，其攻击性多于试探性。成交量比前日放大一倍，表明前面的成交量不能满足主力的胃口，要大量吃货，预示着股价的上涨。在股市中经常会听到这样一句话"上涨时必须放量，但下跌时是不需要放量的"，说的就是这个道理。

在一个形态构筑末期，行情相对清淡，这时候出现放量向上突破，说明有庄家在投入资金。如果形态好，量能达到倍量的标准，则行情看涨，可以追进。

第一，有节奏地上攻性形态。

图 10-13，鲁西化工（000830）：这是该股 2017 年 7~10 月的一段走势图。在 A 处出现一根中阳线，成交量是前一天的两倍，形成了倍量中阳，随后几天成交量持续放大，这样的倍量常常是一波行情起涨的起点。

综合观之，该股上攻节奏非常鲜明，每上一个台阶就修整，然后再上一个台阶。每次上台阶的阳线有大有小，没有规律，但是如果观察成交量就会发现，每次上攻的成交量都是前一天的两倍（图中标记的 A、B、C、D）。

通过细节分析，发现在 D 处连续两天出现了较大成交量，此时股价从最低点已经上涨了接近一倍。按照一般的理论，一只股票上涨了一倍，大多会进行回调。果然，

291

随后股价出现回落幅度较深的调整，那么此时是否应该获利了结呢？

从盘面分析，此时成交量没有一个明显放大的过程，故可以判断主力没有完全出货，而且这里上攻的节奏并没有改变，上升趋势保持完好，均线系统多头排列，所以预计该股还会继续上涨。

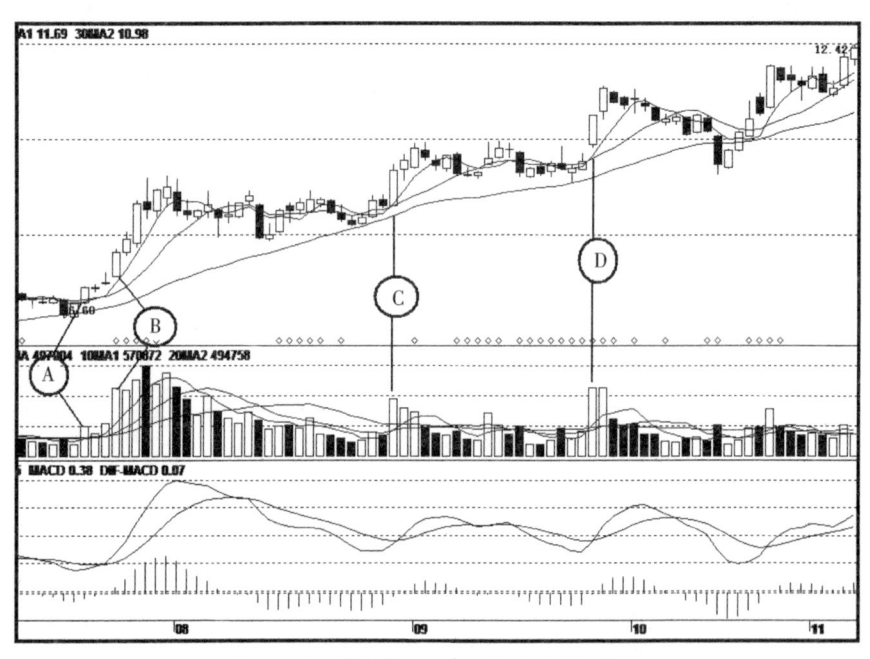

图 10-13　鲁西化工（000830）日 K 线图

第二，不是所有的倍量中阳都是一波行情的起涨标志，有的倍量没有任何含义，有的倍量甚至配合阳线进行诱多。

图 10-14，保利地产（600048）：这是该股 2017 年 11 月至 2018 年 4 月的一段走势。从标记的 A 至 G 这七处的倍量，有的是行情起涨的倍量，有的是无意义的倍量，有的是诱多的倍量，仔细甄别它们有着重要的意义，能给操盘带来重要的参考。

A、B、C 三处的倍量是行情起涨或拉升的倍量，它们有区别于其他四处倍量的四个典型特征：

（1）它们处于明显的上升趋势中。股价的走势很有节奏，股价上一个台阶，然后盘整，再上一个台阶，再盘整……此处的倍量就是从一个台阶上升到另一个台阶的"力"。

（2）倍量同时配合的 K 线是中偏小阳线，这种阳线可称为"起涨阳线"。

（3）倍量之后的成交量没有急剧萎缩，也没有急剧放大。

（4）随后（后三天）K 线的最低没有回调到起涨阳线实体的一半。通常，一波行

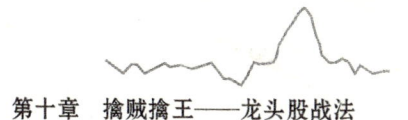

情的发动，对起涨的阳线有一个要求，那就是"三日不破"。只要三日不破，那就是有效的行情。

相比之下，D处的倍量，明显处于跌势中，这是长期下跌时的恐慌性抛压，可能会引发超跌反弹。股市有一条基本经验，那就是股价从高位下来，跌幅不是很大（跌幅在10%~20%，没有超跌，没有跌透），第一次出现反弹，如果是温和反弹，那么这样的反弹基本是昙花一现，不可能形成V形反转。因为V形反转通常是以急跌急涨的形式来完成的。所以D处是无意义的倍量阳线，对操盘没有多大的参考价值。

E、F、G三处的倍量出现在下跌途中的横盘整理时期，其后的成交量出现萎缩，K线实体很小。这种情况多是个股随大盘大势而为的，个股本身弱于大盘指数。这三处倍量中阳是典型诱多的倍量中阳。据经验统计，这种情况股价下跌的概率超过90%。

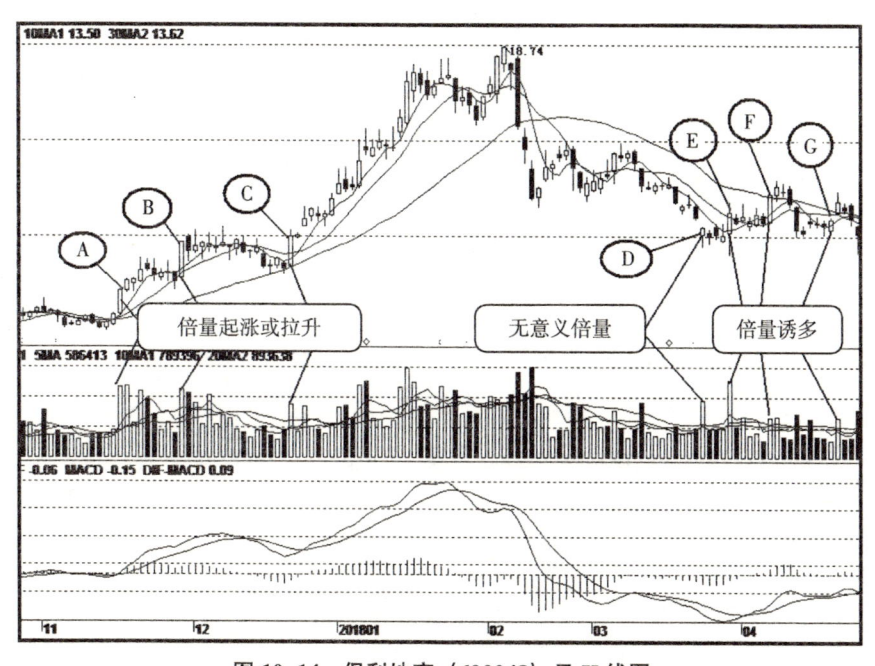

图10-14 保利地产（600048）日K线图

上面这些图例是龙头股产生前的几种常见形态，这些形态是牛股产生的温床，如果投资者仔细观察，认真研究，一定会惊喜不断。正如投资大师杰西·利弗摩尔所说："华尔街没有新鲜事，投资像山岳一样古老，历史会不断重演。"

# 第八节 龙头股二波战法

如何判断龙头股见顶？这是一项需要长期经验的技术活。但是并非无章可循，在目前 A 股市场的投资收益期望值下降的时候，龙头股涨幅也没有以前那么凌厉。通常龙头股从底部启动涨幅达到一倍之后就到一个坎，即使继续上涨，也是需要在整固之后才能够启动第二波。另外，跟风股的补跌，高位见顶 K 线，换手率都是判断龙头是否见顶的指标。为了防止中途下车，还有人设定了股价跌破 5 日线或者 3 日线为卖股的依据。这里专门谈谈龙头股的第二波操作方法。

## 一、龙回头如何把握

（1）第一波至少 2 连板。没有几个涨停板，力度不够，不容易聚集人气，反弹的力度也不会太强，比较容易陷入复杂的调整。

第一波 4 板之内，第二波必定会出现；第一波超过 4 板，第二波大多数还是会出现；第一波超过 7 个板，第二波能否产生就不好说了，比如，2016 年 8 月的廊坊发展（600149）连拉 3 个涨停后，经过 2 个交易日的强势整理后，再次出现大幅拉升行情。

（2）调整时间为 3~10 个交易日，比较理想的调整时间为 5~7 个交易日。小于 3 个交易日，调整不充分，可能会影响第二波的力度和强度；大于 10 个交易日，时间过长，人本身的遗忘性，比较难以再次汇聚人气。

最理想的是 7 个交易日。比如，2017 年 6 月的红墙股份（002809）、2017 年 8 月的领益智造（002600）、2017 年 4 月的青龙管业（002457）、2017 年 8 月的市北高新（600604）等、2016 年 9 月的四川双马（000935），2016 年 6 月份的星星科技（300256）。有时候市场过于热点火爆，可以接受时间调整短一些；有时候由于大盘影响，或者刚好碰到周五和小长假，可能会推迟 1 个交易日。所以，可以放宽到 3~8 个交易日。

（3）走出龙回头图形后，启动的前一天特别容易走出一把像"宝剑"图形的放量长上影阳线，主力为拉升前的最后一次洗盘，特征是攻击有力，有放量冲过 7%以上的涨幅，并且尾盘显现冲高回落的走势，收盘上影线 5%以上。这种形态出现后，如果未来几个交易日里，股价突破长上影线的最高点，就意味着主升浪启动。

(4) 买入时机，有两种开仓方式：方式一是尾盘竞价（主动性较强）；方式二是早盘根据竞价情况，最好开在-2%以上，越低越好（日内确认性高）。

此外，就是直接走出大阳线或涨停板（特别强势的攻击形态）。次日不低开，或者低开不多直接上攻。

## 二、龙回头实例分析

（1）龙回头本质就是趋势中继形态，出现止跌性阳线，形成中继信号，随后高开高走或者快速翻红拉涨，呈龙回头走势，此时可以跟进。

图10-15，大东海A（000613）：该股在2017年12月探底成功后，企稳盘整，底部向上抬高，2018年3月16日股价放量向上突破盘区，然后再次回落到底部附近，抄底资金入场后股价向上拉起，3月28日股价涨停，形成龙回头走势，构成非常好的买入信号。

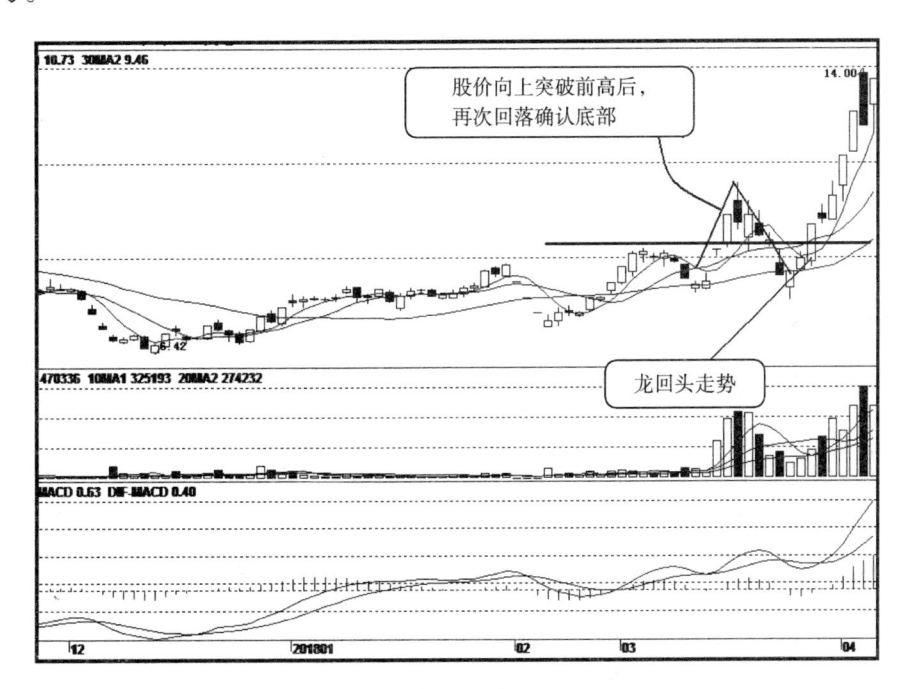

图10-15　大东海A（000613）日K线图

当反包涨停出现后，如果第二天开盘价低于3%的幅度时，这种形态攻击力不强，应在开盘时挂单清仓。

图10-16，领益智造（002600）：该股连拉5个涨停后出现调整，2017年8月21日出现止跌性阳线，次日股价涨停，形成龙回头走势。但是，涨停后的第二天股价仅

高开一分,开盘价低于预期,说明攻击力度不够,前一天的涨停带有一定的虚假性,投资者应在开盘时果断挂单卖出。

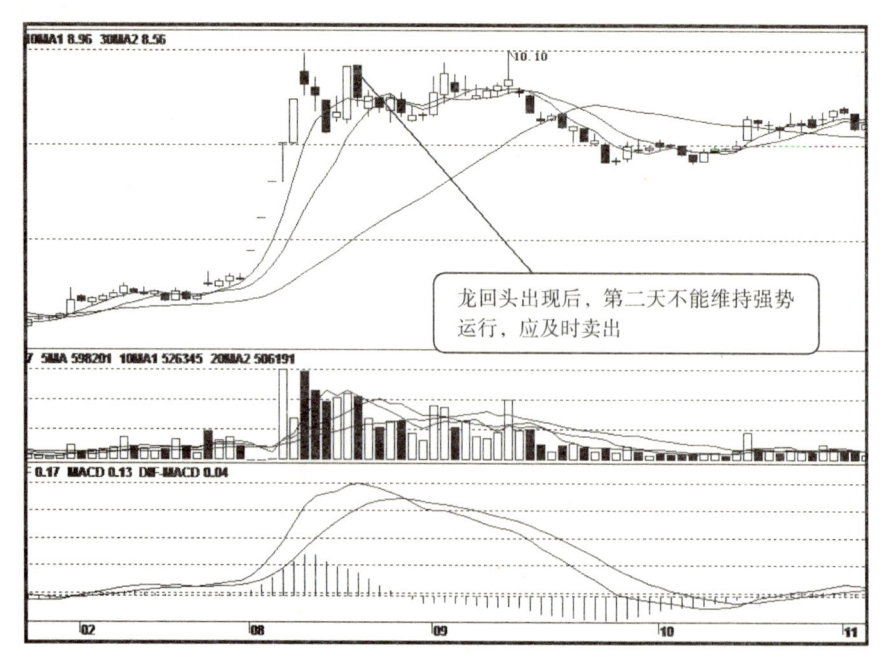

图 10-16 领益智造(002600)日 K 线图

（2）有的龙回头,先拉出一根较长的上影线,第二天或几天后结束调整,股价再次上拉并吃掉上影线的全部,反映多方力量强大,做多动能充足,股价仍有进一步上拉空间,构成较好的买点。但是,出现涨停后的第二天除非连板开启二波行情,否则必须卖出。

图 10-17,宏川智慧(002930)：该股打开"一"字板后出现震荡整理走势,2018年5月4日股价冲高回落,留下较长上影线的 K 线,5月9日小幅低开后股价逐波上行,全部收复了5月4日的上影线,从而构成买点。随后股价出现连板,直到不能开板时卖出。

图 10-18,天泽信息(300209)：股价企稳上涨后出现回调整理,2017年2月8日出现冲高回落,K线形成较长的上影线,次日股价再次涨停,形成龙回头走势。涨停后的第二天没有出现连板走势,投资者应在股价冲高时卖出观望。

（3）最后一种龙回头是先出小阳线,第二天大跌或调整,尾盘略有收回,空方势力得到释放,隔天高开或者快速拉升至涨停,在涨停次日逢高出局。

第十章 擒贼擒王——龙头股战法

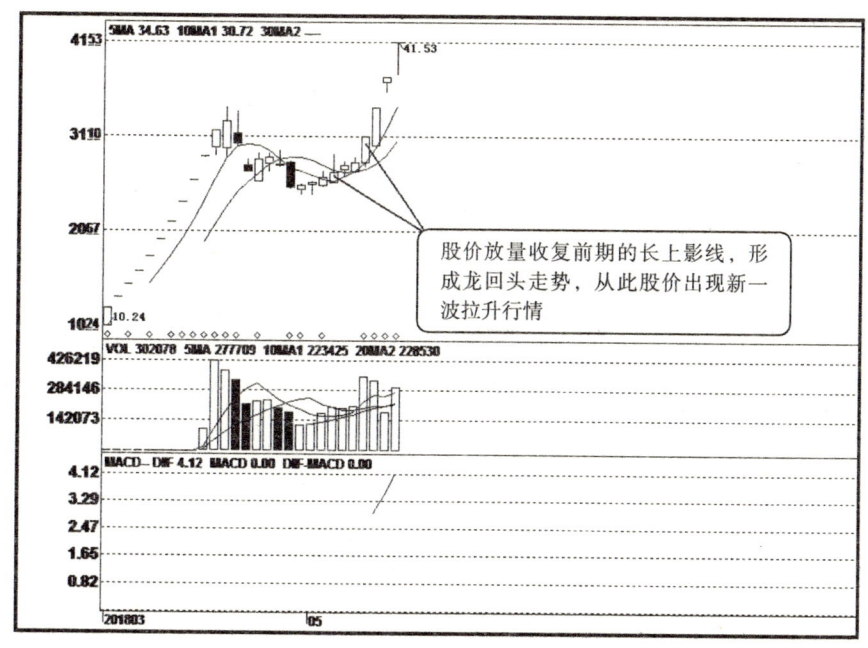

图 10-17 宏川智慧（002930）日 K 线图

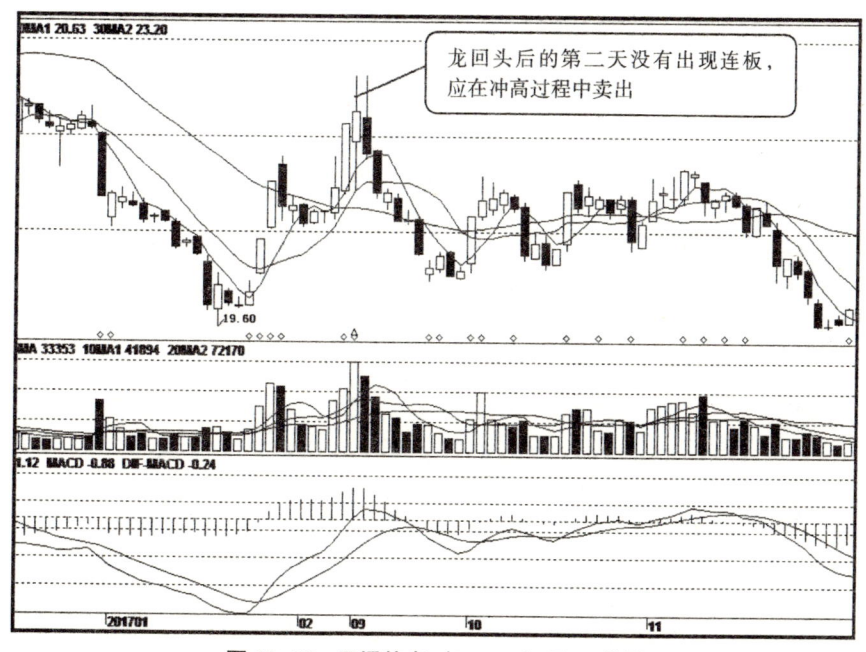

股价放量收复前期的长上影线，形成龙回头走势，从此股价出现新一波拉升行情

龙回头后的第二天没有出现连板，应在冲高过程中卖出

图 10-18 天泽信息（300209）日 K 线图

图 10-19，红墙股份（002809）：股价经过第一波上涨后，出现缩量调整走势，2017 年 6 月 14 日冲高收出小阳线，次日股价大跌 5.7%收盘，而第三天股价高开拉涨停，投资者应在涨停后的第二天卖出（连板除外）。

图 10-19 中标注文字：在调整过程中，先拉出小阳线，次日大跌，第三天拉涨停，投资者应在涨停后的次日逢高卖出

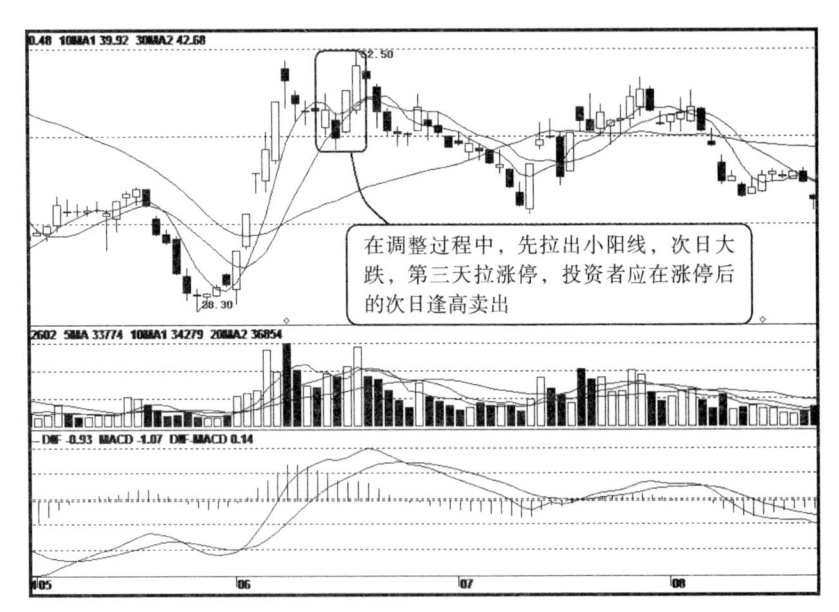

图 10-19  红墙股份（002809）日 K 线图

有的龙回头，先不拉阳线，当天直接涨停，此类情况比较少，主要是当天主线调整，主力护盘收涨。在实盘操作时，还要看涨停后的次日盘面表现，如果次日连板，有望出现超级妖股，则可以持有，否则为主力封板出货行为，投资者应逢高退出观望。

图 10-20，洛阳玻璃（600876）：连拉 3 板后出现调整，2017 年 8 月 23 日调整收跌 5.57%，24 日直接拉出涨停板，但涨停后的第二天低开调整，一度抹去前一天的全

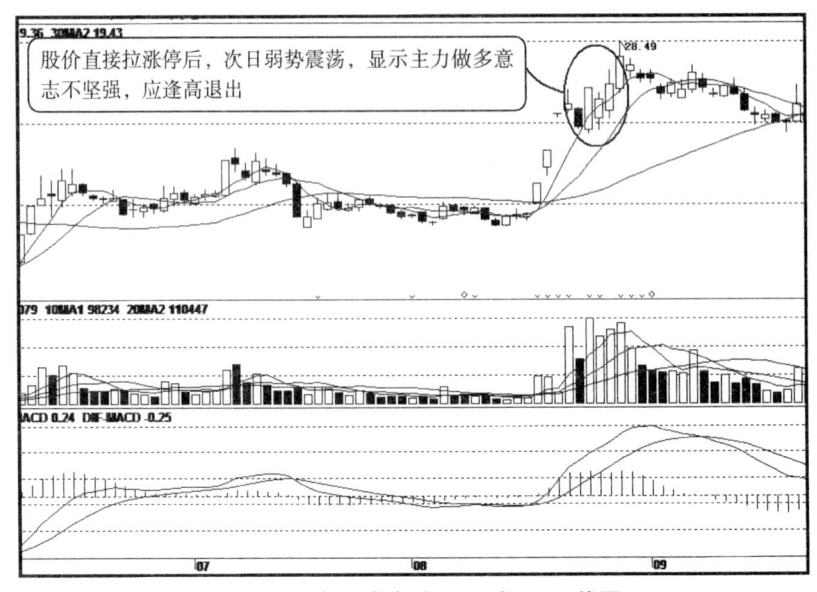

图 10-20 中标注文字：股价直接拉涨停后，次日弱势震荡，显示主力做多意志不坚强，应逢高退出

图 10-20  洛阳玻璃（600876）日 K 线图

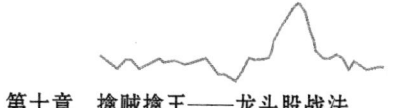

部涨幅，这种盘面说明主力做多意愿不坚强，且有高位出货意图，投资者应逢高卖出为好。

## 第九节　炒股就要炒龙头[①]

### 一、谁是行业的龙头股

如何把握有潜力的个股？炒股就要炒龙头！下面是 A 股各行业的龙头个股一览。

（1）华平股份（300074）：国内领先的多媒体通信系统提供商。

（2）数字政通（300075）：国内数字化城市管理领域龙头。

（3）GQY 视讯（300076）：国内领先的专业视讯产品制造商。

（4）国民技术（300077）：国内 USBKEY 领域龙头企业。

（5）思创医惠（300078）：国内电子防盗卷标行业龙头企业。

（6）新大新材（300080）：国内晶硅片切割刃料领域龙头企业。

（7）奥克股份（300082）：国内环氧乙烷精细化工行业龙头。

（8）海默科技（300084）：国内油田多相计量领域领先企业。

（9）银之杰（300085）：国内银行影像应用软件领域领先企业。

（10）文化长城（300089）：国内艺术陶瓷行业龙头。

（11）金通灵（300091）：国内最大的离心风机产品制造商。

（12）金刚玻璃（300093）：国内安防玻璃领域龙头企业。

（13）华伍股份（300095）：国内工业制动器行业龙头。

（14）智云股份（300097）：国内领先的成套自动化装备方案解决商。

（15）尤洛卡（300099）：国内煤矿顶板灾害防治设备龙头企业。

（16）国腾电子（300101）：国内最大的北斗终端供应商。

（17）先河环保（300137）：空气质量连续监测系统市场占有率全国第一。

（18）中元华电（300018）：国内电力二次设备子行业领先者。

（19）硅宝科技（300019）：国内有机硅新材料下游龙头企业。

---

[①] 注：本书内容、数据来自相关网络。

(20) 吉峰农机（300022）：国内农机连锁销售龙头企业。

(21) 机器人（300024）：国内工业机器人产业先驱。

(22) 红日药业（300026）：血必净注射液等产品垄断细分市场。

(23) 华谊兄弟（300027）：国内电影行业龙头企业。

(24) 阳普医疗（300030）：国内真空采血系统行业龙头企业。

(25) 宝通科技（300031）：国内耐高温输送带市场领导者。

(26) 金龙机电（300032）：国内最大的超小型微特电机生产商。

(27) 新宙邦（300037）：国内电子化学品生产龙头企业。

(28) 回天新材（300041）：国内工程胶粘剂行业龙头企业。

(29) 互动娱乐（300043）：国内车模行业龙头企业。

(30) 华力创通（300045）：国内计算机仿真行业领先企业。

(31) 台基股份（300046）：国内大功率半导体龙头企业。

(32) 福瑞股份（300049）：国内肝病诊治领域龙头企业。

(33) 欧比特（300053）：国内航天航空及军工领域龙头企业。

(34) 鼎龙股份（300054）：国内电子成像显像专用信息化。

(35) 中能电气（300062）：国内中压预制式电缆附件龙头企业。

(36) 天龙集团（300063）：国内超薄电子薄膜行业龙头。

(37) 海兰信（300065）：国内最大的VDR制造企业。

(38) 三川股份（300066）：国内最大节水型机械表和智能水表生产商。

(39) 安诺其（300067）：国内高端燃料行业领跑者。

(40) 碧水源（300070）：国内污水处理领先企业。

(41) 三聚环保（300072）：国内能源净化行业龙头企业。

(42) 当升科技（300073）：国内锂电正极材料龙头企业。

(43) 康得新（002450）：国内预涂膜行业领先者。

(44) 天马精化（002453）：国内专用化学品细分领域龙头。

(45) 松芝股份（002454）：国内领先的汽车空调制造商。

(46) 蓝色光标（300058）：国内为企业提供品牌管理服务行业。

(47) 东方财富（300059）：信息平台综合运营商。

(48) 百川股份（002455）：国内醋酸丁酯、偏苯三酸酐的龙头。

(49) 欧菲光（002456）：国内领先的精密光电薄膜元器件制造商。

(50) 益生股份（002458）：国内最大祖代种鸡养殖企业。

## 第十章 擒贼擒王——龙头股战法

(51) 天业通联（002459）：国内最大铁路桥梁施工起重运输设备供应商。

(52) 赣锋锂业（002460）：国内主要锂产品供应商。

(53) 特锐德（300001）：国内铁路电力远动箱式变电站龙头。

(54) 南风股份（300004）：国内核电 HVAC 市场龙头企业。

(55) 汉威电子（300007）：国内气体传感器领先企业。

(56) 鼎汉技术（300011）：国内轨道交通电源系统龙头企业。

(57) 华测检测（300012）：国内民营第三方检测的龙头企业。

(58) 亿纬锂能（300014）：中国最大、世界第五锂亚电池供应商。

(59) 爱尔眼科（300015）：民营眼科医院连锁企业。

(60) 北陆药业（300016）：国内医药对比剂行业领跑者。

(61) 网宿科技（300017）：国内领先的互联网解决方案供应商。

(62) 新和成（002001）：国内最大维生素 A 和维生素 E 生产商。

(63) 伟星股份（002003）：世界最大的纽扣生产企业之一。

(64) 华邦健康（002004）：国内皮肤病领域龙头企业。

(65) 华兰生物（002007）：国内血液制品行业龙头企业。

(66) 大族激光（002008）：亚洲最大激光加工设备生产商。

(67) 传化股份（002010）：国内纺织印染助剂龙头企业。

(68) 科华生物（002022）：国内体外临床诊断行业龙头企业。

(69) 思源电气（002028）：国内最大电力保护设备消弧线圈生产商。

(70) 达安基因（002030）：国内核酸诊断试剂领域领先者。

(71) 巨轮股份（002031）：国内汽车子午线轮胎活络模具龙头。

(72) 汉麻产业（002036）：国内最大中高档服装用衬生产商。

(73) 登海种业（002041）：国内玉米种子繁育推广一体化龙头。

(74) 国光电器（002045）：国内音响行业龙头企业。

(75) 轴研科技（002046）：国内航天特种轴承行业龙头企业。

(76) 宁波华翔（002048）：国内汽车内饰件龙头企业。

(77) 横店东磁（002056）：全球最大的磁体生产企业之一。

(78) 远光软件（002063）：国内电力财务软件龙头企业。

(79) 长城影视（002071）：国内工具五金行业龙头企业。

(80) 软控股份（002073）：国内轮胎橡胶行业软件龙头企业。

(81) 中材科技（002080）：国内特种纤维复合材料行业龙头。

301

(82) 金智科技（002090）：国内电气自动化设备行业龙头企业。

(83) 江苏国泰（002091）：国内锂离子电池电解液行业龙头。

(84) 青岛金王（002094）：国内最大蜡烛制造商。

(85) 浔兴股份（002098）：国内拉链行业龙头企业。

(86) 广东鸿图（002101）：国内压铸行业龙头企业。

(87) 广博股份（002103）：国内纸制品文具行业龙头企业。

(88) 恒宝股份（002104）：国内智能卡行业龙头企业。

(89) 信隆实业（002105）：国内自行车零配件龙头企业。

(90) 莱宝高科（002106）：国内彩色滤光片行业龙头企业。

(91) 威海广泰（002111）：国内航空地面设备行业龙头企业。

(92) 东港股份（002117）：国内规模最大的商业票据印刷企业。

(93) 康强电子（002119）：国内最大的塑封引线框架生产基地。

(94) 新海股份（002120）：世界第四大塑料打火机制造商。

(95) 科陆电子（002121）：国内用电采集系统领域龙头企业。

(96) 荣信股份（002123）：国内最大的大功率电力电子装备生产商。

(97) 湘潭电化（002125）：国内最大的电解二氧化锰生产商。

(98) 银轮股份（002126）：国内最大的机油冷却器生产商。

(99) 沃尔核材（002130）：国内热缩材料行业龙头企业。

(100) 利欧股份（002131）：国内最大的微型小型水泵制造商。

(101) 顺络电子（002138）：国内最大的片式压敏电阻生产商。

(102) 拓邦股份（002139）：国内最大的微波炉控制板生产商。

(103) 东华科技（002140）：国内煤化工细分行业龙头企业。

(104) 蓉胜超微（002141）：国内最大的微细漆包线生产商。

(105) 宏达高科（002144）：国内汽车顶棚面料龙头企业。

(106) 西部材料（002149）：国内最大的稀有金属复合材料生产商。

(107) 通润装备（002150）：国内工具箱柜行业龙头企业。

(108) 北斗星通（002151）：国内最大的港口集装箱机械导航系统提供商。

(109) 汉钟精机（002158）：国内螺杆式压缩机龙头企业。

(110) 常铝股份（002160）：国内最大的空调箔生产商。

(111) 远望谷（002161）：国内铁路 RFID 市场垄断地位。

(112) 宁波东力（002164）：国内冶金齿轮箱领先企业。

# 第十章 擒贼擒王——龙头股战法

(113) 楚江新材（002171）：国内最大的铜带生产企业。

(114) 东方网络（002175）：国内数显量具行业龙头企业。

(115) 江特电机（002176）：国内最大的起重冶金电机生产商。

(116) 中航光电（002179）：国内最大的军用连接器制造企业。

(117) 云海金属（002182）：国内最大的专业化镁合金生产商。

(118) 怡亚通（002183）：国内领先的供应链服务商。

(119) 新嘉联（002188）：国内受话器行业龙头企业。

(120) 成飞集成（002190）：国内汽车模具行业龙头企业。

(121) 方正电机（002196）：全球最大的多功能家用缝纫机电机生产基地。

(122) 证通电子（002197）：国内金融支付信息安全产品领先企业。

(123) 九鼎新材（002201）：国内最大的纺织型玻纤制品生产商。

(124) 金风科技（002202）：国内领先的风机制造商。

(125) 海利得（002206）：国内涤纶工业长丝行业龙头企业。

(126) 达意隆（002209）：国内饮料包装机械行业龙头企业。

(127) 宏达新材（002211）：国内高温混炼胶行业龙头企业。

(128) 特尔佳（002213）：国内汽车电涡缓速器龙头企业。

(129) 拓日新能（002218）：国内非晶硅太阳能电池芯片龙头。

(130) 福晶科技（002222）：全球最大的 LBO、BBO 非线性光学晶体生产商。

(131) 鱼跃医疗（002223）：国内基础医疗器械龙头企业。

(132) 三力士（002224）：国内传动带行业龙头企业增持。

(133) 濮耐股份（002225）：国内钢铁耐火材料的领先者。

(134) 启明信息（002232）：国内汽车业 IT 行业龙头企业。

(135) 九阳股份（002242）：国内豆浆机行业龙头企业。

(136) 通产丽星（002243）：国内化妆品塑料包装行业龙头企业。

(137) 北化股份（002246）：全球最大的硝化棉生产企业。

(138) 泰和新材（002254）：国内氨纶行业龙头企业。

(139) 利尔化学（002258）：国内氯代吡啶类除草剂系列农药业。

(140) 西仪股份（002265）：国内最大的汽车发动机连杆专业生产商。

(141) 法因数控（002270）：国内专用数控成套加工设备龙头。

(142) 水晶光电（002273）：国内光电子产业世界领跑者。

(143) 博深工具（002282）：国内最大的金刚石工具厂商。

(144) 天润曲轴（002283）：国内重型发动机曲轴龙头企业。

(145) 亚太股份（002284）：国内汽车制动系统专业龙头企业。

(146) 中利科技（002309）：国内阻燃耐火软电缆龙头企业。

(147) 雅致股份（002314）：国内集成房屋的龙头企业。

(148) 科华恒盛（002335）：国内最大的 UPS 供应商。

(149) 赛象科技（002337）：国内橡胶机械制造业的龙头企业。

(150) 新纶科技（002341）：国内防静电/洁净室行业龙头企业。

(151) 禾欣股份（002343）：国内 PU 合成革行业龙头企业。

(152) 柘中股份（002346）：国内 PHC 管桩行业龙头企业。

(153) 泰尔重工（002347）：国内冶金行业用联轴器领域龙头企业。

(154) 高乐股份（002348）：国内玩具行业龙头企业。

(155) 鼎泰新材（002352）：国内稀土合金镀层防腐新材料领域领导者。

(156) 千方科技（002373）：国内党政通信公司市场占有率第一。

(157) 南洋科技（002389）：国内高端聚丙烯电子薄膜行业龙头。

(158) 和而泰（002402）：国内智能控制器行业龙头企业。

(159) 爱仕达（002403）：国内炊具行业龙头企业。

(160) 四维图新（002405）：国内导航电子地图行业的领先企业。

(161) 远东传动（002406）：国内最大的非等速传动轴生产企业。

(162) 多氟多（002407）：全球氟化盐龙头企业。

(163) 齐翔腾达（002408）：国内规模最大的甲乙酮生产企业。

(164) 雅克科技（002409）：国内最大的有机磷系阻燃剂生产商。

(165) 广联达（002410）：国内最大的工程造价软件企业。

(166) 九九久（002411）：国内医药中间体龙头企业。

(167) 常发股份（002413）：国内最大的冰箱、空调用蒸发器和冷凝器生产商。

(168) 高德红外（002414）：国内规模最大的红外热像仪生产厂商。

(169) 海康威视（002415）：国内最大的安防视频监控产品供应商。

(170) 毅昌股份（002420）：国内规模最大的电视机外观结构件供应商。

(171) 中原特钢（002423）：国内大型特殊钢精锻件龙头企业。

(172) 云南锗业（002428）：国内锗产品龙头企业。

(173) 杭氧股份（002430）：国内最大的空分设备和石化设备生产商。

(174) 兴森科技（002436）：国内最大的专业印制电路板样板生产商。

(175) 江苏神通（002438）：国内冶金特种阀门与核电阀门龙头企业。

(176) 金洲管道（002443）：国内最大镀锌钢管、螺旋焊管和钢塑复合管供应商。

(177) 巨星科技（002444）：国内手工具行业龙头企业。

(178) 中南重工（002445）：国内最大的工业金属管件制造商。

(179) 盛路通信（002446）：国内通信天线领域领先企业。

(180) 中原内配（002448）：亚洲最大的气缸套生产企业。

## 二、28大行业龙头企业[①]

企业的盈利能力不仅要看净利润的多寡，人均产出也是企业经营效率的一个重要体现，人均净利润高的企业往往具有更强的管理水平和更快的发展速度。由于资本密集型行业和人力密集型行业具有天生差异，考虑到企业的行业分布和经营性质，通过对28个行业内企业人均净利润进行分析，探寻真正的行业翘楚。从行业内部来看，各上市公司的经营效率也是差异巨大。以下为各行业2016年上半年人均净利润前三名上市公司的情况。

（1）银行。该行业经营效率前三分别为北京银行（601169）、兴业银行（601166）、南京银行（601009），北京银行以77.1万元的人均净利润位居第一，而传统的五大国有银行在人均产出方面不及城商行。

（2）非银金融。该行业排名前三的有两家信托公司，金融租赁的渤海金控（000415）排名第二，而数量居多的券商无一上榜。安信信托（600816）人均净利润遥遥领先于第二和第三名。

（3）公用事业。该行业排名前三的为川投能源（600674）、百川能源（600681）和长江电力（600900），人均净利润均在百万元左右。

（4）房地产。该行业吸金也是位居前列，浙江广厦（600052）以156.20万元位居第一，前三名公司人均净利润均超过百万元。

（5）食品饮料。该行业公司整体业绩都不错，但从盈利能力而言，前三名中两家白酒企业，一家调味品企业，可见，专业"打酱油"还是很有"钱景"的。

（6）传媒。该行业中，排名前三的游戏、广告、影视各占一家。人均净利润最高的还是游戏公司完美世界（002624）。

（7）医药生物。该行业公司前三名净利润水平相对均衡，九强生物（300406）以

---

[①] 资料来源：Wind。

48.84万元位居第一。

（8）交通运输。该行业人均净利润差别较大，招商轮船（601872）人均净利润高达878.31万元，排名第三的申通地铁（600834）不足第一名的五分之一。

（9）汽车。汽车行业中，华域汽车（600741）以人均净利润32.20万元位居第一，第二和第三名净利润均在20万元以下。

（10）家用电器。该行业人均净利润相对偏低，排名前三的公司人均净利润都在10万元左右。

（11）化工。该行业中，华信国际（002018）以人均净利润116.84万元位居第一，行业前三名公司人均盈利能力均表现优秀。

（12）电气设备。该行业人均净利润前三名分别为福斯特（603806）、天顺风能（002531）、金风科技（002202）。一家太阳能、两家风能公司，都属于新能源产业。

（13）计算机。该行业中联络互动（002280）以62.34万元的人均净利润排名第一。

（14）农林牧渔。该行业中，人均净利润前三名分别为生物股份（600201）、登海种业（002041）、牧原股份（002714），分别是生物制药、种业、畜禽养殖的代表企业。

（15）建筑装饰。该行业人均净利润约为3.45万元，其中北方国际（000065）人均净利润高达31.74万元，位居行业首位。

（16）休闲服务。该行业人均净利润差异明显，其中宋城演艺（300144）人均实现净利润27.61万元，远超行业内其他企业。

（17）轻工制造。该行业中，东方金钰（600086）、金洲慈航（000587）、老凤祥（600612）人均净利润位居前三，具体分别为44.17万元、36.74万元、21.06万元。

（18）综合。综合类板块人均取得3.14万元净利润，东方集团（600811）居首，人均净利润高达92.26万元。

（19）纺织服装。该行业员工普遍较多，人均净利润则相对较低。森马服饰（002563）、雅戈尔（600177）、海澜之家（600398）人均净利润位居前三，分别为21.78万元、16.45万元、11.83万元。

（20）建筑材料。四维控股（300145）扭亏为盈，公司11位员工创造逾千万元的净利润，平均单人实现130万元的净收益，位居建筑材料行业首位。

（21）商业贸易。该行业中，兰生股份（600826）、藏格控股（000408）人均净利润双双突破百万元，分别达到270.57万元、184.25万元。

（22）电子。该行业人均取得1.79万元净利润，兆易创新（603986）居首，人均实现净利润32.81万元。

（23）通信。通信板块中，信威集团（600485）、华讯方舟（000687）、网宿科技（300017）人均取得的净利润金额居前，分别为67.8万元、30.15万元和25.63万元。

（24）机械设备。该行业中，人均净利润最高的三家公司分别为苏美达（600710）259.65万元、中油资本（000617）75.04万元、冀东装备（000856）37.27万元。

（25）有色金属。新能源汽车持续放量，带动锂电池企业景气度飙升。天齐锂业（002466）、宁波韵升（600366）、银泰资源（000975）人均净利润分别为66.62万元、25.71万元、22.08万元，位居有色金属行业前三。

（26）钢铁。该行业人均净利润不足1万元，永兴特钢（002756）人均净利润最高，具体为15.39万元。

（27）国防军工。该行业中，景嘉微（300474）、国睿科技（603933）、天海防务（300008）人均净利润居前，具体分别为14.48万元、13.26万元和11.44万元。

（28）采掘。该行业景气度不佳，业绩垫底，中国神华（601088）、海油工程（600583）人均取得10万元净利润，展现出了行业龙头的魅力。

# 后 记

　　什么是妖？神话中非人类、非鬼类的动物、植物修炼成高级智能并有超能力的生命统称为妖，现在泛指一切人类无法理解的自然现象，超出常识范围的异常行为，或能发挥出不可思议力量的个体（能量体），包含各种鬼怪变化之物，属于一种超自然的存在。人们经常会把妖与怪物、妖精等传说生物联想在一起。

　　妖者，本于阴阳，行于五事；化动万端，其于休咎之征，皆可得域而论矣。妖，本就是神祇的表现，《山海经》中，青丘山九尾狐逢太平出世则带来祥瑞，遇乱世则带来凶祸，可谓因势而异的福祸相依之神，这便是休咎之征。

　　炒房炒一线，炒股要炒妖。

　　妖股，市场最耀眼的星星，散户最喜爱的宠儿。知一日市，富可敌众；明妖股者，富甲一方。想要获得超额的收益就只能通过抓几只妖股来炒，而在3000多只股票里，要挑出几只妖股并不容易，但是妖股有其自身的特征。通过本书的学习后，相信你对妖股有了自己的理解和定义。

　　当然，妖股逻辑已经被越来越多的人所掌握，妖股踪迹也被越来越多的人所跟踪。主力单纯地依靠老套路或已不能再创造奇迹，加之市场逐步走向成熟规范，妖股已悄悄地发生微妙变化，主力操盘手法也不断翻新变化。所以，希望投资者将本书中的原理、技巧和方法，在即时行情中进行活学活用，切不可生搬硬套。在实盘操作中，不断积累经验，探索规律，感悟股性，逐步形成一套适合自己的操盘体系，运用自己独立的操盘模式和灵活的操盘策略，来应对瞬息万变的妖股手法，这样才能笑傲股市江湖。

　　作为作者，要感谢太多给予帮助的人，有太多的人可以分享这本书出版的荣誉。没有广大读者朋友的普遍认可，就没有本书的生存市场，所以第一个要感谢的是得到广大读者朋友的支持。在此还要感谢经济管理出版社的大力支持，本书责任编辑、印刷师傅和发行人员等在编辑出版发行过程中付出了大量的心血，在此付梓之际，一并谨致最衷心的谢意！

股市变幻莫测，牵涉的内容也非常广。笔者尽管竭尽全力，努力减少书中的错误，但百密一疏，书中难免疏忽之处。敬请广大读者不吝斧正，并多提宝贵意见，以便在再版时进一步改进和提高。

愿本书为广大朋友在实盘操作中带来一点启示、创造一份财富。如是，我将深感欣慰。

麻道明
于中国·楠溪江畔